500만 독자 여러분께 감사드립니다!

세상이 아무리 바쁘게 돌아가더라도
책까지 아무렇게나 빨리 만들 수는 없습니다.

길벗은 독자 여러분이
가장 쉽게, 가장 빨리 배울 수 있는 책을
한 권 한 권 정성을 다해 만들겠습니다.

독자의 1초를 아껴주는
정성을 만나보세요.

미리 책을 읽고 따라해 본 2만 베타테스터 여러분과
무따기 체험단, 길벗스쿨 엄마 2% 기획단,
시나공 평가단, 토익 배틀, 대학생 기자단까지!
믿을 수 있는 책을 함께 만들어주신 독자 여러분께 감사드립니다.

먼저 이 책을 본 독자들이 강력 추천합니다!

엄마도 아이도 쉽고 재미있게 이해할 수 있도록 잘 만들어진 책이에요. 내용도 좋고 무엇보다 아이가 스스로 학습하기를 즐깁니다. 다음 시리즈도 얼른 나왔으면 좋겠어요. 아이가 좋아하니 저도 잘 사준 것 같아요.
— c******o 님

이 책으로 인해 아이가 코딩에 대한 흥미를 느끼게 된 것 같아 무척 좋았습니다. 읽으면서 각각의 프로젝트를 따라서 해 보게 되어 있는데 단순히 이론만을 나열하지 않고 직접 실습을 할 수 있습니다. 그리고 출판사 홈페이지에서 책에 나오는 모든 예제를 완성 파일 형태로 제공하고 습니다. 프로젝트가 잘 실행되지 않으면 파일과 비교해 보면서 코딩 블록을 수정할 수 있어 유용했습니다.
— f******n 님

요즘 코딩 책이 워낙 많이 나오고 있어서 어떤 코딩 책을 골라야 하나 고민이 많았습니다. 아이들이 쉽게 접근할 수 있는 책을 선택해야 했기에 심사숙고했는데, 차근차근 따라하기 쉽게 설명되어 있어서 좋았습니다. 단계별로 익힐 수 있도록 구성되어 있기 때문에 걱정 없이 무작정 따라만 해도 코딩을 배울 수 있습니다.
— y******2 님

코딩이 의무 교육이 된 주니어들을 위하여 만들어진 책으로, 초등학생 자녀가 있는 학부모라면 아이와 함께 따라하며 배우는 재미와 보람을 느낄 것입니다. 처음엔 낯설고 어렵게 다가올 수도 있지만 '개념 쏙쏙 이해와 활동, 코딩 준비, 무작정 따라하기, 가정교사, 한 걸음 더 핵심 정리, 도전 코딩 마스터' 순의 꼼꼼하고 상세한 안내 과정을 차근차근 따라하다보면 자신감이 붙습니다.
— 별******버 님

4차산업혁명 시대를 살아가야 할 우리 아이들에게 무엇보다도 필요한 게 코딩이라고 합니다. 근처에 컴퓨터 학원이 없어서 학교에서 배우는 코딩과 방과후 컴퓨터 수업 외에는 도움을 받을 곳이 없어 '집에서도 아이들에게 코딩을 가르쳐줄 순 없을까?' 하고 고민하던 중이었는데 이 책을 만나 많은 도움을 받았습니다. 집에서 엄마표 코딩을 시작해도 될 만큼 잘 구성된 책입니다.
— s******e 님

어린이들이 보기에 잘 구성되어 있고 스크래치의 다양한 기능들을 따라하며 익힐 수 있습니다. 문제를 해결하는 과정이 하나하나 자세하게 설명되어 있어 집에서 학습할 교재로 무척 좋습니다.
— j******g 님

전현희, 주희정, 최민희 지음 | 강희숙 감수

혼자서도 척척!

초등코딩 스크래치

무작정 따라하기

길벗

혼자서도 척척!

초등 코딩 스크래치
무작정 따라하기

The Cakewalk Series - Elementary Coding by Scratch

초판 발행 · 2022년 8월 17일
초판 2쇄 발행 · 2024년 3월 25일

지은이 · 전현희, 주희정, 최민희
감수 · 강희숙
발행인 · 이종원
발행처 · ㈜도서출판 길벗
출판사 등록일 · 1990년 12월 24일
주소 · 서울시 마포구 월드컵로 10길 56(서교동)
대표 전화 · 02)332-0931 | **팩스** · 02)322-0586
홈페이지 · www.gilbut.co.kr | **이메일** · gilbut@gilbut.co.kr

기획 및 책임 편집 · 박슬기(sul3560@gilbut.co.kr), 연정모(yeon333718@gilbut.co.kr)
디자인 · 박상희 | **제작** · 이준호, 손일순, 이진혁 | **유통혁신** · 한준희
영업마케팅 · 전선하, 차명환, 박민영 | **영업관리** · 김명자 | **독자지원** · 윤정아, 최수빈

전산편집 · 김정미 | **CTP 출력 및 인쇄** · 교보피앤피 | **제본** · 경문제책

- 잘못된 책은 구입한 서점에서 바꿔 드립니다.
- 이 책은 저작권법에 따라 보호받는 저작물이므로 무단전재와 무단복제를 금합니다.
  이 책의 전부 또는 일부를 이용하려면 반드시 사전에 저작권자와 (주)도서출판 길벗의 서면 동의를 받아야 합니다.

ⓒ 전현희, 주희정, 최민희, 2022

ISBN 979-11-407-0105-6 73000
(길벗 도서번호 007152)

정가 19,000원

독자의 1초를 아껴주는 정성 길벗출판사

길벗 · IT교육서, IT단행본, 경제경영서, 어학&실용서, 인문교양서, 자녀교육서 ▶ www.gilbut.co.kr
길벗스쿨 · 국어학습, 수학학습, 어린이교양, 주니어 어학학습, 학습단행본 ▶ www.gilbutschool.co.kr

페이스북 ▶ www.facebook.com/gilbutzigy
네이버 포스트 ▶ post.naver.com/gilbutzigy

머리말

점점 더 중요해지는 소프트웨어 교육

《초등 코딩 스크래치 무작정 따라하기》가 처음 출간되었을 때만 해도 코딩은 낯설게 느껴지는 분야였어요. 지금은 어떤가요? 초등학생부터 시니어까지 코딩을 배우려고 하고 있죠! 4차산업 기술의 발전으로 점점 더 빠르게 변해가는 세상 속에서 코딩에 관한 관심이 높아지고 있습니다.

일상에서 소프트웨어의 중요성이 커지는 만큼, '컴퓨팅 사고력'이 요구되는 영역도 점차 넓어지고 있습니다. 소프트웨어 교육의 목적은 단순히 프로그램을 만드는 것에 국한되지 않습니다. 소프트웨어가 어떠한 알고리즘을 통해 작동하는지 이해하고, 논리적 사고력을 갖출 수 있도록 교육하는 것이 훨씬 더 중요합니다.

또한 코딩 교육을 통해 문제 해결 능력을 키울 수 있습니다. 코딩은 컴퓨터에 명령을 체계적으로 내리는 과정입니다. 즉, 순서와 차례에 따라 문제를 논리적으로 분석하는 능력이 요구됩니다. 그렇기 때문에 코딩을 공부하다 보면 자연스럽게 창의력과 사고력이 자라납니다. 주변에서 발생하는 문제를 인식·분석하며 창의적으로 해결하는 힘이 생기는 것이죠.

우리나라에서도 2015 개정교육과정부터 초등 교과과정에 소프트웨어 과목을 의무화하는 등 창의·융합형 인재를 개발하기 위해 노력하고 있어요. '국영수 공부하기에도 벅찬데 코딩까지?'라는 생각이 들 수도 있지만 겁먹을 필요 없어요. 《초등 코딩 스크래치 무작정 따라하기》와 함께 코딩 문법을 차근차근 익히고 나면 나만의 코딩 프로젝트를 능숙하게 제작할 수 있답니다.

코딩, 스크래치로 시작해요!

최근에는 이런 질문을 자주 듣습니다.
"코딩을 하나도 모르는데 코딩 공부 어떻게 시작하면 좋을까요?"

어딜 가나 코딩 얘기가 들려오고, 다가오는 시대에 대비하기 위해 코딩 학습이 필수적이라는 것은 알겠는데… 먼 세계의 영역처럼 느껴지지는 않나요? 어렵고 막막하게만 보이는 코딩이지만 스크래치로 시작하면 두려울 것이 하나도 없습니다. 코딩을 처음 접한다면 스크래치와 같은 블록형 프로그램으로 시작하는 것을 추천합니다.

《초등 코딩 스크래치 무작정 따라하기》는 MIT에서 개발한 교육용 프로그래밍 언어인 스크래치(Scratch)를 기반으로 합니다. 스크래치는 복잡한 프로그래밍 언어 대신 '블록'을 이용하기 때문에 처음 배우는 사람이라도 두려움 없이 코딩에 접근할 수 있습니다. 또한 귀여운 캐릭터가 나의 명령대로 움직이니 지루할 틈이 없죠. 퍼즐 놀이를 하는 것처럼 쉽고 재미있게 코딩을 따라하다 보면 어느새 프로그래밍 언어와 가까워져 있을 거예요.

혼자서도 척척 코딩! 어떻게 공부해야 할까요?

배우는 재미를 느끼면서도 꼼꼼히 공부하려면 학습 방법을 체계적으로 제시해 주는 가이드가 필요합니다. 이 책은 스크래치를 이용해 초등학생들이 혼자서도 어렵지 않게 코딩을 공부할 수 있도록 구성됐습니다.

WEEK 01와 **WEEK 02**에서는 소프트웨어에 대한 이해를 도울 수 있도록 개념을 짚은 후 스크래치에 대해 알아보고 가입해 봅니다. **WEEK 03**부터는 명령 블록을 조립해 직접 코딩 프로젝트를 만들어 보겠습니다. 재미있는 예제를 따라하다 보면 어느새 게임이 완성되어 있을 거예요.

각각의 **WEEK**에서는 가장 먼저 '코딩 개념 이해 쏙쏙'을 읽고 '코딩 개념 활동 QUIZ'를 풀어보며 개념을 하나씩 이해해 봅니다. 일상 속 예시를 통해 알아보면 알쏭달쏭한 코딩 문법도 어렵지 않아요! 각각의 **WEEK**마다 중요 개념이 하나씩 제시되므로 차근차근 기초를 다질 수 있어요.

개념을 익혔다면 다양한 예제를 따라하며 명령 블록의 동작 원리를 익힙니다. 그런 다음 스스로 알고리즘을 구성할 수 있도록 연습하며 프로젝트를 설계·구현해 봅니다. 게임하듯 프로젝트를 만들다 보면 논리력과 컴퓨팅 사고력이 쑥쑥 향상될 거랍니다.

코딩에 자신감이 붙었다면 부록으로 제공되는 'SW코딩자격 3급'의 모의고사를 풀어보는 것도 잊지 마세요! 코딩 자격증까지 도전하며 실력을 쑥쑥 키워 봅시다.

처음 만나는 코딩, 《초등 코딩 스크래치 무작정 따라하기》와 함께라면 혼자 할 수 있어요. 코딩의 세계가 어렵게 느껴지지 않도록 친절하고 자세하게 알려줄게요. 재미있는 게임을 하듯 신나게 시작해 봅시다!

《초등 코딩 스크래치 무작정 따라하기》 개정판이 나올 수 있게 응원해주신 독자들께 감사의 마음을 전합니다.

글쓴이 소개

지은이 전현희, 주희정, 최민희 | **감수** 강희숙(고누아이 Intel AI 인공지능 연구소장)

소프트웨어 교육을 통해 학생들과 소통하는 데서 즐거움을 찾는 선생님들이 모였습니다. 학생들의 눈높이에 맞는 교육 콘텐츠를 만들기 위해 끊임없이 연구하고 기획하고 있습니다. 학생들이 소프트웨어의 개념을 쉽게 이해하고 프로그래밍의 실력을 키울 수 있기를 바라는 마음을 가득 담아 《초등 코딩 스크래치 무작정 따라하기》를 집필했답니다. 현장에서의 IT 경험, 반짝이는 전문적인 지식은 물론! 소프트웨어 교육 경험에서 쌓은 생생한 노하우까지 꼭꼭 눌러 담았어요. 이 책으로 친구들이 쉽고 재미있게 스크래치 코딩을 시작해 볼 수 있기를 바랍니다. 코딩의 세계에 발을 들인 여러분! 선생님들이 든든한 코딩 멘토가 되어 줄게요.

베타테스터 학습 후기

우리가 무작정 따라해 봤어요!

한다인
송명초 6학년

더 재미있는 게임을 만들 수 있어요!

지금까지 내가 만든 게임들은 너무 간단해서 어떻게 하면 더 재미있는 게임을 어떻게 만들 수 있을까 고민하던 중이었어요. 처음에는 블록이 복잡해 보여서 걱정했지만 쉽게 설명이 되어있어서 금세 완성했습니다. 게임을 다 만들고 난 후에는 직접 게임을 해보며 장애물 높이도 변경해보고 타이머 시간도 바꿔가며 나만의 게임으로 바꿔 볼 수 있어서 더 재미있었어요. 친구들에게 꼭 추천하고 싶은 책이에요.

박하람
운유초 2학년

처음 하는 스크래치도 어렵지 않아요!

엔트리만 해 보고 스크래치는 처음이라 어렵지 않을까 생각했어요. 처음에는 익숙하지 않았는데, 책의 설명대로 하다 보니 잘 실행되었어요! 어렵다고 생각했던 것이 작동하니 점점 자신감도 붙고 재미있었어요. 이 책을 통해 스크래치에 대해 알게 되었고, 자신감도 생겨서 뿌듯해요.

이찬혁
해원초 5학년

내가 직접 해결하며 성취감 UP UP!

스크래치에 대해 알고는 있었지만 기초만 해봐서 처음에는 헷갈리는 부분도 있었어요. 하지만 책에 나온 대로 따라하다 보니 쉽게 해결되어 스크래치가 더 흥미롭게 느껴졌어요. 또 내가 코딩한 프로그램이 제대로 작동될 때는 성취감도 생기고 뿌듯했습니다.

김결희
은여울초 5학년

혼자서도 코딩을 익힐 수 있는 친절한 책!

코딩이 무엇인지 알고는 있었지만 직접 만들어 본 적은 없었어요. 그래서 잘 따라할 수 있을지 걱정이 많이 되었는데, 시작하기 전 작품 미리보기를 통해 어떤 내용인지 먼저 파악하고 책에서 소개하는 순서대로 차근차근 따라해 보니 어느새 완성되었어요. 마지막엔 전체 코드 체크가 있어서 틀린 부분을 검토할 수 있어 좋았어요. 내가 게임을 직접 만들어서 해 보니 더 재미있었고 성취감도 느껴졌어요!

THANK YOU!

《초등 코딩 스크래치 무작정 따라하기》의 베타테스터로 참여해 준 친구들 고마워요!

김결희(은여울초 5), 김나예(남원도통초 6), 김동욱(남원도통초 1), 김선우(천안서당초 4), 김성결(송명초 5), 김소은(경주초 5), 김연시(한가람초 3), 김하연(경연초 4), 김하진(경연초 4), 박채우(금촌초 4), 박하람(운유초 2), 상민솔(미사중앙초 3), 윤희준(상경초 3), 이서윤(성산초 3), 이유진(서울영신초 3), 이찬혁(해원초 5), 임서진(율현초 2), 임선경(진동초 2), 임주현(율현초 4), 정윤지(삼어초 2), 조윤기(은여울초 6), 주아린(인천한빛초 2), 천정우(설성초 4), 한다인(송명초 6)

* 베타테스팅은 도서가 출간되기 전 원고를 먼저 읽어보고 오류나 개선 사항 등을 알려주는 활동을 의미합니다.

한눈에 펼쳐보는 학습 구성

코딩 활용 퀴즈
재미있는 코딩 퀴즈를 풀어 보세요. 어렵게 느껴졌던 코딩 개념이 쉽게 이해됩니다.

코딩 개념 이해 쏙쏙
배워야 할 핵심 단어를 알아보고 간단한 설명과 그림을 통해 개념을 이해해 봅니다. 소프트웨어에 대한 이해부터 스크래치 코딩 명령어까지 쉽게 배울 수 있어요.

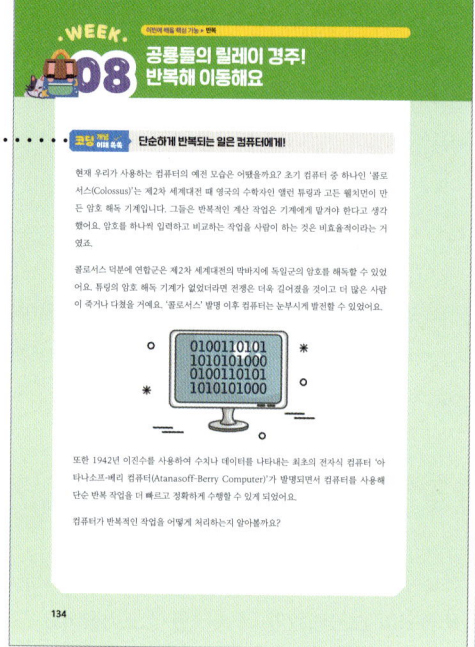
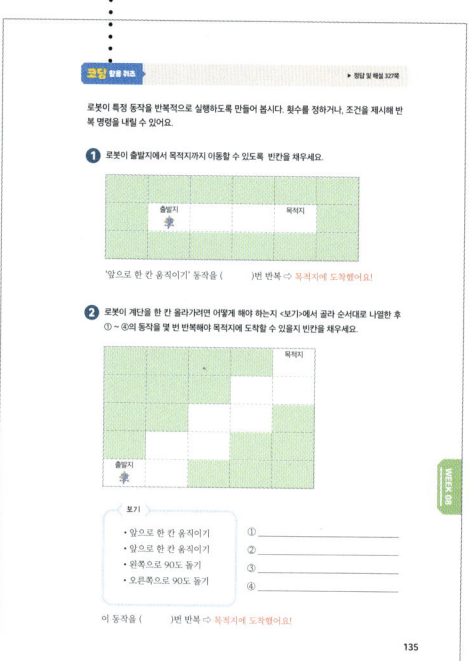

코딩 준비 READY!
코딩을 시작하기 전, 작품을 미리 볼 수 있어요. QR 코드로 완성 작품을 실행해 볼 수도 있답니다.

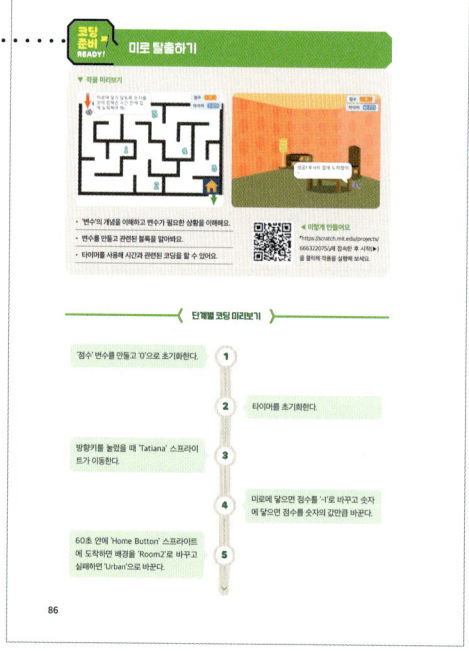

스프라이트&블록
이번 WEEK에서 사용되는 스프라이트와 처음 만나는 블록들을 살펴보세요.

무작정 따라하기

명령 블록과 스프라이트를 이용해 프로젝트를 본격적으로 만들어 봅니다. 순서대로 차근차근 따라하다 보면 멋진 프로젝트가 완성됩니다.

잠깐만요

본문에 나온 내용 이외에 추가 기능이나 팁을 알아봅시다. 스크래치 실력을 키울 수 있는 알짜 정보를 모아 뒀어요.

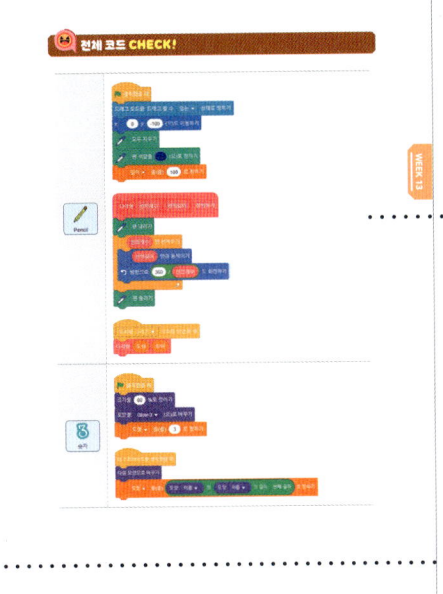

전체 코드 CHECK!

이번 WEEK에서 실습한 프로젝트의 전체 코드를 한눈에 확인할 수 있어요.

TipTalk

예제를 따라하는 동안 놓칠 수 있는 내용을 친절하게 알려줘요.

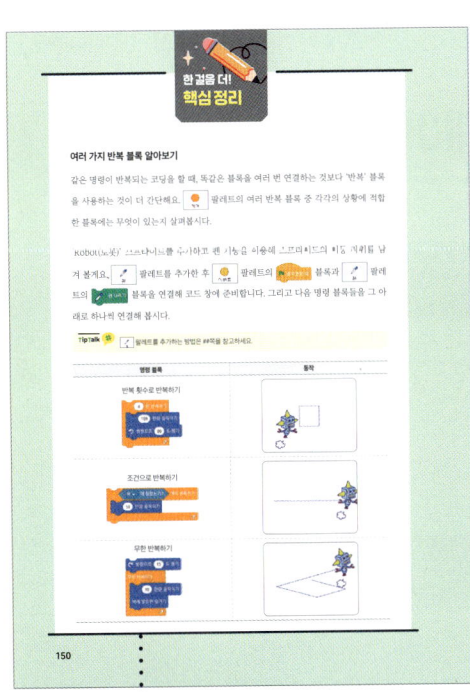

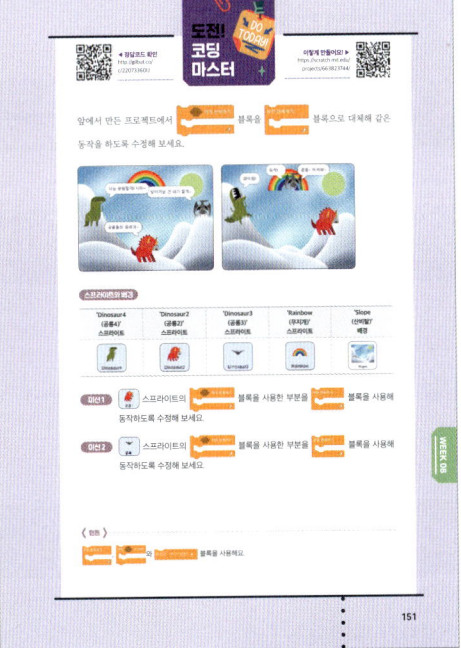

한 걸음 더! 핵심 정리

앞에서 배운 내용 또는 미처 설명하지 못했던 내용의 핵심만 정리하여 알려줍니다. 코딩 관련 지식을 업그레이드할 수 있어요.

도전! 코딩 마스터

배운 내용을 활용하여 응용 작품을 만들 수 있어요. 나만의 멋진 작품을 완성하여 코딩 마스터로 거듭나세요!

목차

- 머리말 · 003
- 글쓴이 소개 · 004
- 베타테스터 학습 후기 · · · · · · · · · · · · · · · · · · · 005
- 한눈에 펼쳐보는 학습 구성 · · · · · · · · · · · · · · · 006
- 완성 파일 다운로드 받기 · · · · · · · · · · · · · · · · 014
- 기적의 공부방에서 함께 공부해요! · · · · · · · · · 015

첫째마당 코딩 준비! 처음 만나는 소프트웨어

WEEK 01 무궁무진한 소프트웨어 세상으로 떠나요

[코딩 개념 이해 쏙쏙] 동화 속 마법이 실제로 일어난다면? · · · · · · · · 018
[코딩 개념 이해 쏙쏙] 상상을 현실로! 4차 산업혁명 · · · · · · · · · · · · 019

WEEK 02 두근두근! 스크래치를 시작해요

[코딩 개념 이해 쏙쏙] 스크래치가 뭐예요? · · · · · · · · · · · · · · · · · · 026
[무작정 따라하기] 스크래치 웹 사이트에 가입하기 · · · · · · · · · · · · 027
[무작정 따라하기] 스크래치 3.0 오프라인 에디터 설치하기 · · · · · · 032
[무작정 따라하기] 스크래치 3.0으로 코딩 시작하기 · · · · · · · · · · · 033

기초 탄탄! 블록으로 시작하는 코딩

WEEK 03 신비로운 우주 여행을 떠나요!

[코딩 개념 이해 쏙쏙]	차례차례 순서대로 '순차'	038
[코딩 활용 퀴즈 Quiz]		039
[코딩 준비 READY!]	신비로운 우주 여행! 달 위를 둥둥	040
[무작정 따라하기 GO GO!]		042
전체 코드 CHECK		048
한 걸음 더! 핵심 정리		049
도전! 코딩 마스터		050
쉬어가기	컴퓨터의 언어, 이진 코드	051

WEEK 04 음악에 맞춰 춤을 춰요

[코딩 개념 이해 쏙쏙]	동작과 소리를 생생하게 표현할 수 있어요!	052
[코딩 활용 퀴즈 Quiz]		053
[코딩 준비 READY!]	신나는 댄스 배틀	054
[무작정 따라하기 GO GO!]		056
전체 코드 CHECK		064
도전! 코딩 마스터		065

WEEK 05 바닷속 열쇠를 찾아라!

[코딩 개념 이해 쏙쏙]	다양한 상황을 인식하는 '감지'	066
[코딩 활용 퀴즈 Quiz]		067
[코딩 준비 READY!]	바닷속 열쇠 찾기	068
[무작정 따라하기 GO GO!]		070
전체 코드 CHECK		080
한 걸음 더! 핵심 정리		082

| 도전! 코딩 마스터 | 083 |

WEEK 06 미로를 탈출해 볼까요?

[코딩 개념 이해 쏙쏙] 정보를 담고 있는 보관 상자, '변수'	084
[코딩 활용 퀴즈 Quiz]	085
[코딩 준비 READY!] 미로 탈출하기	086
[무작정 따라하기 GO!]	088
전체 코드 CHECK	102
한 걸음 더! 핵심 정리	105
도전! 코딩 마스터	106
쉬어가기 ······ 사고력이 쑥쑥! 숫자 게임 ①	107

WEEK 07 블랙홀에서 탈출하세요!

[코딩 개념 이해 쏙쏙] 준비, 시작! 신호 보내 블록 실행하기	108
[코딩 활용 퀴즈 Quiz]	109
[코딩 준비 READY!] 블랙홀 탈출	110
[무작정 따라하기 GO!]	112
전체 코드 CHECK	128
한 걸음 더! 핵심 정리	131
도전! 코딩 마스터	132
쉬어가기 ······ 사고력이 쑥쑥! 숫자 게임 ②	133

WEEK 08 공룡들의 릴레이 경주! 반복해 이동해요

[코딩 개념 이해 쏙쏙] 단순하게 반복되는 일은 컴퓨터에게!	134
[코딩 활용 퀴즈 Quiz]	135
[코딩 준비 READY!] 공룡들의 릴레이 경주	136
[무작정 따라하기 GO!]	138
전체 코드 CHECK	148
한 걸음 더! 핵심 정리	150
도전! 코딩 마스터	151

WEEK 09 유령과 박쥐를 잡아 보세요!

[코딩 개념 이해 쏙쏙] 상황을 판단하는 조건 블록 152
[코딩 활용 퀴즈 Quiz] 153
[코딩 준비 READY!] 유령과 박쥐 잡기 154
[무작정 따라하기] 156
전체 코드 CHECK 172
도전! 코딩 마스터 175

WEEK 10 알쏭달쏭 암산 게임을 해 봐요

[코딩 개념 이해 쏙쏙] 계산과 판단을 도와주는 다양한 연산 블록 176
[코딩 활용 퀴즈 Quiz] 177
[코딩 준비 READY!] 알쏭달쏭 암산 게임 178
[무작정 따라하기] 180
전체 코드 CHECK 192
한 걸음 더! 핵심 정리 194
도전! 코딩 마스터 195

셋째 마당
실력 쑥쑥! 직접 설계하는 나만의 프로젝트

WEEK 11 혼자서 하는 2인용 점프 게임

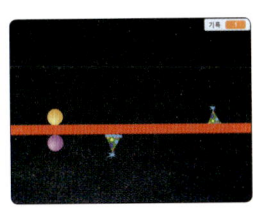

[코딩 개념 이해 쏙쏙] 똑같은 것을 만들어 낼 수 있을까? 198
[코딩 활용 퀴즈 Quiz] 199
[코딩 준비 READY!] 점프 점프! 장애물을 피해라 200
[무작정 따라하기] 202
전체 코드 CHECK 218
도전! 코딩 마스터 221

WEEK 12 내가 만드는 영어 단어장

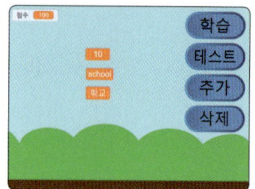

[코딩 개념 이해 쏙쏙] 여러 항목을 차례차례 저장하는 '리스트' ··· 222
[코딩 활용 퀴즈 Quiz] ··· 223
[코딩 준비 READY!] 퀴즈로 영어 실력을 쑥쑥! ··· 224
[무작정 따라하기] ··· 226
전체 코드 CHECK ··· 244
한 걸음 더! 핵심 정리 ··· 247
도전! 코딩 마스터 ··· 249

WEEK 13 나만의 방법으로 그림을 그려요

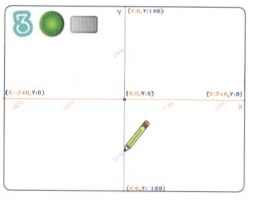

[코딩 개념 이해 쏙쏙] [내 블록]을 활용해 코딩을 효율적으로! ··· 250
[코딩 활용 퀴즈 Quiz] ··· 251
[코딩 준비 READY!] 여러 가지 다각형 그리기 ··· 252
[무작정 따라하기] ··· 254
전체 코드 CHECK ··· 265
한 걸음 더! 핵심 정리 ··· 267
도전! 코딩 마스터 ··· 269

WEEK 14 야구공을 멀리멀리~ 홈런!

[코딩 개념 이해 쏙쏙] 여러 가지 확장 기능 알아보기 ··· 270
[코딩 활용 퀴즈 Quiz] ··· 271
[코딩 준비 READY!] 내 동작을 감지하는 야구 게임 ··· 272
[무작정 따라하기] ··· 274
전체 코드 CHECK ··· 283
한 걸음 더! 핵심 정리 ··· 285
도전! 코딩 마스터 ··· 287

WEEK 15 더 빠르게! 더 정확하게!

[코딩 개념 이해 쏙쏙] 순서도를 이용해 알고리즘을 간단하게!	288
[코딩 개념 이해 쏙쏙] 프로젝트 작성 단계 익히기	289
[프로젝트 준비] 클릭클릭! 순발력 게임	290
[무작정 따라하기]	292
전체 코드 CHECK	304
도전! 코딩 마스터	307

부록

SW코딩자격 3급 모의고사 … 311
정답 및 해설 … 321

QR 코드로 완성 작품을 미리 만나보세요!

1 [코딩 준비 READY!]에서 QR 코드를 찾습니다.

2 스마트폰 카메라를 실행하고 QR 코드를 비춰 보세요.

3 링크가 나타나면 터치해 완성 작품을 살펴봅니다.

완성 파일 다운로드 받기

길벗 홈페이지(www.gilbut.co.kr)에서는 《초등 코딩 스크래치 무작정 따라하기》의 예제 완성 파일을 스크래치 오프라인 버전에서 열어볼 수 있도록 제공하고 있어요. 책에서 설명하는 대로 따라했는데도 프로젝트가 완성되지 않는다면, 부록으로 제공하는 완성 파일과 비교해 보면서 코딩 블록을 수정해 보세요. '도전! 코딩 마스터'의 완성 파일과 예제에 사용되는 배경 이미지 파일도 함께 제공합니다.

❶ 길벗출판사 홈페이지(www.gilbut.co.kr)에 접속하세요. 홈페이지 회원이 아니라도 파일을 다운로드할 수 있지만, 만약 회원으로 가입하고 싶다면 화면 오른쪽 상단의 [회원가입]을 클릭하고 가입 절차에 따라 아이디를 만드세요.

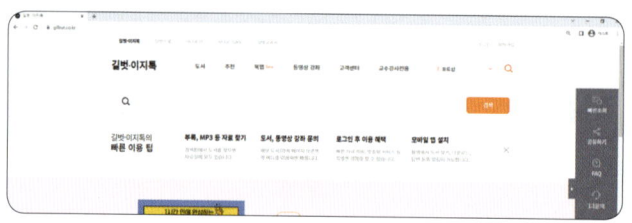

❷ 로그인을 완료했다면, 검색 창에 '초등 코딩 스크래치 무작정 따라하기'를 입력하세요. 그런 다음 [자료실]을 클릭해 '실습예제'를 다운로드하세요.

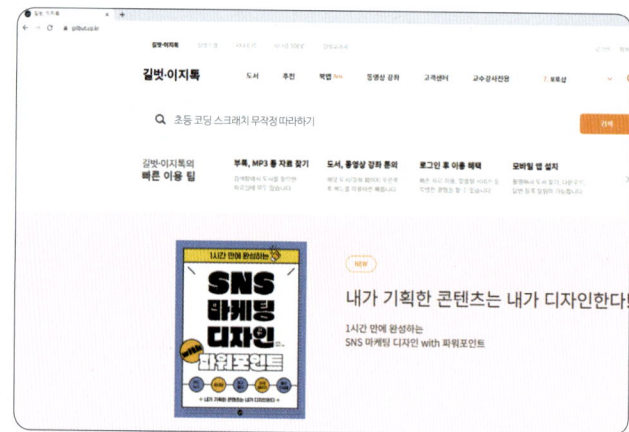

❸ 스크래치 오프라인 버전 프로그램이 컴퓨터에 설치되어 있다면, 완성 파일을 클릭만 해도 작품이 바로 실행됩니다. 만약 스크래치 오프라인 버전을 설치하지 않았다면 온라인에서 스크래치를 실행하고, [파일] → [컴퓨터에서 가져오기]를 클릭한 후 다운로드한 완성 파일을 찾아 열어보세요

코딩, 무엇이든 물어보세요!

《초등 코딩 스크래치 무작정 따라하기》를 따라하다가 헷갈리는 부분이 나오면 길벗출판사 홈페이지의 [고객센터]-[1:1 문의] 게시판에 질문을 등록해 보세요. 지은이와 길벗 독자지원팀에서 친절하게 답변해 드립니다.

[문의 방법]

길벗출판사 홈페이지 (www.gilbut.co.kr) 회원 가입 후 로그인하기 → [고객센터] → [1:1 문의] → [도서이용]에서 책 제목 검색하기 → 이미 등록된 질문 검색 또는 새로운 질문 등록하기

기적의 공부방에서 함께 공부해요!

길벗스쿨 공식 카페 『기적의 공부방』에 방문해 보세요.

책 기획 과정 참여부터 꾸준한 학습 관리까지 엄마표 학습을 위한 다양한 노하우와 학습 자료를 제공합니다.

길벗스쿨 공식 카페

기적의 공부방 ▶ http://cafe.naver.com/gilbutschool

지금 가입하면 누릴 수 있는 3가지!

1. 꾸준한 학습이 가능해요!

스케줄 관리를 통해 책 한 권을 끝낼 수 있는 **학습단**에 참여해 보세요!

도서 관련 **학습 자료**와 **선배 엄마들의 노하우**를 확인할 수 있어요!

궁금한 것이 있다면 **Q&A 서비스**를 통해 카페지기와 선배 엄마들의 답변을 들을 수 있어요!

2. 책 기획 과정에 참여해요!

독자기획단을 통해 전문 편집자와 함께 아이템 선정부터 책의 목차, 책의 구성 등을 함께 만들어가요!

출간 전 도서를 체험해 보는 **베타테스트**를 통해 도서의 장/단점을 파악하여 더 나은 도서를 만드는 데 기여해요!

3. 재미와 선물이 팡팡 터져요!

매일 새로운 주제로 엄마들과 **댓글 이야기**를 나누고 간식도 받아요!

매주 카페 **활동왕**을 선정하여 푸짐한 상품을 드려요!

사진 콘테스트 등 매번 색다른 **친목 이벤트**로 재미와 선물을 동시에 잡아요!

기적의 공부방은 엄마표 학습을 응원합니다!

첫째마당

코딩 준비! 처음 만나는 소프트웨어

인공지능 스피커로 음악을 요청해 듣고 버스 도착 시간을 스마트폰 앱에서 확인하며, 쇼핑 웹사이트에서 추천하는 상품 광고를 보고 물건을 구매하는 등 우리 생활에서 이용하는 서비스에는 다양한 소프트웨어가 적용되어 있답니다. 소프트웨어를 만드는 '코딩'을 할 수 있다면 우리가 할 수 있는 일이 무궁무진하게 많아지겠죠?

첫째 마당에서는 소프트웨어란 무엇인지, 우리의 삶을 어떻게 변화시키고 있는지 살펴봅시다.

본격적으로 코딩을 배우기에 앞서 여러분이 코딩을 할 때 사용할 소프트웨어인 '스크래치'에 대해 알아보도록 해요. 스크래치에 대한 기본 지식을 익히고 작업 화면을 미리 살펴본다면 예제를 따라하기 훨씬 쉬울 거예요. 멋진 프로젝트를 만들기 위해서는 준비 운동이 필수! 첫째 마당을 꼼꼼히 읽으며 코딩의 기초를 다져요.

WEEK 01 무궁무진한 소프트웨어 세상으로 떠나요

이번에 배울 핵심 기능 ▶ 소프트웨어

코딩 개념 이해 쏙쏙 | 동화 속 마법이 실제로 일어난다면?

동화 속 세상에서는 현실에서 일어날 수 없는 마법 같은 일들이 일어나곤 하죠. 호박이 마차로 변하기도 하고 마법의 콩은 하룻밤 사이에 하늘까지 자라요. 집안의 물건들이 살아 움직이면서 요리를 하기도 하고요.

이런 신비로운 일들이 현실에서도 일어나면 어떨지 상상해 보세요. 호박 모양의 자동차를 뚝딱 만들 수 있다면? 콩을 심기만 했을 뿐인데 자동으로 생장에 적합하게 환경을 맞춰주고, 집안의 도구들이 집에서 일어나는 일을 감지해 알려 주기도 한다면 어떨까요?

이런 일상은 더 이상 상상 속에만 존재하는 마법이 아니에요. 가까운 미래 그리고 지금 우리의 삶 속에서 만날 수 있는 모습이랍니다. 편리하고 재미있는 일상을 가능하게 해주는 4차 산업혁명에 대해 알아봅시다.

상상을 현실로! 4차 산업혁명

'제4차 산업혁명'을 겪으며 우리가 사는 세상은 크게 변화했어요. 지능을 가진 로봇이 노래에 맞춰 춤을 추고, 무인 자동차가 도로 위를 자율주행하며, 데이터를 분석해 유행병의 발생을 예측하는 등 정보통신기술(ICT)이 각 분야의 기술과 융합되어 새로운 가치를 만들어 냈답니다.

4차 산업혁명으로 인해 사회, 경제, 산업 등 여러 분야에서 소프트웨어 활용의 중요성이 급격히 증가했어요. 이에 따라 소프트웨어와 인터넷을 기반으로 하는 새로운 직업이 생겨나고 있습니다. 데이터 분석가나 인공지능 개발자와 같은 직업이 대표적입니다.

소프트웨어와 정보통신기술이 융합된 4차 산업혁명 핵심 기술에 대해 알아보고 앞으로 우리의 삶이 어떻게 변화할지 상상해 봅시다.

01 | 세상 모든 것을 연결하는 사물인터넷

'사물인터넷(IoT; Internet of Things)'은 **'사물과 사물', '사물과 사람'이 연결되어 정보를 공유하고 상호 소통하며 서비스를 제공하는 지능형 기술**입니다. 사물인터넷 등장 이전에는 인터넷이 컴퓨터, 휴대전화와 같은 특정 기기에만 연결되어 사용되었습니다. 이와 달리 사물인터넷은 냉장고, 스피커, 가로등, 가방 등 세상에 존재하는 많은 사물 데이터가 인터넷을 통해 연결되는 기술을 의미해요.

▲ 사물인터넷의 정의

점원이 없는 무인 상점인 '아마존 고(Amazon Go)'에 대해서 들어본 적 있나요? 아무 정보 없이 '아마존 고'에 갔다가는 깜짝 놀랄 수도 있어요. 고객이 물건을 계산대에서 결제하지 않고 상점을 나가거든요! 그렇지만 도둑질을 하는 것은 아니니 걱정 마세요. 매장 내 카메라가 고객이 구매한 상품 정보를 인식한 후 입력된 고객 정보를 이용해 자동으로 상품을 결제합니다. '아마존 고'는 현재 미국과 영국 등에서 운영 중이에요.

이 외에도 작물과 가축의 생육에 최적화된 환경을 제공해 제품의 품질과 생산량을 증대시키는 '스마트팜', 주거 환경에 사물인터넷 기술을 융합해 편리하고 안전한 생활을 제공하는 '스마트홈' 등 사물인터넷은 다양한 분야에서 일상을 변화시키고 있답니다.

잠깐만요 사물인터넷을 활용한 사례 알아보기

재료 관리에 요리 추천까지, 스마트 냉장고

냉장고가 사물인터넷과 만나면서 똑똑해진 냉장고를 만날 수 있게 됐어요. 가족 구성원의 음식 선호도를 파악하고 냉장고에 보관하고 있는 식재료의 유통기한까지 고려해 식단을 추천해 준답니다. 친절하게 레시피도 알려 주고요! 그리고 냉장고를 스마트폰과 연동할 수도 있어 냉장고 문 닫는 것을 잊었을 경우 스마트폰 앱으로 알림을 보내 주기도 해요.

똑똑한 생활 비서, 스마트 워치

스마트 워치를 이용하면 더 편리한 생활을 누릴 수 있어요. 스케줄이나 날씨, 이메일 등 생활에 필요한 정보들을 쉽게 확인할 수 있답니다. 또한 사용자의 심장 박동수와 혈압, 수면 상태 등을 분석해 건강관리를 도와줘요.

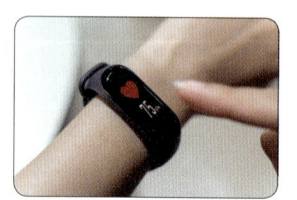

언제 어디서나 편리하게, '원격 제어 시스템'

전등을 끄지 않고 외출할 때가 있죠? 원격 제어 시스템을 이용하면 언제 어디서든 집안을 관리할 수 있어요. 집 밖에 있을 때도 문을 잠그고 열거나 방의 온도나 습도를 조정할 수 있답니다. CCTV를 통해 내부의 모습을 확인할 수도 있어요.

02 | 세상을 예측하는 빅데이터

스마트폰과 인터넷의 사용이 활발해지며 시간과 공간을 초월하는 디지털 세상이 조성되었습니다. 검색을 통해 자료를 찾고 SNS에서 나를 표현하는 등 디지털 세상에서의 여러 소통 방법이 생겨났고요! 이 과정에서 숫자, 문자, 동영상, 이미지 데이터가 방대하게 쌓였는데, 이런 대규모 데이터를 '빅데이터'라고 해요.

▲ 빅데이터 주요 특징 '3V'

이렇게 수집된 데이터는 다양한 분야에서 활용됩니다. 예를 들어, 기업에서는 사용자의 성향을 분석하여 맞춤형 정보를 제공합니다. 정부 기관에서는 범죄에 취약한 장소를 분석해 순찰을 강화하는 등 범죄 발생을 예방하고요. 빅데이터를 분석해 정치, 사회, 경제, 문화, 과학 등 다양한 영역에서 정확한 정보를 제공할 수 있어요.

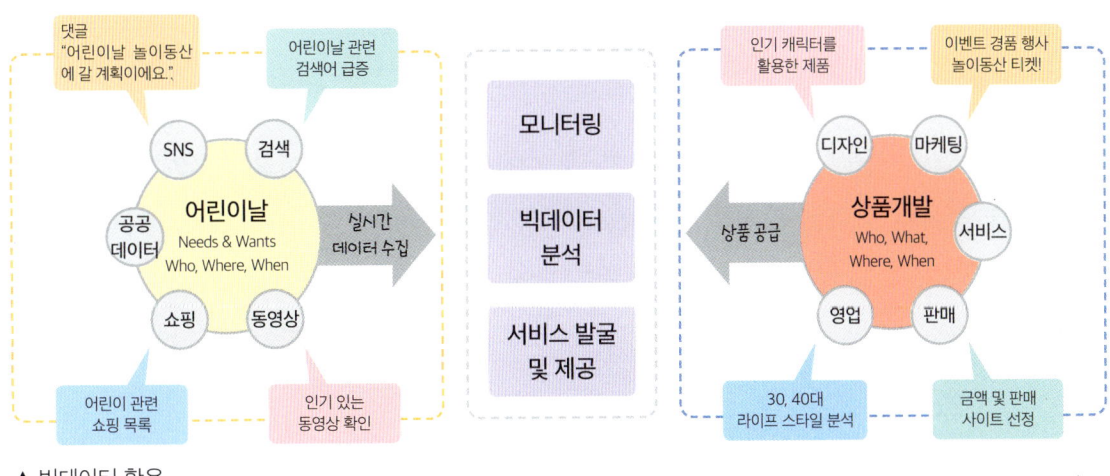

▲ 빅데이터 활용

빅데이터는 수많은 개인의 정보가 모여 형성된 것이므로 보안을 철저히 하지 않으면 사생활 침해와 개인 정보 유출이라는 큰 문제가 발생할 수 있어요. 정보 유출로 인해 피해가 발생하지 않도록 기업과 정부, 사용자 모두 노력해야 합니다.

03 | 사람처럼 생각하는 인공지능

4차 산업혁명의 핵심 기술인 '**인공지능(AI; Artificial Intelligence)**'은 인간이 가진 언어, 학습, 문제 해결 능력을 컴퓨터에서 구현하는 시스템입니다. 쉽게 말해 **컴퓨터가 인간처럼 학습하고 판단해 스스로 행동하도록 실현한 기술**을 말해요. '인공지능'이라는 단어는 1956년 다트머스 학회에서 '존 매카시(John McCarthy)'가 '지능을 가진 기계'의 이름을 '인공지능'으로 명명하면서 사용되기 시작했어요.

인공지능은 여러 사물에 탑재되어 다양한 분야에서 활용되고 있어요. 자율 주행 자동차를 운전하는 기사가 되기도 하고, 질병을 진단하고 예측하는 의사가 되기도 해요. 또 사물인터넷과 융합하여 스마트팜을 관리하는 농부, 스마트홈을 관리하는 집사 등 다양한 형태로 존재한답니다.

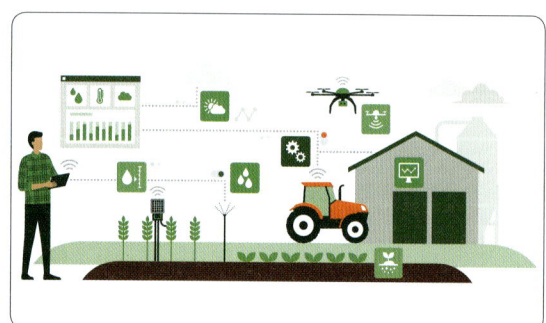
▲ 스마트팜

▲ 자율 주행 자동차

만약 인공지능 학습에 사용되는 데이터가 사회적 윤리 기준에 부합하지 않거나 편향된 사고방식을 가지고 있다면 어떤 일이 발생할까요? 사람을 위협할 수도 있고, 편견을 가진 인공지능이 만들어지는 문제가 발생할지도 몰라요. 우리 모두 인공지능이 올바른 방향으로 발전할 수 있도록 노력해야 합니다.

04 | 가상과 현실이 만나는 공간 메타버스

'메타버스(metaverse)'는 초월을 의미하는 '메타(meta)'와 세계, 우주를 의미하는 '유니버스(universe)'의 합성어로 **가상과 현실이 만나는 공간**이라는 의미를 담고 있어요. 이 용어는 1992년 '닐 스티븐슨(Neal Stephenson)'의 소설 《스노우 크래쉬(Snow Crash)》에서 처음으로 사용되었습니다. 이 소설에서는 아바타를 통해 적들을 물리치고 사회·경제적 활동을 하는 가상공간을 '메타버스'라고 칭했답니다.

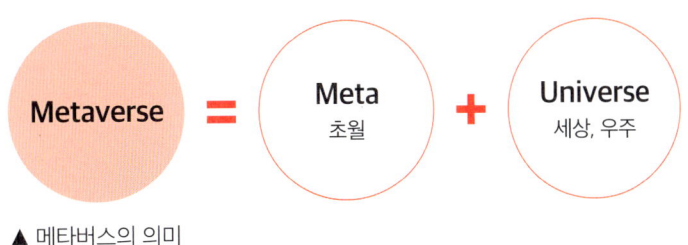

▲ 메타버스의 의미

미국의 기술연구단체 '미래가속화연구재단(ASF; Acceleration Studies Foundation)'에서는 메타버스의 유형을 '가상 세계(Virtual Worlds)', '증강 현실(Augmented Reality)', '라이프 로깅(Lifelogging)', '거울 세계(Mirror Worlds)'로 분류했어요.

첫 번째로, '가상 세계(VR; Virtual Worlds)'는 현실 세계와 유사하게 구현한 가상 환경에서 아바타 간 상호 작용이 이루어지는 공간입니다. 네이버에서 운영하는 아바타 플랫폼인 '제페토(ZEPETO)'나 아바타를 활용한 인기 게임인 '마인크래프트(Minecraft)' 등이 대표적입니다.

> **TipTalk** '아바타(avatar)'는 가상 세계의 '또 다른 나'로, '현실 속의 나'를 대신해 다양한 경험을 합니다. 가상 세계에서 게임을 하고 공연을 즐기기도 해요! 요즘에는 입체적으로 움직이는 3차원 아바타가 등장해 가상 세계에서 더 실감나게 활동할 수 있답니다.

두 번째, '증강 현실(AR; Augmented Reality)'은 현실 공간에 3차원의 가상 이미지를 겹쳐 상호 작용하는 기술을 의미합니다. 실제 공간을 카메라로 비춰 보면서 게임을 진행하는 '포켓몬 고(Pokemon GO)'나 사진 앱인 '스노우(SNOW)'의 AR 필터 등을 통해 경험할 수 있어요.

세 번째로 '라이프로깅(Lifelogging)'은 개인이 일상 경험과 정보를 저장하는 기술입니다. 현실의 경험을 기록하고 공유하는 '인스타그램'과 '페이스북'과 같은 SNS, 사용자의 정보를 저장하는 스마트워치가 여기에 포함돼요.

마지막으로 '거울세계(Mirror Worlds)'는 실제 세계의 정보를 그대로 투영해 가상의 환경을 창출한 것을 의미합니다. '네이버 지도'나 '구글의 스트리트 뷰'처럼 실제의 거리와 건물을 디지털화하여 길 찾기, 교통 서비스 정보를 제공하는 것을 예로 들 수 있겠죠?

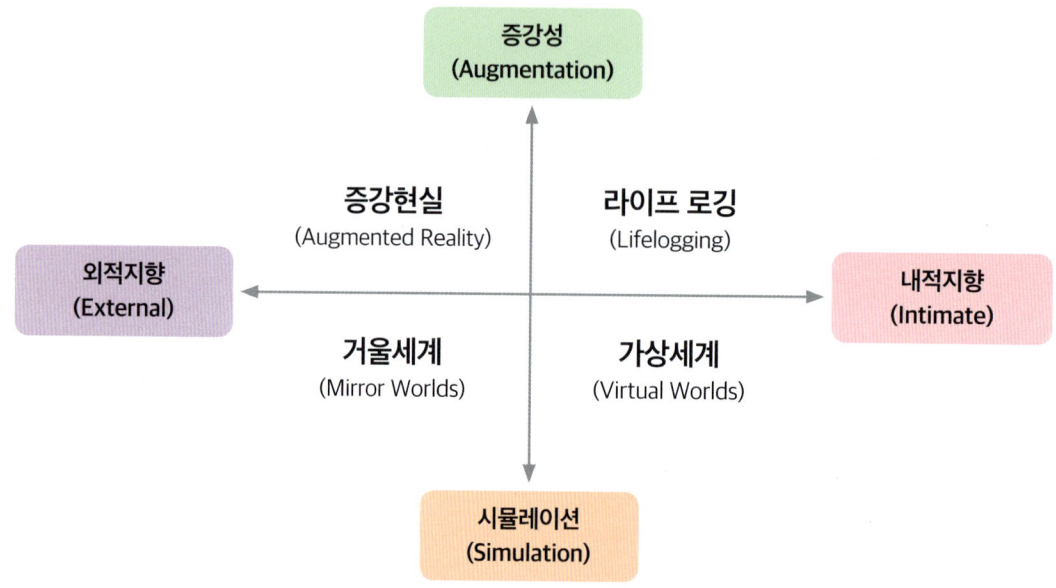

▲ 메타버스의 네 가지 분류

메타버스의 핵심 기술인 'XR(확장 현실)'은 'VR(가상 현실)', 'AR(증강 현실)', 'MR(혼합 현실)'에 이르는 가상 현실 기술을 모두 포함한 개념입니다. 쉽게 이야기해, 위와 같은 기술을 모두 사용해 실감나는 콘텐츠를 제작한다고 생각하면 된답니다.

2020년 6월, 보이 그룹인 '슈퍼주니어'가 이 기술을 활용해 공연을 진행했는데, 관람 인원이 무려 12만 3000여 명에 달했다고 합니다. XR 기술이 빠르게 발전하면서 메타버스는 점점 더 실감나게 변화하고 있답니다.

05 | 뚝딱뚝딱 요술 도구 '3D 프린팅'

 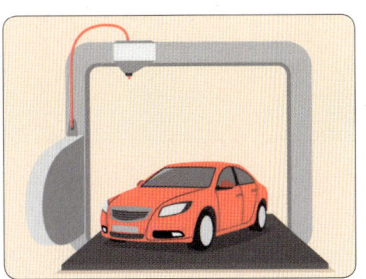 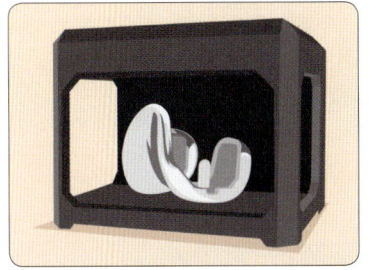

▲ 3D 프린터로 만드는 건물 ▲ 3D 프린터로 만드는 자동차 ▲ 3D 프린터로 만드는 인공 뼈

위 사물들의 공통점은 무엇일까요? 모두 프린터로 만들어졌다는 거에요. 우리가 일반적으로 사용해온 프린터가 종이에 글이나 그림을 출력하는 2D 기반 장치라면 3D 프린터는 플라스틱, 금속, 고무 등을 이용해 실제 사물을 만들어 내는 장치랍니다.

3D 프린터로 건물이나 자동차도 만들 수 있어요. 중국에는 3D 프린팅으로 건물을 짓는 '윈선'이라는 기업이 있다고 해요. 예전에는 일부분만 3D 프린터로 제작한 후 조립하는 방식이었지만 이제는 주택을 한번에 만들어 낼 수 있다고 하네요.

미국의 '로컬모터스' 사는 3D 프린팅 기술로 제작한 소형 전기 자동차 '스트라티'를 선보였어요. 이 기술을 이용하면 자동차를 만드는 시간을 단축할 수 있겠죠?

인공 뼈나 인공 심장 등 각종 의료 기구들도 제작할 수 있어요. 개개인에게 맞춰 설계할 수 있을 뿐만 아니라 빠르고 정교하게 만들어 낼 수 있다는 장점이 있어요.

3D 프린터만 있으면 원하는 사물을 설계해 직접 만들어 낼 수 있기 때문에 다가올 미래에는 무궁무진한 분야에서 활용될 거라고 해요. 달에 기지를 지을 계획도 있다고 하니 얼마나 무궁무진한 기술인지 알 수 있겠죠?

잠깐만요 저작권을 침해하지 않도록 주의하세요!

정보 통신 기술의 발달로 우리의 일상이 점점 편리해지고 있는 만큼 부작용도 증가하고 있어요. 특히 저작권 침해 문제가 심각해지고 있답니다.

그림, 음악, 영화와 같이 사람의 생각이나 감정을 표현한 창작물을 '저작물'이라고 하는데, 이 저작물을 창작한 사람이 갖는 권리가 바로 '저작권'이랍니다. 저작자의 허락 없이 저작물을 이용하는 것은 도둑질과 다름없는 범죄 행위이므로 인터넷에서 함부로 음악이나 영화, 소프트웨어를 불법으로 다운로드하지 않도록 해요. 음악은 음원 사이트에서 비용을 지불한 후 감상하고 영화도 합법적인 웹 사이트에서 구입해 시청해요.

모든 저작물에는 주인이 있다는 것을 꼭 기억하고 다른 사람의 저작물을 이용할 때에는 반드시 미리 허락을 받도록 합시다. 불법 다운로드 때문에 화가 난 창작자들이 더 이상 새로운 작품을 만들어 내지 않는다면 우리는 더 이상 멋진 창작물을 만날 수 없을 거예요. 저작권을 보호하는 것은 저작자뿐만 아니라 우리 모두를 위한 일이랍니다.

WEEK 02 두근두근! 스크래치를 시작해요

이번에 배울 핵심 기능 ▶ 스크래치

코딩 개념 이해 쏙쏙 : 스크래치가 뭐예요?

지금부터 우리가 사용할 '스크래치'는 미국의 메사추세츠공과대학(MIT) 미디어연구소에서 개발한 교육용 프로그래밍 언어(EPL, Education Programming Language)예요. 2005년에 처음 발표된 이후 2013년에 스크래치 2.0, 2019년에 스크래치 3.0이 발표됐으며, 현재는 전 세계 수백 만의 사람들이 스크래치를 이용해 프로그램을 만들고 있어요.

스크래치는 학생들이 쉽고 재미있게 코딩을 접하게 하려는 목적에서 개발됐답니다. 코딩에 사용하는 명령어가 '블록' 형태로 되어 있어, 어려운 프로그래밍 언어를 몰라도 프로그램을 만들고 실행할 수 있어요. 레고 블록을 조립하듯 명령 블록을 연결하면 프로그램을 만들 수 있기 때문에 누구라도 쉽게 코딩에 접근할 수 있어요. 스크래치를 활용하면 게임과 애니메이션을 쉽게 만들 수 있고 레고 마인드스톰, 위두, 마이크로비트를 결합하면 실제 장치를 움직일 수 있어요.

스크래치를 활용해 프로그램을 코딩할 때는 순차, 조건 등의 일정한 규칙과 흐름에 따라 알고리즘을 설계하고 블록을 결합하는 과정이 필요해요. 따라서 스크래치로 꾸준히 코딩하다 보면 논리적으로 생각하는 힘이 길러지고 문제 해결 능력도 향상됩니다.

자, 그럼 지금부터 스크래치의 바다에 풍덩~ 빠져 볼까요?

스크래치와 함께 코딩을 시작해 보자!

 **스크래치 웹 사이트에 가입하기**

스크래치 3.0 웹 사이트(http://scratch.mit.edu)에 가입하면 나만의 프로젝트를 만들 수 있고 다른 사람들이 만든 스크래치 프로젝트들을 살펴볼 수도 있어요.

〉 스크래치 웹 사이트에 회원 가입하기 〈

01 크롬 브라우저를 실행해 스크래치 웹 사이트(http://scratch.mit.edu)에 접속해요. 화면 오른쪽 위의 [스크래치 가입]을 클릭해 회원 가입을 진행하세요.

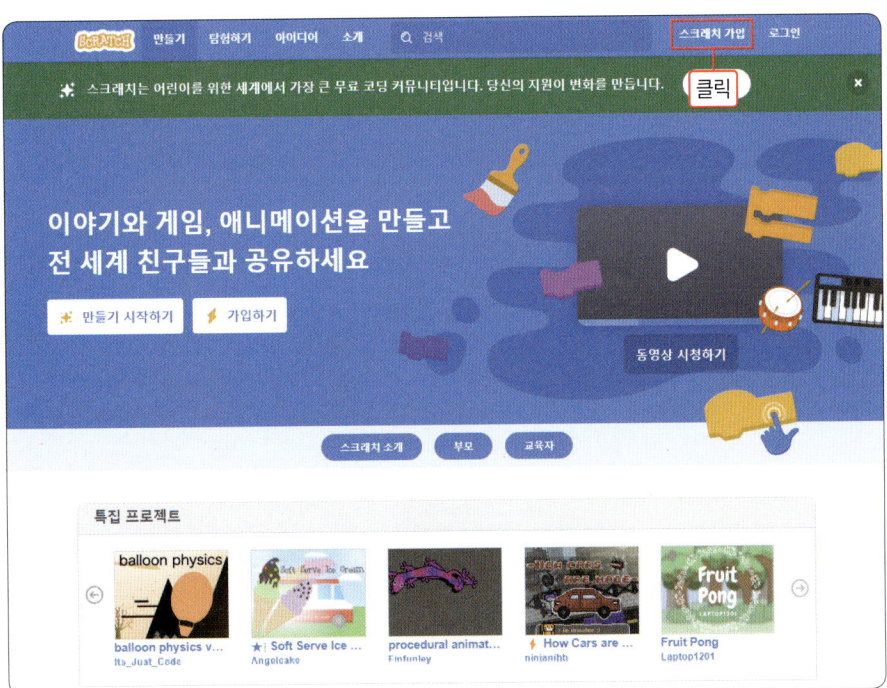

> **잠깐만요** **스크래치 웹 사이트가 영어로 보일 때 한국어로 변경하기**
>
> 스크래치 웹 사이트의 첫 화면에서 스크롤을 아래로 내리면 언어를 선택할 수 있는 목록이 보여요.
> 목록의 ▼를 클릭해 [한국어]를 선택하면 스크래치 웹 사이트의 언어가 한국어로 변경됩니다. 하지만 다른 나라 친구들이 제작한 프로젝트가 한국어로 자동 번역되지는 않는답니다.
>
>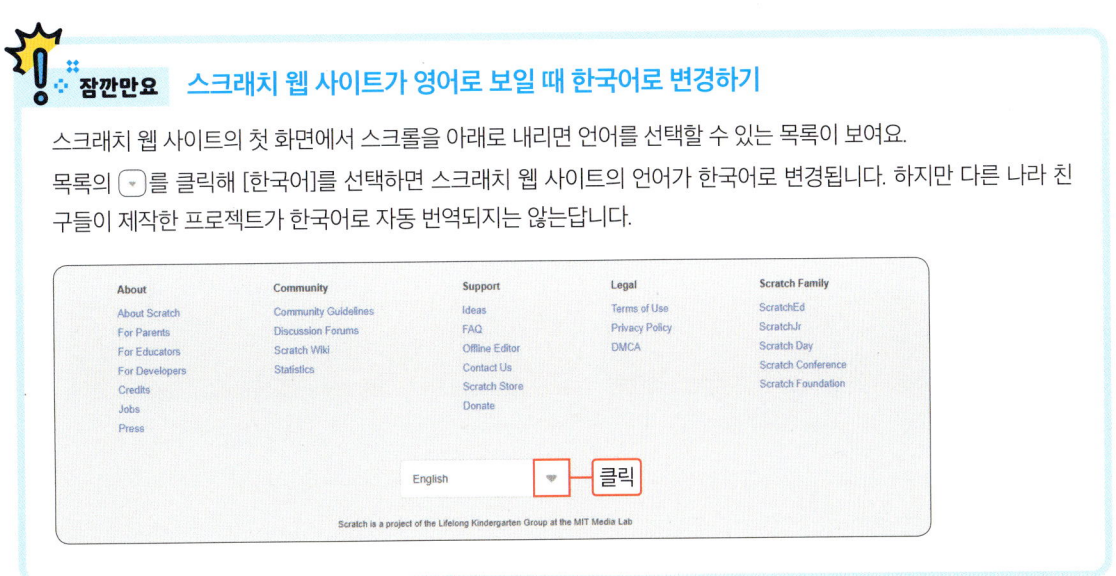

02 사용자 이름은 로그인할 때 사용하는 아이디입니다. 한글이 아닌 영어를 이용해 만들어 주세요. 영문자, 숫자 그리고 언더바(_)와 하이픈(-)을 조합해 만들 수 있어요. 사용자 이름은 최소 다섯 글자 이상, 비밀번호는 최소 여섯 글자 이상으로 정하고 [다음]을 클릭하세요.

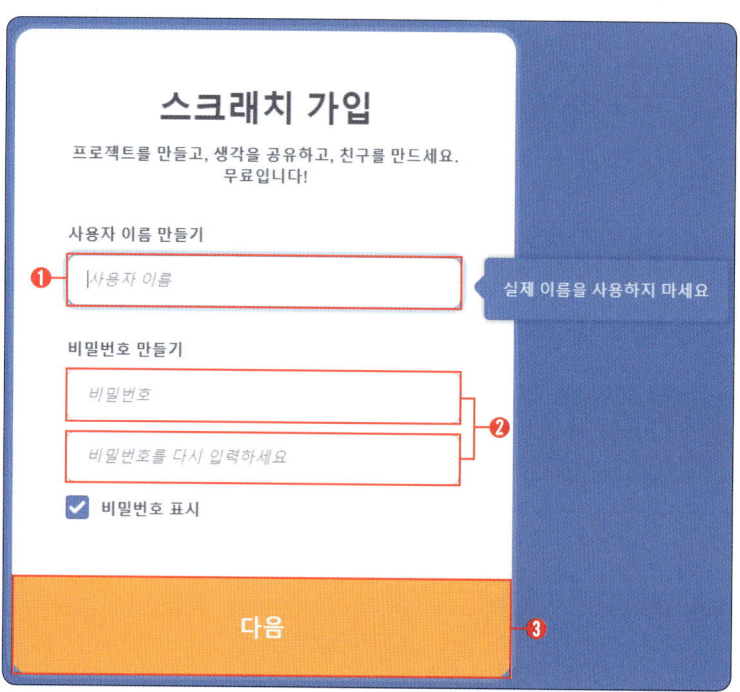

03 국가, 생년월일, 성별을 각각 입력하세요. 입력된 내용은 다른 사람에게는 공개되지 않고 스크래치 웹 사이트의 사용자를 분석할 때 활용된다고 해요.

04 이메일 주소를 입력하고 [계정 만들기]를 클릭해 회원가입을 마무리하세요. [시작하기]를 클릭해 스크래치 웹 사이트에 로그인하세요.

TipTalk 이메일 주소는 스크래치 웹 사이트 가입을 확인할 때나 비밀번호를 잊어버렸을 때 이용돼요.

〉이메일을 확인해 회원 가입 완료하기 〈

01 마지막 단계만 남았어요. 가입할 때 입력한 이메일 주소로 가입 확인 메일이 전송됐을 거예요. 내 이메일에 로그인한 후 스크래치에서 보낸 메일을 클릭하세요.

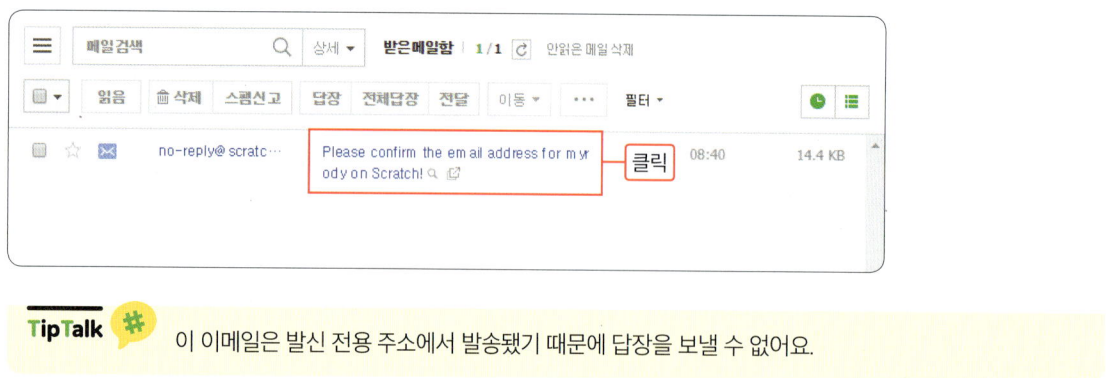

> **TipTalk** 이 이메일은 발신 전용 주소에서 발송됐기 때문에 답장을 보낼 수 없어요.

02 이메일 내용 중 [계정 인증]을 클릭해 스크래치 가입을 완료하세요. [계정 인증]을 클릭하면 스크래치 웹 사이트 창이 나타나고 자동으로 로그인이 완료됩니다.

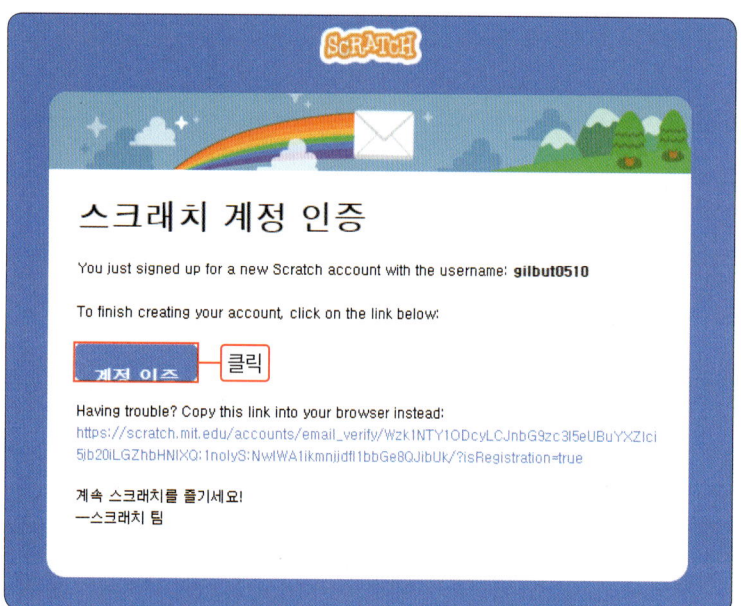

스크래치 웹 사이트 둘러보기

스크래치 웹 사이트(http://scratch.mit.edu)에 로그인하면 스크래치의 다양한 서비스를 이용할 수 있어요.

▲ 스크래치 웹 사이트 첫 화면

❶ **만들기** : 스크래치 온라인 에디터를 이용해 프로젝트를 만들거나 수정해요.

❷ **탐험하기**

- **프로젝트**: 전 세계 스크래치 사용자들이 만든 프로젝트를 소개해요.
- **스튜디오**: 다른 사용자들과 함께 스크래치를 즐길 수 있는 '스튜디오'를 보여 줘요.

❸ **아이디어**: 튜토리얼을 통해 스크래치를 체험하고 어떤 활동을 하면 좋을지 미리 경험해요.

❹ **소개**: 스크래치가 어떤 프로그램인지 자세히 소개해요.

❺ **검색**: 스크래치 프로젝트 또는 스튜디오를 찾아볼 수 있어요.

❻ **메시지**: 스크래치 팀이 보낸 메시지와 내 활동 내용에 대한 알림을 확인해요.

❼ **내 작업실**: 나의 스크래치 프로젝트 및 스튜디오를 확인할 수 있어요.

❽ **나의 계정**: 나의 정보를 수정하고 계정을 편집할 수 있어요. 로그아웃하려면 계정을 클릭한 후 [로그아웃]을 선택하세요.

> **잠깐만요** **전 세계 스크래치 사용자들과 소통하기**
>
> 스크래치 웹 사이트의 회원이 되면 내가 만든 프로젝트를 사람들에게 공유할 수 있어요. 다른 사용자들이 제작한 프로젝트에 댓글을 달아 소통하거나 나의 아이디어를 추가해 활용할 수도 있답니다.
>
>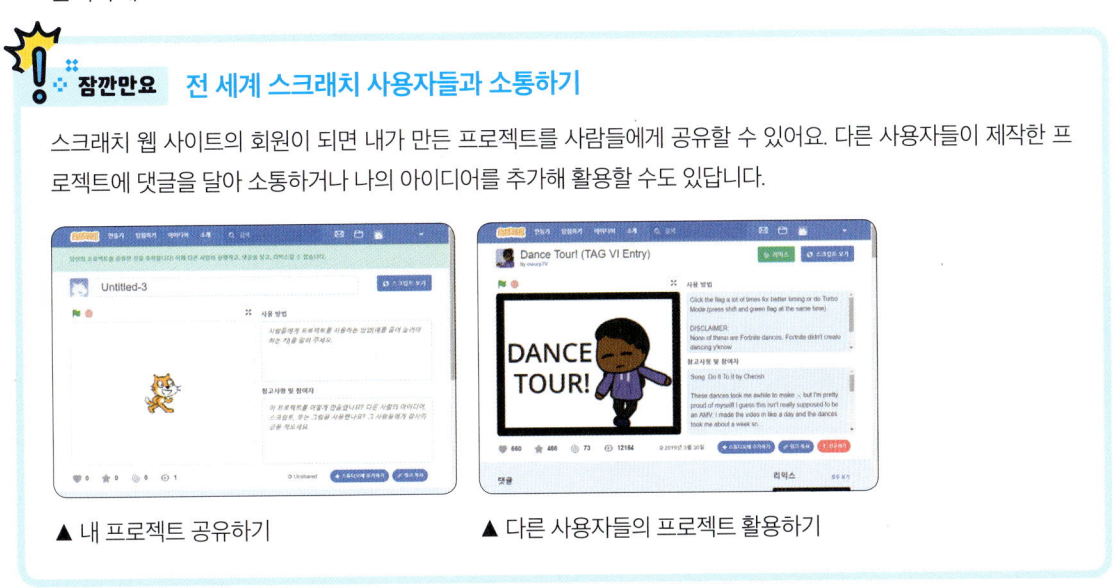
>
> ▲ 내 프로젝트 공유하기 ▲ 다른 사용자들의 프로젝트 활용하기

 # 스크래치 3.0 오프라인 에디터 설치하기

스크래치를 컴퓨터에 설치하면 인터넷에 연결돼 있지 않아도 스크래치를 실행할 수 있어요. 스크래치 3.0을 컴퓨터에 설치해봅시다.

01 스크래치 3.0 웹 사이트(http://scratch.mit.edu)에 접속한 후 스크롤을 아래로 내려 화면의 아래쪽에 있는 [다운로드]를 클릭하세요.

TipTalk 스크래치 3.0 오프라인 에디터는 윈도우 10 이상부터 설치 가능합니다.

02 사용하고 있는 컴퓨터의 운영체제에 맞게 프로그램을 다운로드해 설치하세요.

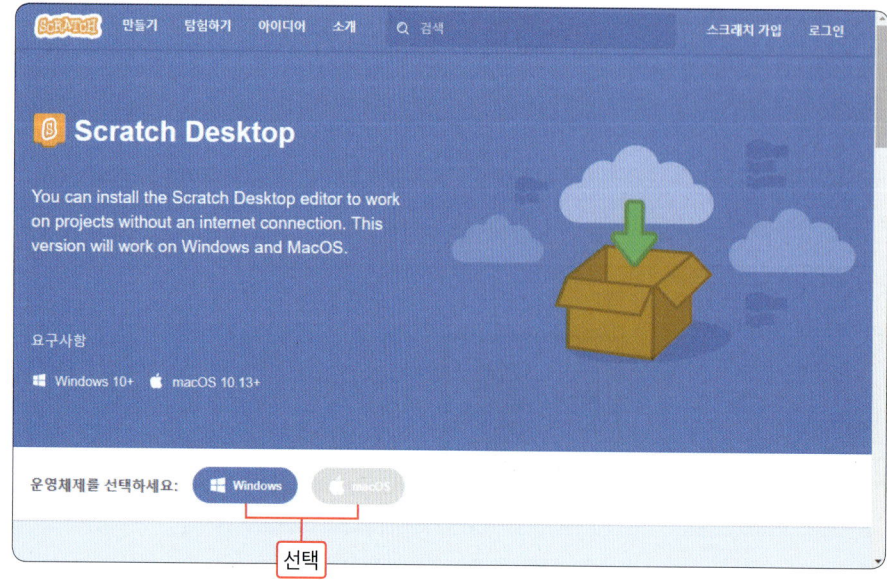

 **스크래치 3.0으로 코딩 시작하기**

스크래치에서는 일곱 개의 기본 팔레트와 두 개의 사용자 정의 팔레트, 아홉 개의 확장 기능 팔레트를 제공합니다.

스크래치 작업 화면 살펴보기

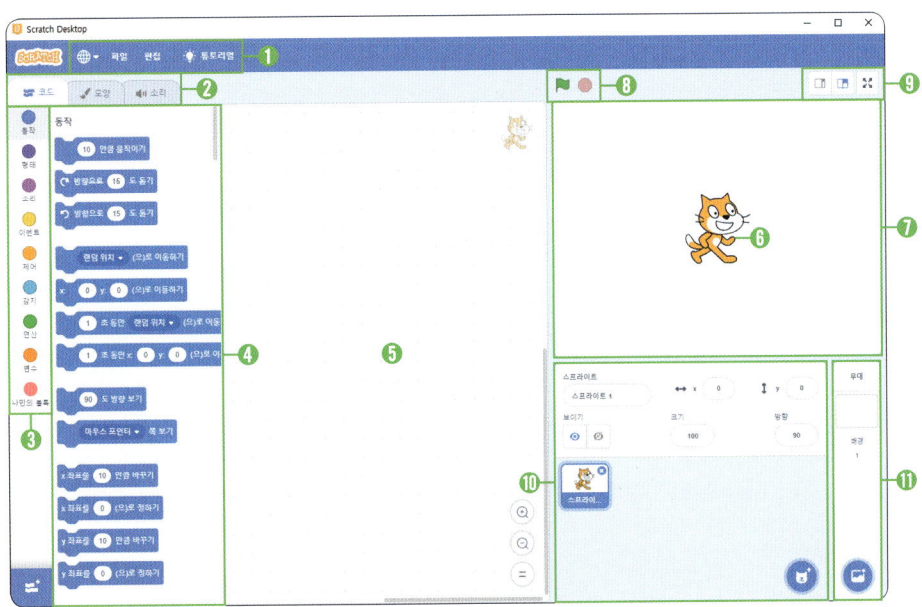

① **메뉴 프레임**: 스크래치 에디터의 [파일], [편집] 메뉴를 보여 줘요.

- **지구본( )**: 사용 언어를 설정해요.
- **파일**

  [새로 만들기]: 새로운 프로젝트를 시작해요.

  [컴퓨터에서 가져오기]: 컴퓨터에 저장했던 프로젝트를 불러와요.

  [컴퓨터에 저장하기]: 내가 만든 프로젝트를 컴퓨터에 저장해요.

- **편집**

  [되돌리기]: 마지막으로 편집한 내용을 이전으로 되돌려요.

  [터보 모드 켜기]: 명령 블록이 너무 많아 실행 속도가 느려졌을 때 속도를 향상시킬 수 있어요.

- **튜토리얼**: 다양한 스크래치 프로젝트를 경험하며 학습해 볼 수 있어요.

❷ **기능 탭**

- **[코드] 탭**: 블록 팔레트에는 다양한 명령 블록이 있어요. 원하는 블록을 코드 창에 추가해 명령이 실행되도록 코딩할 수 있어요.
- **[모양] 탭**: 선택한 스프라이트 또는 무대 배경의 모양을 추가, 수정하거나 삭제해요. 모양을 직접 그려서 만들 수도 있어요.
- **[소리] 탭**: 코딩에 사용할 소리를 추가, 수정, 삭제할 수 있어요.

❸ **팔레트 목록**: 스크래치의 명령 블록이 종류별로 분류돼 있는 목록이에요. [코드] 탭을 클릭하면 등장해요.

❹ **블록 리스트**: 코딩에 사용하는 명령 블록의 목록이에요.

❺ **코드 창**: 블록을 추가, 복사 또는 삭제해 코딩을 완성하는 편집 창이에요. 스프라이트를 선택한 채로 코드 창에 명령 블록을 추가하면 스프라이트가 명령을 수행하게 할 수 있어요.

❻ **스프라이트**: 스크래치에서 코딩이 실행되는 단위를 말해요. 스크래치 에디터를 열었을 때 나타나는 고양이 캐릭터도 스프라이트랍니다.

❼ **무대**: 스프라이트가 나타나는 배경이에요.

❽ **시작하기(🚩), 멈추기(⏹)**: 프로젝트를 시작하거나 멈출 수 있어요.

❾ **화면 선택**: 무대 화면의 크기를 세 가지로 조정할 수 있어요.

❿ **[스프라이트 정보] 창**: 스프라이트 목록과 함께 스프라이트의 정보를 보여 줘요. 이곳에서 스프라이트의 이름과 크기, 방향을 변경할 수 있어요.

⓫ **무대 정보 창**: 무대의 모양 목록과 함께 무대의 정보를 보여 줘요. 이곳에서 무대의 이름을 변경할 수 있어요.

> **TipTalk** 스크래치 에디터를 처음 실행하면 사용 언어가 영어로 설정돼 있을 수도 있어요. 이 경우에는 화면의 왼쪽 위에 있는 🌐을 클릭해 '한국어'를 선택하세요.

스프라이트와 배경 추가하기

[스프라이트 정보] 창의 🐱나 [무대 정보] 창의 🖼 위에 마우스 포인터를 올려놓으면 무대에 스프라이트와 배경을 추가할 수 있어요.

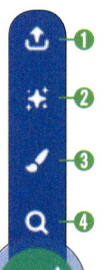

❶ **스프라이트 업로드하기**: 컴퓨터에 저장된 스프라이트 또는 배경 이미지를 추가해요.

❷ **서프라이즈**: 스프라이트(배경)가 스크래치의 기본 이미지 중 랜덤으로 무대에 추가돼요.

❸ **그리기**: 스프라이트 또는 배경을 직접 만들어 무대에 추가해요.

❹ **스프라이트(배경) 고르기**: 스크래치에서 제공하는 리스트 중 원하는 스프라이트(배경)를 선택해 무대에 추가해요.

〉명령 추가하고 삭제하기 〈

스크래치를 이용해 만든 코딩 작품을 '프로젝트', 명령 블록들을 조립한 꾸러미를 '스크립트'라고 해요. 명령 블록을 추가하는 방법을 알아볼게요.

스크래치 에디터에서 팔레트를 선택하고 블록 리스트에서  블록을 드래그해 코드 창의 빈곳에 배치하세요. 그런 다음 팔레트에서  블록을 드래그해  블록의 안쪽에 넣으세요.

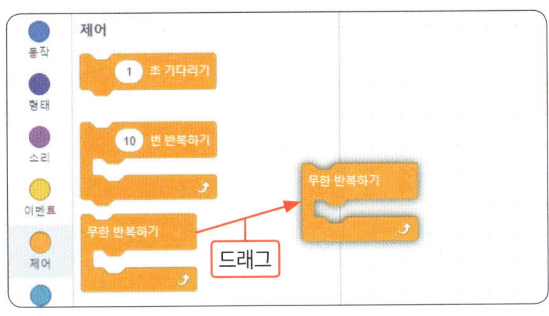
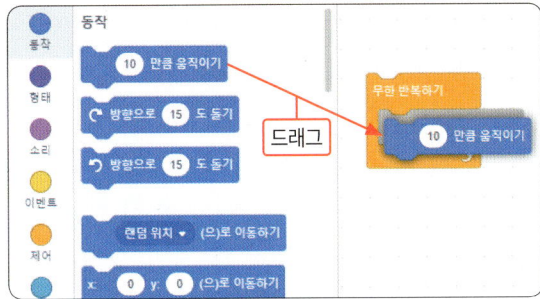

TipTalk 코드 창에 배치된 블록을 클릭하면 블록 가장자리에 노란색 테두리가 나타나는데 이는 블록들이 실행되고 있다는 것을 의미해요. 멈추기 ⏹를 클릭하면 실행 중인 프로그램이 종료됩니다.

코드 창의 블록을 드래그해 다시 [블록 리스트] 창으로 옮기면 블록이 삭제됩니다. 블록을 마우스 오른쪽 버튼으로 클릭해 삭제할 수도 있어요.

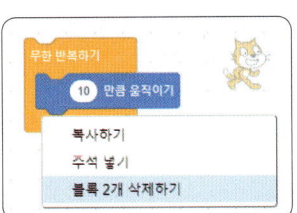

⚠️ 잠깐만요 무대 크기 조절하기

❶ [화면 선택]에서 ▫을 클릭하면 코드 창이 넓어지고 무대는 작아져서 좀 더 편하게 코딩할 수 있어요.
❷ [화면 선택]에서 ⛶을 클릭하면 무대가 전체 화면에 가득차면서 다른 창들이 모두 보이지 않게 돼요. 코딩을 완성한 후 프로젝트를 실행할 때 사용해야겠죠?

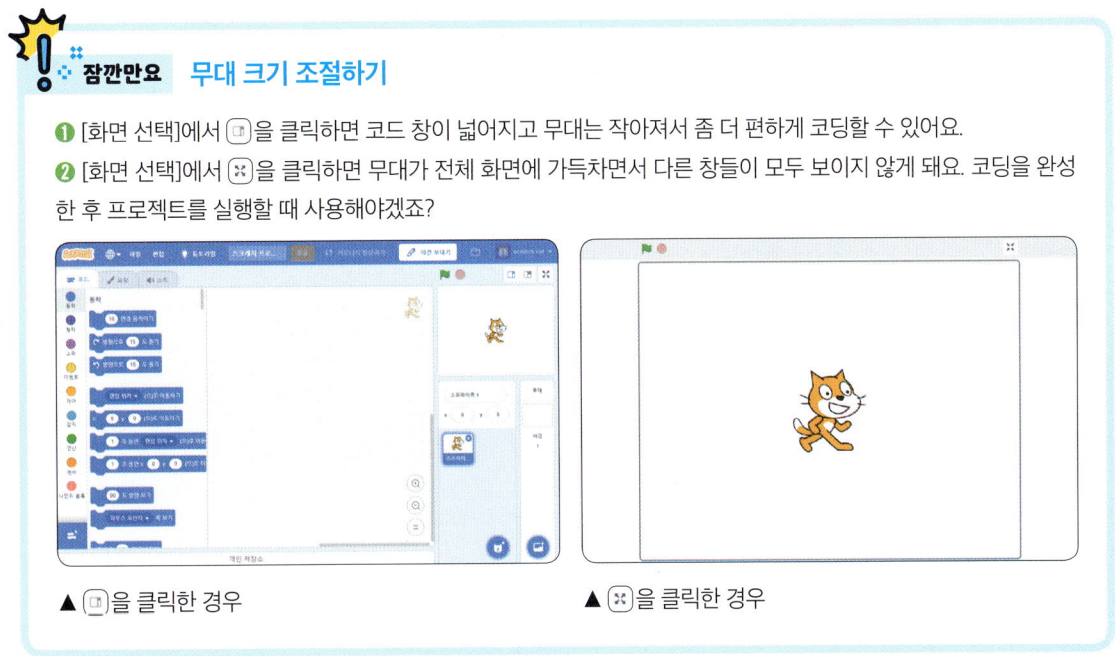

▲ ▫을 클릭한 경우   ▲ ⛶을 클릭한 경우

둘째 마당

기초 탄탄!
블록으로 시작하는
코딩

이제 스크래치와 함께 코딩을 시작해 볼까요?

'코딩'이라고 하면 아직은 낯설게만 느껴질 거예요. 하지만 스크래치와 함께하면 전혀 어렵지 않아요! 텍스트 기반의 프로그래밍 언어 대신 블록을 사용하기 때문에 누구라도 쉽고 재미있게 코딩을 시작할 수 있답니다.

프로젝트를 만드는 데 필요한 여러 가지 명령 블록을 알아보고 흥미로운 퀴즈를 풀면서 코딩 개념을 익혀요. 그리고 게임처럼 신나는 예제를 하나하나 따라해 보면서 코딩 실력을 키워 봅시다. 막히는 부분은 '가정교사'와 '잠깐만요'를 통해 해결하고요! 한 주의 과정이 끝나면 '도전! 코딩 마스터'에서 제시한 미션을 해결하면서 한 걸음 더 나아가 봅시다.

이번에 배울 핵심 기능 ▶ 순차

03 신비로운 우주 여행을 떠나요!

코딩 개념 이해 쏙쏙 ▶ 차례차례 순서대로 '순차'

'순차'는 코딩에서 가장 기초적인 개념 중 하나로, '순서대로 차례차례' 명령을 실행한다는 의미예요. 블록 쌓기로 순차에 대해 쉽게 알아봅시다. 다음과 같은 순서대로 블록을 쌓아 보세요. 어떤 작품이 완성될지 생각해 보고 답을 골라 보세요.

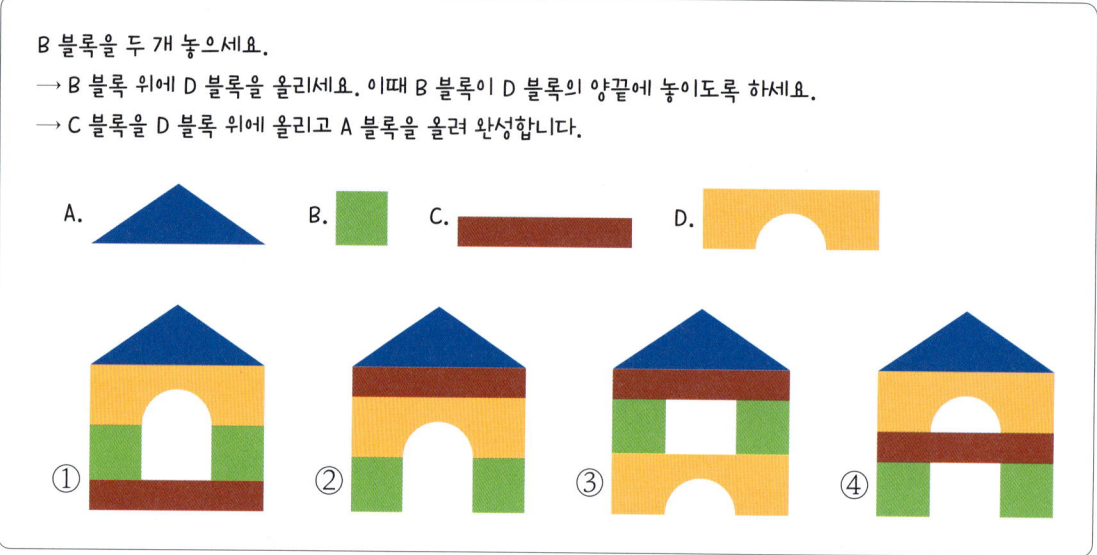

B 블록을 두 개 놓으세요.
→ B 블록 위에 D 블록을 올리세요. 이때 B 블록이 D 블록의 양끝에 놓이도록 하세요.
→ C 블록을 D 블록 위에 올리고 A 블록을 올려 완성합니다.

위 순서대로 블록을 쌓으면 ②번 작품이 완성된다는 것을 알 수 있어요. 만약 설명하는 순서가 바뀐다면 완성된 블록의 모양도 달라지겠죠?

코딩할 때도 마찬가지예요. 명령어를 빠뜨리지 않고 순서대로 넣어야 원하는 결과를 얻을 수 있답니다. 스크래치 프로그래밍에서는 명령 블록을 위에서부터 아래로, 즉 명령을 순차적으로 인식해요. 블록 순서가 바뀌지 않도록 주의하세요.

▶ 정답 및 해설 324쪽

1 <보기>와 같은 아이스크림을 만들어 볼게요. 준비된 재료를 순서대로 쌓아 아이스크림을 완성하려면 어떻게 이동해야 할까요? 아래 조건을 보고 재료가 놓인 사각판 위에 경로를 직접 표시해 보세요.

보기

조건 1 그림과 동일한 아이스크림을 완성해요.
조건 2 재료는 획득한 순서대로 그릇 위에 올려요.
조건 3 이미 지나온 칸으로는 되돌아갈 수 없어요.

신비로운 우주 여행! 달 위를 둥둥

▼ 작품 미리보기

- '순차'의 개념을 이해하고 순서대로 명령을 내려요.
- 스프라이트를 원하는 방향으로 움직여요.
- x, y좌표를 이용해 스프라이트의 위치를 옮겨요.

◀ 이렇게 만들어요

『https://scratch.mit.edu/projects/663798193/』에 접속한 후 시작(▶)을 클릭해 작품을 실행해 보세요.

단계별 코딩 미리보기

1 을 클릭하면 'Robot(로봇)' 스프라이트가 무대의 중심으로 이동하고 'Kiran' 스프라이트는 무대 안을 둥둥 떠다닌다.

2 ←키를 누르면 'Robot(로봇)' 스프라이트가 왼쪽으로 10만큼 이동한다.

3 →키를 누르면 'Robot(로봇)' 스프라이트가 오른쪽으로 10만큼 이동한다.

4 'Kiran' 스프라이트가 움직이다가 무대 벽에 닿으면 튕기는 동작을 반복한다.

스프라이트&블록

❖ 스프라이트와 배경

'Robot(로봇)' 스프라이트	'Kiran' 스프라이트	'Moon(달)' 배경
Robot	Kiran	Moon

❖ 꼭 알아야 할 블록

팔레트	블록	블록 설명
이벤트	클릭했을 때	🚩을 클릭하면 명령이 실행돼요.
	스페이스 키를 눌렀을 때	키보드에서 선택한 키를 눌렀을 때 명령이 실행돼요.
동작	10 만큼 움직이기	스프라이트가 입력된 값만큼 움직여요.
	x: 0 y: 0 (으)로 이동하기	스프라이트가 입력된 x, y좌표로 이 동해요.
	90 도 방향 보기	스프라이트가 입력된 방향으로 회전해요. • 90도 방향 보기(오른쪽) • -90도 방향 보기(왼쪽) • 0도 방향 보기(위쪽) • 180도 방향 보기(아래쪽)
	벽에 닿으면 튕기기	스프라이트가 벽에 닿으면 반대 방향으로 튕겨나요.
	회전 방식을 왼쪽-오른쪽 (으)로 정하기	회전 방식을 '왼쪽-오른쪽', '회전하지 않기', '회전하기' 중에서 정해요.
제어	무한 반복하기	프로젝트가 종료될 때까지 반복 블록 안쪽에 넣은 블록을 계속 실행해요.

WEEK 03

완성파일 | 신비로운 우주 여행을 떠나요.sb3

01 스크래치 웹 사이트에서 [만들기]를 클릭하면 작업 화면이 나타나요. 만약 영어로 표시된다면 화면의 왼쪽 위에 있는 🌐을 클릭해 '한국어'로 변경하세요.

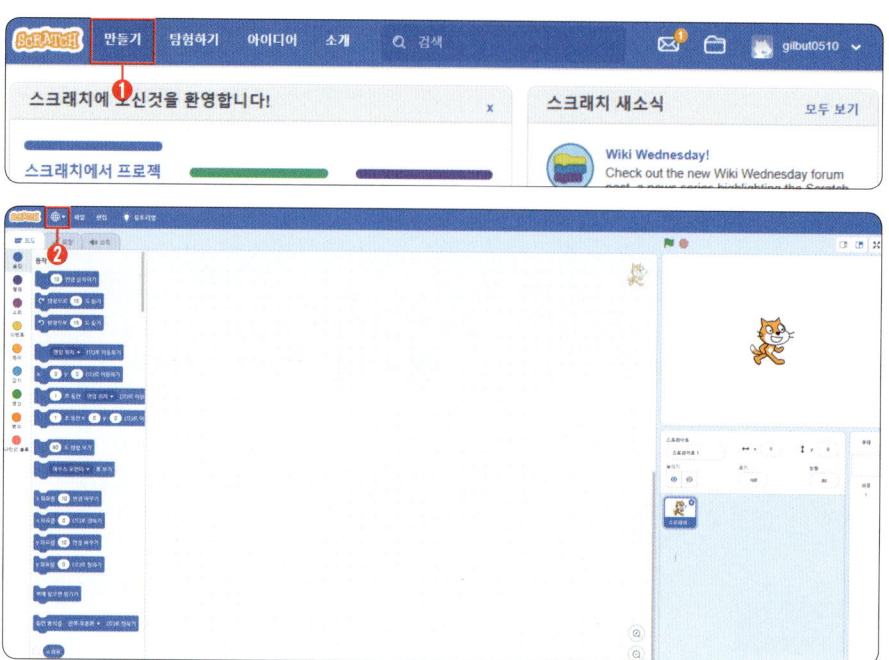

02 'Robot(로봇)' 스프라이트를 추가하기 전에 이미 삽입된 스프라이트를 삭제해야 해요. 화면의 오른쪽 아래에 있는 '스프라이트 1'을 마우스 오른쪽 버튼으로 누른 후 [삭제]를 클릭하고 [스프라이트 고르기] 🐱를 선택하세요.

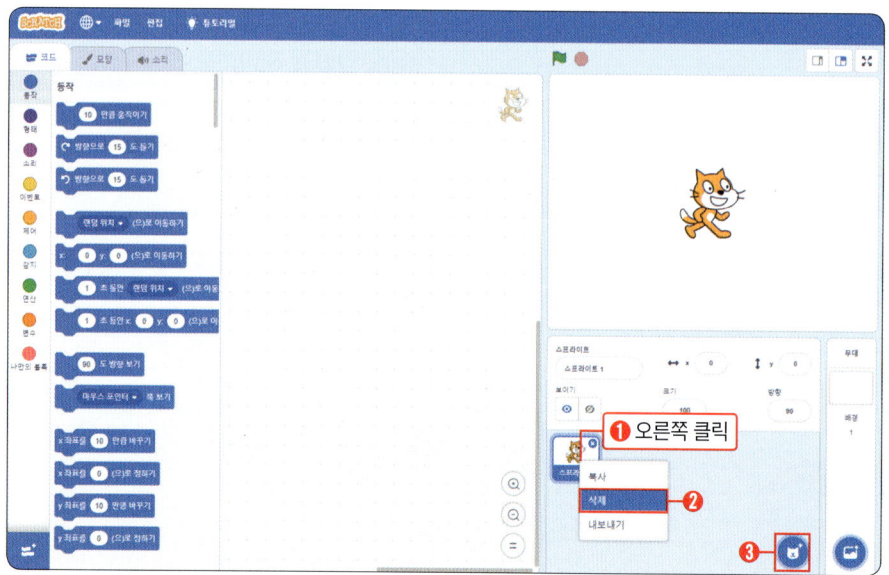

TipTalk 스크래치를 실행하면 고양이 스프라이트가 나타나요. 이 스프라이트를 삭제한 후 예제를 따라하세요.

03 [스프라이트 고르기] 창이 나타나면 [모두]에서 'Robot(로봇)' 스프라이트와 'Kiran' 스프라이트를 찾아 선택하세요. 각각의 스프라이트는 알파벳 순으로 나열돼 있어요. 만약 스프라이트를 찾기 어렵다면 검색 창에 직접 'Robot'과 'Kiran'을 입력하세요.

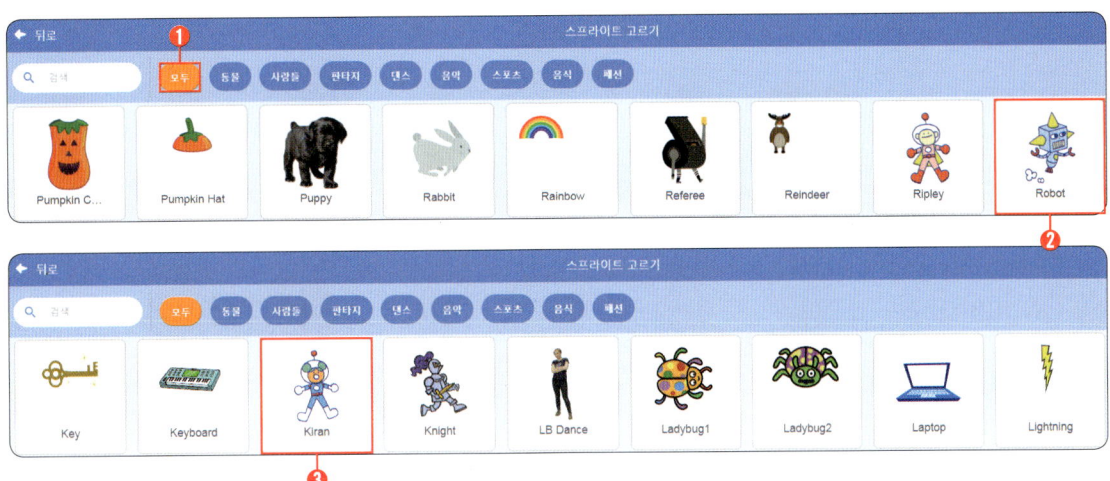

04 이번에는 무대의 배경을 꾸며 볼게요. [무대 정보] 창에서 [배경 고르기] 를 클릭해 [배경 고르기] 창이 나타나면 [모두]에서 'Moon(달)'을 선택하세요. 배경 역시 알파벳 순으로 정렬돼 있고 검색해 찾을 수도 있어요.

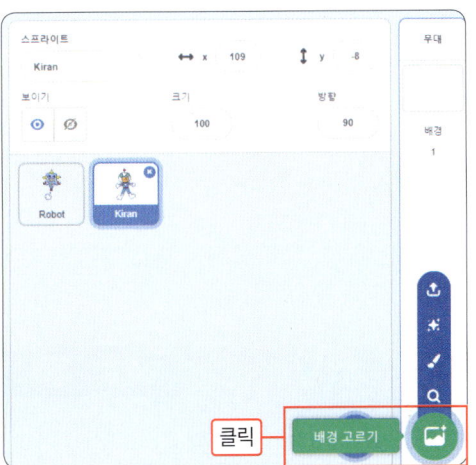

잠깐만요 스프라이트의 이름과 위치 바꾸기

스프라이트의 초기 설정을 바꿔 봅시다. 스프라이트를 드래그해 무대 위의 원하는 위치에 옮겨 놓거나 [스프라이트 정보] 창에서 좌푯값을 수정해 위치를 변경해 보세요. [스프라이트 정보] 창에서는 스프라이트의 이름과 크기를 정할 수도 있어요. 'Robot'을 '로봇'으로 바꿔 보고 100으로 정해져 있는 크기도 줄이거나 늘려 보세요.

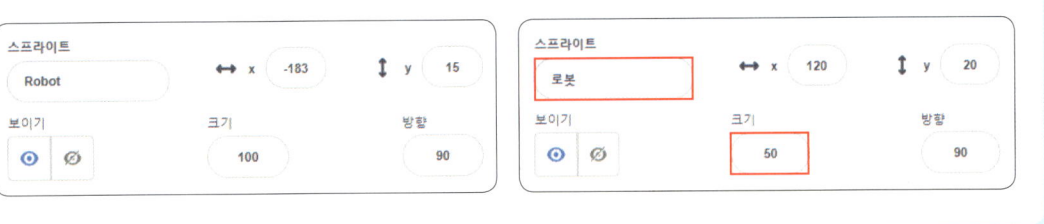

STEP 01 스프라이트를 무대의 중심으로 옮기기

🟢을 클릭했을 때 'Robot(로봇)' 스프라이트가 무대의 중심으로 이동하도록 해 볼게요.

❶ 'Robot(로봇)' 스프라이트를 선택한 후 [이벤트] 팔레트의 [클릭했을 때] 블록을 코드 창으로 드래그해 가져오세요.

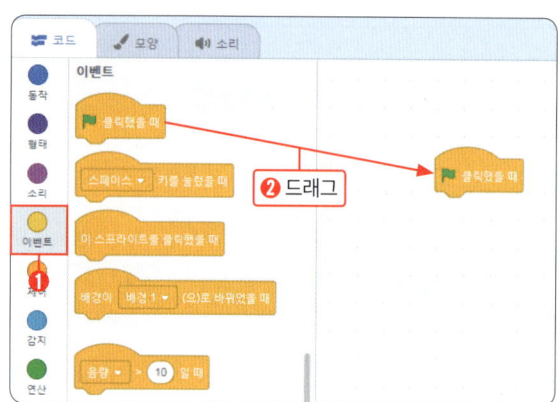

> **TipTalk** 코드 창으로 옮겨 놓은 블록을 삭제하고 싶다면 해당 블록을 블록 리스트로 드래그해 다시 가져다 놓으면 돼요. 물론 마우스 오른쪽 버튼을 클릭한 후 '블록 삭제하기'를 선택해도 된답니다.

❷ [동작] 팔레트의 [x: 0 y: 0 (으)로 이동하기] 블록을 ❶ 과정의 블록 아래에 연결한 후 좌푯값을 'x: 0, y: 0'으로 수정하세요. 이 값은 무대의 중앙을 나타내는 좌표입니다.

> **TipTalk** x, y좌표를 이용하면 무대에서 스프라이트의 위치를 나타낼 수 있어요. x좌표는 좌우의 위치, y좌표는 상하의 위치를 나타내요.
> 그림에서 로봇은 무대의 중앙인 'x: 0, y: 0' 지점에 위치하고 있어요. 로봇의 x좌표는 중앙에서 오른쪽으로 이동하면 플러스(+) 값, 왼쪽으로 이동하면 마이너스(-) 값으로 바뀌고 y좌표는 위쪽으로 이동하면 플러스(+) 값, 아래쪽으로 이동하면 마이너스(-) 값으로 바뀐답니다.
> 좌표에 대한 자세한 내용은 49쪽에서 알아볼게요.

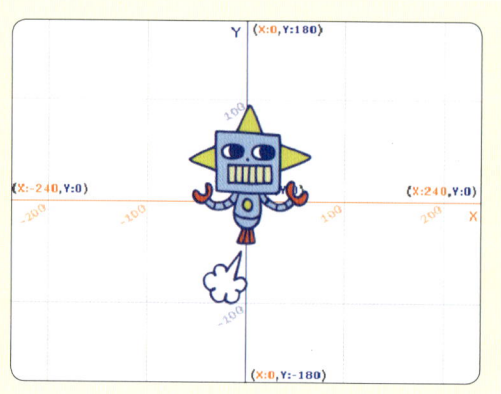

STEP 02   방향 키를 눌러 스프라이트 옮기기

→ 키를 누르면 오른쪽, ← 키를 누르면 왼쪽으로 이동하도록 해 볼게요.

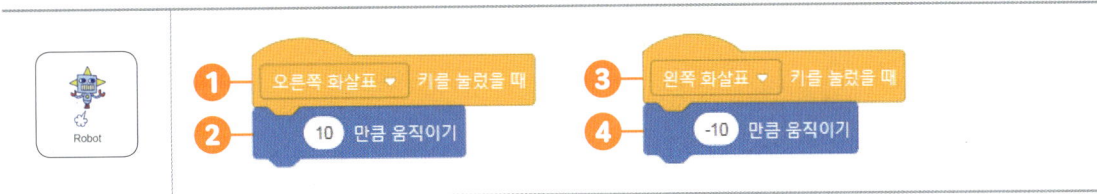

① 　 이벤트 팔레트의 　스페이스 키를 눌렀을 때 　블록을 코드 창으로 가져온 후 '스페이스'를 클릭해 '오른쪽 화살표'를 선택하고 　오른쪽 화살표 키를 눌렀을 때 　와 같이 수정하세요. 그런 다음 코드 창의 빈곳에 배치하세요. 명령 블록을 새로 시작하는 것이므로 다른 블록과 연결되지 않도록 주의하세요.

② 'Robot(로봇)' 스프라이트를 옮기기 위해 　동작 팔레트의 　10 만큼 움직이기 　블록을 코드 창으로 가져와 ① 과정의 블록 아래에 연결하세요.

> **TipTalk** 스프라이트의 기본값은 '90도 방향 보기' 　로 설정돼 있어요. 방향을 변경하지 않은 채 　10 만큼 움직이기 　블록을 실행하면 스프라이트가 90도 방향, 즉 오른쪽으로 10만큼 이동해요. 이동 방향을 나타내는 숫자 앞에 마이너스(-)를 붙이면 반대 방향으로 움직일 수 있어요. '-90도 방향 보기'로 변경한 후 같은 블록을 실행하면 스프라이트가 -90도 방향인 왼쪽으로 10만큼 이동합니다.

③ 이번에는 'Robot(로봇)' 스프라이트가 왼쪽으로 이동하도록 해 볼게요. 　이벤트 팔레트의 　스페이스 키를 눌렀을 때 　블록을 드래그해 코드 창의 빈곳에 배치하세요. 이때 ② 과정의 블록과 연결하면 안 돼요. '스페이스'를 클릭해 '왼쪽 화살표'로 수정하세요.

④ 　동작 팔레트의 　10 만큼 움직이기 　블록을 가져와 ③ 과정의 블록 아래에 연결한 후 값을 '-10'으로 수정하세요. 숫자 앞에 '마이너스(-)'가 붙으면 스프라이트가 반대 방향인 왼쪽으로 이동합니다.

STEP 03   스프라이트를 무대 안에서 랜덤으로 이동시키기

우주인 친구 'Kiran' 스프라이트가 달에서 둥둥 떠다니도록 해 볼게요.

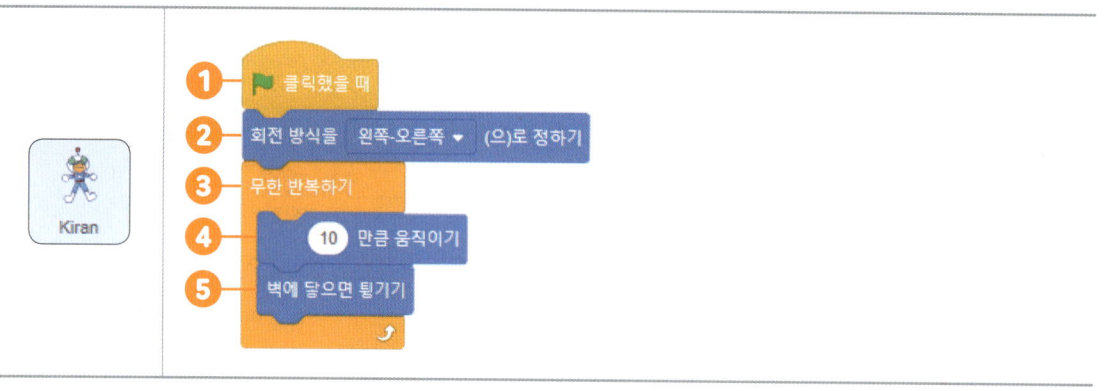

① [스프라이트 정보] 창에서 'Kiran' 스프라이트를 클릭한 후 ![이벤트] 팔레트의 ![클릭했을 때] 블록을 코드 창으로 가져오세요.

② 'Kiran' 스프라이트가 이동할 때 거꾸로 뒤집어지지 않도록 ![동작] 팔레트의 ![회전 방식을 왼쪽-오른쪽 (으)로 정하기] 블록을 가져와 ① 과정의 블록 아래에 연결하세요.

잠깐만요   스프라이트의 이동 방향 바꾸기

![동작] 팔레트의 ![90 도 방향 보기] 블록을 이용하면 스프라이트의 이동 방향을 바꿀 수 있어요. 새로운 스프라이트로 예를 들어 볼게요. ![90 도 방향 보기] 블록의 '90'을 클릭한 후 숫자를 수정하세요.

❸ 'Kiran' 스프라이트가 멈추지 않고 계속 떠다니도록 해 볼게요.  팔레트의  블록을 가져와 ❷ 과정의 아래에 연결하세요.

❹ [동작] 팔레트의 [10 만큼 움직이기] 블록을 ❸ 과정의 블록 안쪽에 넣으세요.

❺ 스프라이트가 무대 안에서만 움직이도록 [동작] 팔레트의 [벽에 닿으면 튕기기] 블록을 가져와 ❹ 과정의 블록 아래 연결하세요

잠깐만요 — 스프라이트의 회전 방향 정하기

스프라이트의 기본 방향이 90도로 설정되어 있기 때문에 [10 만큼 움직이기] 와 [벽에 닿으면 튕기기] 를 계속 반복하면 왼쪽, 오른쪽으로만 움직입니다. 다른 방향으로도 움직이도록 해 볼게요. 'Kiran' 스프라이트를 선택하고 [스프라이트 정보] 창에서 '방향'의 값을 수정해 보세요.

[회전 방식을 왼쪽-오른쪽 (으)로 정하기] 블록을 이용해 설정하는 회전 방식을 선택하는 경우에도 [스프라이트 정보] 창에서 '방향'을 설정할 수 있어요.

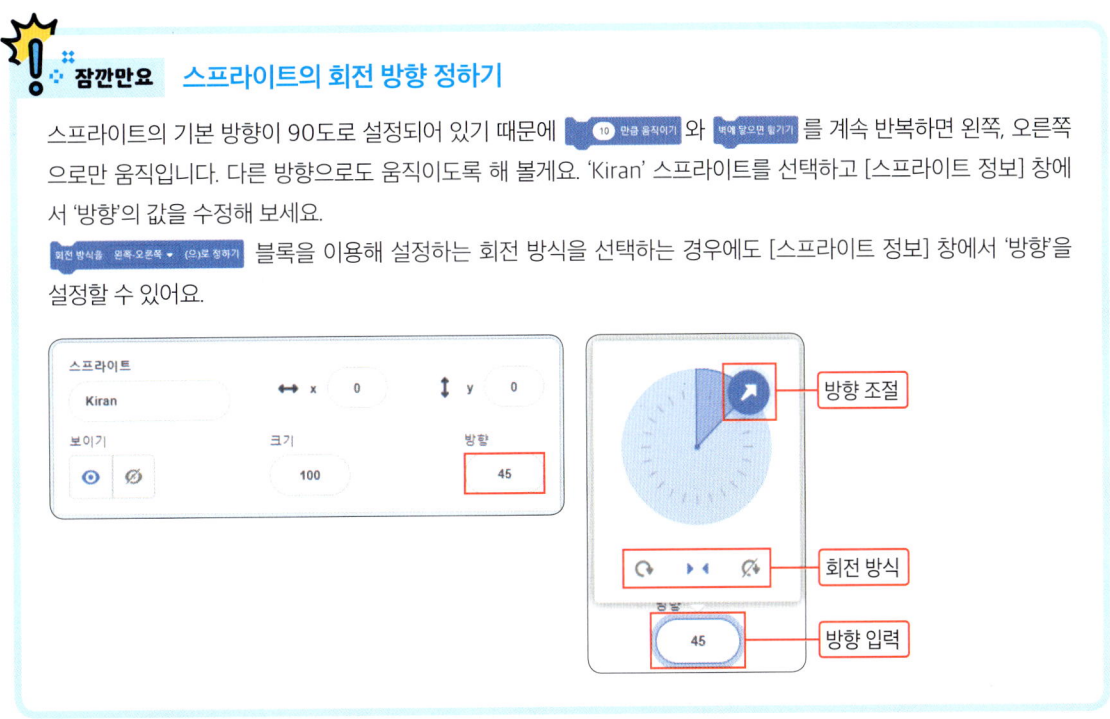

전체 코드 CHECK!

잠깐만요 — 바꾸기 vs. 정하기 블록

바꾸기 블록을 이용하면 기존 값에서 입력된 값만큼 더해지고 정하기 블록을 이용하면 입력된 값으로 설정됩니다. 예를 들어 원래 크기가 '100'이었을 때 `크기를 10 만큼 바꾸기` 블록을 사용하면 크기가 '110'으로 늘어나요. 반면 `크기를 10 %로 정하기` 블록을 사용하면 하면 기존 크기가 '100'인 것과 상관없이 '10'으로 변경된답니다.
아래 표를 통해 더 많은 바꾸기와 정하기 블록들을 알아봅시다.

한걸음 더! 핵심 정리

스프라이트의 위치를 나타내는 x, y좌표 알아보기

스크래치의 무대 화면은 가로축과 세로축으로 구성돼 있어요. 가로축의 위치를 나타내는 것이 x좌표, 세로축의 위치를 나타내는 것이 y좌표랍니다. x좌표의 범위는 '-240'에서 '240'까지, y좌표의 범위는 '-180'에서 '180'까지예요.

x, y좌표는 무대 중심인 'x: 0, y: 0'을 기준으로 표시합니다. 좌푯값을 이용하면 스프라이트의 위치를 나타낼 수 있다는 것을 배웠어요. 이번에는 스프라이트의 위치가 좌푯값에 따라 어떻게 달라지는지 아래 그림을 통해 살펴봅시다.

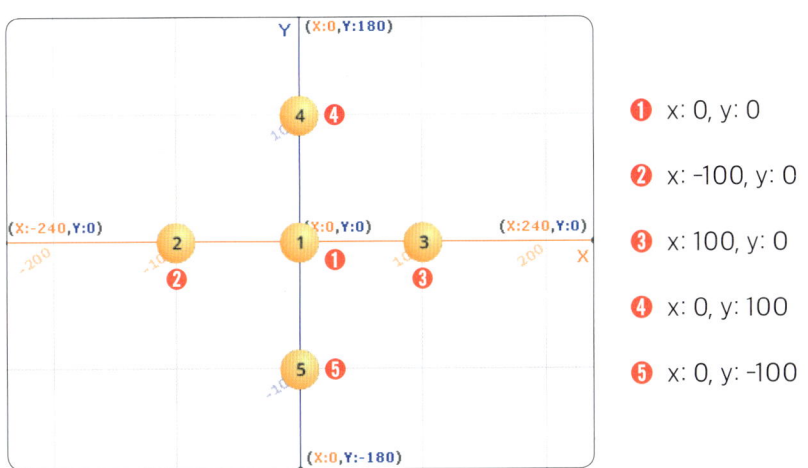

❶ x: 0, y: 0
❷ x: -100, y: 0
❸ x: 100, y: 0
❹ x: 0, y: 100
❺ x: 0, y: -100

이번에는 `10 만큼 움직이기` 블록을 이용하지 않고도 스프라이트를 움직이는 방법을 알아봅시다. 스프라이트를 선택하고 `동작` 팔레트에서 `x: 0 y: 0 (으)로 이동하기` 블록을 코드 창으로 드래그해 가져오세요. 'x: 0, y: 0'을 'x: 100, y: -100'으로 수정하면 스프라이트가 입력된 위치로 이동합니다.

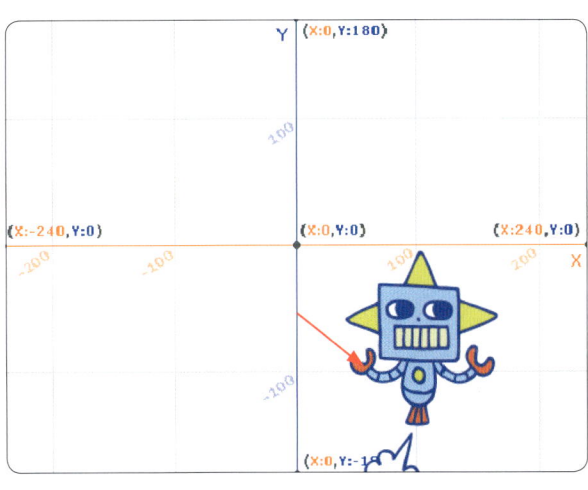

◀ 정답코드 확인
http://gilbut.co/
c/22073360IJ

이렇게 만들어요! ▶
https://scratch.mit.edu/
projects/311956688/

x, y 좌푯값을 이용해 'Robot(로봇)' 스프라이트를 이동시켜 보세요.

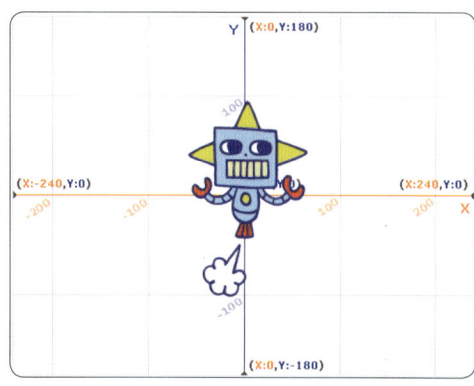
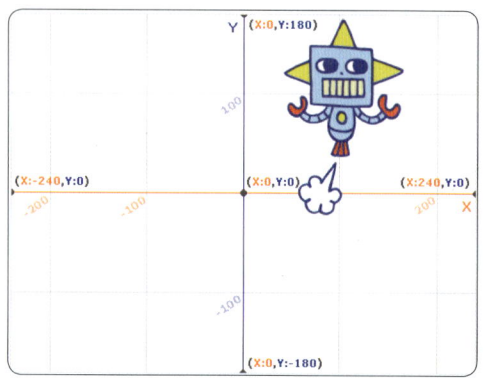

스프라이트와 배경

'Robot(로봇)' 스프라이트	'Xy-grid' 배경
Robot	Xy-grid

미션 1 `x 좌표를 10 만큼 바꾸기` 와 `y 좌표를 10 만큼 바꾸기` 블록을 이용해 →, ←, ↑, ↓ 키를 누르면 스프라이트가 해당 방향으로 10만큼 이동하도록 해 보세요.

미션 2 Spacebar 키를 눌렀을 때 스프라이트가 위로 10만큼 올라갔다가 제자리로 내려오도록 만들어 보세요.

⟨ 힌트 ⟩

1. 좌표의 플러스(+), 마이너스(-) 값을 바꾸면 오른쪽 또는 왼쪽 방향으로 움직일 수 있어요.

2. y좌표의 플러스(+), 마이너스(-) 값을 바꾸면 위쪽 또는 아래쪽 방향으로 움직일 수 있어요.

컴퓨터의 언어, 이진 코드

사람들은 자신의 생각을 전달하기 위해 여러 가지 수단을 사용해 왔어요. 말로 직접 전달하기도 하고 그림이나 숫자, 문자와 같은 기호들을 활용하기도 하죠. 기호를 이용해 소통하려면 그 기호에 대한 규칙을 정해야겠죠? 하나의 정보를 다른 형태로 변환하기 위한 규칙을 '코드(Code)'라고 해요.

컴퓨터 역시 정보를 인식할 때 기호를 사용하는데, 사람과 다르게 '0'과 '1'만을 이용해 모든 정보를 처리해요. 이와 같이 두 가지의 기호만 사용하기 때문에 컴퓨터의 언어를 '이진 코드'라고 부른답니다.

컴퓨터를 활용해 정보를 처리하기 위해서는 사람이 사용하는 코드를 컴퓨터가 해석할 수 있는 이진 코드로 변환하는 과정이 필요해요. 그렇다면, 컴퓨터가 이진 코드를 이용해 정보를 이해하는 과정을 알아볼까요?

토끼와 고양이의 그림 중 하나를 화면에 나타내는 컴퓨터가 있다고 상상해 봅시다. 토끼나 고양이를 화면에 표시하기 위해서는 컴퓨터에 신호를 보내야 하는데, 이 신호는 다음과 같이 정의할 수 있어요.

> 0 - 토끼 , 1 - 고양이

이렇게 컴퓨터가 해석할 수 있는 신호인 '0', '1'과 인간이 이해할 수 있는 기호인 '토끼', '고양이' 그림을 연결하면 컴퓨터를 이용해 정보를 처리할 수 있어요. 컴퓨터에 '0' 신호를 보냈을 때 토끼 그림, '1' 신호를 보냈을 때 고양이 그림을 전달받을 수 있는 것이죠.

이진 코드만으로는 정보를 나타내기 어려울 것 같나요? 그렇지만 컴퓨터는 '0'과 '1'을 다양하게 조합해 이용하기 때문에 문자뿐 아니라 음성, 영상 등의 정보를 얼마든지 표현할 수 있어요.

이번에 배울 핵심 기능 ▶ 동작, 소리

음악에 맞춰 춤을 춰요

> **코딩 개념 이해 쏙쏙** 동작과 소리를 생생하게 표현할 수 있어요!

게임을 하거나 영화를 볼 때 소리가 들리지 않는다고 생각해 보세요. 배경 음악뿐 아니라 캐릭터의 동작 효과음까지 들리지 않는다면 아무리 재미있는 내용이라도 금세 싫증나겠죠?

장면을 좀 더 생생하게 표현하려면 다양한 효과음이 꼭 필요해요. 스크래치로 프로젝트를 만들 때도 소리를 활용할 수 있어요. 소리를 추가해 실감나는 장면을 연출해 봅시다. 또한 스프라이트의 동작을 조금씩 바꾸면 스프라이트가 움직이는 것처럼 보여요.

이번에는 스프라이트에 다양한 효과를 적용해 볼게요. 스프라이트가 애니메이션 캐릭터처럼 움직이고 대화를 나누며 음악에 맞춰 춤을 춘다면 애니메이션을 보는 것과 같은 느낌이 들겠죠? 재미있는 프로젝트를 만들어 봅시다.

코딩 활용 퀴즈

▶ 정답 및 해설 324쪽

1 축구 경기에 참가한 민우의 모습을 사진으로 촬영해 봤어요. 이런! 골대로 멋지게 달려가다가 공을 잘못 차서 넘어지는 모습이 찍혔네요. <보기>를 보고 사진이 촬영된 순서대로 번호를 적어 보세요.

( ) → ( ) → ( )

2 봄, 여름, 가을, 겨울을 생각하면 머릿속에 딱 떠오르는 이미지가 있지요? 각각의 이미지에 맞는 색과 장면을 선으로 연결해 보세요.

신나는 댄스 배틀

▼ 작품 미리보기

- 스프라이트의 움직임을 표현해요.
- 다양한 소리를 추가해 재미있는 장면을 연출해요.
- 스프라이트 사이의 대화를 표현해요.

◀ 이렇게 만들어요

『https://scratch.mit.edu/projects/663800437/』에 접속한 후 시작(▶)을 클릭해 작품을 실행해 보세요.

단계별 코딩 미리보기

1 🏁을 클릭하면 'Cassy Dance' 스프라이트가 "우리 댄스배틀 어때?"라고 말한다.

2 'Champ99' 스프라이트가 "좋아, 긴장하라고! 나 밤새 연습한 사람이야."라고 말한다.

3 'Cassy Dance' 스프라이트를 클릭하면 음악에 맞춰 춤을 춘다.

4 'Champ99' 스프라이트를 클릭하면 음악에 맞춰 춤을 춘다.

스프라이트&블록

❖ 스프라이트와 배경

'Cassy Dance' 스프라이트	'Champ99' 스프라이트	'Concert(콘서트)' 배경
Cassy Dance	Champ99	Concert

❖ 꼭 알아야 할 블록

팔레트	블록	블록 설명
형태	안녕! 을(를) 2 초 동안 말하기	입력한 내용이 지정된 시간 동안 말풍선에 나타나요.
	안녕! 말하기	입력한 내용이 말풍선으로 나타나요.
	음... 생각하기	입력한 내용이 생각하는 말풍선으로 나타나요.
	다음 모양으로 바꾸기	스프라이트를 [모양] 목록의 다음 모양으로 바꿔요.
	크기를 100 %로 정하기	스프라이트의 크기를 입력한 값으로 설정해요.
소리	야옹 ▼ 끝까지 재생하기	선택한 소리를 끝까지 재생한 후 다음 블록을 실행해요.
	야옹 ▼ 재생하기	선택한 소리를 재생함과 동시에 다음 블록을 실행해요.
이벤트	이 스프라이트를 클릭했을 때	스프라이트를 클릭하면 명령이 실행돼요.
제어	1 초 기다리기	입력한 시간 동안 실행을 멈추고 기다려요.
	10 번 반복하기	안쪽의 블록을 입력한 횟수만큼 반복해서 실행해요.

01 스크래치 메뉴의 [만들기]을 클릭하면 작품을 만들 수 있는 작업 화면이 나타나요. 화면의 오른쪽 아래에 있는 '스프라이트1'을 마우스 오른쪽 버튼으로 누른 후 [삭제]를 클릭하고 [스프라이트 고르기] 를 클릭하세요.

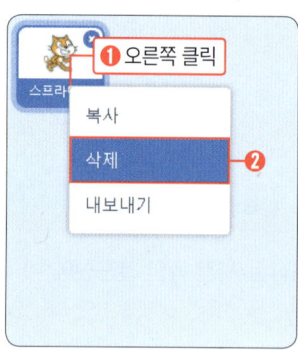

TipTalk 스프라이트의 ⓧ를 클릭해도 스프라이트를 삭제할 수 있어요.

02 'Cassy Dance'와 'Champ99' 스프라이트를 추가해 봅시다. [스프라이트 고르기] 창이 나타나면 [댄스]에서 'Cassy Dance'와 'Champ99' 스프라이트를 선택하세요.

03 무대의 배경을 꾸미기 위해 화면의 오른쪽 아래에 있는 [무대 정보] 창에서 [배경 고르기] 를 클릭한 후 [실내]에서 'Concert(콘서트)' 배경을 선택하세요.

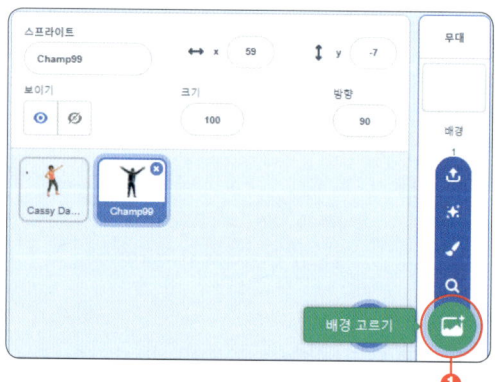

04 무대에 놓인 'Cassy Dance'와 'Champ99' 스프라이트를 드래그해 적당한 위치에 배치하세요. 스프라이트가 춤을 추려면 음악이 있어야겠죠? 코딩을 진행하기 전에 소리를 추가해 봅시다.

'Cassy Dance' 스프라이트를 클릭한 후 [소리] 탭으로 이동하세요. 를 클릭해 기존에 저장돼 있는 소리 'dance around'를 삭제한 후 화면의 왼쪽 아래에 있는 [소리 고르기] 를 클릭하세요.

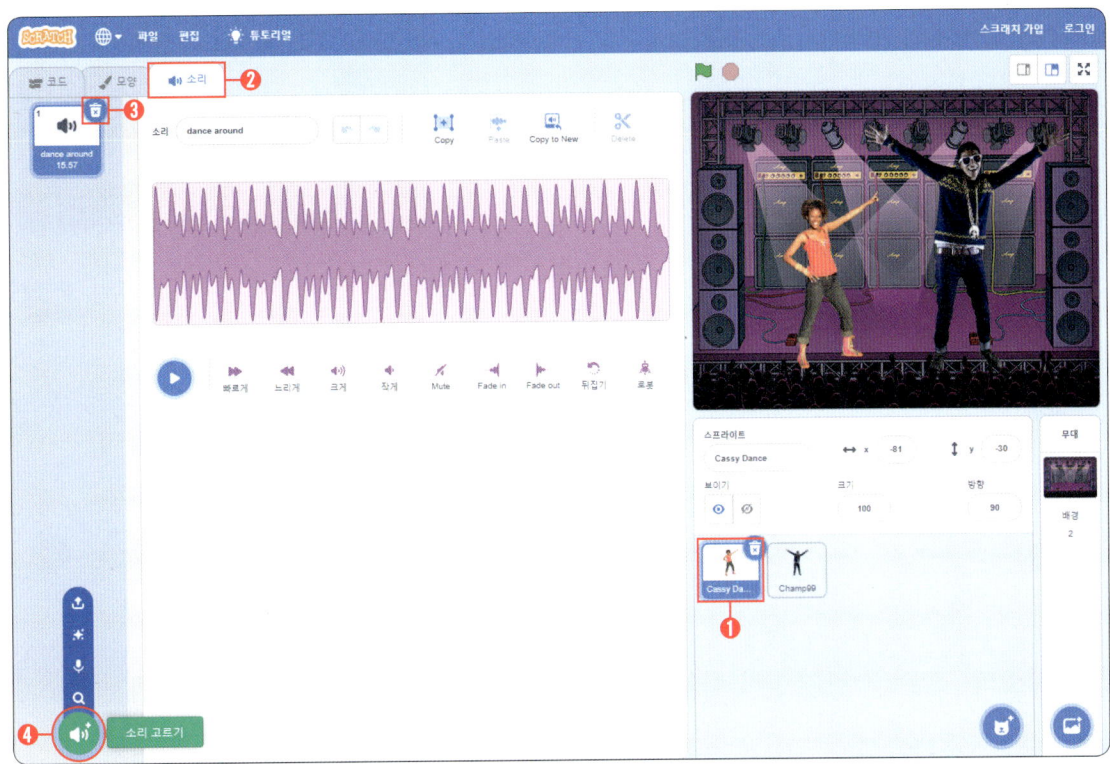

05 [소리 고르기] 창이 나타나면 [반복]에서 'Techno', [목소리]에서 'Cheer'를 불러오세요.

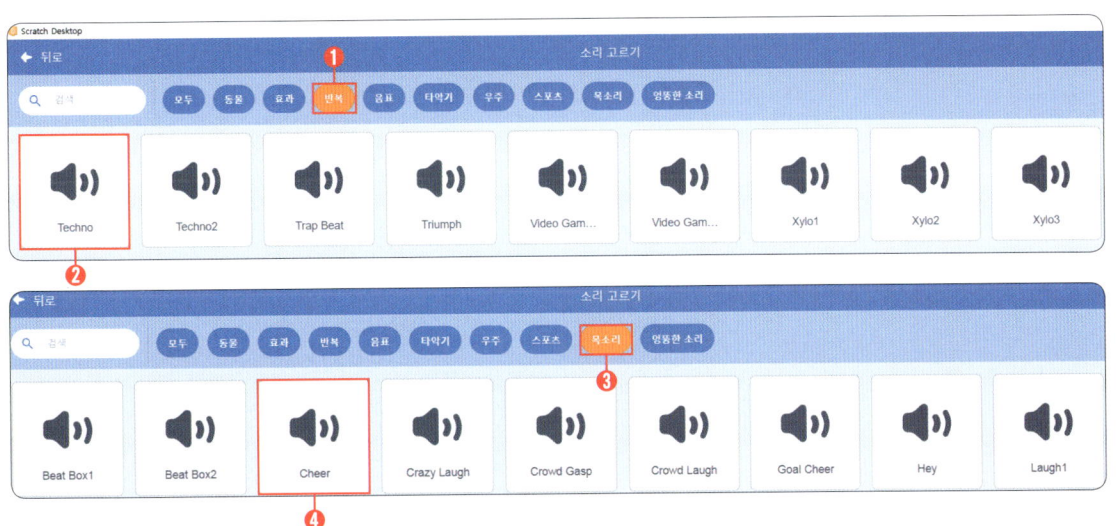

06 'Champ99' 스프라이트에도 소리를 추가해 볼까요? '소리' 효과는 각각의 스프라이트에 따라 추가해야 해요. 'Champ99' 스프라이트를 선택한 후 **04** 과정과 같은 방법으로 'dance celebrate' 소리를 삭제하세요. 그리고 [소리 고르기] 를 클릭하세요.

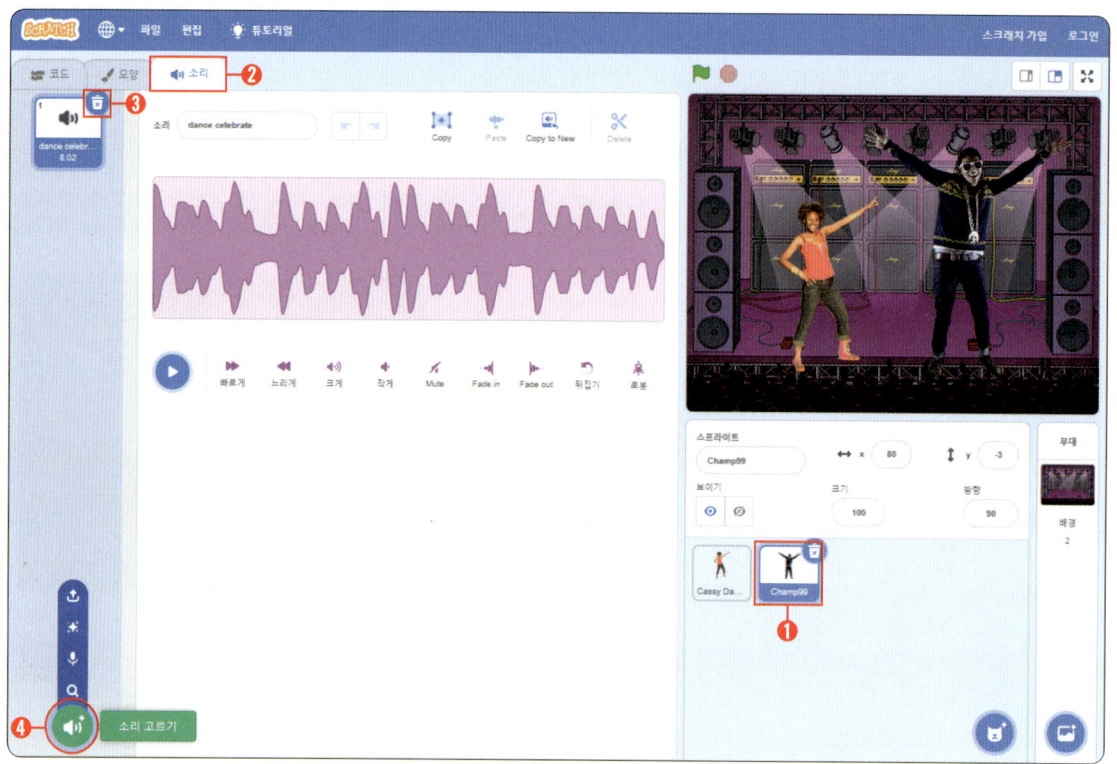

07 [소리 고르기] 창이 나타나면 [반복]에서 'Dance Around', [목소리]에서 'Goal Cheer'를 불러오세요.

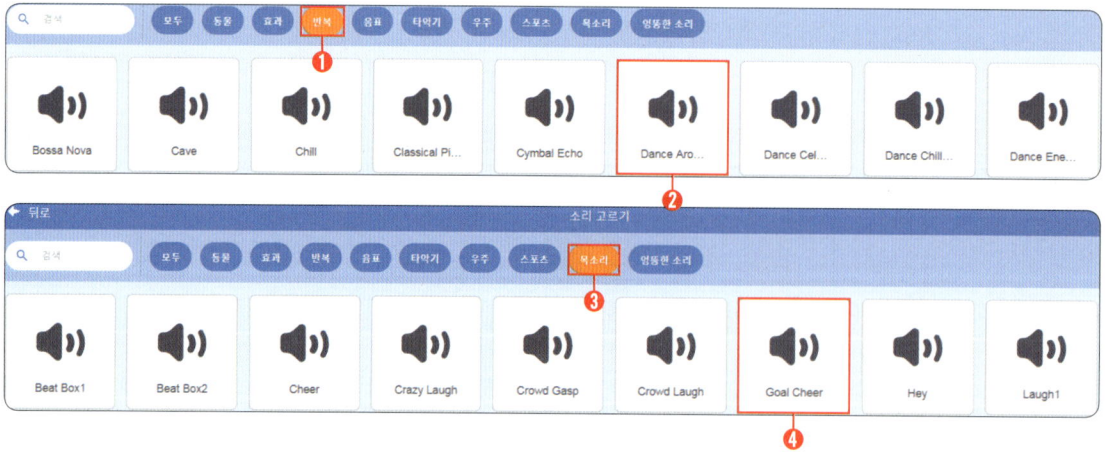

STEP 01 'Cassy Dance' 스프라이트 대화 만들기

🏁을 클릭했을 때 'Cassy Dance' 스프라이트가 대화를 시작하도록 해 볼게요.

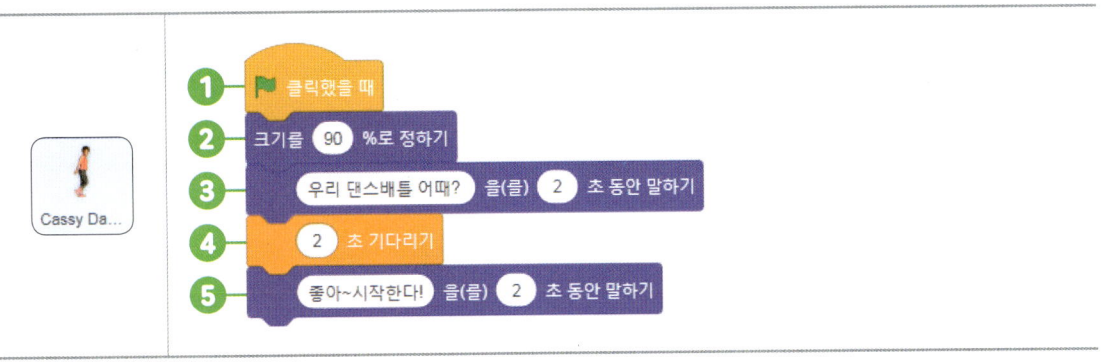

① 이벤트 팔레트의 🏁클릭했을 때 블록을 드래그해 코드 창에 배치하세요.

② 스프라이트의 크기를 줄이기 위해 형태 팔레트에서 크기를 100 %로 정하기 블록을 가져와 연결한 후 '100'을 '90'으로 수정하세요.

③ 스프라이트가 말을 하도록 형태 팔레트의 안녕! 을(를) 2 초 동안 말하기 블록을 가져와 ② 과정의 아래에 연결한 후 '안녕!'을 '우리 댄스배틀 어때?'로 수정하세요.

잠깐만요 | 대화 장면을 코딩할 때 꼭 필요한 '기다리기' 블록

명령과 명령 사이에 시간차를 둬야 할 때는 1 초 기다리기 블록을 사용해요.
예를 들어 끝말잇기를 하는 상황에서 한 스프라이트가 "끝말잇기 하자~ 과자."라고 말하는 동안 다른 스프라이트가 기다리도록 만들어야 해요. 그후에도 단어를 번갈아가며 말할 때마다 서로 기다려야 하죠. 1 초 기다리기 블록을 사용하면 명령과 명령 사이에 시간차를 두고 대화하는 장면을 표현할 수 있어요.

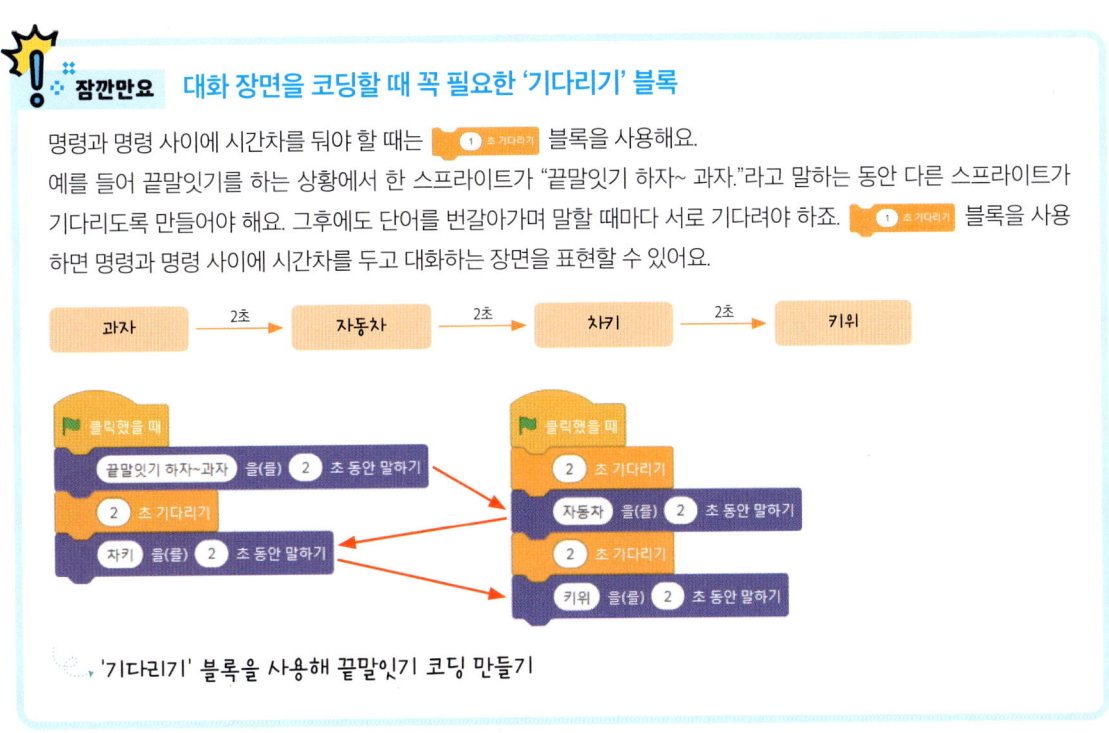

↳ '기다리기' 블록을 사용해 끝말잇기 코딩 만들기

❹ 상대방 스프라이트가 말하는 동안 'Cassy Dance' 스프라이트가 잠시 기다려야 하므로 제어 팔레트에서 1초 기다리기 블록을 드래그해 과정의 블록 아래에 연결하고 '1'을 '2'로 수정하세요.

❺ 형태 팔레트에서 안녕! 을(를) 2초 동안 말하기 블록을 가져와 ❹ 과정의 아래에 연결한 후 '안녕!'을 '좋아~ 시작한다!'로 수정하세요.

> **TipTalk** '생각하기' 말풍선을 표현하고 싶다면 음 을(를) 2초 동안 생각하기 블록을 사용하세요.

STEP 02 'Champ99' 스프라이트 대화 만들기

'Cassy Dance' 스프라이트가 대화를 시작하고 'Champ99' 스프라이트가 그 뒤를 이어 대화할 수 있도록 해 볼게요.

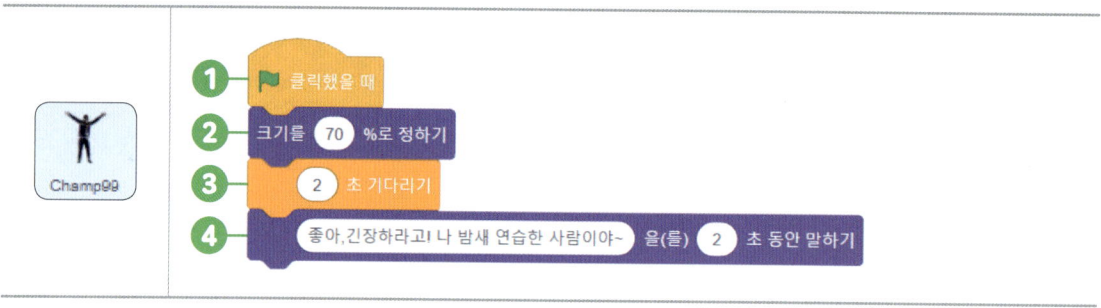

❶ 이벤트 팔레트의 ▶ 클릭했을 때 블록을 드래그해 코드 창에 배치하세요.

❷ 'Champ99' 스프라이트의 크기를 줄이기 위해 형태 팔레트에서 크기를 100%로 정하기 블록을 가져와 연결한 후 값을 '100'에서 '70'으로 수정하세요.

❸ 'Cassy Dance' 스프라이트가 말하는 동안 'Champ99' 기다려야 하므로 제어 팔레트의 1초 기다리기 블록을 ❷ 과정의 블록 아래에 연결한 후 '1'을 '2'로 수정하세요.

❹ 이번에는 'Champ99' 스프라이트가 대답하도록 해 볼게요. 형태 팔레트의 안녕! 을(를) 2초 동안 말하기 블록을 드래그해 연결한 후 '안녕!'을 '좋아, 긴장하라고! 나 밤새 연습한 사람이야~'로 수정하세요.

STEP 03   스프라이트를 클릭하면 춤추도록 만들기

[모양] 탭에 있는 여러 가지 동작을 이용해 'Cassy Dance' 스프라이트와 'Champ99' 스프라이트가 춤을 추도록 해 볼게요.

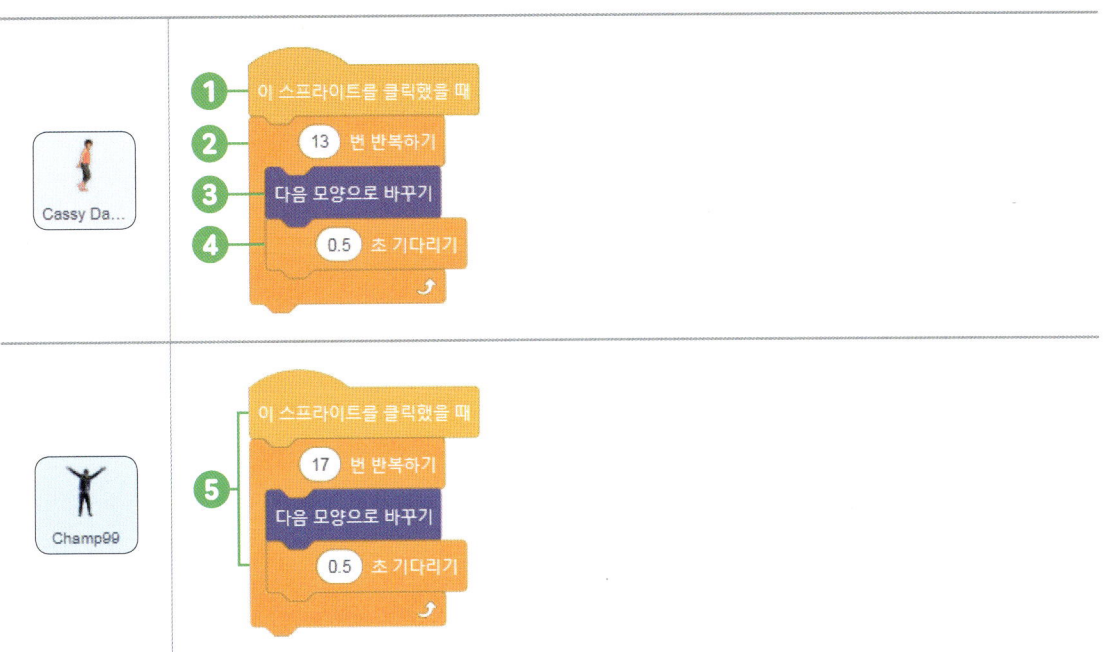

❶ 'Cassy Dance' 스프라이트를 선택한 후 [이벤트] 팔레트에서 '이 스프라이트를 클릭했을 때' 블록을 드래그해 코드 창에 배치하세요.

❷ [제어] 팔레트에서 '10번 반복하기' 블록을 가져와 연결한 후 '10'을 '13'으로 수정하세요. 음악이 끝나는 시간에 맞춰 동작을 멈추도록 반복 횟수를 13번으로 정했어요.

❸ [형태] 팔레트의 '다음 모양으로 바꾸기' 블록을 코드 창의 빈곳에 배치하세요.

❹ 스프라이트의 모양이 너무 빨리 바뀌지 않도록 [제어] 팔레트의 '1초 기다리기' 블록을 가져와 ❸ 과정의 아래에 연결한 후 '1'을 '0.5'로 수정하세요. 그후 ❷ 과정 '13번 반복하기' 블록의 안쪽에 넣으세요.

★중요해요

5 'Champ99' 스프라이트 역시 같은 명령 블록을 사용해요.

'Cassy Dance' 스프라이트를 선택한 후 코드 창에서 복사하려는 블록을 드래그해 [스프라이트 정보] 창에 있는 'Champ99' 스프라이트 위에 올려놓으세요. 'Champ99' 스프라이트가 파란색으로 변하면서 흔들리는 것을 볼 수 있죠? 누르고 있던 마우스 왼쪽 버튼에서 손을 떼면 블록이 붙여 넣기됩니다.

6 복사된 반복하기 블록 값을 '13'에서 '17'로 수정하세요. 음악이 끝나는 시간에 맞춰 춤추는 동작을 멈춰야 하기 때문이에요.

잠깐만요 · 스프라이트의 다양한 모양 이용하기

스프라이트는 보이는 것보다 많은 모양을 갖고 있어요. 처음 스프라이트를 불러왔을 때는 한 가지 모습만 보이지만 스프라이트를 선택한 후 코드 창 위에 있는 [모양] 탭을 클릭하면 다양한 모양을 확인할 수 있답니다. 'Cassy Dance' 스프라이트를 선택하고 [모양] 탭을 클릭하면 총 네 가지 모양이 있다는 것을 확인할 수 있어요.

서로 다른 모양들이 연속으로 나타나면 'Cassy Dance' 스프라이트가 움직이는 것처럼 보이겠죠? 제어 팔레트의 '반복하기' 블록을 이용하면 여러 모양이 반복해 나타나도록 할 수 있어요.

STEP 04 'Cassy Dance' 스프라이트를 클릭했을 때 소리 재생하기

댄스배틀에 음악이 빠질 수 없겠죠? 소리를 재생하는 방법을 알아볼게요.

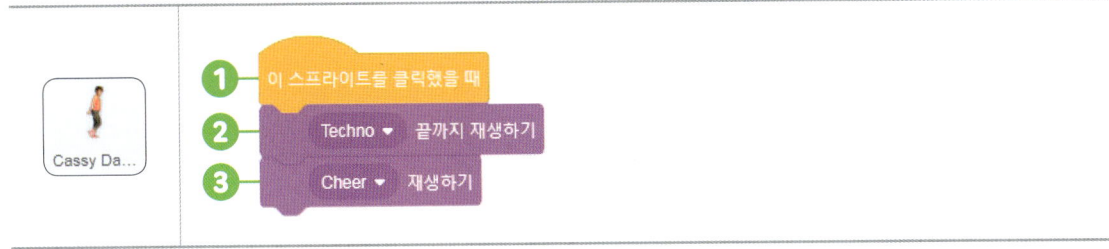

❶ ![이벤트] 팔레트의 `이 스프라이트를 클릭했을 때` 블록을 코드 창의 빈곳에 배치하세요.

❷ 'Cassy Dance' 스프라이트가 춤을 출 때 'Techno' 음악이 재생되도록 ![소리] 팔레트의 `Techno 끝까지 재생하기` 블록을 가져와 ❶ 과정의 아래에 연결하세요.

❸ 'Techno' 음악이 끝난 후 'Cheer' 소리가 재생되도록 해 볼게요. ![소리] 팔레트의 `Techno 재생하기` 블록을 가져와 연결한 후 'Techno'를 'Cheer'로 수정하세요.

STEP 05 'Champ99' 스프라이트를 클릭했을 때 소리 재생하기

'Champ99' 스프라이트를 클릭했을 때도 소리가 재생되도록 해 볼게요.

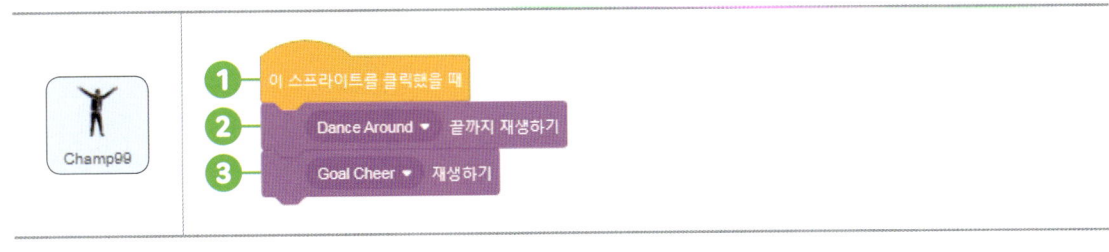

❶ ![이벤트] 팔레트에서 `이 스프라이트를 클릭했을 때` 블록을 드래그해 코드 창에 배치하세요.

❷ ![소리] 팔레트의 `Dance Around 끝까지 재생하기` 블록을 가져와 연결하세요.

❸ 음악이 끝나면 환호성이 재생되도록 ![소리] 팔레트에서 `Dance Around 재생하기` 블록을 가져와 ❷ 과정의 블록 아래에 연결한 후 소리를 'Goal Cheer'로 수정하세요.

잠깐만요 ‘끝까지 재생하기’와 ‘재생하기’ 블록의 차이점 알아보기

[Techno ▾ 끝까지 재생하기] 블록을 이용하면 음악이 끝까지 재생된 후 다음 블록이 실행되는 반면, [Techno ▾ 재생하기] 블록을 이용하면 음악이 흘러나옴과 동시에 다음 명령이 실행돼요. 그렇다면 코딩에서 [Techno ▾ 끝까지 재생하기] 블록을 [Techno ▾ 재생하기] 블록으로 바꾸면 어떻게 될까요? [이 스프라이트를 클릭했을 때 / Techno ▾ 재생하기 / Cheer ▾ 재생하기] 테크노 음악과 환호성이 동시에 재생된답니다.

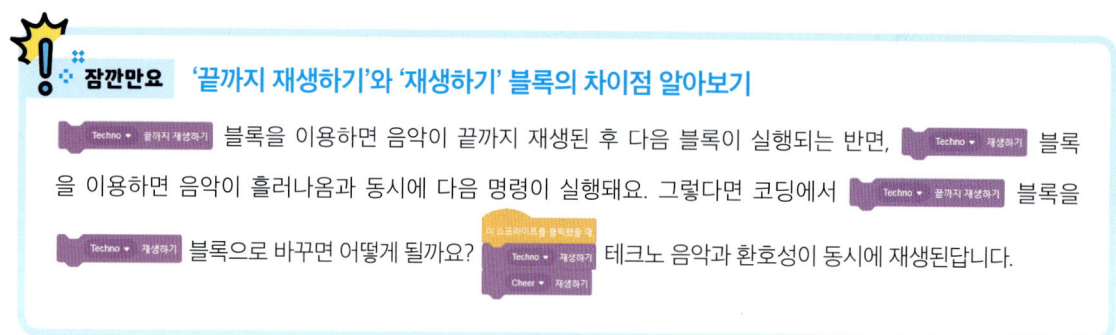

전체 코드 CHECK!

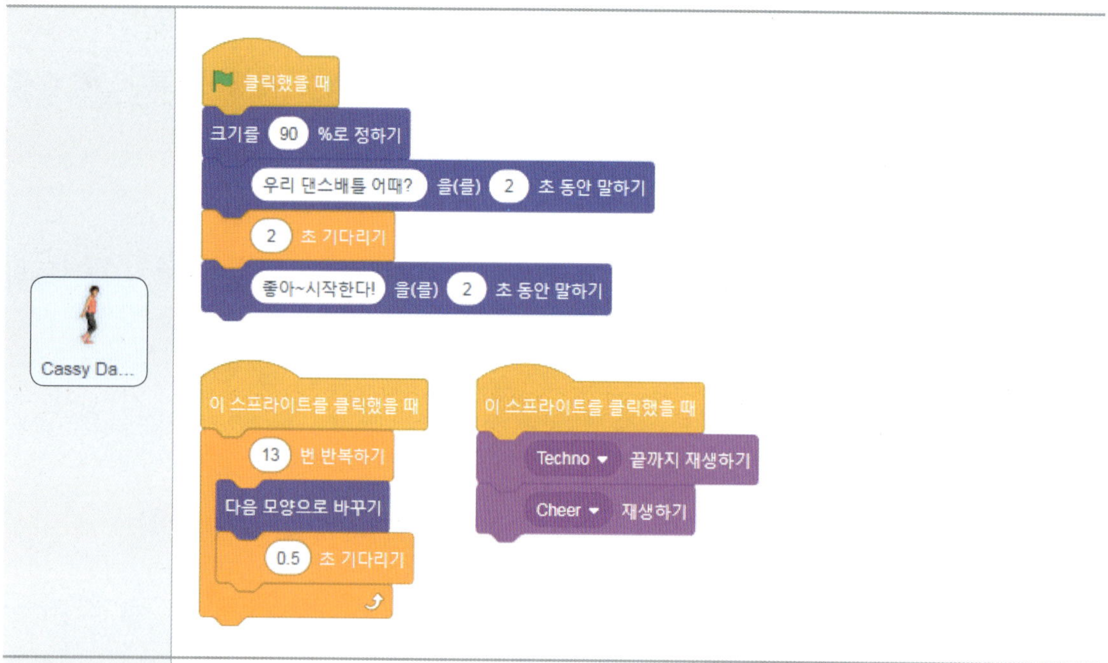

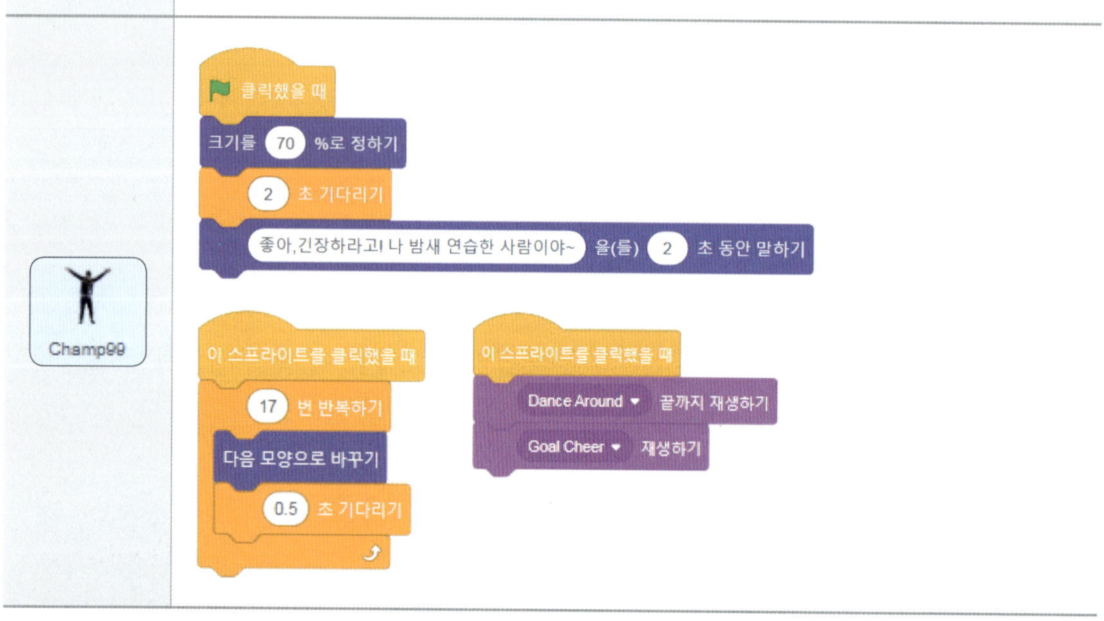

◀ 정답코드 확인
http://gilbut.co/c/220733601J

이렇게 만들어요! ▶
https://scratch.mit.edu/projects/663800740/

'Champ99' 스프라이트가 춤을 추고 'Cassy Dance' 스프라이트가 다시 한번 춤을 출 수 있도록 해 보세요.

스프라이트와 배경

'Cassy Dance' 스프라이트	'Champ99' 스프라이트	'Concert(콘서트)' 배경
Cassy Da...	Champ99	Concert

미션1 Spacebar 키를 누르면 'Cassy Dance' 스프라이트가 "제법인걸? 질 수 없지."라고 말하고 더 빠르게 춤을 출 수 있도록 코딩해 보세요.

미션2 'Cassy Dance' 스프라이트가 춤을 추는 동안 'Cheer' 소리가 동시에 재생되도록 해 보세요.

〈 힌트 〉

1. 동작 속도를 [1 초 기다리기] 블록을 사용해요.

2. 동작과 함께 소리를 재생하려면 [야옹▼ 재생하기] 블록을 사용해요.

이번에 배울 핵심 기능 ▶ 감지

WEEK 05 바닷속 열쇠를 찾아라!

코딩 개념 이해 쏙쏙 : 다양한 상황을 인식하는 '감지'

사람이 운전하지 않아도 스스로 움직이는 '자율주행 자동차'에 대해 들어 본 적 있나요? 다가올 미래에는 이런 자율주행 자동차가 일상적으로 도로 위를 달릴 거라고 해요.

스스로 판단해 운전하는 자동차라니! 말만 들어도 설레지 않나요? 그런데 자율주행 자동차는 어떻게 운전자 없이도 도로 위 상황을 판단할 수 있는 걸까요? 사람이 시각, 청각, 촉각, 후각, 미각의 다섯 가지 감각으로 외부의 상황을 인지하는 것처럼 자동차도 스스로 판단하고 주행하기 위해서는 외부 상황을 인식할 수 있는 센서가 필요합니다. 아래 그림처럼 자율주행 자동차에는 여러 가지 센서가 설치되어 있어요.

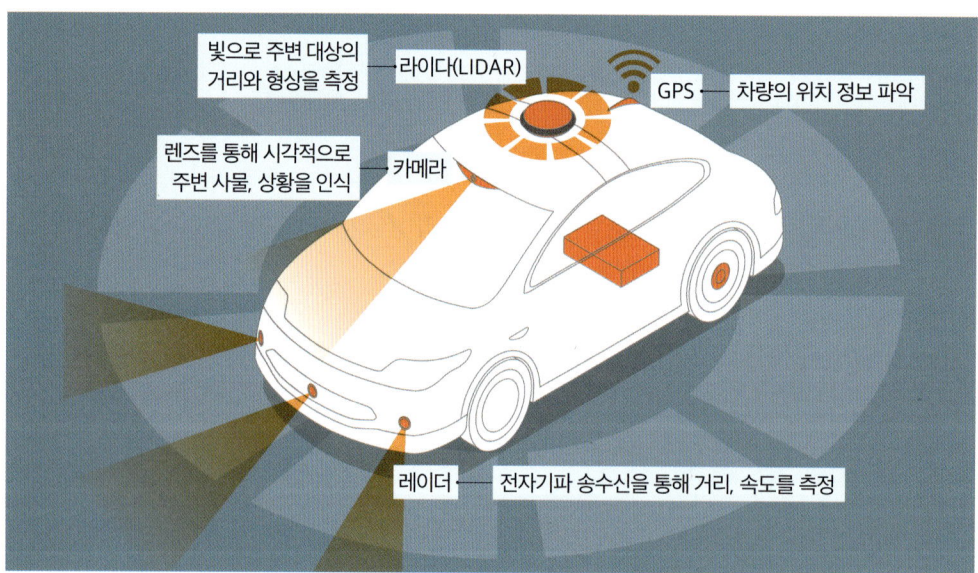

스크래치에도 센서와 같은 기능을 하는 블록이 있어요. '감지' 팔레트의 블록을 이용하면 다양한 상황을 인지할 수 있답니다. 예를 들어 `색에 닿았는가?` 블록을 사용하면 스프라이트가 빨간색에 닿은 경우 원하는 동작을 하도록 만들 수 있어요. 다양한 감지 블록의 종류를 알아보고 예제를 통해 직접 사용해 봅시다.

코딩 활용 퀴즈

▶ 정답 및 해설 324쪽

1 스마트 홈에는 센서를 이용한 다양한 장치가 설치돼 있어요. 그림에 등장하는 여러 가지 장치들을 살펴보고 설명에 해당하는 장치의 이름을 빈칸에 적어 봅시다.

❶ 침입자를 감지하면 경보음을 울리고 경찰에 신고해요.
( )

❷ 집 내부를 적정 온도로 유지해요.
( )

❸ 언제 어디서든 스마트폰으로 집을 관리해요.
( )

❹ 바깥이 어두워지면 조명을 켜요.
( )

❺ 자동으로 창문과 문을 잠가요.
( )

코딩 준비 READY! 바닷속 열쇠 찾기

▼ 작품 미리보기

- '감지' 기능에 대해 알아봐요.
- 여러 가지 감지 블록을 살펴보고 활용해요.
- 감지 블록을 이용해 스프라이트의 동작을 제어해요.

◀ 이렇게 만들어요

『https://scratch.mit.edu/projects/667798938/』에 접속한 후 시작(▶)을 클릭해 작품을 실행해 보세요.

단계별 코딩 미리보기

1 배경 이름을 말하고 시작한다.

2 '고양이' 스프라이트가 마우스를 따라 움직이며 '열쇠' 스프라이트를 찾는다.

3 '열쇠' 스프라이트는 무작위 위치에서 나타나고 숨기를 반복한다.

4 '고양이' 스프라이트가 '열쇠' 스프라이트를 찾으면 '성' 배경이 나타나며 문을 연다.

스프라이트&블록

❖ 스프라이트와 배경

'Cat Flying(나는 고양이)' 스프라이트	'Key(열쇠)' 스프라이트	'Underwater1(바닷속)' 배경	'Castle1(성)' 배경
Cat Flying	Key	Underwater 1	Castle 1

❖ 꼭 알아야 할 블록

팔레트	블록	블록 설명
감지	마우스 포인터 ▼ 에 닿았는가?	스프라이트가 마우스 포인터, 벽 또는 선택한 스프라이트에 닿았는지 감지해요.
	색에 닿았는가?	지정한 색에 닿았는지 감지해요.
	무대 ▼ 의 배경 번호 ▼	선택한 무대 또는 스프라이트의 정보를 표시해요. • 무대의 정보 : 배경 번호, 배경 이름 등 • 스프라이트의 정보 : x좌표, y좌표, 방향, 모양 번호, 모양 이름 등
형태	배경을 배경 1 ▼ (으)로 바꾸기	배경을 선택한 배경으로 바꿔요.
	색깔 ▼ 효과를 0 (으)로 정하기	그래픽 효과(색깔, 어안 렌즈, 소용돌이, 픽셀화 등)를 입력된 값으로 설정해요.
동작	무작위 위치 ▼ (으)로 이동하기	스프라이트가 무작위 위치로 이동해요.
	1 초 동안 x: 0 y: 0 (으)로 이동하기	설정한 시간 동안 스프라이트가 입력한 x, y 좌표로 이동해요.
	마우스 포인터 ▼ 쪽 보기	스프라이트의 방향을 마우스 포인터 쪽으로 설정해요.
이벤트	배경이 배경 1 ▼ (으)로 바뀌었을 때	무대 배경을 선택한 배경으로 바꿔요.
제어	만약 (이)라면	스프라이트 또는 무대의 선택 효과(색깔, 어안렌즈, 소용돌이, 픽셀화, 모자이크, 밝기, 투명도)를 지정한 값만큼 바꿔요.
	멈추기 이 스프라이트에 있는 다른 스크립트 ▼	이 스프라이트에 있는 다른 스크립트를 멈춰요.

완성파일 | 바닷속 열쇠 찾기.sb3

01 스크래치 메뉴의 [만들기]를 클릭하면 코딩 작품을 만들 수 있는 작업 화면이 나타나요. 화면의 오른쪽 아래에 있는 [스프라이트 정보] 창에서 '스프라이트 1'의 [삭제] 를 클릭하고 [스프라이트 고르기] 를 클릭하세요.

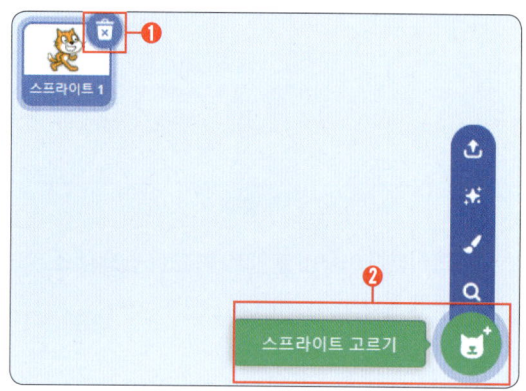

02 [스프라이트 고르기] 창이 나타나면 [모두]에서 'Cat Flying(나는 고양이)' 스프라이트와 'Key(열쇠)' 스프라이트를 찾아 추가하세요.

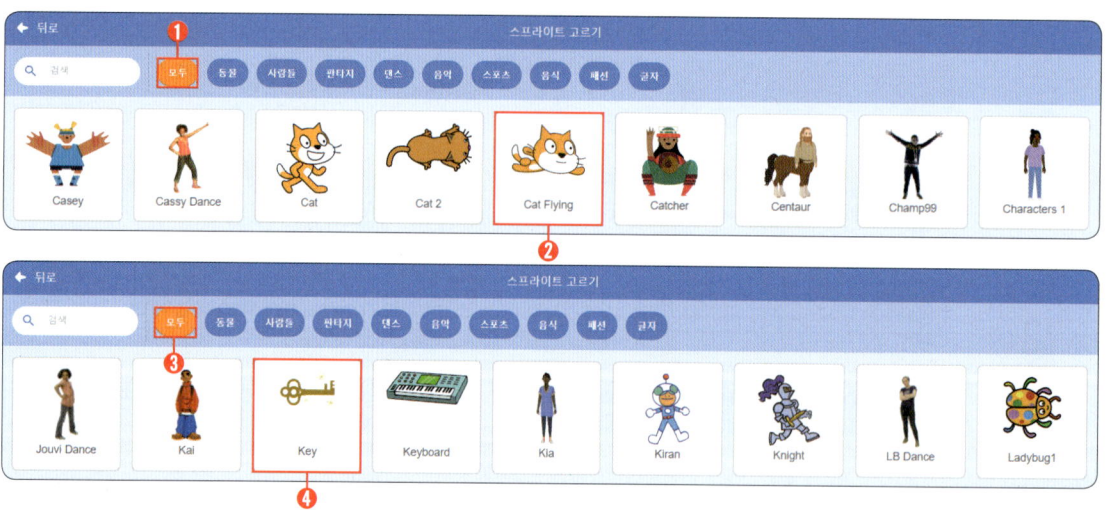

TipTalk 각각의 스프라이트는 알파벳 순으로 나열되어 있어요. 만약 스프라이트를 찾기 어렵다면 검색 창에 'Cat'과 'Key'를 입력해 찾을 수 있어요.

03 'Key(열쇠)' 스프라이트를 선택한 후 [스프라이트 정보] 창에서 크기를 '100'에서 '50'으로 수정하세요.

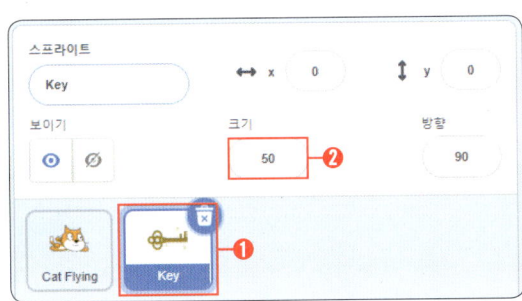

04 무대의 배경을 추가하기 위해 화면의 오른쪽 아래의 [무대 정보] 창에서 [배경 고르기] 를 클릭한 후 [배경 고르기] 창이 나타나면 [바닷속]에서 'Underwater 1(바닷속1)' 과 [판타지]에서 'Castle 1(성1)'을 추가합니다.

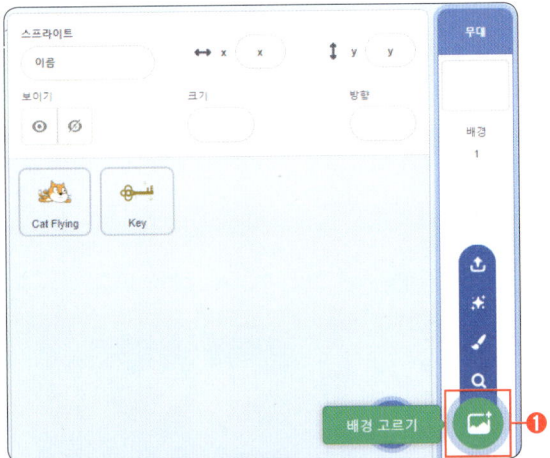

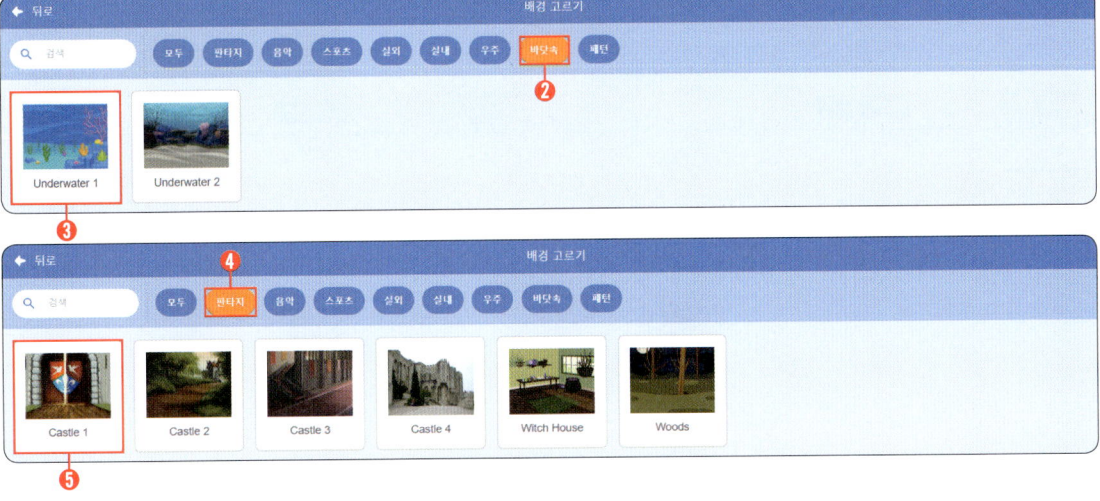

05 [무대]를 선택한 후 [배경] 탭을 클릭하세요. 화면 왼쪽의 배경 목록에서 '배경 1'을 선택하고 [삭제] 를 클릭해 사용하지 않는 배경을 삭제하세요.

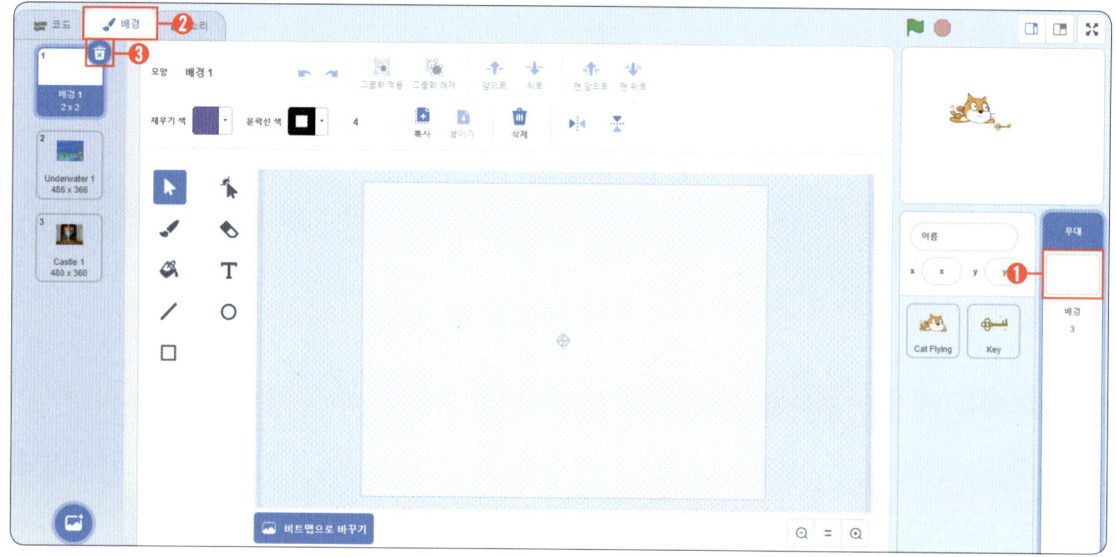

06 [배경] 탭의 배경을 차례대로 선택해 배경의 이름을 변경합니다. 'Underwater 1' 은 '바닷속', 'Castle'은 '성'으로 수정하세요.

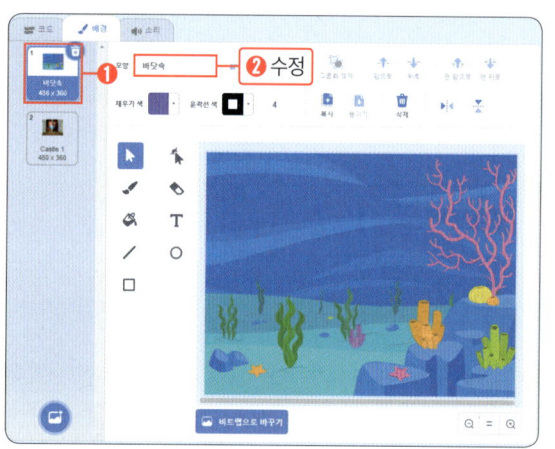 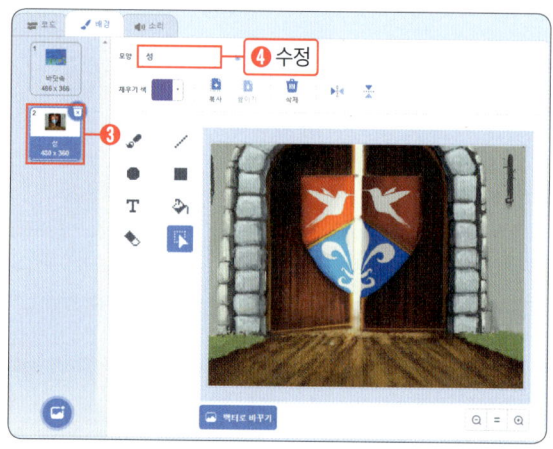

TipTalk 코드를 작성할 때 배경의 모양 이름을 좀 더 쉽게 사용하기 위해 배경의 이름을 한글로 바꾸어 줍니다.

STEP 01 배경 이름을 말하고 시작하기

시작하면 '바닷속' 배경으로 바꾸고 배경 이름을 말하고 시작해요.

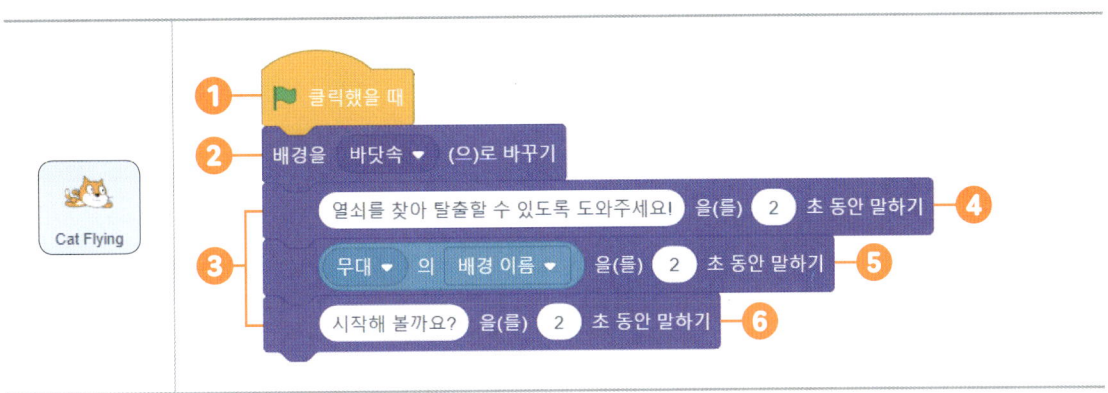

① 'Cat Flying' 스프라이트를 선택한 후 [이벤트] 팔레트의 [클릭했을 때] 블록을 코드 창의 빈곳에 가져옵니다.

② 🚩을 클릭하여 시작했을 때 배경을 지정해 줄게요. [형태] 팔레트의 [배경을 배경1(으)로 바꾸기]을 ① 과정 아래에 연결한 후 배경을 '바닷속'으로 설정합니다.

③ [형태] 팔레트의 [안녕! 을(를) 2 초 동안 말하기] 블록을 세 개 가져와 ② 과정의 블록 아래에 연결합니다.

④ 첫 번째 [안녕! 을(를) 2 초 동안 말하기] 블록의 '안녕!'을 '열쇠를 찾아 탈출할 수 있도록 도와주세요!'라고 수정하여 입력하세요.

⑤ 두 번째 [안녕! 을(를) 2 초 동안 말하기] 블록의 '안녕!' 자리에 [감지] 팔레트의 [무대 의 배경 번호] 블록을 결합한 후 '배경 번호'를 '배경 이름'으로 수정하세요.

[무대 의 배경 이름 을(를) 2 초 동안 말하기]

⑥ 세 번째 [안녕! 을(를) 2 초 동안 말하기] 블록의 '안녕!'을 '시작해 볼까요?'라고 수정하여 입력하세요.

STEP 02   고양이가 마우스 포인터 쪽으로 이동하며 열쇠 찾기

고양이가 마우스 포인터 방향으로 움직이며, 열쇠에 닿으면 배경이 바뀌도록 해 볼게요.

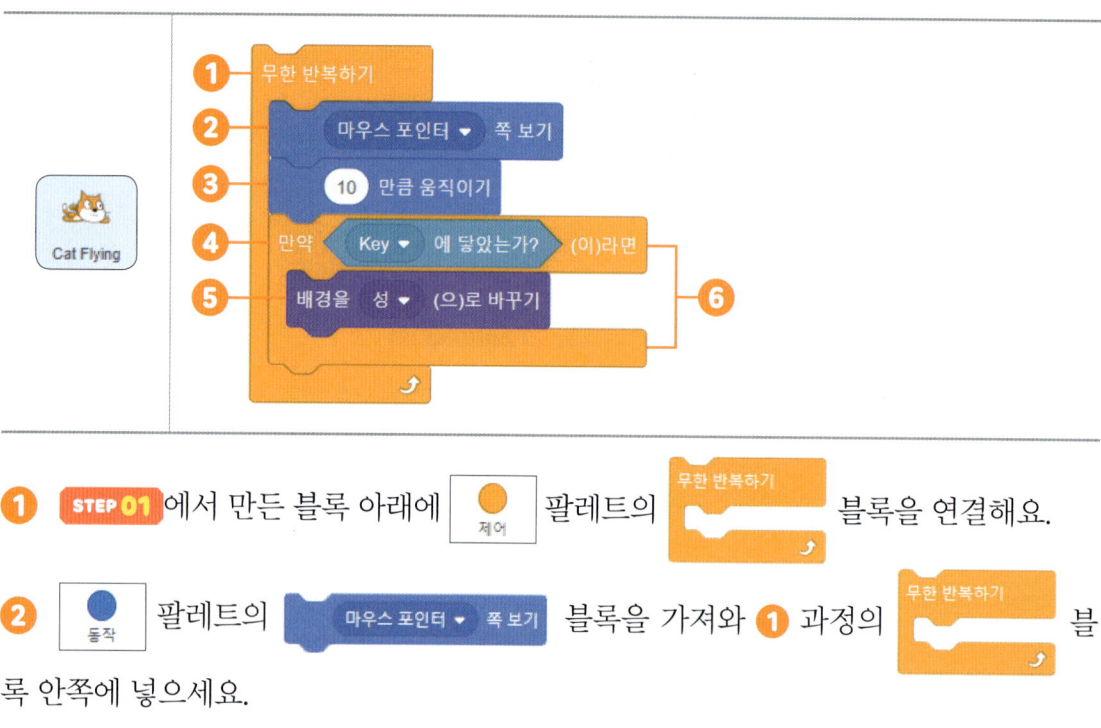

① STEP 01 에서 만든 블록 아래에 ⬤ 제어 팔레트의 `무한 반복하기` 블록을 연결해요.

② ⬤ 동작 팔레트의 `마우스 포인터 ▼ 쪽 보기` 블록을 가져와 ① 과정의 `무한 반복하기` 블록 안쪽에 넣으세요.

③ ⬤ 동작 팔레트의 `10 만큼 움직이기` 블록을 반복 블록 안쪽에 넣어 마우스 포인터 방향으로 움직이도록 코딩합니다.

④ ⬤ 제어 팔레트의 `만약 (이)라면` 블록을 코드 창의 빈곳에 가져온 후 ◆ 자리에 ⬤ 감지 팔레트의 `마우스 포인터 ▼ 에 닿았는가?` 블록을 결합하고 '마우스 포인터'를 클릭해 'Key'로 수정합니다.

⑤ ⬤ 형태 팔레트 `배경을 배경1 ▼ (으)로 바꾸기`을 가져와 ④ 과정의 블록 안쪽 넣고 배경을 '성'으로 설정합니다.

6 **5** 과정에서 만든 블록을 **3** 과정 아래에 끼워서 코드를 완성합니다.

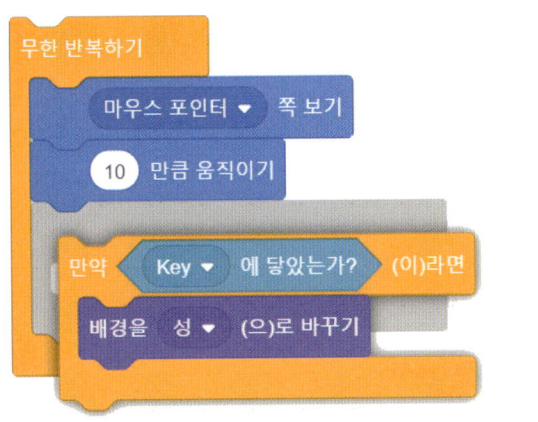

> **TipTalk** 　 🔵 팔레트의 육각형 모양 ⬢ 블록은 단독으로 사용할 수 없어요. 🟠 팔레트 조건 블록의
> 자리에 결합해 참인지 거짓인지 판단하여 실행됩니다. 조건 블록에 대해서는 WEEK 10에서 더 자세히 알아볼게요.

STEP 03 　 고양이가 성에 도착하기

배경이 '성'으로 바뀌었을 때 무대 중앙으로 이동하며 배경 이름을 말해요.

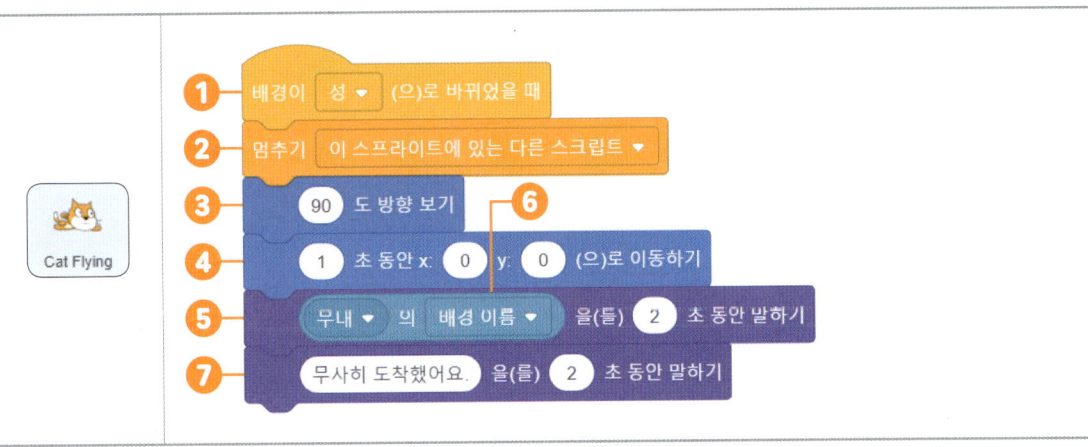

1 배경이 '성'으로 바뀌었을 때 코드를 실행하도록 🟡 이벤트 팔레트의

　　배경이 배경 1 (으)로 바뀌었을 때 　블록을 코드 창의 빈곳에 가져와 배경을 '성'으로 설정합니다.

2 고양이가 'key' 스프라이트에 닿으면 이동을 멈추도록 🟠 제어 팔레트의 멈추기 모두 ▼

블록을 연결하고 '모두'를 '이 스프라이트에 있는 다른 스크립트'로 수정해요.

❸ 고양이의 방향을 설정하기 위해 [동작] 팔레트의 [90 도 방향 보기] 블록을 ❷ 과정 아래에 연결합니다.

❹ [동작] 팔레트의 [1 초 동안 x: 0 y: 0 (으)로 이동하기] 블록을 연결해 고양이가 무대 중앙으로 이동하도록 합니다.

❺ [형태] 팔레트의 [안녕! 을(를) 2 초 동안 말하기] 블록을 두 개 가져와 ❹ 과정의 블록 아래에 연결합니다.

❻ 첫 번째 [안녕! 을(를) 2 초 동안 말하기] 블록의 '안녕!' 자리에 [감지] 팔레트의 [무대▼ 의 배경 번호▼] 블록을 결합한 후 '배경 번호'를 '배경 이름'으로 수정하세요.

[무대▼ 의 배경 이름▼ 을(를) 2 초 동안 말하기]

❼ 두 번째 [안녕! 을(를) 2 초 동안 말하기] 블록의 '안녕!'을 '무사히 도착했어요.'라고 수정하세요.

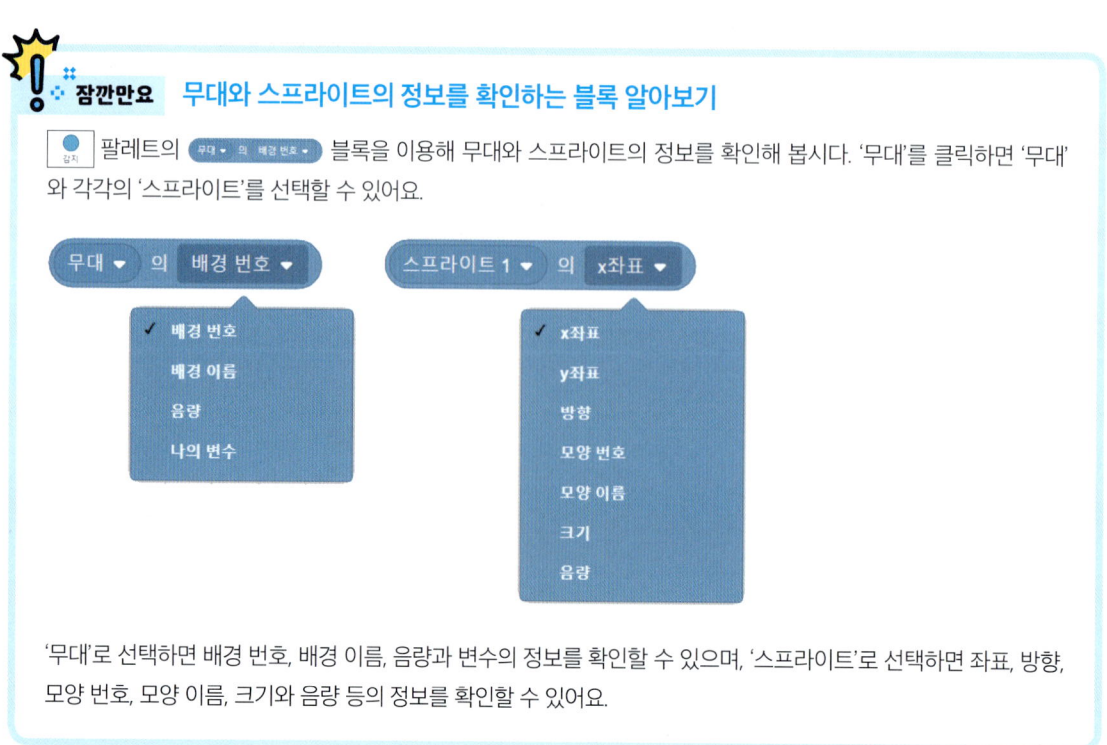

> **잠깐만요** 무대와 스프라이트의 정보를 확인하는 블록 알아보기
>
> [감지] 팔레트의 [무대▼ 의 배경 번호▼] 블록을 이용해 무대와 스프라이트의 정보를 확인해 봅시다. '무대'를 클릭하면 '무대'와 각각의 '스프라이트'를 선택할 수 있어요.
>
> '무대'로 선택하면 배경 번호, 배경 이름, 음량과 변수의 정보를 확인할 수 있으며, '스프라이트'로 선택하면 좌표, 방향, 모양 번호, 모양 이름, 크기와 음량 등의 정보를 확인할 수 있어요.

STEP 04   열쇠가 무작위 위치에서 나타났다 사라지기

열쇠는 일정 간격으로 모양을 숨겼다가 무작위 위치에서 나타나는 동작을 반복해요.

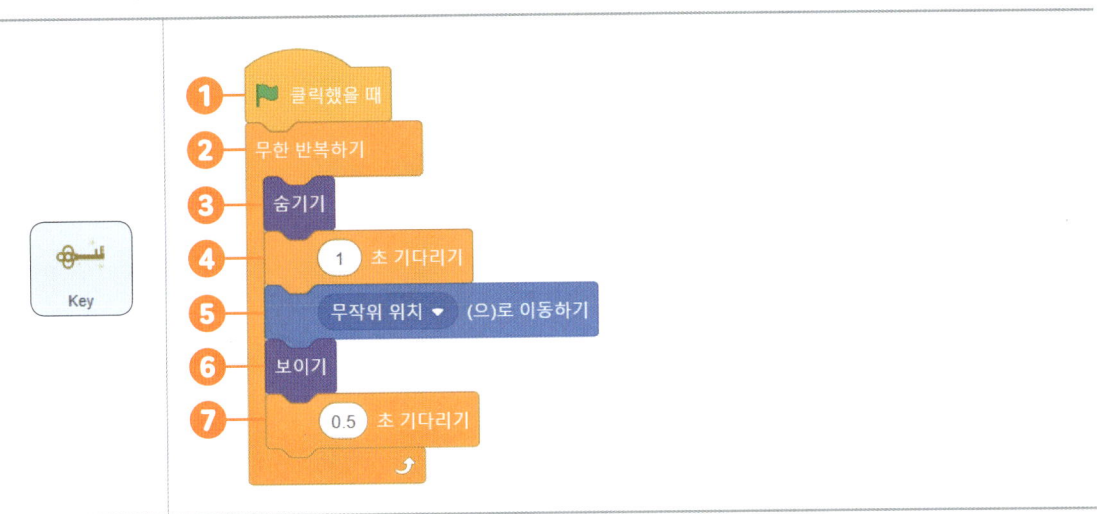

❶ 열쇠가 계속해서 나타났다 숨도록 해 볼게요. 'Key' 스프라이트를 선택하고 이벤트 팔레트의 클릭했을 때 블록을 코드 창의 빈곳에 가져옵니다.

❷ 제어 팔레트의 무한 반복하기 블록을 가져와 연결하세요.

❸ 형태 팔레트의 숨기기 블록을 가져와 ❷ 과정의 무한 반복하기 블록 안쪽에 넣으세요.

❹ 제어 팔레트의 1 초 기다리기 블록을 가져와 ❸ 과정 아래에 넣습니다.

❺ 동작 팔레트의 무작위 위치 ▼ (으)로 이동하기 블록을 ❹ 과정 아래에 넣으세요.

❻ 형태 팔레트의 보이기 블록을 가져와 ❺ 과정 아래에 넣습니다.

❼ 제어 팔레트의 1 초 기다리기 블록을 가져와 ❻ 과정 아래에 넣은 후 '1'을 '0.5'로 수정합니다. 열쇠가 찾기 어려우면 0.5보다 큰 수를, 쉬우면 작은 수로 수정하여 난이도를 조정할 수 있어요.

STEP 05   열쇠가 파란색에 닿으면 색깔 바꾸기

황금색 열쇠가 파란색에 위치하면 찾기 쉬우니 색깔 효과를 설정해 잘 보이지 않도록 해요.

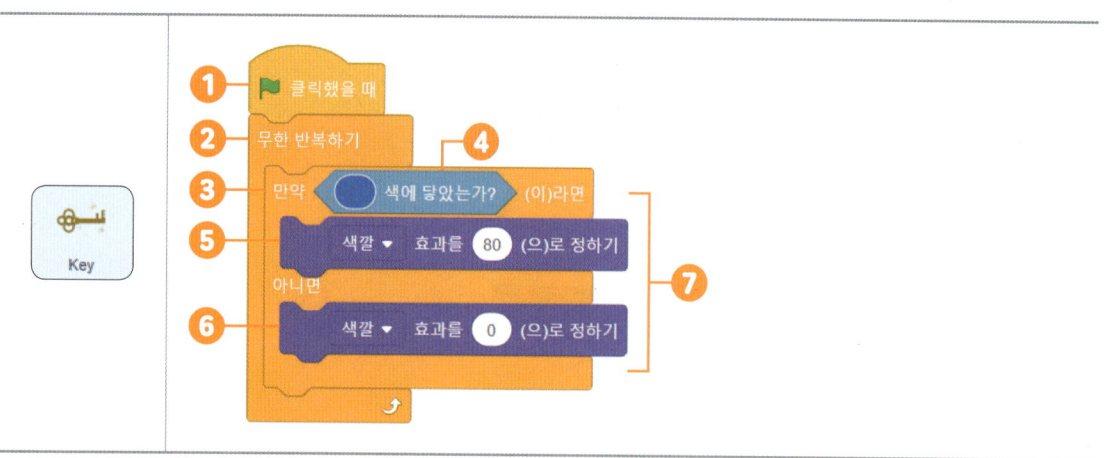

① 이벤트 팔레트의 🏁 클릭했을 때 블록을 코드 창의 빈곳에 가져옵니다.

② 제어 팔레트의 무한 반복하기 블록을 가져와 연결하세요.

③ 제어 팔레트의 만약 (이)라면 아니면 블록을 코드 창의 빈곳에 가져옵니다.

> **잠깐만요**   스포이트 기능을 활용해 ◁색에 닿았는가?▷ 블록의 색깔 정하기
>
> ◁색에 닿았는가?▷ 블록은 스프라이트가 지정한 색에 닿았는지 판단해요. 이때 스포이트의 기능을 이용해 무대에 있는 색을 골라 지정하는 방법을 알아볼게요.
>
> ① 감지 팔레트의 ◁색에 닿았는가?▷ 블록을 코드 창에 가져와 🟢을 클릭하세요.
> ② 색을 지정하는 창이 나타나면 아래쪽에 있는 스포이트 🖌를 클릭하세요.
> ③ 스포이트를 클릭하면 무대만 밝게 표시되는데, 이때 무대 위에 마우스 포인터를 올려놓으면 색을 선택하는 돋보기가 나타나요.
> ④ 지정하기를 원하는 색을 클릭하면 ◁색에 닿았는가?▷ 블록이 완성됩니다.

④ ③ 과정의 ◆ 자리에 ⬤ 감지 팔레트의 ⬢ 색에 닿았는가? 블록을 결합하고 스포이트의 기능을 활용하여 색을 설정합니다. 무대 바닷속의 파란색으로 지정해 볼까요?

⑤ ③ 과정의 조건 블록 안쪽 첫 번째 칸에 ⬤ 형태 팔레트의 「색깔 ▾ 효과를 0 (으)로 정하기」 블록을 넣고 '0'을 '80'으로 수정합니다.

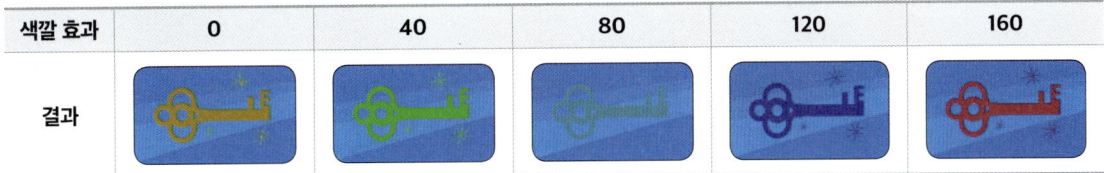

TipTalk # 열쇠가 너무 잘 보이면 게임이 쉬워지겠죠? 열쇠가 바닷속에서 눈에 잘 띄지 않도록 색깔 효과를 바꾸어 볼게요! 색깔 효과를 '80'으로 정하면 파란 배경에서 잘 보이지 않는답니다. 만약 열쇠를 찾기가 너무 어렵다면 색깔 효과의 값을 바꿔 보세요.

⑥ ③ 과정의 조건 블록 안쪽 두 번째 칸에 ⬤ 형태 팔레트의 「색깔 ▾ 효과를 0 (으)로 정하기」 블록을 끼워 넣으세요.

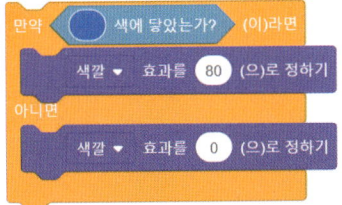

⑦ ⑥ 과정에서 조립한 블록을 ② 과정의  블록 내부에 끼워 넣으세요.

잠깐만요 그래픽 효과 블록 알아보기

「색깔 ▾ 효과를 25 만큼 바꾸기」 블록과 「색깔 ▾ 효과를 0 (으)로 정하기」 블록을 이용하면 스프라이트의 색깔뿐 아니라 밝기, 투명도, 어안 렌즈, 소용돌이, 픽셀화, 모자이크 등 다양한 그래픽 효과를 줄 수 있어요. 그래픽 효과 블록을 실행해 스프라이트가 어떻게 변하는지 살펴보세요. 적용된 그래픽 효과는 「그래픽 효과 지우기」 블록으로 지울 수 있답니다.

STEP 06　성에 도착하면 열쇠 숨기기

배경이 '성'으로 바뀌었을 때 'Key(열쇠)' 스프라이트를 숨기고 다른 스크립트를 멈춰요.

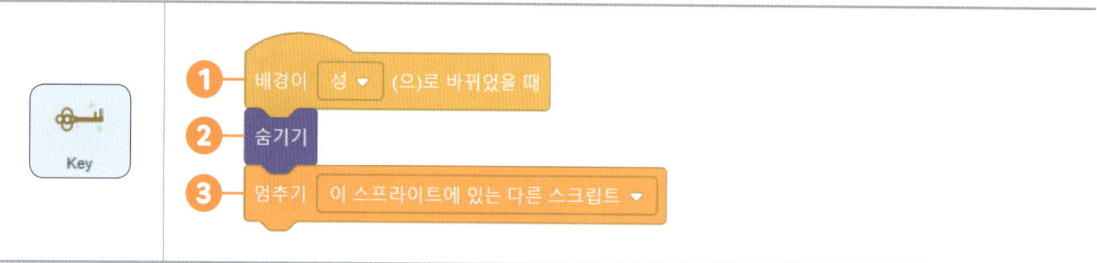

① 배경이 '성'으로 바뀌었을 때 코드가 실행되도록 　　　 팔레트의

　　배경이 배경1 ▼ (으)로 바뀌었을 때 블록을 코드 창의 빈곳에 가져와 '배경1'을 '성'으로 변경합니다.

② 　　　 팔레트의 숨기기 블록을 가져와 연결하세요.

③ 열쇠가 숨었다 나타나는 것을 멈추도록 　　　 팔레트의 멈추기 모두 ▼ 블록을 가져

와 연결한 후 '모두'를 '이 스프라이트에 있는 다른 스크립트'로 수정합니다.

전체 코드 CHECK!

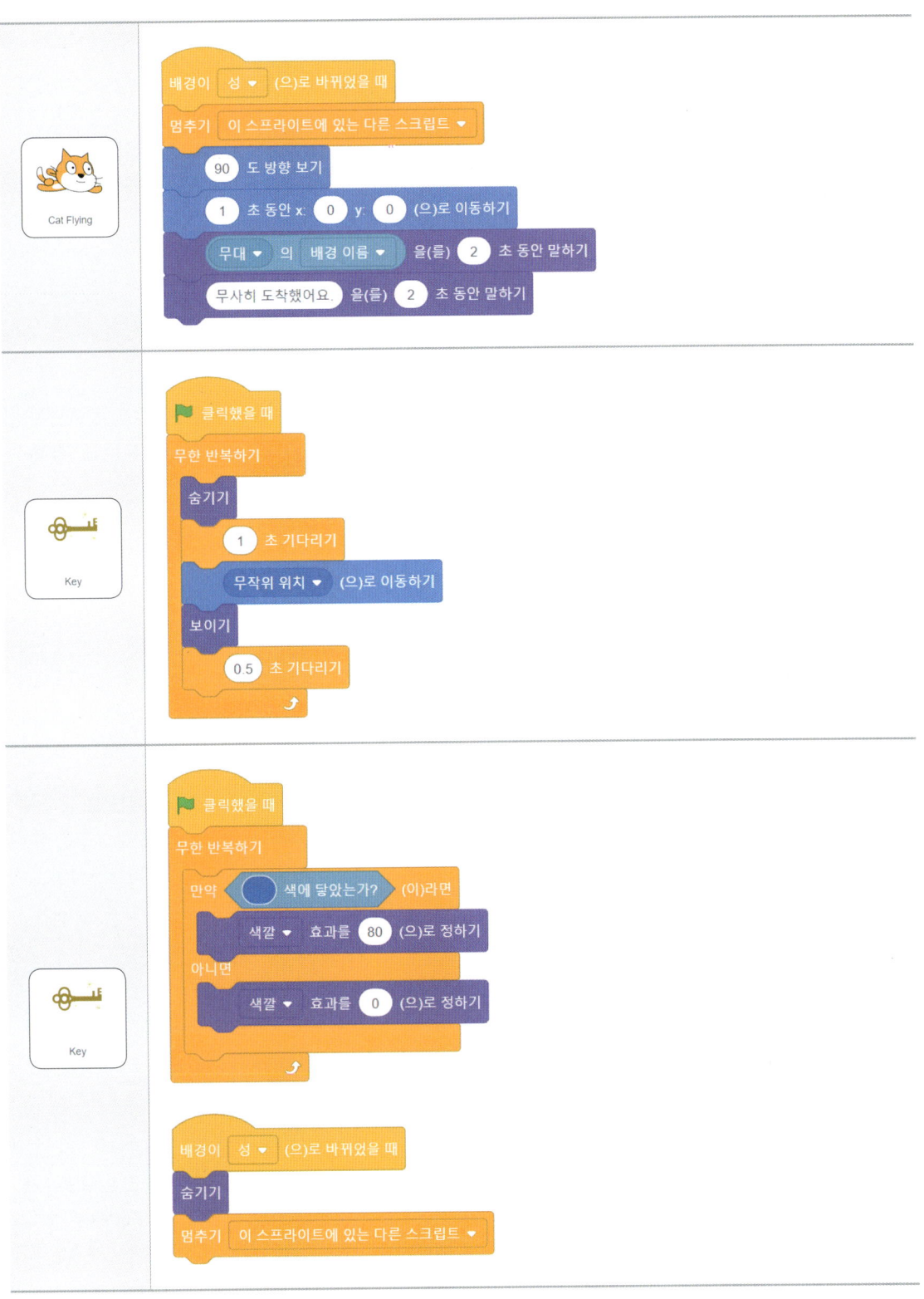

여러 가지 감지 블록 알아보기

 팔레트의 블록 중 '~에 닿았는가?' 블록에 대해 좀 더 알아봅시다.

블록 꾸러미	블록 설명
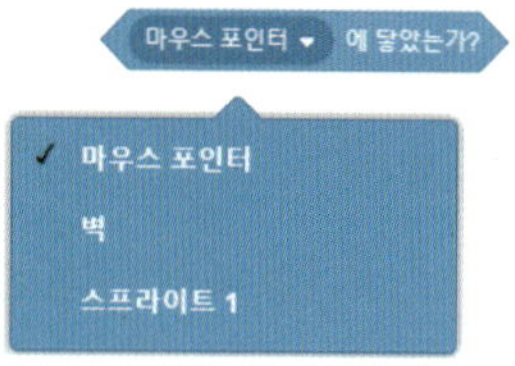 (마우스 포인터에 닿았는가?)	스프라이트가 마우스 포인터, 다른 스프라이트 또는 벽에 닿았는지 감지해요. 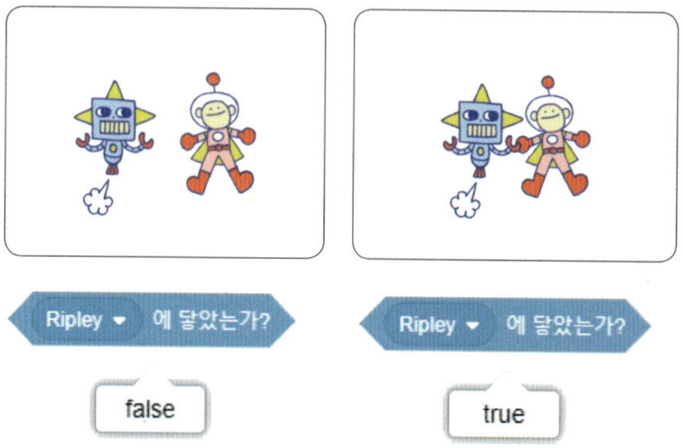
 (색에 닿았는가?)	스프라이트가 지정한 색에 닿았는지 판단해요. 이때 전체 스프라이트 중 일부분이라도 해당 색에 닿았는지 감지해요. 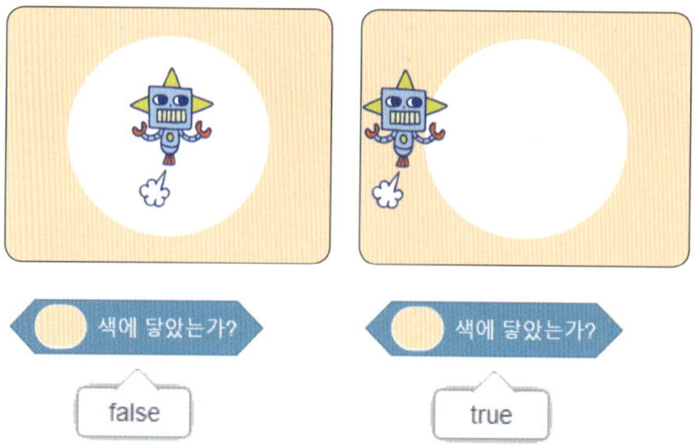
 (색이 색에 닿았는가?)	첫 번째 색이 두 번째 색에 닿았는지 판단해요. 즉, 스프라이트 중 일부분의 색을 기준으로 스프라이트의 특정 부분이 두 번째 색에 닿았는지 감지해요. 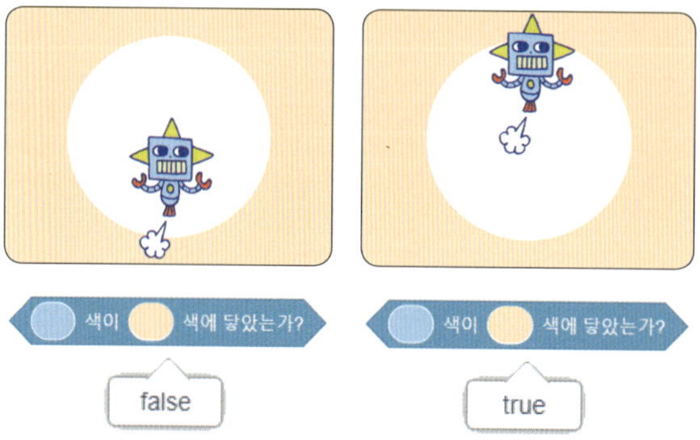

 ◀ 정답코드 확인
http://gilbut.co/
c/22073360IJ

이렇게 만들어요! ▶
https://scratch.mit.edu/
projects/668275026/

마우스를 클릭했을 때 'Kai' 스프라이트가 [마우스 포인터]를 따라 이동하고 'Jaime'에 닿으면 '안녕'하고 인사하도록 해 보세요.

스프라이트와 배경

'Kai' 스프라이트	'Jaime' 스프라이트	'Colorful-City (알록달록 도시)' 배경
Kai	Jaime	Colorful City

미션 1 🏁을 클릭했을 때 'Kai' 스프라이트가 'x: 100, y: -100'에 놓이도록 해 보세요.

미션 2 마우스를 클릭했을 때 'Kai'스프라이트가 계속 [마우스 포인터] 위치로 이동하도록 해 보세요.

미션 3 'Kai' 스프라이트가 이동하다가 'Jaime' 스프라이트에 닿으면 "안녕"이라고 말하도록 해 보세요.

〈 힌트 〉

1. 감지 블록은 [만약 (이)라면] 블록과 결합해 사용해요.

2. 스프라이트가 특정 위치로 이동하려면 [무작위 위치 ▼ (으)로 이동하기] 블록에서 해당 위치를 선택해요.

3. 특정 스프라이트에 닿았는지 판단하려면 [마우스 포인터 ▼ 에 닿았는가?] 블록에서 해당 스프라이트를 선택해요.

WEEK 06

이번에 배울 핵심 기능 ▶ 변수

미로를 탈출해 볼까요?

코딩 개념 이해 쏙쏙 | 정보를 담고 있는 보관 상자, '변수'

'변수'는 데이터를 저장하는 컴퓨터의 기억 공간으로, 숫자나 문자를 기억할 때 사용해요.

변수는 '변할 수 있는 값이 저장되는 상자'라고 생각하면 돼요. 이 공간에 담긴 숫자나 문자는 언제든지 바꿀 수 있지만 하나의 변수에는 하나의 값만 저장된답니다. 즉, 이미 값이 저장된 변수에 다른 값을 넣으면 원래 들어 있던 정보는 지워지고 새로운 값이 저장돼요. 한 개 이상의 값을 저장하고 싶다면 원하는 수만큼 변수를 추가해야겠죠?

1반과 3반 친구들이 농구 경기를 하는 상황을 상상해 봅시다. 골을 넣을 때마다 점수판에 나타나는 숫자는 계속 바뀌어요. 변하는 값이 점수판에 저장되고 있네요. 이 점수판이 바로 컴퓨터의 '변수'와 같은 역할을 해요.

이처럼 '변수'를 이용하면 변화하는 문자와 숫자 값을 저장할 수 있어요. 변수는 특히 숫자를 계산할 때나 게임의 점수나 횟수를 나타낼 때 많이 사용되기 때문에 변수를 잘 알아 두면 스크래치를 좀 더 다양한 스크래치 프로젝트를 만들 수 있답니다!

▶ 정답 및 해설 324쪽

1 정우, 민우, 세진이는 집안일을 도울 때마다 용돈을 더 받기로 했어요. 아래의 <조건>과 집안일 목록을 보고 질문에 답해 보세요.

> 조건
>
> ① 기본 용돈은 1,000원입니다.
> ② 집안일의 종류와 도운 횟수에 따라 용돈이 추가됩니다.
> ③ 매주 월요일, 이전 일주일 동안 일한 횟수를 계산해 용돈을 받습니다.

적립 방법	정우	민우	세진
설거지(500원)	2회	1회	1회
청소(600원)		2회	2회
분리수거(400원)	1회		
심부름(200원)	1회	1회	2회
주변 정리(300원)	3회		2회
합계			

❶ 정우가 받게 될 용돈은 얼마인가요?

1,000 + (　　　) = (　　　) 원

❷ 민우가 받게 될 용돈은 얼마인가요?

1,000 + (　　　) = (　　　) 원

❸ 세진이가 받게 될 용돈은 얼마인가요?

1,000 + (　　　) = (　　　) 원

❹ 제일 용돈을 많이 받게 되는 친구는 누구인가요?

(　　　)

❺ 집안일을 통해 적립한 용돈은 매주 변하기 때문에 '변수'입니다.

(O / X)

미로 탈출하기

▼ 작품 미리보기

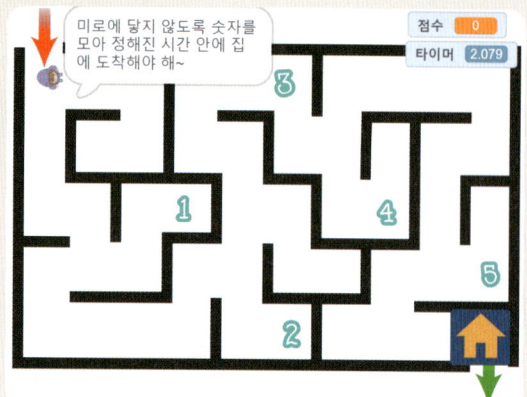

- '변수'의 개념을 이해하고 변수가 필요한 상황을 이해해요.
- 변수를 만들고 관련된 블록을 알아봐요.
- 타이머를 사용해 시간과 관련된 코딩을 할 수 있어요.

◀ 이렇게 만들어요

『https://scratch.mit.edu/projects/666322075/』에 접속한 후 시작(▶)을 클릭해 작품을 실행해 보세요.

단계별 코딩 미리보기

1 '점수' 변수를 만들고 '0'으로 초기화한다.

2 타이머를 초기화한다.

3 방향키를 눌렀을 때 'Tatiana' 스프라이트가 이동한다.

4 미로에 닿으면 점수를 '-1'로 바꾸고 숫자에 닿으면 점수를 숫자의 값만큼 바꾼다.

5 60초 안에 'Home Button' 스프라이트에 도착하면 배경을 'Room2'로 바꾸고 실패하면 'Urban'으로 바꾼다.

스프라이트&블록

❖ 스프라이트와 배경

'Tatiana' 스프라이트	'Glow-1' 스프라이트	'Glow-2' 스프라이트	'Glow-3' 스프라이트	'Home Button' 스프라이트	미로 배경	'Room2' 배경	'Metro' 배경
Tatiana	Glow-1	Glow-2	Glow-3	Home Button		Room 2	Metro

❖ 꼭 알아야 할 블록

팔레트	블록	블록 설명
변수	나의 변수	변수에 저장된 값을 표시해요.
	나의 변수 ▼ 을(를) 0 로 정하기	선택한 변수를 입력한 값으로 저장해요.
	나의 변수 ▼ 을(를) 1 만큼 바꾸기	선택한 변수에 입력한 값을 더해요.
	나의 변수 ▼ 변수 보이기	선택한 변수를 무대에 표시해요.
	나의 변수 ▼ 변수 숨기기	선택한 변수를 무대에서 숨겨요.
감지	대답	입력한 내용이 저장돼요.
	너 이름이 뭐니? 라고 묻고 기다리기	입력한 질문을 무대에 표시하고 대답을 입력하는 창이 나타나요.
	타이머	타이머의 값이 저장돼요.
	타이머 초기화	타이머를 '0'으로 설정해요.
형태	보이기 / 숨기기	스프라이트를 무대에 나타내고 숨겨요.
제어	멈추기 이 스크립트 ▼	'이 스크립트'를 선택해 이 블록이 포함된 블록 코드의 실행을 멈춰요.

완성파일 | 미로를 통과하기.sb3

01 스크래치 메뉴의 [만들기]를 실행하면 코딩 작품을 만들 수 있는 작업 화면이 나타나요. 화면의 오른쪽 아래에 있는 [스프라이트 정보] 창에서 '스프라이트 1'의 [삭제] 를 클릭하고 [스프라이트 고르기] 를 클릭하세요.

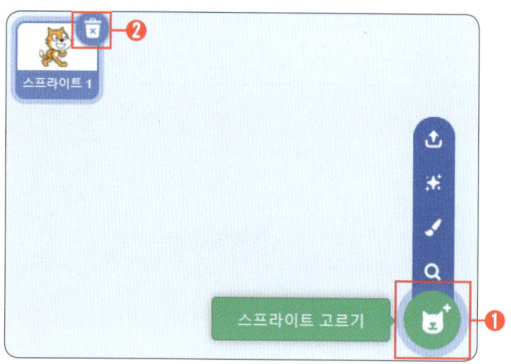

02 [스프라이트 고르기] 창이 나타나면 [모두]에서 'Tatiana', 'Glow-1', 'Glow-2', 'Glow-3', 'Home Button' 스프라이트를 선택하세요.

TipTalk 각각의 스프라이트는 알파벳 순으로 나열되어 있어요. 만약 스프라이트를 찾기 어렵다면 검색 창에 스프라이트의 이름을 입력해 찾아도 좋아요.

03 무대 배경에 '미로' 이미지를 추가하기 위해 '부록' 폴더의 '미로' 이미지를 활용해 보겠습니다. 이미지를 업로드하기 위해 화면 오른쪽 아래에 있는 [무대 정보] 창의 [배경 고르기] 에 마우스를 올린 후 [배경 업로드하기] 를 클릭하고 다운로드한 이미지를 가져오세요.

TipTalk # 부록을 다운로드하는 방법은 14쪽을 참고하세요!

04 배경을 추가하기 위해 [무대 정보] 창 [배경 고르기] 를 클릭하고 [모두]에서 'Room2'와 'Metro'를 선택하세요.

05 무대에서 [배경] 탭을 클릭하고 '미로' 이미지를 선택하세요.

06 스프라이트의 크기를 줄여 볼게요. [스프라이트 정보] 창에서 'Tatiana' 스프라이트의 크기는 '20'으로, 'Glow-1', 'Glow-2', 'Glow-3' 스프라이트는 '30'으로, 'Home Button' 스프라이트는 '70'으로 변경하세요.

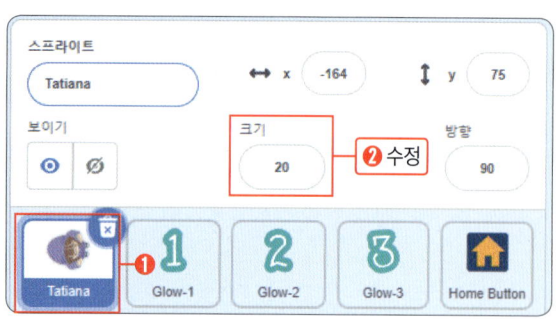

07 각각의 스프라이트를 다음과 같이 적당한 위치로 옮기세요.

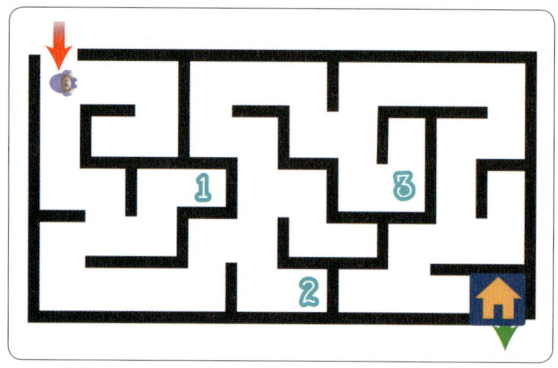

08 이번 작품에서 사용할 변수를 추가해 볼게요. '점수'를 저장할 변수를 만들기 위해 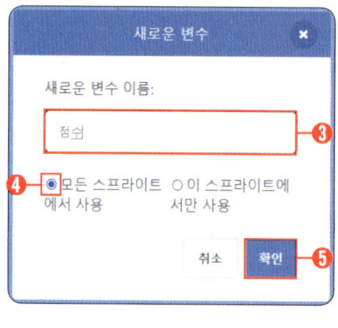 팔레트의 [변수 만들기]를 클릭하세요. [새로운 변수] 창이 나타나면 [새로운 변수 이름]에 '점수'를 입력하고 [모든 스프라이트에서 사용]을 선택한 후 [확인]을 클릭하세요.

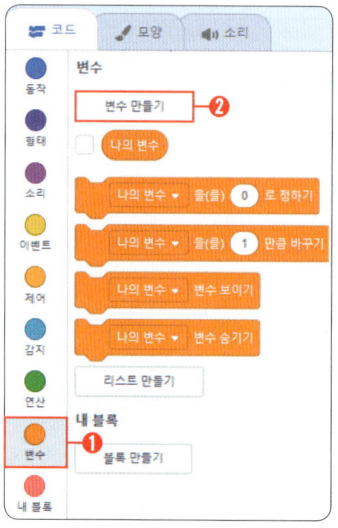

잠깐만요 — 무대에 변수를 나타내는 다양한 방법

변수 상자를 마우스 오른쪽 버튼으로 클릭하면 변수를 표시하는 방법을 선택할 수 있어요.

'변수' 표시 방법	블록	블록 설명
변수이름-변수값 보기	명도 50	가장 기본적인 형태로, 변수 이름과 변수값을 표시해요.
변수값 크게 보기	50	변수값만 표시해요.
슬라이더 사용하기	명도 50	슬라이더가 변수 아래에 추가되며 이 슬라이더를 조절해 변수값을 바꿀 수 있어요.

잠깐만요 — 변수의 사용 범위 정하기

1. 전역 변수(Global Variables)와 지역 변수(Local Variables) 알아보기

❶ 전역 변수: '모든 스프라이트에서 사용'을 선택하면 생성되는 변수로, 현재 스프라이트뿐 아니라 프로젝트 내의 모든 스프라이트에서 사용할 수 있어요.

❷ 지역 변수: '이 스프라이트에서만 사용'을 선택하면 생성되는 변수로, 선택한 스프라이트에서만 사용할 수 있어요.

2. 전역 변수와 지역 변수를 만드는 방법 알아보기

전역 변수를 만들 때는 '모든 스프라이트에서 사용', 지역 변수를 만들 때는 '이 스프라이트에서만 사용'을 선택해요.

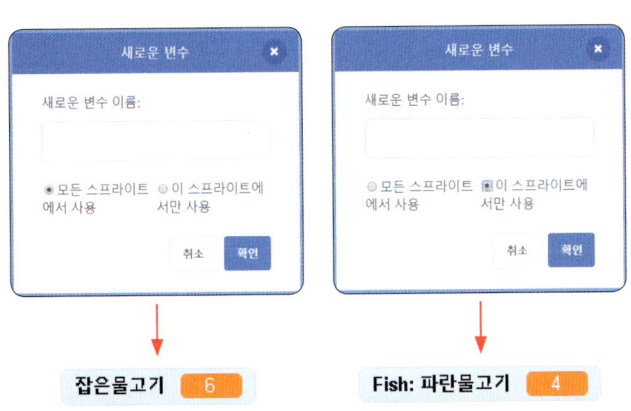

'파란 물고기' 변수를 만들 때, '이 스프라이트에서만 사용'을 선택했더니 'Fish(물고기)' 스프라이트에서만 사용할 수 있는 지역 변수가 추가됐어요. 지역 변수는 변수 이름 앞에 스프라이트의 이름이 함께 표시돼요.

잡은물고기 6   Fish: 파란물고기 4   Fish2: 노란물고기 2

WEEK 06

STEP 01 변수 초기화하고 미로 배경으로 바꾸기

▶을 클릭하면 점수를 초기화하고 배경을 바꿔요.

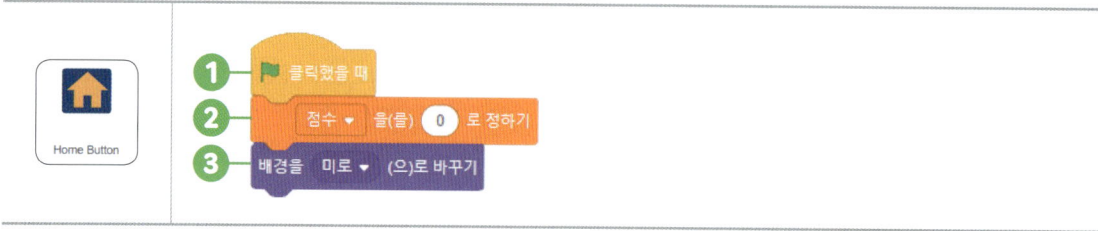

❶ 'Home Button' 스프라이트를 선택한 후 [이벤트] 팔레트의 [▶ 클릭했을 때] 블록을 코드 창의 빈곳에 배치하세요.

❷ '점수' 변수를 '0'으로 초기화하기 위해 [변수] 팔레트의 [나의 변수 ▼ 을(를) 0 로 정하기] 블록을 가져와 '나의 변수'를 클릭해 '점수'로 바꾸고 ❶ 과정의 아래에 연결하세요.

❸ '미로' 배경으로 바꾸기 위해 [형태] 팔레트의 [배경을 배경 1 ▼ (으)로 바꾸기] 블록을 가져와 연결하고 배경을 '미로'로 바꾸세요.

STEP 02 배경에 따라 스프라이트 나타내거나 숨기기

'Home Button' 스프라이트가 '미로' 배경일 경우에만 나타나고 'Room2'와 'Metro' 배경일 경우에는 보이지 않도록 해 볼게요.

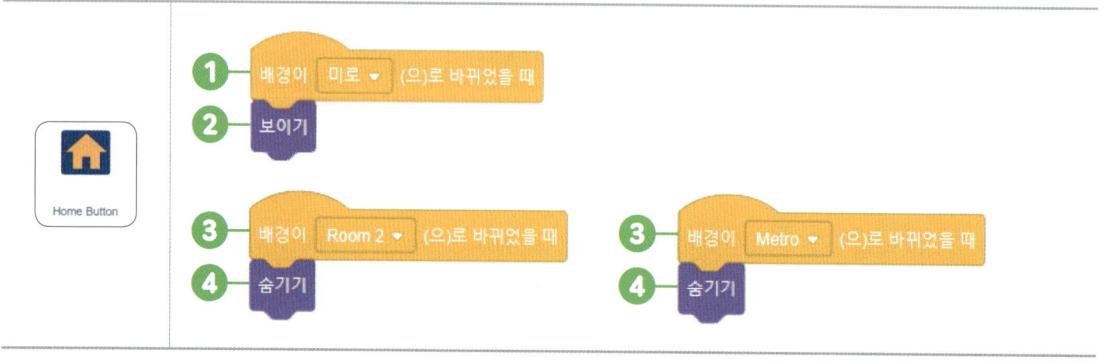

❶ 배경이 '미로'일 때 'Home Button' 스프라이트가 나타나도록 이벤트 팔레트의 배경이 배경1▼ (으)로 바뀌었을 때 블록을 코드 창의 빈곳에 배치하고 배경을 '미로'로 바꾸세요.

❷ 형태 팔레트에서 보이기 블록을 가져와 ❶ 과정의 블록 아래에 연결하세요.

❸ 'Room2'와 'Metro' 배경인 경우 스프라이트가 보이지 않도록 이벤트 팔레트에서 배경이 배경1▼ (으)로 바뀌었을 때 블록을 두 개 가져와 배경을 각각 'Room2'와 'Metro'로 바꾸세요.

❹ 형태 팔레트에서 숨기기 블록을 가져와 ❸ 과정의 블록 아래에 각각 연결하세요.

> **TipTalk** 같은 작업이 반복되는 경우 이미 작업한 블록을 복사해 사용할 수도 있어요. 복사할 명령 블록을 마우스 오른쪽 버튼으로 클릭하고 [복사하기]를 선택하면 같은 블록이 하나 더 만들어져요. 필요한 부분만 블록 값을 수정하여 사용하면 작업이 편해지겠죠?

STEP 03 스프라이트를 시작 위치로 옮기기

🏁을 클릭하면 'Tatiana' 스프라이트가 출발 지점으로 이동하고 게임 방법을 설명해요.

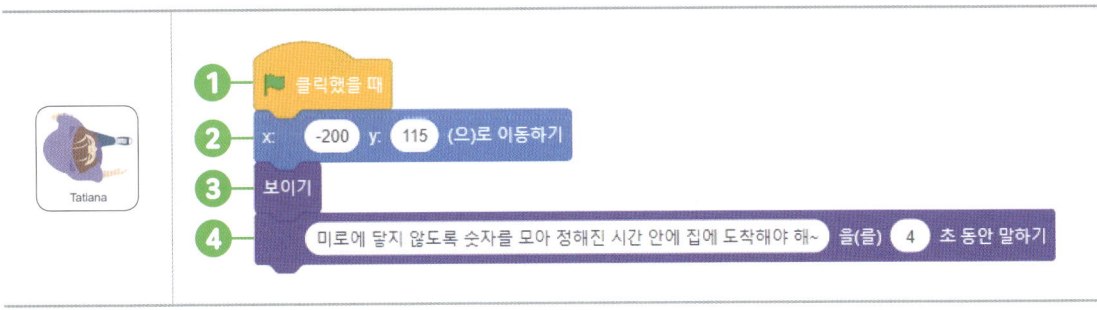

❶ 'Tatiana' 스프라이트를 선택하고 이벤트 팔레트의 🏁 클릭했을 때 블록을 코드 창의 빈 곳에 배치하세요.

❷ 미로의 출발 지점에서 시작하기 위해 동작 팔레트의 x: 0 y: 0 (으)로 이동하기 블록을 가져와 좌푯값을 'x:-200, y:115'로 수정하고 ❶ 과정의 블록 아래 연결하세요.

❸ 스프라이트가 무대에 보이도록 형태 팔레트의 보이기 블록을 연결하세요.

④ [형태] 팔레트의 [안녕! 을(를) 2 초 동안 말하기] 블록을 ③ 과정 블록 아래에 연결한 후 '안녕!'을 '미로에 닿지 않도록 숫자를 모아 정해진 시간 안에 집에 도착해야 해~'로 수정하고 '2'초를 '4'초로 수정하세요.

STEP 04 미로에 닿지 않게 집에 도착하기

'Tatiana' 스프라이트가 미로의 벽에 닿으면 점수가 '1'점씩 줄고 미로 마지막 'Home Button' 스프라이트에 닿으면 배경이 'Room2'로 바뀌도록 해 볼게요.

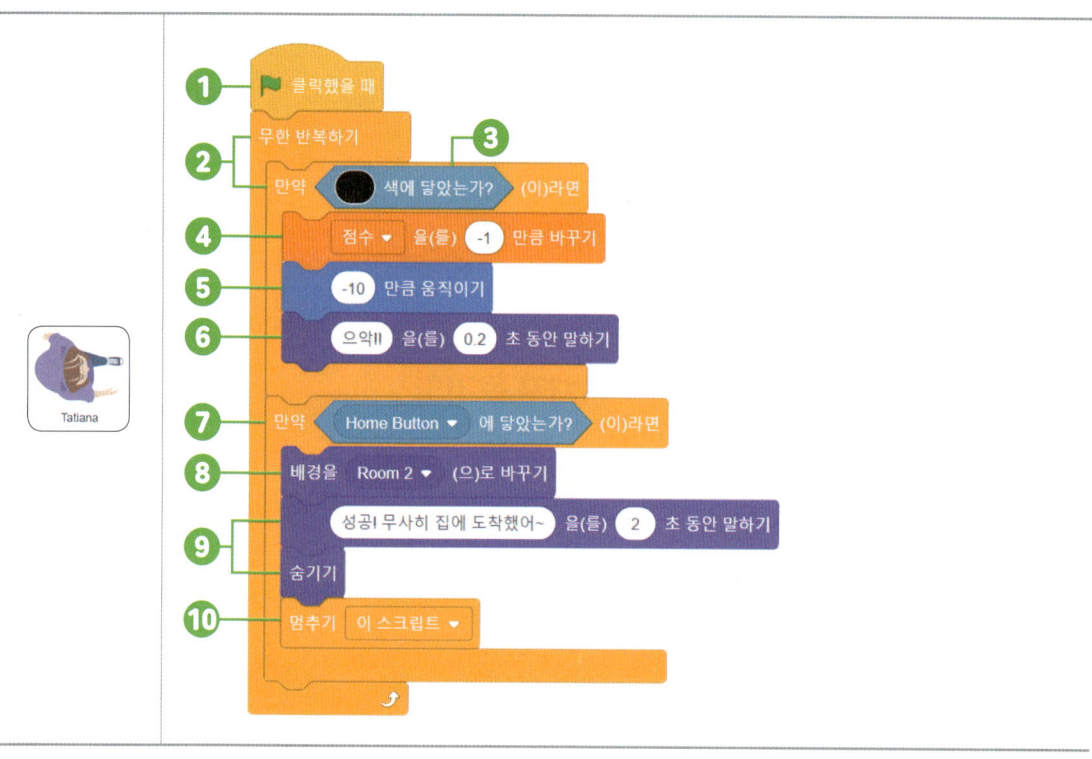

❶ [이벤트] 팔레트의 [클릭했을 때] 블록을 코드 창의 빈곳에 배치하세요.

❷ 'Tatiana' 스트라이프가 미로의 검정색 테두리에 닿았을 경우 점수가 줄어들도록 [제어] 팔레트의 [무한 반복하기] 블록을 가져와 연결하고 [제어] 팔레트의 [만약 (이)라면] 블록을 반복 블록의 안쪽에 넣으세요.

❸ [감지] 팔레트의 [색에 닿았는가?] 블록을 [만약 (이)라면] 블록의 ◆ 에 결합하세요. 스프라이트가 검정색에 닿았는지 판단하기 위해 [색에 닿았는가?] 블록의 ● 을 클릭하고, 스포이트를 선택해 미로의 테두리를 클릭합니다.

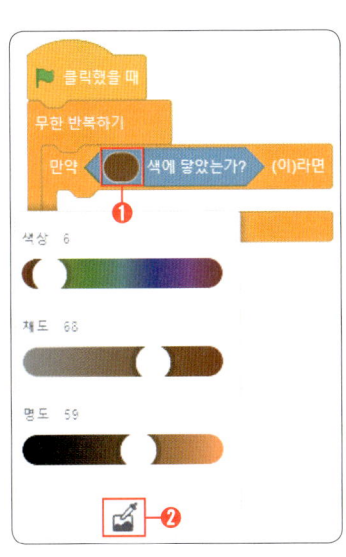
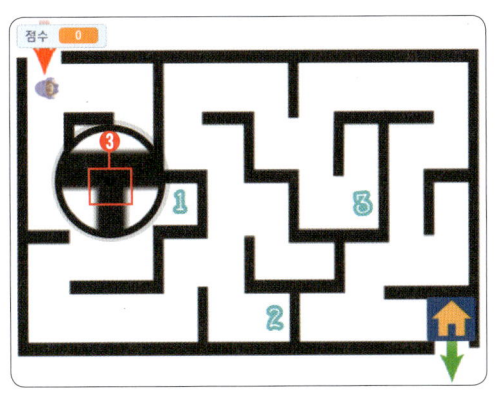

④ 미로에 닿을 때마다 '점수' 변수에서 점수를 '1'씩 빼기 위해 ![변수] 팔레트의 ![나의 변수를 1만큼 바꾸기] 블록을 가져와 ❸ 과정 블록 안에 넣고 '나의 변수'를 '점수'로, '1'을 '-1'로 수정하세요.

> **TipTalk** 변수의 값을 줄이고 싶다면 숫자 앞에 '마이너스(-)'를 붙이면 되겠죠?

⑤ 미로에 닿았을 때 'Tatiana' 스프라이트가 뒤로 물러나도록 ![동작] 팔레트의 ![10만큼 움직이기] 블록을 ❹ 과정의 블록 아래 연결하고 '10'을 '-10'으로 수정하세요.

⑥ ![형태] 팔레트의 ![안녕!을 2초 동안 말하기] 블록을 가져와 '안녕!'을 '으악!!'으로, '2'를 '0.2'초로 수정하고 ❺ 과정 아래에 연결하세요.

⑦ 'Home Button'에 닿았을 때 배경을 바꾸고 스프라이트를 숨기기 위해 ![제어] 팔레트의 ![만약 (이)라면] 블록을 가져와 ❸~❻ 과정에서 만든 블록 아래에 연결하세요. 그런 다음 ![감지] 팔레트의 ![마우스 포인터에 닿았는가?] 블록을 ![ ]에 결합하고 '마우스 포인터'를 'Home Button'으로 바꾸세요.

⑧ ![형태] 팔레트의 ![배경을 배경1 (으)로 바꾸기] 블록을 가져와 ❼ 과정의 블록 안에 넣고 배경을 'Room2'로 바꾸세요.

⑨ ![형태] 팔레트의 `안녕!을(를) 2 초 동안 말하기` 블록과 `숨기기` 블록을 가져와 ⑧ 과정 아래에 차례로 연결하고 '안녕!'을 '성공! 무사히 집에 도착했어~'로 바꾸세요.

⑩ 집에 도착하면 이 스크립트의 동작이 멈추도록 ![제어] 팔레트의 `멈추기 모두▼` 블록을 가져와 ⑨ 과정 아래에 연결하고 '모두'를 '이 스크립트'로 바꾸세요.

STEP 05 — 60초가 지나면 '실패'라고 말하기

타이머를 초기화한 지 60초가 지나면 배경이 바뀌고 'Tatiana' 스트라이프가 '실패'라고 말하도록 해 볼게요.

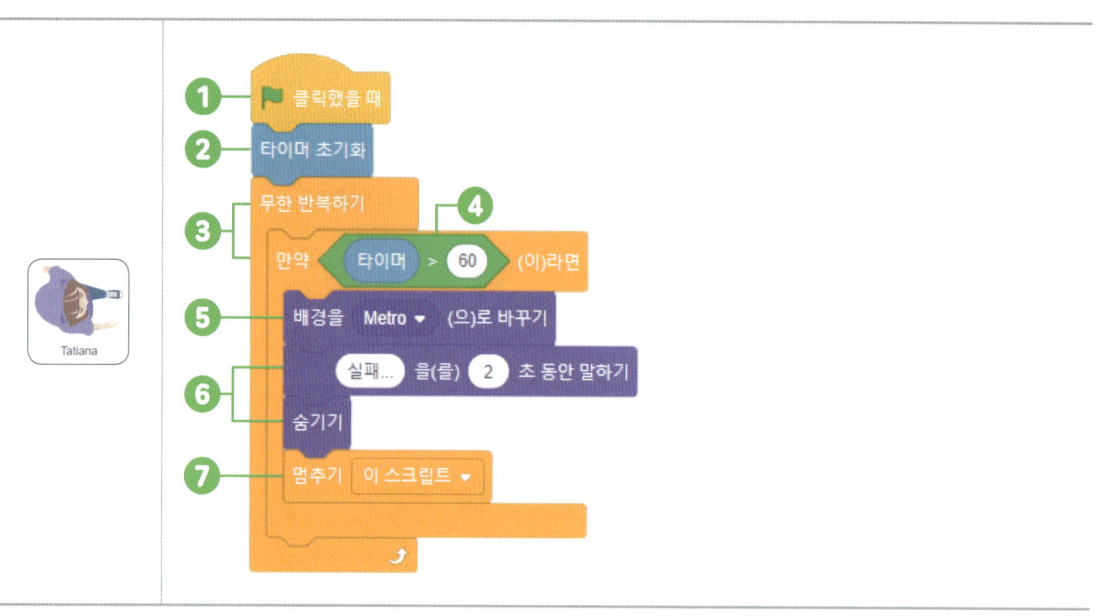

① ![이벤트] 팔레트의 `클릭했을 때` 블록을 코드 창의 빈곳에 배치하세요.

② 타이머를 초기화하기 위해 ![감지] 팔레트의 `타이머 초기화` 블록을 가져와 ① 과정의 블록 아래에 연결하세요.

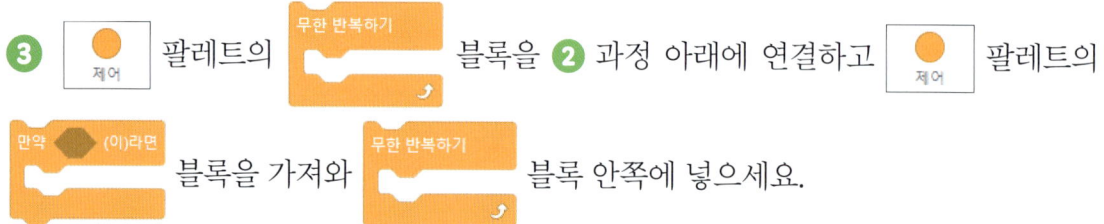

④ 타이머를 60초로 정하기 위해 연산 팔레트의 `>50` 블록 첫 번째 칸에 감지 팔레트의 `타이머` 블록을 결합하고 '50'을 '60'으로 수정하세요. 만들어진 `타이머 > 60` 블록을 ❸ 과정의 에 결합하세요.

⑤ 타이머가 60초를 지나면 배경이 바뀌고 'Tatiana' 스트라이프가 "실패..."라고 말하도록 형태 팔레트의 `배경을 배경1 (으)로 바꾸기` 블록을 ❸ 과정의 블록 안에 넣고 배경을 'Metro'로 바꾸세요.

⑥ 형태 팔레트의 `안녕! 을(를) 2 초 동안 말하기` 블록과 `숨기기` 블록을 가져와 ❺ 과정 아래에 차례로 연결하고 '안녕!'을 '실패...'로 수정하세요.

⑦ 게임이 끝나면 스크립트의 동작이 멈추도록 제어 팔레트의 `멈추기 모두` 블록을 가져와 ❻ 과정 블록의 아래에 연결하고 '모두'를 '이 스크립트'로 바꾸세요.

STEP 06 방향키를 눌렀을 때 스프라이트 이동하기

각각의 방향키를 누르면 'Tatiana' 스트라이프가 걷는 모양으로 바뀌고 해당 방향으로 이동하도록 해 볼게요.

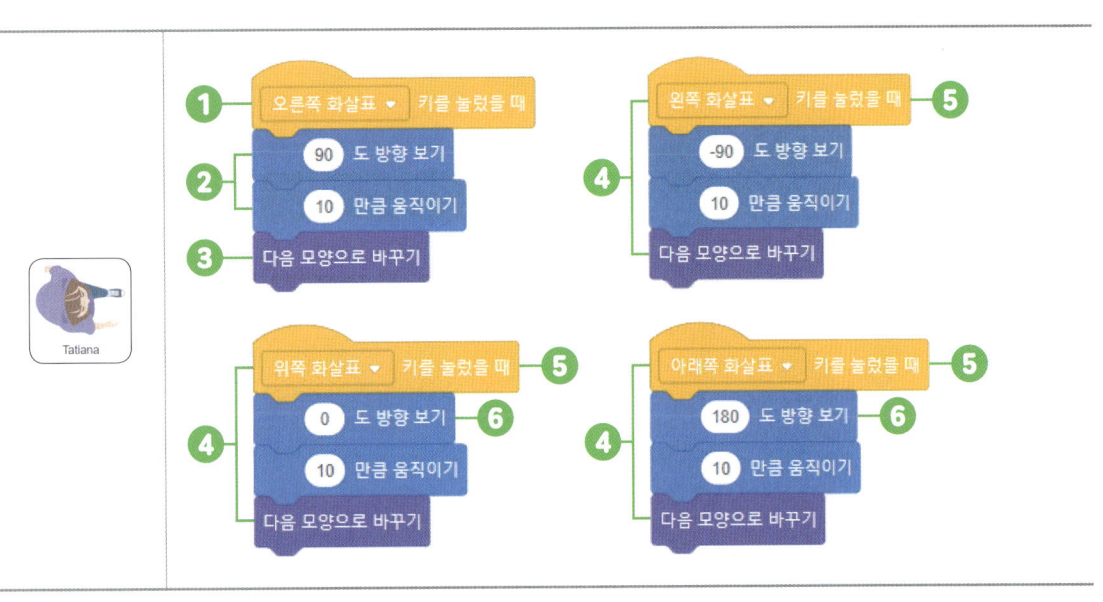

① 이벤트 팔레트의 `스페이스 키를 눌렀을 때` 블록을 코드 창의 빈곳에 배치하고 '스페이스'를 '오른쪽 화살표'로 바꾸세요.

❷ 오른쪽을 향해 이동하도록 [동작] 팔레트의 [90 도 방향 보기] 블록과 [10 만큼 움직이기] 블록을 가져와 차례로 연결하세요.

❸ [형태] 팔레트의 [다음 모양으로 바꾸기] 블록을 가져와 ❷ 과정 아래에 연결하세요.

❹ ←, ↑, ↓ 방향 키를 눌렀을 때도 각각의 방향으로 움직이도록 해 볼게요. ❶~❸ 과정에서 만든 블록을 오른쪽 마우스로 클릭하고 [복사하기]를 클릭해 코드 창의 빈곳에 배치하세요. [복사하기]를 세 번 반복하면 되겠죠?

❺ 복사된 스크립트에서 [오른쪽 화살표 키를 눌렀을 때]의 '오른쪽 화살표'를 클릭해 각각 '왼쪽 화살표', '위쪽 화살표', '아래쪽 화살표'로 바꾸세요.

❻ [왼쪽 화살표 키를 눌렀을 때] 블록 아래의 [90 도 방향 보기] 블록의 값을 '-90'으로 수정합니다. [위쪽 화살표 키를 눌렀을 때] 블록의 경우 [0 도 방향 보기], [아래쪽 화살표 키를 눌렀을 때] 블록의 경우 [180 도 방향 보기]로 수정하세요.

STEP 07 　 숫자에 닿으면 점수 올라가기

'Tatiana' 스프라이트가 'Glow-1', 'Glow-2', 'Glow-3' 스프라이트에 닿으면 점수가 각각 10, 20, 30점씩 올라가도록 해 볼게요.

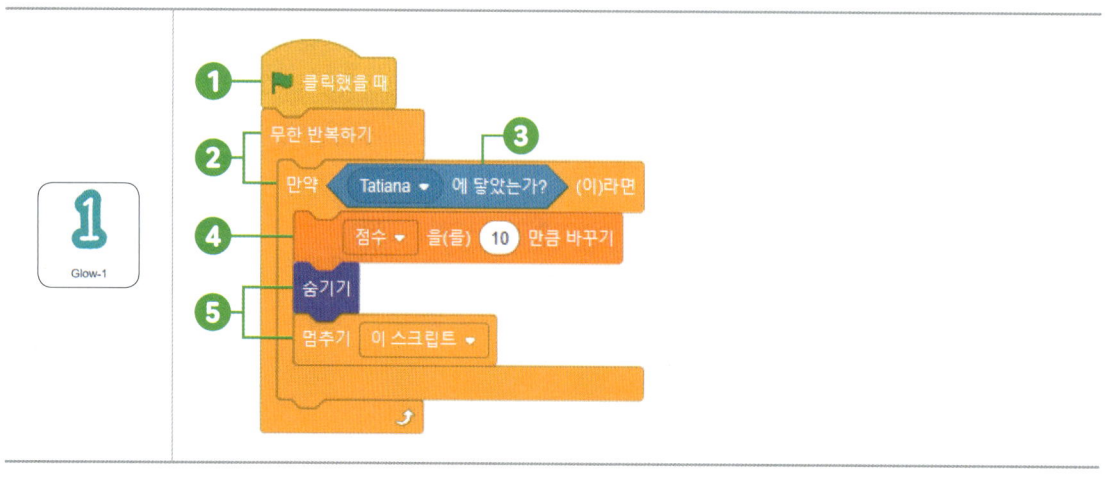

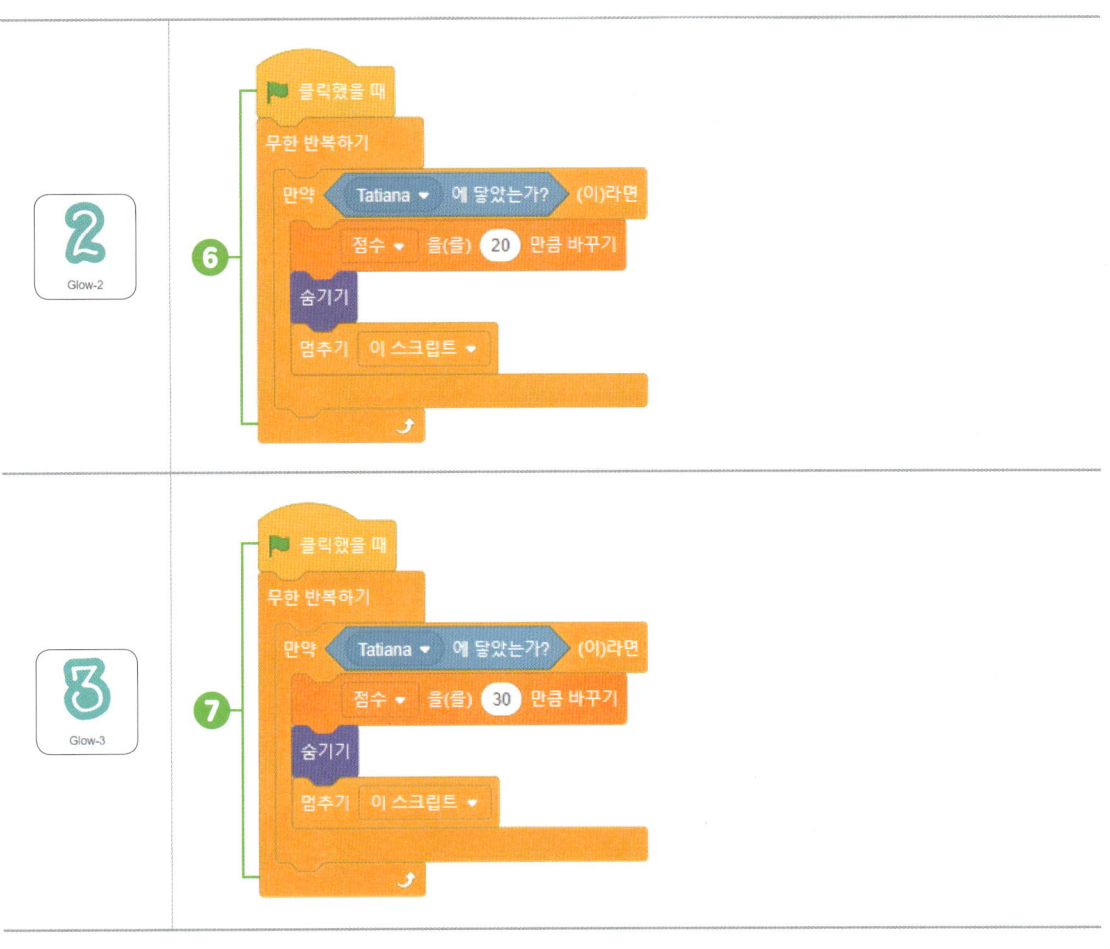

❶ 'Glow-1' 스프라이트를 클릭하고 이벤트 팔레트의 클릭했을 때 블록을 코드 창의 빈 곳에 배치하세요.

❷ 제어 팔레트의 무한 반복하기 블록을 가져와 ❶ 과정의 아래에 연결하고 제어 팔레트의 만약 (이)라면 블록을 가져와 무한 반복하기 블록 안쪽에 넣으세요.

❸ 감지 팔레트에서 마우스 포인터 에 닿았는가? 블록을 가져와 ◆ 에 결합하고 '마우스 포인터'를 'Tatiana'로 바꾸세요.

❹ 'Tatiana' 스프라이트가 'Glow-1' 스프라이트에 닿으면 점수가 10점 올라가도록 변수 팔레트의  블록을 가져와 ❷ 과정 블록 안에 넣고 '나의 변수'를 '점수'로, '1'을 '10'으로 바꾸세요.

❺ 'Glow-1' 스프라이트를 숨기고 스크립트를 멈추기 위해 [형태] 팔레트에서 [숨기기] 블록과 [제어] 팔레트의 [멈추기 모두▼] 블록을 가져와 ❹ 과정 아래에 연결하고 '모두'를 '이 스크립트'로 바꾸세요.

❻ 'Glow-2', 'Glow-3' 스프라이트도 위와 같이 만들어 보세요. ❶~❺ 과정에서 만든 블록을 복사해 'Glow-2', 'Glow-3' 스프라이트에 각각 붙여 넣고 'Glow-2' 스프라이트의 경우 '점수'를 '20'으로 'Glow-3' 스프라이트의 경우 '점수'를 '30'으로 수정하세요.

잠깐만요 '변수' 한 번 더 알아보기

친구들이 변수와 관련된 대화를 나누고 있어요. '변수'의 개념을 다시 한번 떠올리며 빈칸을 채워 봅시다.

변수는 데이터를 기억할 수 있는 공간으로, 하나의 변수에 ( ) 개의 값을 저장할 수 있어.

변수에는 (숫자/문자/숫자와 문자)를 저장할 수 있어.

한 프로젝트에서 변수를 (한 개/여러 개) 만들어 사용할 수 있어.

정답: 1/ 숫자와 문자/ 여러 개

STEP 08 미로 배경일 경우에만 보이기

숫자 스프라이트는 미로 배경일 경우에만 보이도록 해 볼게요.

① 'Glow-1' 스프라이트를 클릭하고 [이벤트] 팔레트에서 [배경이 배경1 ▼ (으)로 바뀌었을 때] 블록을 가져와 코드 창의 빈곳에 배치하고 배경을 '미로'로 바꾸세요.

② [형태] 팔레트에서 [보이기] 블록을 가져와 ① 과정 아래에 연결하세요.

③ [이벤트] 팔레트에서 [배경이 배경1 ▼ (으)로 바뀌었을 때] 블록을 가져와 코드 창의 빈곳에 배치하고 '배경1'을 'Room2'로 바꾸세요. 그런 다음 [형태] 팔레트에서 [숨기기] 블록을 가져와 연결하세요.

④ [이벤트] 팔레트에서 [배경이 배경1 ▼ (으)로 바뀌었을 때] 블록을 가져와 코드 창의 빈곳에 배치하고 '배경1'을 'Metro'로 바꾸세요. 그런 다음 [형태] 팔레트에서 [숨기기] 블록을 가져와 연결하세요.

⑤ 'Glow-2', 'Glow-3' 스프라이트도 ①~④ 과정을 반복해 완성합니다.

전체 코드 CHECK!

Home Button

- 🏁 클릭했을 때
  - 점수 ▾ 을(를) 0 로 정하기
  - 배경을 미로 ▾ (으)로 바꾸기

- 배경이 미로 ▾ (으)로 바뀌었을 때
  - 보이기

- 배경이 Room 2 ▾ (으)로 바뀌었을 때
  - 숨기기

- 배경이 Metro ▾ (으)로 바뀌었을 때
  - 숨기기

Tatiana

- 🏁 클릭했을 때
  - x: -200 y: 115 (으)로 이동하기
  - 보이기
  - 미로에 닿지 않도록 숫자를 모아 정해진 시간 안에 집에 도착해야 해~ 을(를) 4 초 동안 말하기

- 🏁 클릭했을 때
  - 무한 반복하기
    - 만약 ⬛ 색에 닿았는가? (이)라면
      - 점수 ▾ 을(를) -1 만큼 바꾸기
      - -10 만큼 움직이기
      - 으악!! 을(를) 0.2 초 동안 말하기
    - 만약 Home Button ▾ 에 닿았는가? (이)라면
      - 배경을 Room 2 ▾ (으)로 바꾸기
      - 성공! 무사히 집에 도착했어~ 을(를) 2 초 동안 말하기
      - 숨기기
      - 멈추기 이 스크립트 ▾

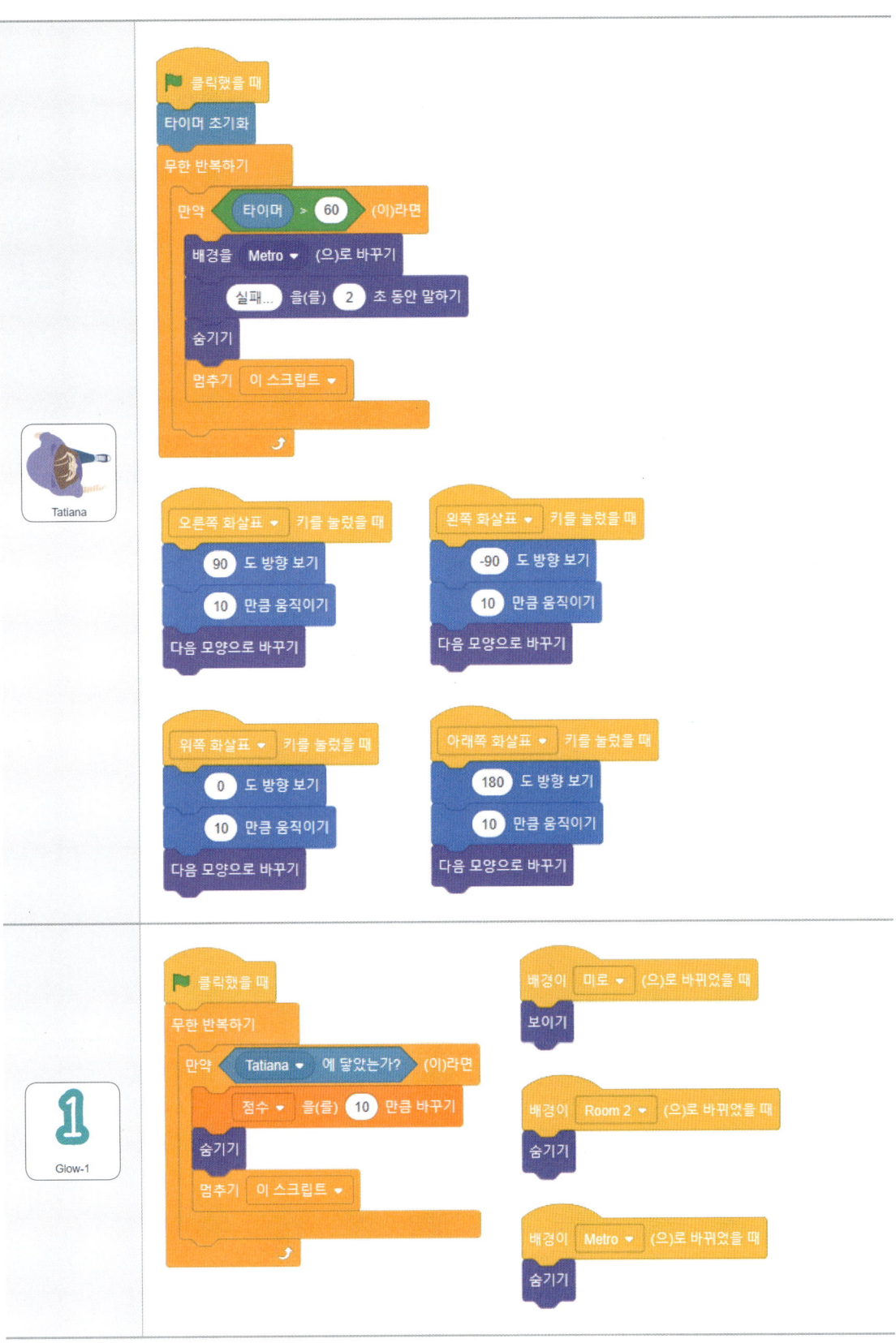

대답 블록에는 짝꿍이 있어요!

감지 팔레트의 대답 블록도 값을 저장하는 기능을 갖고 있지만 '변수'와 달리 이름이 무엇이니? 라고 묻고 기다리기 블록과 짝을 이뤄 사용됩니다.

이름이 무엇이니? 라고 묻고 기다리기 블록을 실행하면 말풍선을 통해 질문이 제시돼요. 그리고 사용자가 직접 대답을 입력할 수 있는 대답 창이 생성되고 대답 창에 입력한 값은 자동으로 대답 블록에 저장됩니다.

다음 프로젝트를 보고 대답 블록의 사용법을 알아봅시다.

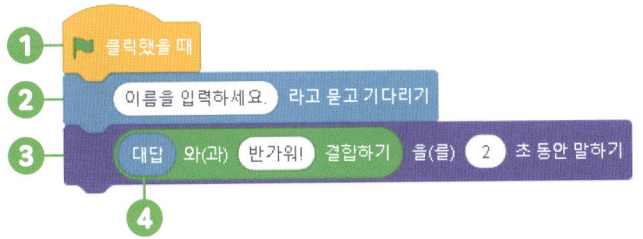

🚩을 클릭하면 이름을 입력하라는 문장과 함께 대답 창이 나타나요. 대답을 입력한 후 대답 창 오른쪽의 ✅ 버튼이나 Enter 키를 누르면 스프라이트가 내 대답을 반영해 "○○ 반가워!"라고 말하는 것을 볼 수 있어요.

 ◀ 정답코드 확인
http://gilbut.co/
c/22073360IJ

도전! 코딩 마스터 DO TODAY!

이렇게 만들어요! ▶
https://scratch.mit.edu/
projects/709938115/

숫자를 더 추가하고 마지막에 점수를 말할 수 있도록 코드를 수정해 보세요.

스프라이트와 배경

'Glow-4' 스프라이트	'Glow-5' 스프라이트
4 Glow-4	5 Glow-5

미션 1 'Glow-4', 'Glow-5' 스프라이트를 추가해 해당 스프라이트를 만났을 때 점수가 '40' '50'점씩 올라가도록 해 보세요.

미션 2 성공하면 'Tatiana' 스프라이트가 지금까지의 점수를 말하도록 해 보세요.

〈 힌트 〉

1. `나의 변수 ▼ 을(를) 1 만큼 바꾸기` 블록을 이용해 점수를 바꿔요.

2. 배경이 'Room2'로 바뀌었을 때 점수의 합계를 말하도록 `배경이 배경1 ▼ (으)로 바뀌었을 때` 블록을 사용해요.

3. `점수` 블록을 `안녕! 을(를) 2 초 동안 말하기` 블록과 결합해 점수를 말해요.

사고력이 쑥쑥! 숫자 게임 ①

도형 △, □, ☆, ♡에는 숫자가 하나씩 저장돼 있습니다. 각각의 도형은 어떤 숫자를 의미할까요? 아래의 <조건>과 표를 보고 각각의 도형에 저장된 숫자를 맞혀 보세요.

> **조건**
>
> 1. 주어진 도형 △, □, ☆, ♡에는 숫자가 각각 하나씩 저장돼 있습니다.
> 2. 표 바깥의 숫자는 일직선상에 놓인 도형 세 개의 합을 의미합니다.
>   즉, △+♡+□=11입니다.

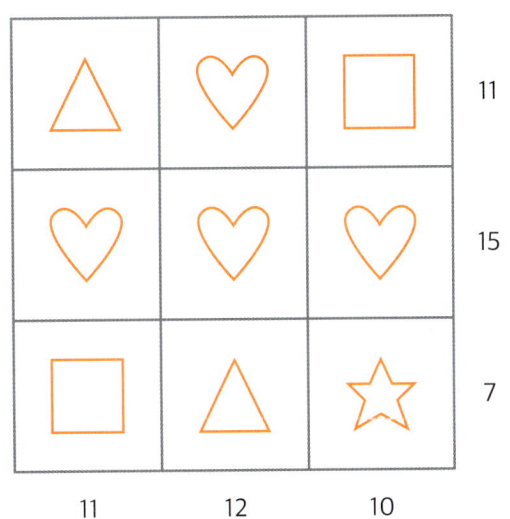

△ (   ) □ (   ) ☆ (   ) ♡ (   )

《 정답 및 해설 》

우선, 가로 두 번째 줄을 살펴봅시다. ♡+♡+♡=15이므로 ♡=5입니다.

세로 두 번째 줄을 볼까요? ♡+♡+△=12이므로 △=2입니다.

△+♡+□=11이므로 □=4입니다.

마지막으로 □+♡+☆=10이므로 ☆=1입니다.

.WEEK.

07 블랙홀에서 탈출하세요!

이번에 배울 핵심 기능 ▶ 이벤트, 신호 보내기

코딩 개념 이해 쏙쏙 | 준비, 시작! 신호 보내 블록 실행하기

야구 경기를 할 때 선수들끼리 코나 모자를 만지고 주먹을 펴는 등 신호를 보내는 것을 본 적 있나요? 전달받은 신호에 따라 상대 선수의 행동이 달라진답니다. 신호를 잘못 이해했을 경우 경기에 문제가 생기기도 해요.

스프라이트가 명령 블록을 실행할 때도 일종의 신호가 필요해요. 스프라이트가 동작을 수행하도록 만들 때 🏁를 클릭하거나 Spacebar 키를 눌렀죠? 이처럼 명령을 시작하려면  클릭했을 때 , 스페이스 키를 눌렀을 때 와 같은 '이벤트' 블록을 이용해야 해요. 야구 선수들이 신호를 보내 다음 행동을 알려 주는 것처럼 스크래치에서도 특정 동작을 하면 다음 명령이 수행돼요.

'이벤트'란 '사건'이라는 뜻으로, 프로그램을 실행하기 위해 사용자가 수행하는 동작을 의미해요. '마우스를 클릭했을 때', '신호를 보냈을 때'와 같은 사건이 이에 속한답니다.

이번에는 '이벤트' 블록 중 '신호 보내기' 블록에 대해 알아볼게요. '신호 보내기' 블록은 스프라이트에 메시지를 보내 명령 블록을 실행하는 기능을 갖고 있어요. 이 블록을 이용하면 한 개 이상의 스프라이트를 동시에 호출할 수 있어 편리하답니다.

엄마가 아침에 삼남매를 깨우는 상황을 상상해 볼까요? 엄마가 세 명에게 동시에 '학교에 가려면 일어나야 한다'라는 메시지를 보내면 아이들은 저마다 일어나 학교 갈 준비를 시작할 거예요. 모두 똑같이 행동할 수도 있지만 전부 다르게 행동할 수도 있어요.

코딩 활용 퀴즈

▶ 정답 및 해설 324쪽

1 지우는 몸동작만으로 소통하는 '몸으로 말해요!'라는 게임을 하고 있어요. 지우가 친구들과 정한 메시지를 참고해 지우가 전달하려는 말을 빈칸에 적어 보세요.

> **메시지 목록**
>
> 두 손 주먹 쥐기 ▶ 놀이터 가자   한 손 머리 뒤에 대기 ▶ 집에 가자
> 한 손바닥 펼치기 ▶ 우유 마시자   두 팔을 등 뒤로 보내기 ▶ 줄넘기 하자
> 두 손 하늘로 뻗기 ▶ 책 읽자   눈썹 옆에 손가락 가져가기 ▶ 밥 먹자

❶ (   ) ❷ (   ) ❸ (   )

코딩 준비 READY! — 블랙홀 탈출

▼ 작품 미리보기

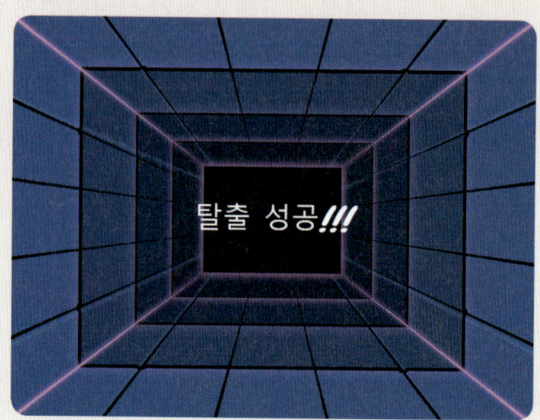

- 동작을 시작하는 '이벤트' 블록에 대해 알아봐요
- '신호 보내기' 기능을 이용해 명령 블록을 실행해요.
- 여러 블록이 동시에 시작되도록 할 수 있어요.

◀ 이렇게 만들어요

『https://scratch.mit.edu/projects/668542772/』에 접속한 후 시작(▶)을 클릭해 작품을 실행해 보세요.

단계별 코딩 미리보기

1. 'ball2' 스프라이트가 '발사1' 신호를 보내고 받았을 때 '확인1' 신호를 보낸다.

2. 'ball' 스프라이트가 '발사2' 신호를 보내고 받았을 때 '확인2' 신호를 보낸다.

3. 방향 키를 눌렀을 때 'Monkey' 스프라이트가 이동한다.

4. 'Monkey' 스프라이트가 '확인1', '확인2' 신호를 받았을 때 크기를 바꾼다.

5. 'Rocketship' 스프라이트가 'Monkey' 스프라이트에 닿으면 '탈출' 신호를 보낸다.

스프라이트&블록

❖ **스프라이트와 배경**

'Ball(공)' 스프라이트	'Monkey(원숭이)' 스프라이트	'Rocketship(우주 항공기)' 스프라이트	'Neon Tunnel' 배경
 Ball	 Monkey	 Rocketship	 Neon Tunnel

❖ **꼭 알아야 할 블록**

팔레트	블록	블록 설명
이벤트	메시지1 ▼ 신호를 받았을 때	선택한 메시지를 받았을 때 블록이 실행돼요.
	메시지1 ▼ 신호 보내기	선택한 신호를 보내요.
	메시지1 ▼ 신호 보내고 기다리기	선택한 신호를 보낸 후 메시지를 받은 블록이 동작을 완료할 때까지 기다려요
연산	1 부터 10 사이의 난수	입력한 범위 안에서 무작위로 값을 표시해요.

WEEK 07

완성파일 | 블랙홀에서 탈출하기.sb3

01 스크래치 메뉴의 [만들기]를 클릭하면 코딩 작품을 만들 수 있는 작업 화면이 나타나요. 화면의 오른쪽 아래에 있는 [스프라이트 정보] 창에서 '스프라이트 1'의 [삭제] 를 클릭하고 [스프라이트 고르기] 를 선택하세요.

02 [스프라이트 고르기] 창이 나타나면 [모두]에서 'Ball(공)', 'Monkey(원숭이), 'Rocketship(우주 항공기)' 스프라이트를 선택하세요.

03 'Ball(공)' 스프라이트의 [스프라이트 정보] 창에서 크기를 '50'으로 수정하세요. 그런 다음 오른쪽 마우스로 클릭하고 [복사]를 선택하면 'Ball2' 스프라이트가 생겨요.

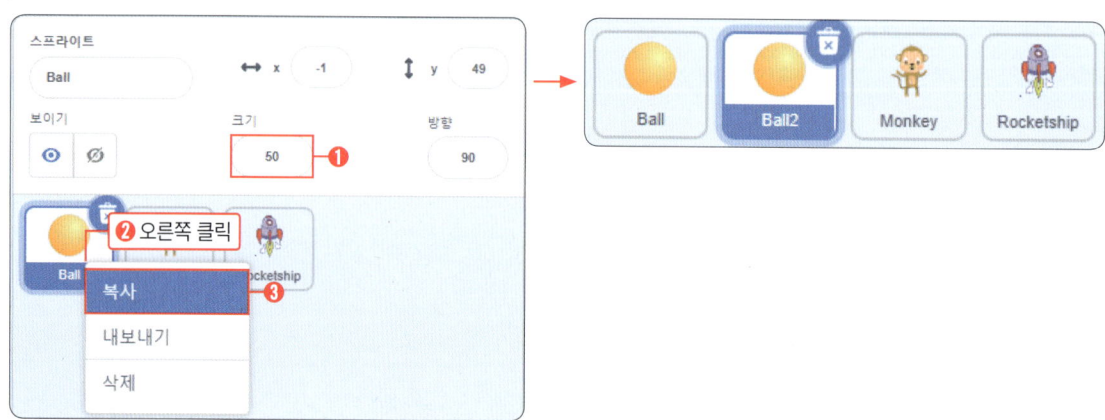

112

04 'Ball2' 스프라이트는 'Ball' 스트라이트와 구분되도록 'ball_b' 모양으로 변경해 사용할 거예요. [모양] 탭에서 'ball_b' 모양을 선택하세요.

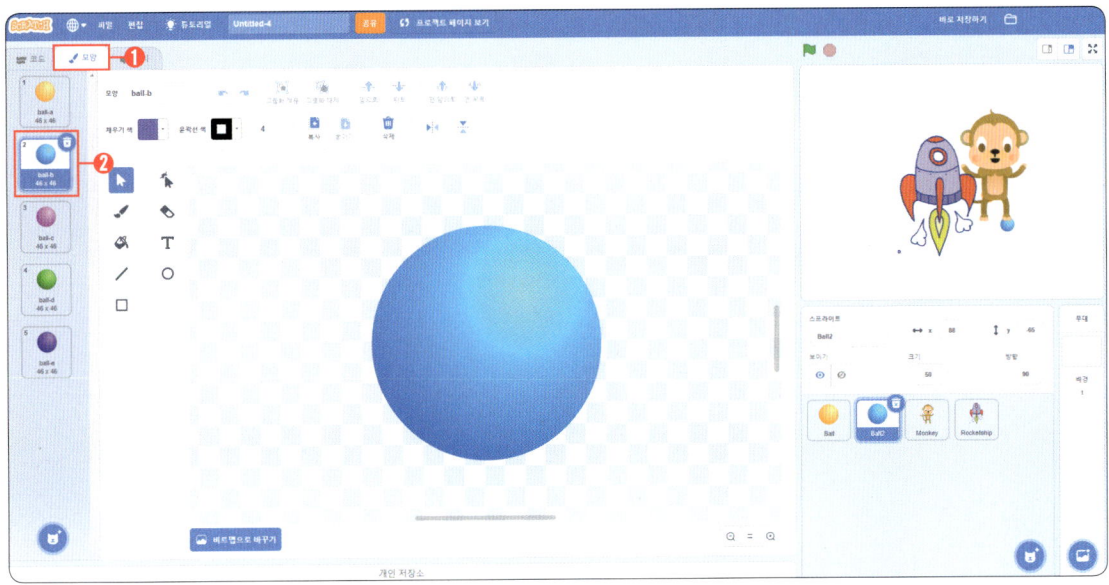

05 배경을 선택해 볼게요. [코드] 탭으로 돌아와 오른쪽 아래에 있는 [무대 정보] 창에서 [배경 고르기] 를 클릭하고 [모두]에서 'Neon Tunnel(네온 터널)' 배경을 선택하세요.

06 배경을 선택하고 [배경] 탭에서 기존에 있는 '배경1'을 선택해 [삭제] 를 클릭하세요.

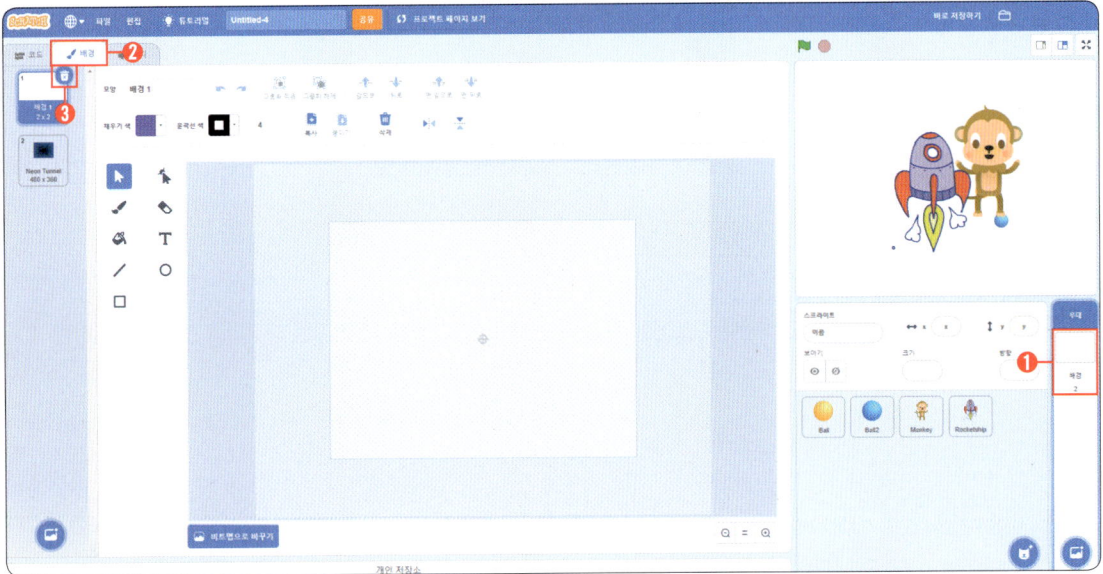

07 선택한 'Neon Tunnel' 배경을 하나 더 추가하기 위해 오른쪽 마우스를 클릭하고 복사를 선택해요.

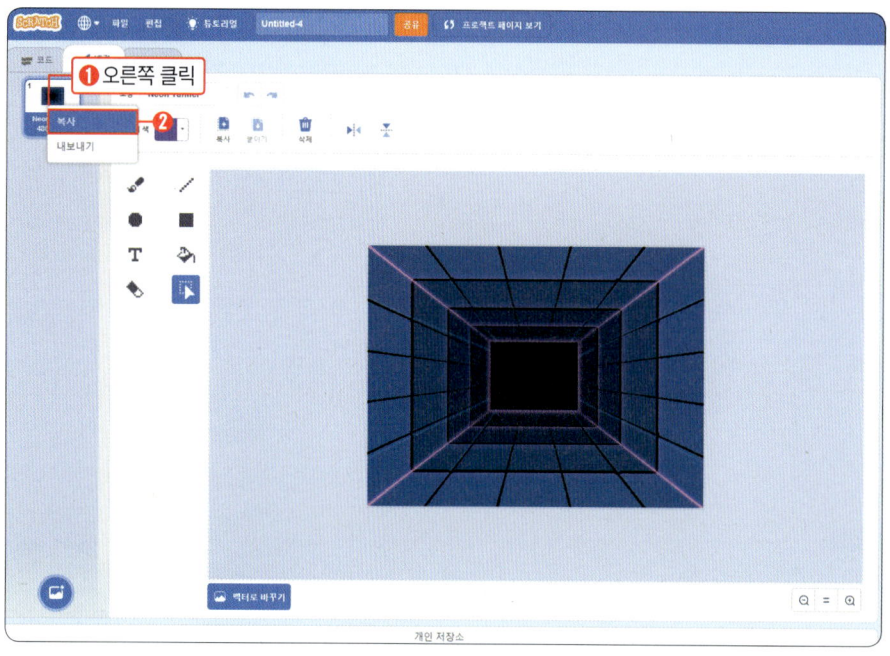

08 추가한 'Neon Tunnel2' 배경에 텍스트를 추가해 볼게요. T 를 클릭하고 배경에 '탈출성공!!'이라고 적습니다. '채우기 색'에서 원하는 색을 선택해 텍스트 색을 변경해 보세요. 'Neon Tunnel' 배경에서 시작하기 위해 다시 'Neon Tunnel' 배경을 선택하세요.

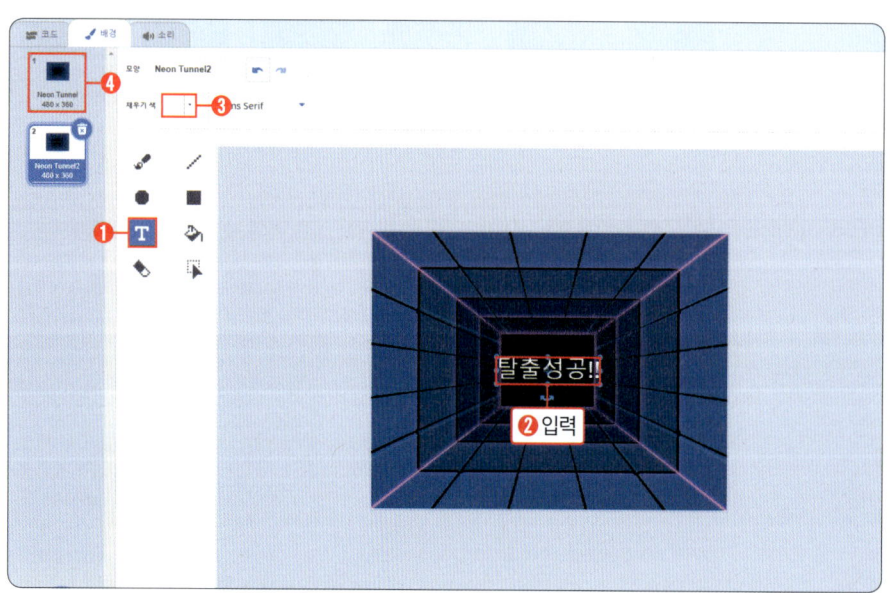

> **Tip Talk** 텍스트의 크기도 마음대로 조정할 수 있어요. 텍스트를 선택하면 생기는 테두리를 드래그해 원하는 크기로 조정하세요.

09 [코드] 탭을 클릭해 돌아오고 각각의 스프라이트를 적당한 위치로 옮기세요.

'Monkey' 스프라이트의 크기를 키워 'Rocketship' 스프라이트에 닿게 하여 탈출을 돕는 게임이에요!

STEP 01 '신호 보내기' 기능을 이용해 스프라이트에게 신호 보내기

🏁을 클릭하면 'Ball' 스프라이트가 '발사1' 신호를 보낸 후 기다립니다.

① 'Ball' 스프라이트를 선택하고 [이벤트] 팔레트의 [🏁클릭했을 때] 블록을 코드 창의 빈곳에 배치하세요.

② 'Ball' 스프라이트가 정해진 위치에서 계속 발사되도록 [제어] 팔레트의 [무한 반복하기] 블록을 가져와 ② 과정 아래에 연결하세요.

③ 'Ball' 스프라이트의 시작 위치를 정하고 난수 방향으로 발사되도록 [동작] 팔레트의 [x: 0 y: 0 (으)로 이동하기] 블록을 [무한 반복하기] 블록 안에 넣은 후 좌푯값을 'x: 0, y: 40'로 수정하세요.

④ [동작] 팔레트의 [90 도 방향 보기] 블록을 가져와 ③ 과정 아래 연결한 후 [연산]

팔레트의  블록을 '90' 자리에 결합하고 '1'을 '110'으로, '10'을 '250'으로 수정하세요.

> **TipTalk** '난수'는 '특정한 순서나 규칙을 가지지 않는 수'라는 뜻으로, 무작위로 정해진 수라는 의미예요. '랜덤(random)한 수'라고도 하죠. '난수'를 설정하면 정해진 범위 안에서 무작위로 숫자를 선택합니다. 이 경우에서는 ▶를 클릭하면 'Ball' 스프라이트가 움직이면서 스프라이트 정보창에서 '방향'의 값이 변하는 것을 확인할 수 있어요. 이때 이 방향 값은 우리가 설정한 범위 내에서 정해진답니다.

5 ★중요해요 이벤트 팔레트의 `메시지1▼ 신호 보내고 기다리기` 블록을 가져와 ❹ 과정 아래에 연결해 'Ball' 스프라이트가 신호를 보내고 기다리도록 해요.

'메시지1'를 클릭해 [새로운 메시지]를 선택하면 새로운 창이 나타나요. 빈칸에 '발사1'를 입력한 후 [확인]을 클릭하세요. 이렇게 만들어진 `발사1▼ 신호 보내고 기다리기` 블록은 실행되면 'Ball' 스프라이트에게 '발사1'이라는 신호를 보내고 기다려요.

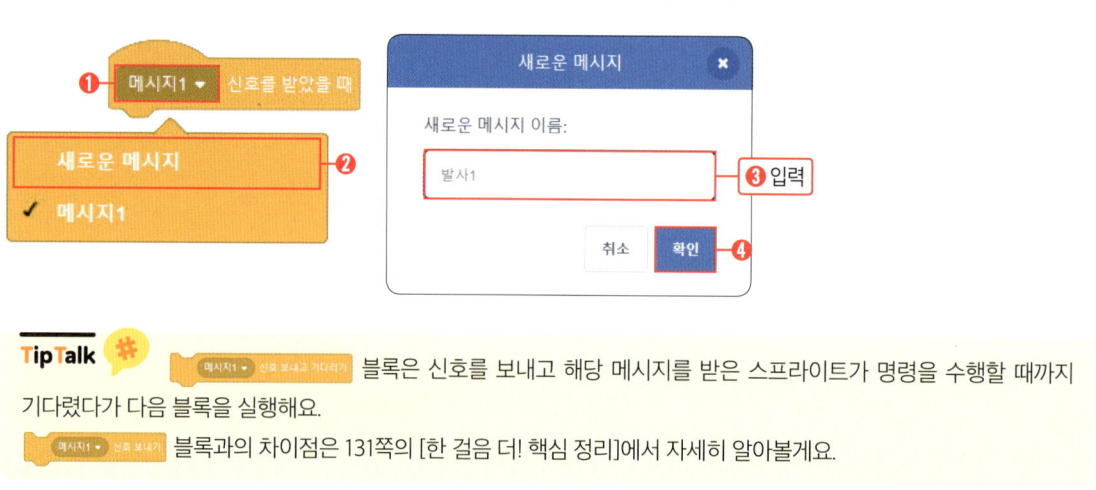

> **TipTalk** `메시지1▼ 신호 보내고 기다리기` 블록은 신호를 보내고 해당 메시지를 받은 스프라이트가 명령을 수행할 때까지 기다렸다가 다음 블록을 실행해요.
> `메시지1▼ 신호 보내기` 블록과의 차이점은 131쪽의 [한 걸음 더! 핵심 정리]에서 자세히 알아볼게요.

STEP 02   신호 받으면 움직이고 'Monkey' 스프라이트에게 신호 보내기

'Ball' 스프라이트가 '발사1' 신호를 받으면 벽에 닿을 때까지 움직이고 'Monkey' 스프라이트에 닿으면 '확인1' 신호를 보낼게요.

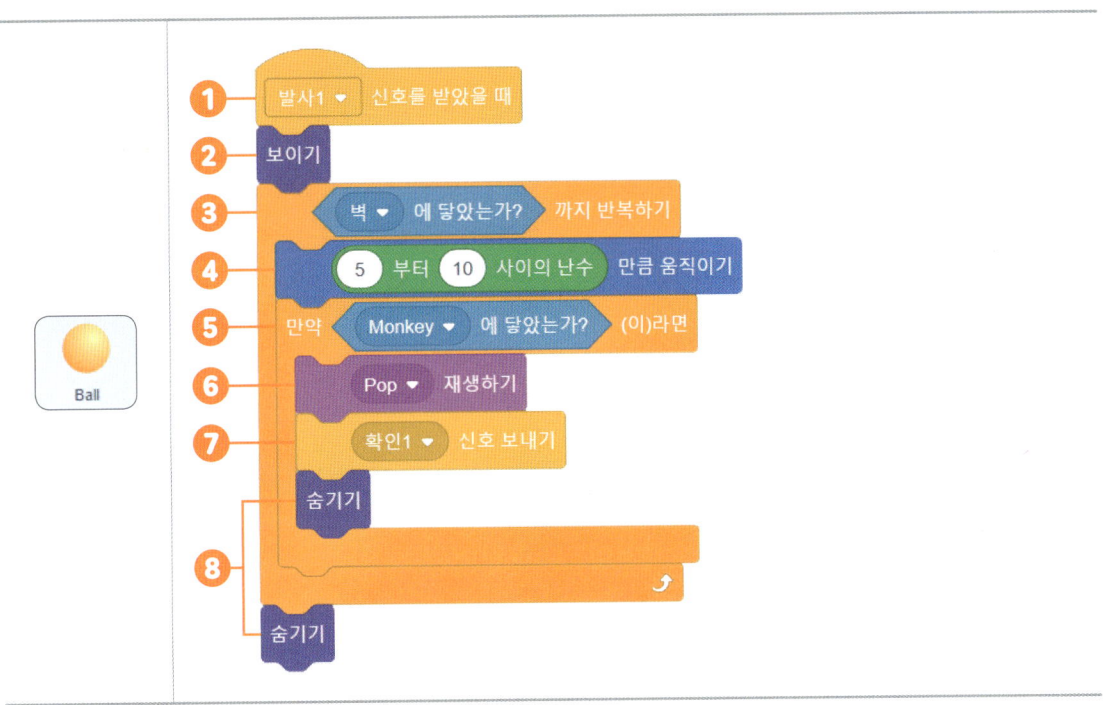

① 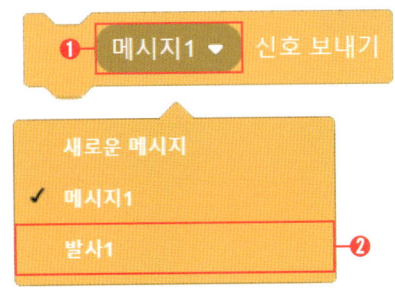 팔레트에서 블록을 가져와 코드 창의 빈곳에 배치하고 '메시지1'을 클릭해 '발사1'로 바꾸세요.

② '발사1' 신호를 받았을 때 'Ball' 스프라이트가 보이도록 팔레트에서 보이기 블록을 가져와 ① 과정 아래에 연결하세요.

③ 벽에 닿을 때까지 반복하기 위해 제어 팔레트의 까지 반복하기 블록을 가져와 연결한 후 감지 팔레트에서 마우스 포인터 에 닿았는가? 블록을 가져와 에 결합하고 '마우스 포인트'를 '벽'으로 바꾸세요.

❹ [동작] 팔레트에서 [10 만큼 움직이기] 블록을 가져와 ❸ 과정 블록의 안쪽에 넣으세요. 'Ball' 스프라이트가 무작위로 움직이도록 [연산] 팔레트의 [1 부터 10 사이의 난수] 블록을 가져와 [10 만큼 움직이기]의 '10'자리에 결합하고 앞의 '1'을 '5'로 바꾸세요.

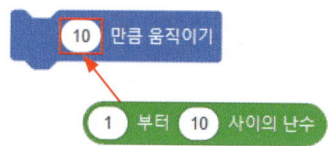

❺ 'Monkey' 스프라이트에 닿았는지 확인하기 위해 [제어] 팔레트의 [만약 (이)라면] 블록을 가져와 ❹ 과정 아래에 연결한 후 [감지] 팔레트의 [마우스 포인터 에 닿았는가?] 블록을 ◆에 결합하고 '마우스 포인트'를 'Monkey'로 바꾸세요.

❻ 'Ball' 스프라이트가 'Monkey' 스프라이트에 닿으면 효과음이 재생되도록 [소리] 팔레트의 [Pop 재생하기] 블록을 가져와 ❺ 과정의 블록 안쪽에 넣으세요.

❼ 'Monkey' 스프라이트에 신호를 보내기 위해 [이벤트] 팔레트에서 [메시지1 신호 보내기] 블록을 가져와 ❻ 과정 아래에 연결합니다. '메시지1'을 클릭하고 [새로운 메시지] 창에 '확인1'을 입력하고 '확인'을 클릭하세요.

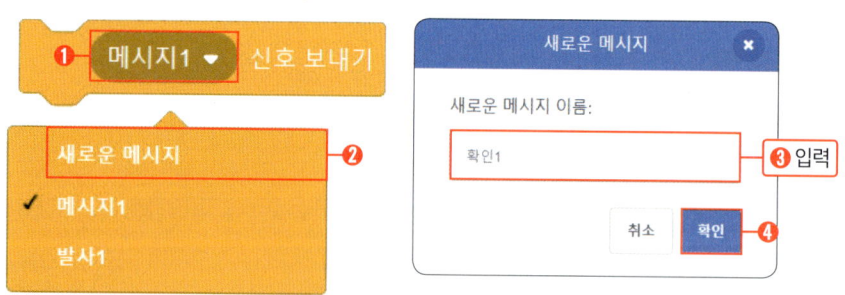

❽ 'Monkey' 스프라이트에 닿은 'Ball' 스프라이트가 사라지도록 [형태] 팔레트의 [숨기기] 블록을 가져와 ❼ 과정 아래에 연결하고, 벽에 닿은 'Ball' 스프라이트도 숨기기 위해 [형태] 팔레트에서 [숨기기] 블록을 가져와 ❺ 과정의 조건 블록 안쪽에 넣으세요.

STEP 03 '발사2' 신호 보내고 기다리기

🏁을 클릭하면 'Ball2' 스프라이트가 무작위로 '발사2' 신호를 보내고 기다릴게요.

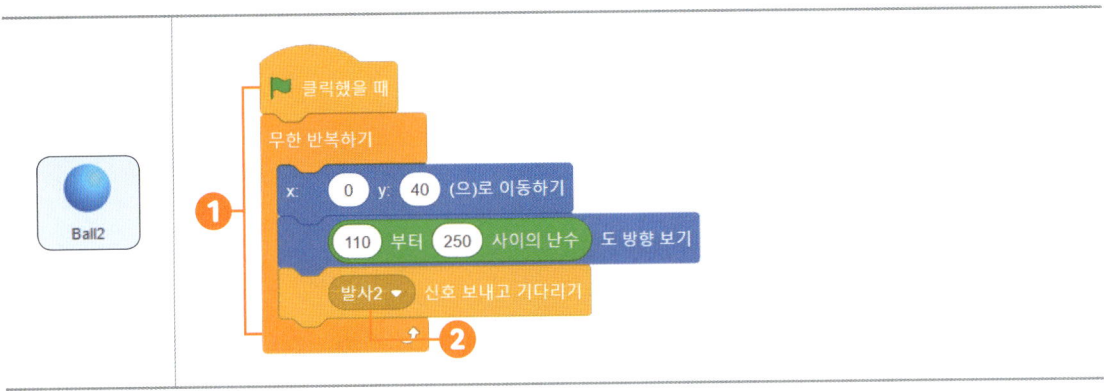

❶ 'Ball' 스프라이트에서 만든 코드를 가져와 필요한 부분만 수정해 볼게요. 'Ball' 스프라이트를 선택하고 STEP 01 에서 만든 코드를 드래그하여 'Ball2' 스프라이트 위에서 드롭합니다.

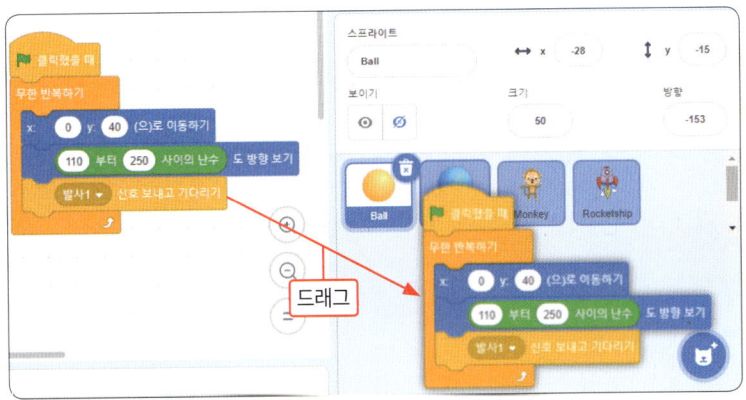

❷ 'Ball2' 스프라이트를 선택하고 ❶ 과정에서 가져온 코드 중 '발사1'을 클릭해 '새로운 메시지'를 선택하세요. [새로운 메시지] 창이 나타나면 이름을 '발사2'로 바꾸고 [확인]을 클릭합니다.

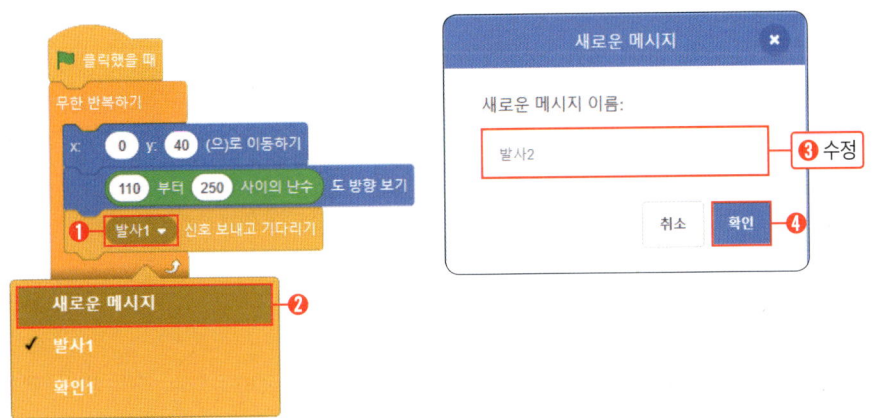

STEP 04 　 'Monkey' 스프라이트에게 신호 보내기

'발사2' 신호를 받으면 벽에 닿을 때까지 움직이고 'Monkey' 스프라이트에 닿으면 '확인2' 신호를 보낼게요.

❶ 'Ball' 스프라이트에서 만든 코드를 활용해 볼게요. 'Ball' 스프라이트를 선택하고 STEP 02 에서 만든 코드를 드래그하여 'Ball2' 스프라이트 위에서 드롭하세요.

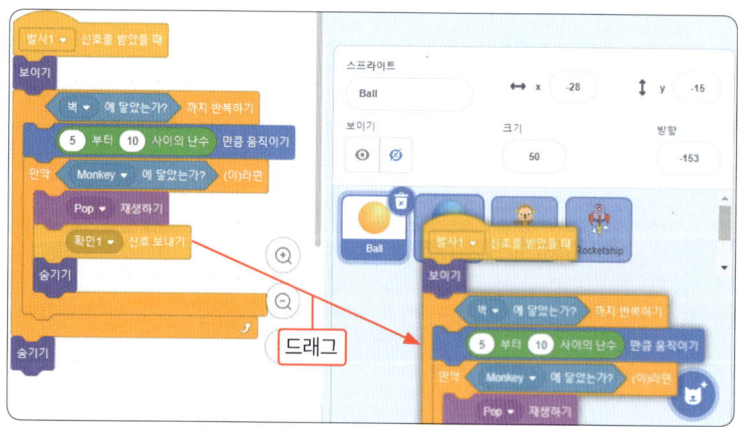

❷ 'Ball2' 스프라이트를 선택하고 ❶ 과정에서 가져온 코드에서 '발사1'을 '발사2'로 바꾸세요. '확인1'도 '새로운 메시지'를 클릭하고 '확인2'를 입력하세요.

120

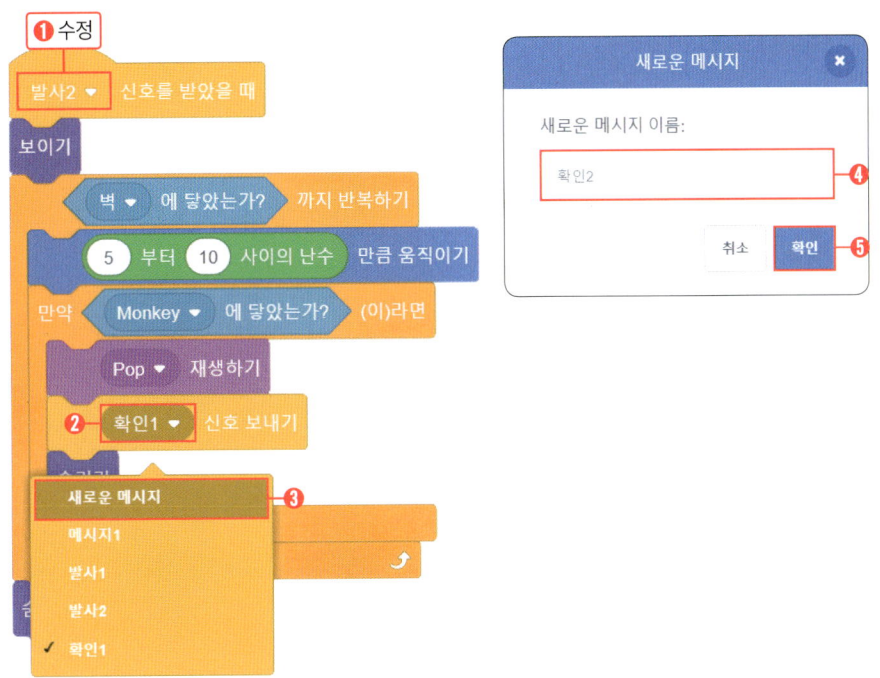

STEP 05   방향 키를 눌렀을 때 좌우로 움직이기

'Monkey' 스프라이트의 크기를 정하고 오른쪽, 왼쪽 방향 키를 눌렀을 때 해당 방향으로 움직이도록 해요.

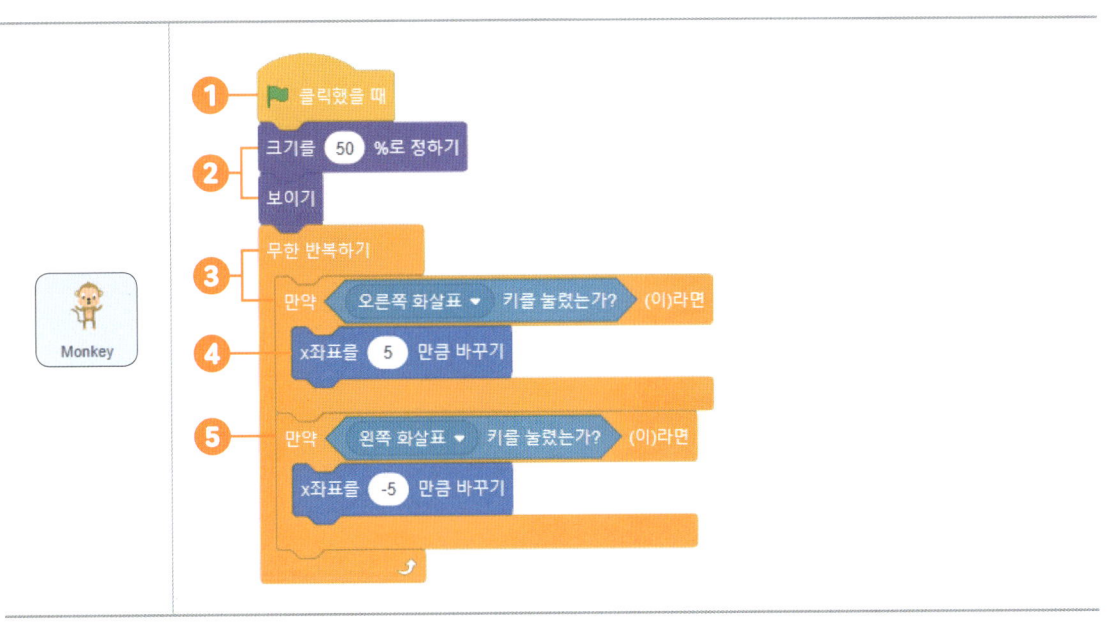

❶ 'Monkey' 스프라이트를 선택하고 이벤트 팔레트의 클릭했을 때 블록을 코드 창의 빈곳에 배치하세요.

❷ [형태] 팔레트의 `크기를 100 %로 정하기` 블록과 `보이기` 블록을 차례로 가져와 ❶ 과정 아래 연결한 후 '100'을 '50'으로 바꾸세요.

❸ [제어] 팔레트의 `무한 반복하기` 블록을 가져와 ❷ 과정 아래에 연결한 후 [제어] 팔레트의 `만약 ~(이)라면` 블록을 가져와 `무한 반복하기` 블록 안쪽에 넣고 [감지] 팔레트의 `스페이스▼ 키를 눌렀는가?` 블록을 ◆에 결합하고 '스페이스'를 '오른쪽 화살표'로 바꾸세요.

❹ 오른쪽 화살표를 누르면 x 좌표가 오른쪽으로 5만큼 바뀌도록 [동작] 팔레트에서 `x좌표를 10 만큼 바꾸기` 블록을 가져와 ❸ 과정 블록의 안쪽에 넣고 '10'을 '5'로 바꾸세요.

❺ 왼쪽 화살표를 누르면 x좌표가 왼쪽으로 5만큼 바뀌도록 ❹ 과정에서 만든 `만약 오른쪽 화살표▼ 키를 눌렀는가? (이)라면 x좌표를 5 만큼 바꾸기` 블록을 마우스 오른쪽 버튼으로 클릭하고 [복사]를 선택해 ❹ 과정 블록 아래에 연결하세요. '오른쪽 화살표'를 '왼쪽 화살표'로 바꾸고 '5'를 '-5'로 수정하세요.

STEP 06 신호를 받으면 크기 바꾸기

'확인1' 신호를 받으면 'Monkey' 스프라이트의 크기가 작아지고 '확인2' 신호를 받으면 크기가 커져요. 'Ball2' 스프라이트에 닿으면 'Monkey'의 크기가 커지겠죠?

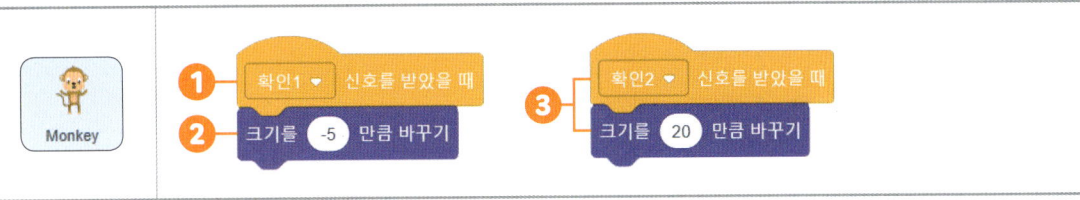

① ![이벤트] 팔레트에서 ![메시지1 신호를 받았을 때] 블록을 가져와 코드 창의 빈곳에 배치하고 '메시지1'을 '확인1'로 바꾸세요.

② '확인1' 신호를 받았을 때 'Monkey' 스프라이트의 크기를 줄이기 위해 ![형태] 팔레트의 ![크기를 10 만큼 바꾸기] 블록을 가져와 ① 과정 아래 연결하고 '10'을 '-5'로 바꾸세요.

③ '확인2' 신호를 받았을 때 'Monkey' 스프라이트의 크기가 커지도록 ![이벤트] 팔레트에서 ![메시지1 신호를 받았을 때] 블록을 가져와 코드에 배치한 후 '메시지1'을 '확인2'로 바꿔요. ![형태] 팔레트의 ![크기를 10 만큼 바꾸기] 블록을 연결하고 '10'을 '20'으로 수정하세요.

STEP 07 'Rocketship' 스프라이트가 'Monkey' 스프라이트에 닿으면 신호 보내기

'Rocketship' 스프라이트의 크기와 위치를 정하고 'Monkey' 스프라이트에 닿으면 '탈출' 신호를 보내도록 만들어요.

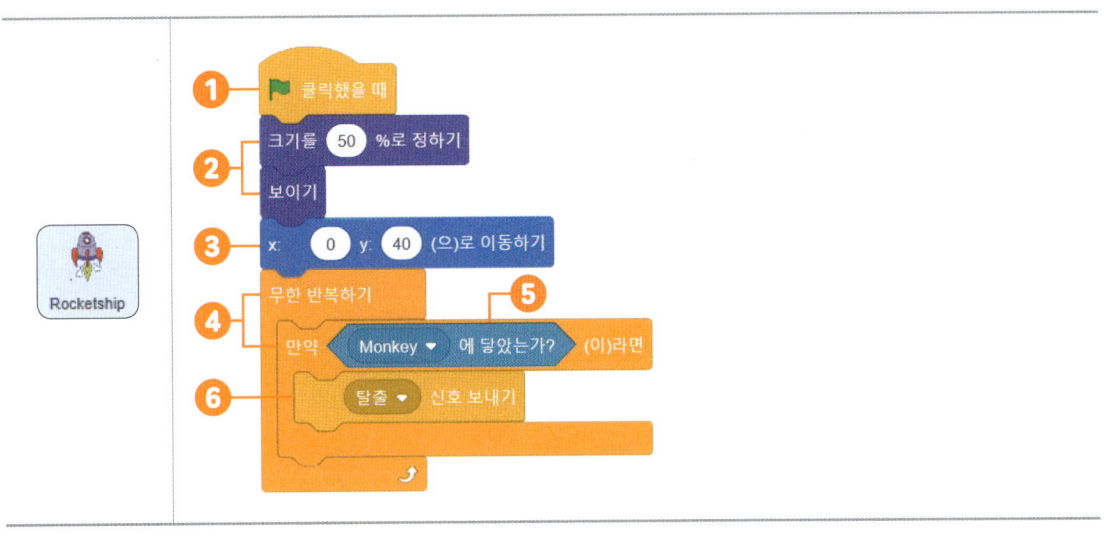

❶ 'Rocketship' 스프라이트를 선택하고 [이벤트] 팔레트의 [🏁클릭했을 때] 블록을 코드 창의 빈곳에 배치하세요.

❷ [형태] 팔레트의 [크기를 100 %로 정하기] 블록과 [보이기] 블록을 차례로 가져와 ❶ 과정 아래에 연결하고 '100'을 '50'으로 바꾸세요.

❸ [동작] 팔레트의 [x: 0 y: 0 (으)로 이동하기] 블록을 가져와 ❷ 과정 아래에 연결한 후 y 좌푯값 '0'을 '40'으로 바꾸세요.

❹ [제어] 팔레트의 [무한 반복하기] 블록을 가져와 ❸ 과정의 아래에 연결하고 [제어] 팔레트의 [만약 (이)라면] 블록을 가져와 [무한 반복하기] 블록 안쪽에 넣으세요.

❺ [감지] 팔레트에서 [마우스 포인터▼ 에 닿았는가?] 블록을 가져와 ◆에 결합하고 '마우스 포인터'를 'Monkey'로 바꾸세요.

❻ '탈출' 신호를 보내기 위해 [이벤트] 팔레트의 [메시지1▼ 신호 보내기] 블록을 ❹ 과정 블록의 안쪽에 연결한 후 '메시지1'을 클릭하고 '새로운 메시지'를 클릭합니다. 새 창이 나타나면 '탈출'을 입력하고 [확인]을 클릭하세요.

> **TipTalk** 'Monkey' 스프라이트가 'Rocketship' 스프라이트에 닿았을 때, 즉 'Monkey' 스프라이트가 커졌을 때 '탈출' 신호를 보냅니다. 'Monkey' 스프라이트의 크기가 커지려면 'Ball2' 스프라이트에 닿도록 해야겠죠?

STEP 08 '탈출' 신호를 받으면 사라지고 배경 바꾸기

'Rocketship' 스프라이트가 '탈출' 신호를 받으면 벽에 닿을 때까지 위쪽으로 이동하고 사라지며 배경을 바꿔요.

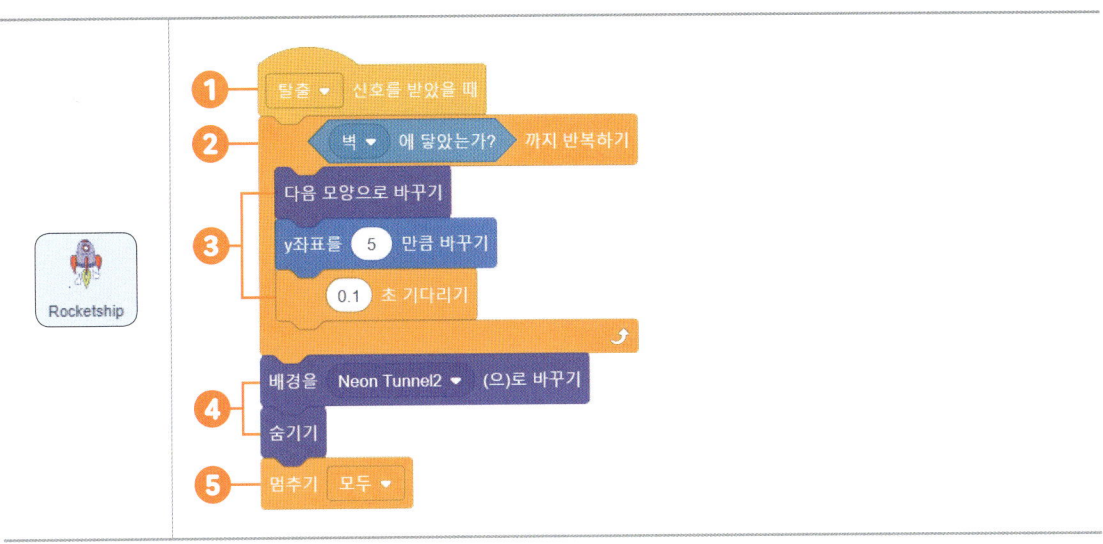

① 이벤트 팔레트에서 '메시지1 ▼ 신호를 받았을 때' 블록을 가져와 코드 창의 빈곳에 배치하고 '메시지1'을 '탈출'로 바꾸세요.

② 제어 팔레트의 '까지 반복하기' 블록을 ① 과정 아래에 연결하고 감지 팔레트의 '마우스 포인터 ▼ 에 닿았는가?' 블록을 ◆에 결합한 후 '마우스 포인터'를 '벽'으로 바꾸세요.

③ 'Rocketship' 스프라이트가 위쪽 벽에 닿을 때까지 모양을 바꾸면서 올라가도록 형태 팔레트에서 '다음 모양으로 바꾸기' 블록을 가져와 ② 과정의 반복 블록 안쪽에 넣은 후 동작 팔레트의 'y좌표를 10 만큼 바꾸기' 블록을 연결하고 '10'을 '5'로 바꾸세요. 제어 팔레트에서 '1 초 기다리기' 블록을 가져와 연결하고 '1'를 '0.1'로 바꾸세요.

④ 벽에 닿으면 배경을 바꾸고 'Rocketship' 스프라이트를 숨기기 위해 형태 팔레트에서 '배경을 배경1 ▼ (으)로 바꾸기' 블록과 '숨기기' 블록을 가져와 반복 블록 아래에 차례로 연결하고 '배경1'을 'Neon Tunnel2'로 바꾸세요.

⑤ 모든 코드를 멈추기 위해 제어 팔레트의 '멈추기 모두 ▼' 블록을 연결하세요.

STEP 09 '탈출' 신호를 받으면 스프라이트의 모양을 숨기기

'탈출' 신호를 받으면 모든 스프라이트가 사라지고 음악이 재생돼요.

❶ 'Ball' 스프라이트를 선택한 후 [이벤트] 팔레트의 [메시지1 신호를 받았을 때] 블록을 코드 창의 빈곳에 배치하고 '메시지1'을 '탈출'로 바꾸세요.

❷ [제어] 팔레트의 [멈추기 모두] 블록을 가져와 ❶ 과정 아래에 연결하고 '모두'를 '이 스프라이트에 있는 다른 스크립트'로 바꾸세요.

❸ [형태] 팔레트에서 [숨기기] 블록을 가져와 ❷ 과정 아래에 연결하세요.

❹ 'Ball2' 스프라이트를 선택하고 ❶~❸ 과정을 반복하세요.

❺ 'Monkey' 스프라이트를 선택한 후 [이벤트] 팔레트에서 [메시지1 신호를 받았을 때] 블록을 가져와 코드 창의 빈곳에 배치하고 '메시지1'을 '탈출'로 바꾸세요. 그런 다음 [형태] 팔레트에서 [숨기기] 블록을 가져와 연결하세요.

❻ 'Rocketship' 스프라이트를 선택하고 [이벤트] 팔레트에서 [메시지1▼ 신호를 받았을 때] 블록을 가져와 코드 창의 빈곳에 배치한 후 '메시지1'을 '탈출'로 바꾸세요. [소리] 팔레트의 [야옹▼ 끝까지 재생하기] 블록을 가져와 연결하고 '야옹'을 'space ripple'로 바꾸세요.

STEP 10 배경 음악 재생하기

게임이 시작되면 배경 음악이 재생됩니다.

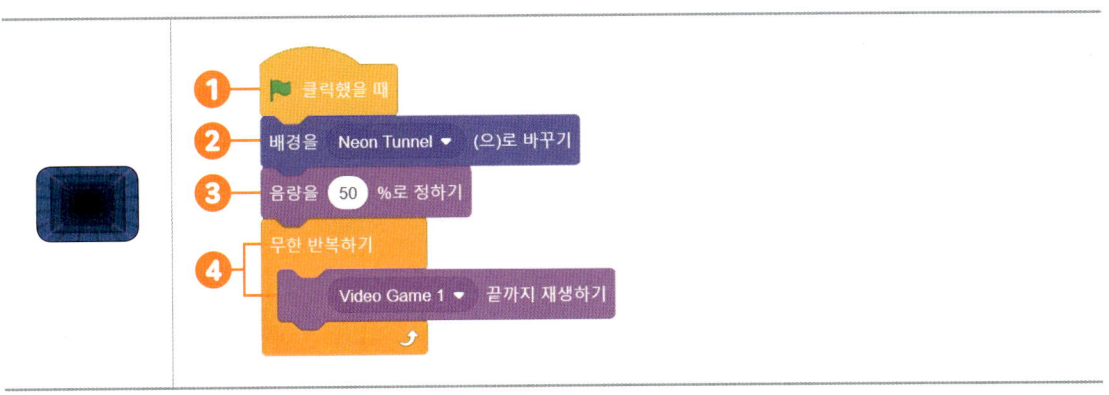

❶ [무대] 창에서 '배경'을 클릭하고 [이벤트] 팔레트의 [클릭했을 때] 블록을 코드 창의 빈곳에 배치하세요.

❷ [형태] 팔레트에서 [배경을 배경1▼ (으)로 바꾸기] 블록을 가져와 '배경1'을 'Neon Tunnel'로 바꾸고 ❶ 과정 아래에 연결하세요.

❸ 볼륨 조절을 위해 [소리] 팔레트에서 [음량을 100 %로 정하기] 블록을 가져와 '100'을 '50'으로 바꾸고 ❷ 과정 아래에 연결하세요.

❹ [제어] 팔레트의 [무한 반복하기] 블록을 연결한 후 [소리] 팔레트의
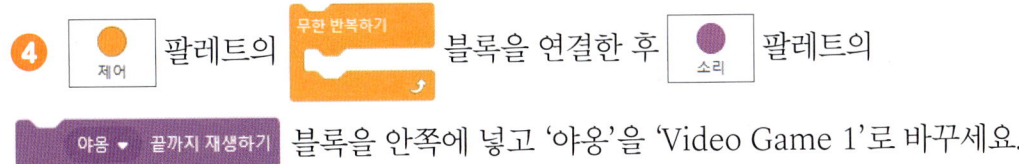 블록을 안쪽에 넣고 '야옹'을 'Video Game 1'로 바꾸세요.

전체 코드 CHECK!

Ball

```
▶ 클릭했을 때
무한 반복하기
    x: 0 y: 40 (으)로 이동하기
    110 부터 250 사이의 난수 도 방향 보기
    발사1 ▼ 신호 보내고 기다리기
```

```
발사1 ▼ 신호를 받았을 때
보이기
벽 ▼ 에 닿았는가? 까지 반복하기
    5 부터 10 사이의 난수 만큼 움직이기
    만약 Monkey ▼ 에 닿았는가? (이)라면
        Pop ▼ 재생하기
        확인1 ▼ 신호 보내기
        숨기기
숨기기
```

```
탈출 ▼ 신호를 받았을 때
멈추기 이 스프라이트에 있는 다른 스크립트 ▼
숨기기
```

Ball2

```
▶ 클릭했을 때
무한 반복하기
    x: 0 y: 40 (으)로 이동하기
    110 부터 250 사이의 난수 도 방향 보기
    발사1 ▼ 신호 보내고 기다리기
```

Ball2

발사2 ▼ 신호를 받았을 때
보이기
벽 ▼ 에 닿았는가? 까지 반복하기
  5 부터 10 사이의 난수 만큼 움직이기
  만약 Monkey ▼ 에 닿았는가? (이)라면
    Pop ▼ 재생하기
    확인2 ▼ 신호 보내기
    숨기기
숨기기

탈출 ▼ 신호를 받았을 때
멈추기 이 스프라이트에 있는 다른 스크립트 ▼
숨기기

Monkey

🏁 클릭했을 때
크기를 50 %로 정하기
보이기
무한 반복하기
  만약 오른쪽 화살표 ▼ 키를 눌렀는가? (이)라면
    x좌표를 5 만큼 바꾸기
  만약 왼쪽 화살표 ▼ 키를 눌렀는가? (이)라면
    x좌표를 -5 만큼 바꾸기

확인1 ▼ 신호를 받았을 때
크기를 -5 만큼 바꾸기

확인2 ▼ 신호를 받았을 때
크기를 20 만큼 바꾸기

탈출 ▼ 신호를 받았을 때
숨기기

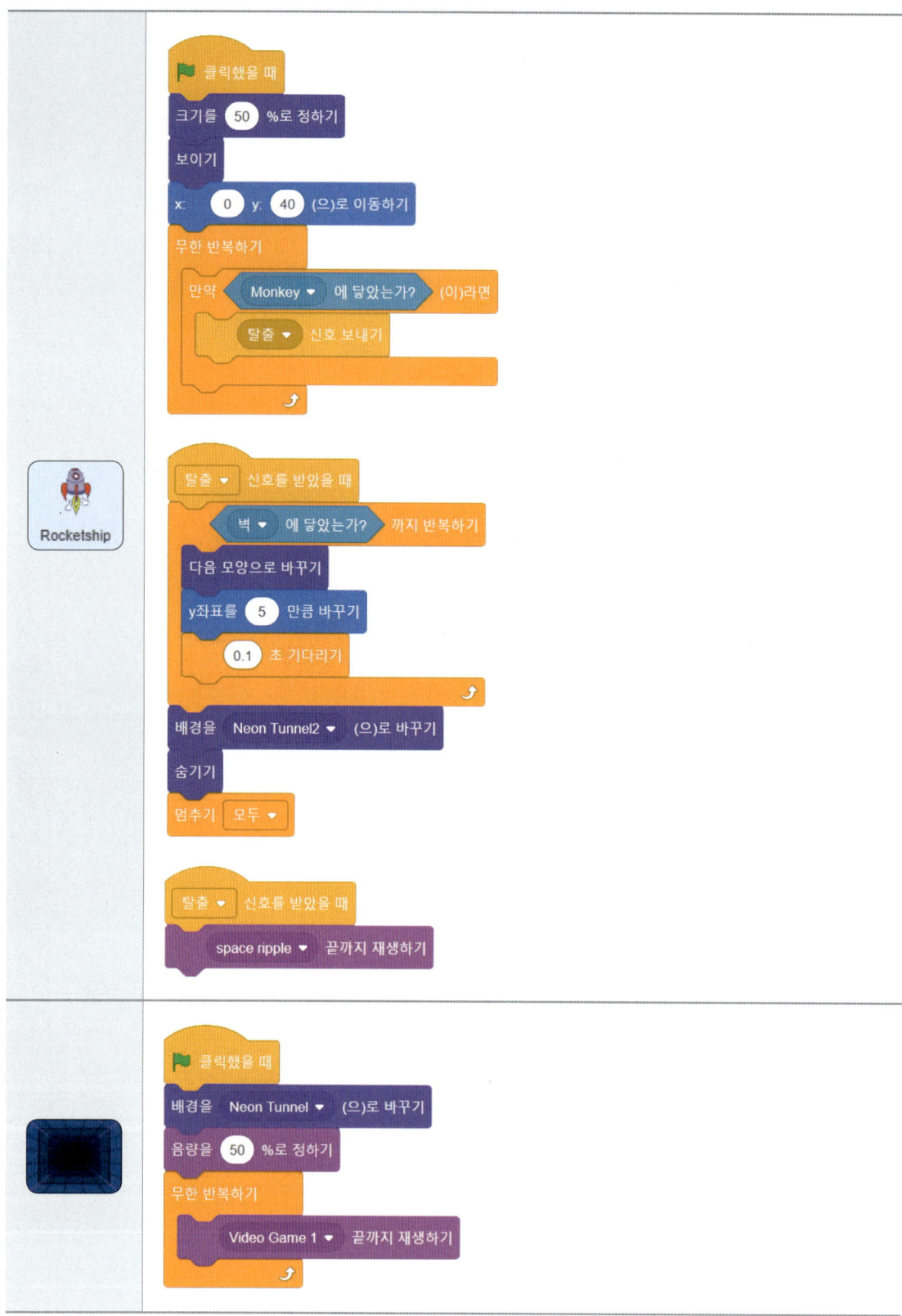

'방송하기' 블록 vs. '방송하고 기다리기' 블록

`메시지1 신호 보내기` 와 `메시지1 신호 보내고 기다리기` 의 차이점을 알아볼게요.

`메시지1 신호 보내기` 블록은 메시지를 보낸 후 바로 다음 블록을 실행해요. 이와 달리 `메시지1 신호 보내고 기다리기` 블록은 메시지를 보내고 그 메시지를 받은 스프라이트가 실행을 마칠 때까지 기다린 후 자신의 다음 블록을 실행해요.

◀ 정답코드 확인
http://gilbut.co/
c/22073360IJ

이렇게 만들어요! ▶
https://scratch.mit.edu/
projects/709938338/

'Ball' 스프라이트를 추가하고 'Monkey' 스프라이트에 닿았을 때 크기를 '-3'만큼 줄이고 다른 배경으로 블랙홀을 탈출할 수 있게 해보세요.

스프라이트와 배경

'Ball3' 스프라이트	'Wizard' 스프라이트	'Boardwalk' 배경
Ball3	Wizard	Boardwalk

미션 1 'Ball3' 스프라이트를 추가해 'Monkey' 스프라이트가 'Ball3' 스프라이트에 닿으면 크기가 '-3'씩 줄도록 해 보세요.

미션 2 'Boardwalk' 배경을 추가해 '탈출'신호를 받으면 배경이 바뀌도록 해보세요.

미션 3 'Wizard' 스프라이트를 추가해 블랙홀을 탈출하면 나타나 "블랙홀 탈출을 축하합니다!"를 말하도록 해보세요.

〈 힌트 〉

1. 스프라이트의 크기를 줄이기 위해 `크기를 10 만큼 바꾸기` 블록을 사용해요.

2. 'Rocketship' 스프라이트가 벽에 닿으면 `배경을 배경1 ▼ (으)로 바꾸기` 블록을 사용해 배경으로 바뀌어야 해요.

3. `숨기기`, `보이기` 블록을 이용해 'Boardwalk' 배경으로 바뀌면 보이고 `안녕! 말하기` 블록을 이용해 말해요.

쉬어 가기

사고력이 쑥쑥! 숫자 게임 ②

기호 ♥과 ◆를 이용하면 새로운 연산 규칙에 따른 결과를 구할 수 있어요. 아래 보기의 식을 살펴보고 ♥과 ◆이 의미하는 연산 규칙을 찾아 볼까요? 그런 다음 빈칸에 알맞은 숫자를 적어 봅시다.

보기

2 ♥ 5 = 37   3 ◆ 4 = 6

8 ♥ 1 = 79   5 ◆ 2 = 5

7 ♥ 4 = 311   6 ◆ 8 = 24

새로운 연산 기호의 규칙을 알아 내려면
두 수의 덧셈, 뺄셈, 곱셈, 나눗셈 계산 결과를
먼저 생각해 봐야겠어.

5 ♥ 3 = ☐

7 ◆ 4 = ☐

(3 ♥ 2) ◆ 6 = ☐

〈 정답 및 해설 〉

- ㉠ ♥ ㉡ = ㉢㉣

  이때 ㉢은 ㉠과 ㉡의 차, ㉣은 ㉠과 ㉡의 합입니다. 예 2 ♥ 5 = $\boxed{5-2}\ \boxed{5+2}$ = 37

- ㉠ ◆ ㉡ = (㉠ × ㉡) ÷ 2

  예 3 ◆ 4 = (3 × 4) ÷ 2 = 6

따라서 5 ♥ 3 = 28 / 7 ◆ 4 = 14 / (3 ♥ 2) ◆ 6 = 17 ◆ 6 = 51입니다.

WEEK 08

이번에 배울 핵심 기능 ▶ 반복

공룡들의 릴레이 경주! 반복해 이동해요

코딩 개념 이해 쏙쏙 | 단순하게 반복되는 일은 컴퓨터에게!

현재 우리가 사용하는 컴퓨터의 예전 모습은 어땠을까요? 초기 컴퓨터 중 하나인 '콜로서스(Colossus)'는 제2차 세계대전 때 영국의 수학자인 앨런 튜링과 고든 웰치먼이 만든 암호 해독 기계입니다. 그들은 반복적인 계산 작업은 기계에게 맡겨야 한다고 생각했어요. 암호를 하나씩 입력하고 비교하는 작업을 사람이 하는 것은 비효율적이라는 거였죠.

콜로서스 덕분에 연합군은 제2차 세계대전의 막바지에 독일군의 암호를 해독할 수 있었어요. 튜링의 암호 해독 기계가 없었더라면 전쟁은 더욱 길어졌을 것이고 더 많은 사람이 죽거나 다쳤을 거예요. '콜로서스' 발명 이후 컴퓨터는 눈부시게 발전할 수 있었어요.

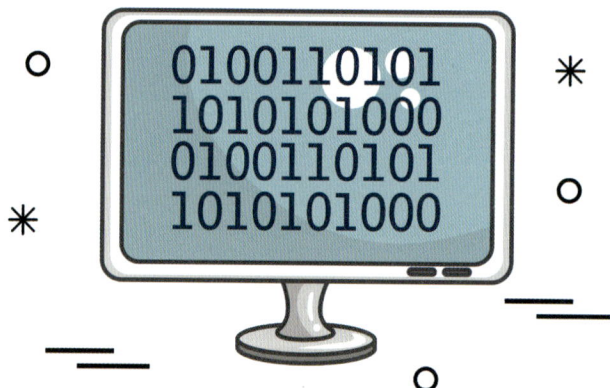

또한 1942년 이진수를 사용하여 수치나 데이터를 나타내는 최초의 전자식 컴퓨터 '아타나소프-베리 컴퓨터(Atanasoff-Berry Computer)'가 발명되면서 컴퓨터를 사용해 단순 반복 작업을 더 빠르고 정확하게 수행할 수 있게 되었어요.

컴퓨터가 반복적인 작업을 어떻게 처리하는지 알아볼까요?

코딩 활용 퀴즈

▶ 정답 및 해설 325쪽

로봇이 특정 동작을 반복적으로 실행하도록 만들어 봅시다. 횟수를 정하거나, 조건을 제시해 반복 명령을 내릴 수 있어요.

❶ 로봇이 출발지에서 목적지까지 이동할 수 있도록 빈칸을 채우세요.

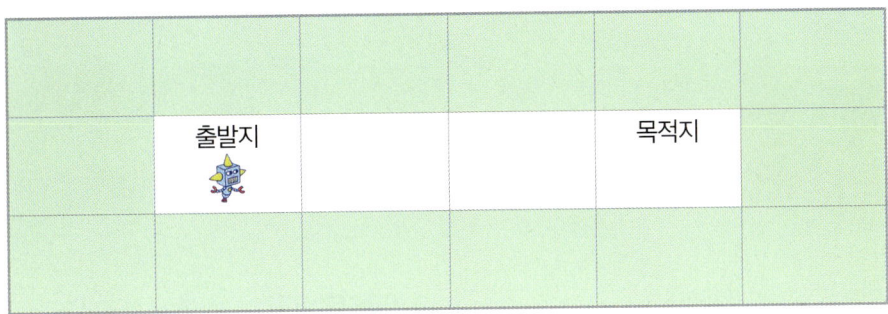

'앞으로 한 칸 움직이기' 동작을 (　　　)번 반복 ⇨ 목적지에 도착했어요!

❷ 로봇이 계단을 한 칸 올라가려면 어떻게 해야 하는지 <보기>에서 골라 순서대로 나열한 후 ①~④의 동작을 몇 번 반복해야 목적지에 도착할 수 있을지 빈칸을 채우세요.

> **보기**
> - 앞으로 한 칸 움직이기
> - 앞으로 한 칸 움직이기
> - 왼쪽으로 90도 돌기
> - 오른쪽으로 90도 돌기

① _____
② _____
③ _____
④ _____

이 동작을 (　　　)번 반복 ⇨ 목적지에 도착했어요!

공룡들의 릴레이 경주

▼ 작품 미리보기

- '반복' 명령이 필요한 경우를 살펴봐요.
- 여러 반복 블록의 차이를 이해하고 활용해요.
- 반복 블록을 활용해 재미있는 동작을 간단하게 코딩해요.

◀ 이렇게 만들어요

『https://scratch.mit.edu/projects/663801030/』에 접속한 후 시작(▶)을 클릭해 작품을 실행해 보세요.

단계별 코딩 미리보기

1. '응원 공룡' 스프라이트가 경기 시작을 알리고 다른 공룡들을 응원한다.

2. '공룡1' 스프라이트가 출발해 '공룡2' 스프라이트에게 이동한다.

3. '공룡2' 스프라이트가 '무지개' 스프라이트까지 날아간다.

4. '공룡2' 스프라이트가 '무지개' 스프라이트에 닿으면 무지개가 환영 인사를 한다.

스프라이트&블록

❖ 스프라이트와 배경

'Dinosaur4 (공룡4)' 스프라이트	'Dinosaur2 (공룡2)' 스프라이트	'Dinosaur3 (공룡3)' 스프라이트	'Rainbow (무지개)' 스프라이트	'Slopes (산비탈)' 배경
Dinosaur4	Dinosaur2	Dinosaur3	Rainbow	Slopes

❖ 꼭 알아야 할 블록

팔레트	블록	블록 설명
제어	10 번 반복하기	안쪽의 블록을 입력한 횟수만큼 반복해서 실행해요.
	무한 반복하기	프로젝트가 종료될 때까지 안쪽의 블록을 반복해서 실행해요.
	까지 기다리기	주어진 조건이 '참'이 될 때까지 기다린 후 다음 블록을 실행해요.
	까지 반복하기	주어진 조건이 '참'이 될 때까지 안쪽의 블록을 반복해서 실행해요.
	멈추기 모두 ▼ (✓모두 / 이 스크립트 / 이 스프라이트에 있는 다른 스크립트)	블록의 실행을 멈춰요. • 모두: 프로젝트 실행을 종료해요. • 이 스크립트: 스프라이트에서 '멈추기' 블록이 포함된 블록 코드의 실행을 종료해요. • 이 스프라이트에 있는 다른 스크립트: 스프라이트에서 '멈추기' 블록을 제외한 다른 블록 코드의 실행을 종료해요.
형태	맨 앞쪽 ▼ 으로 순서 바꾸기	무대에서 스프라이트의 순서를 선택한 앞쪽 또는 뒤쪽으로 바꿔요.

완성파일 | 공룡들의 릴레이 경주.sb3

01 스크래치 메뉴에서 [만들기]를 클릭하면 작품을 만들 수 있어요. '스프라이트1'을 삭제한 후 [스프라이트 고르기] 를 클릭하세요.

02 [스프라이트 고르기] 창이 나타나면 [동물]에서 'Dinosaur2(공룡2)'와 'Dinosaur3(공룡3)', 'Dinosaur4(공룡4)' 스프라이트를 찾아 선택한 후 [모두]에서 'Rainbow(무지개)' 스프라이트를 선택하세요.

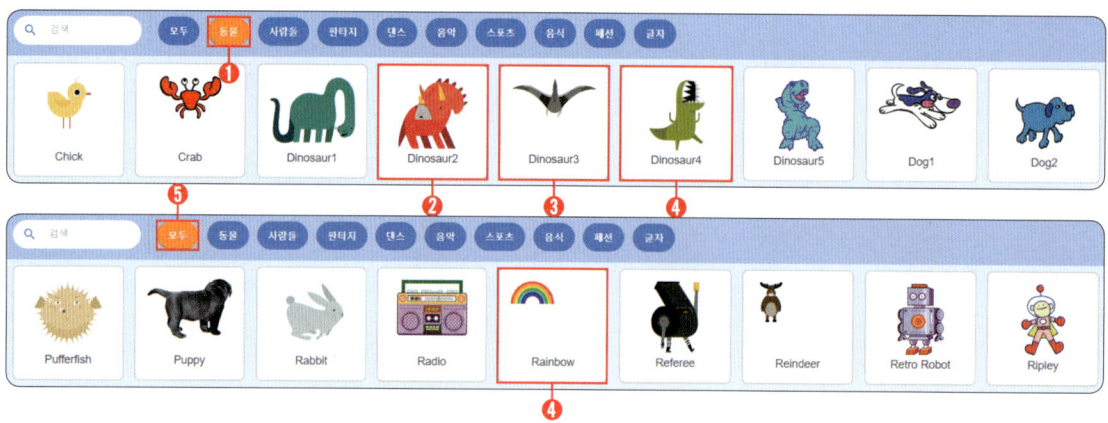

03 스프라이트의 이름을 수정해 볼까요? [스프라이트 정보] 창에서 'Dinosaur4(공룡4)'는 '응원 공룡', 'Dinosaur2(공룡2)'는 '공룡1', 'Dinosaur3(공룡3)'은 '공룡2'로 수정해 볼게요. 'Rainbow(무지개)' 역시 '무지개'로 수정하세요.

04 무대의 배경을 꾸미기 위해 화면의 오른쪽 아래에 있는 [무대 정보] 창에서 [배경 고르기] 를 클릭한 후 창이 나타나면 [실외]에서 'Slopes(산비탈)'를 선택하세요.

STEP 01 '응원 공룡' 스프라이트의 크기와 회전 방식 정하기

'응원 공룡' 스프라이트의 크기, 방향, 위치와 회전 방식을 정할게요.

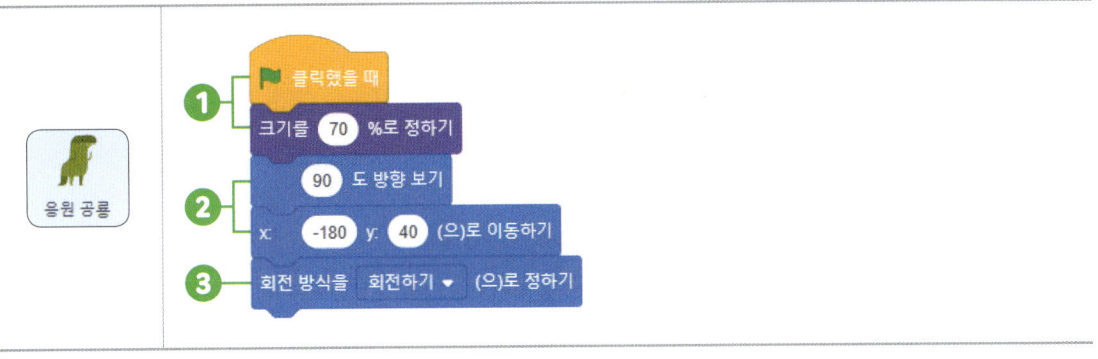

❶ '응원 공룡' 스프라이트를 선택하고 [이벤트] 팔레트의 [▶ 클릭했을 때] 블록을 코드 창의 빈곳에 배치한 후 [형태] 팔레트의 [크기를 100 %로 정하기] 블록을 아래에 연결합니다. 이때 블록 값 '100'을 '70'으로 수정해 스프라이트의 크기를 조절할게요.

❷ '응원 공룡' 스프라이트가 기울어지지 않고 똑바로 서 있도록 [동작] 팔레트의 [90 도 방향 보기] 블록을 드래그해 ❷ 과정의 블록 아래에 연결하세요. 그런 다음 [x: 0 y: 0 (으)로 이동하기] 블록을 연결하고 좌푯값을 'x: -180, y: 40'으로 수정하세요.

❸ '응원 공룡' 스트라이프가 다른 공룡들을 보며 회전하도록 [동작] 팔레트의 [회전 방식을 왼쪽-오른쪽 ▼ (으)로 정하기] 블록을 연결한 후 '왼쪽-오른쪽'을 '회전하기'로 바꾸세요.

STEP 02   응원 메시지 보내기

'응원 공룡' 스프라이트가 모양을 바꾸며 한 바퀴 회전한 후 다른 공룡들을 응원해요.

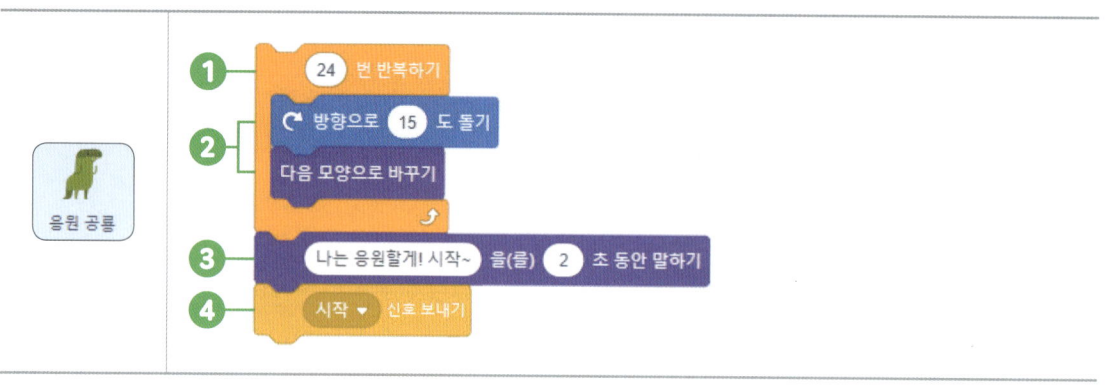

① 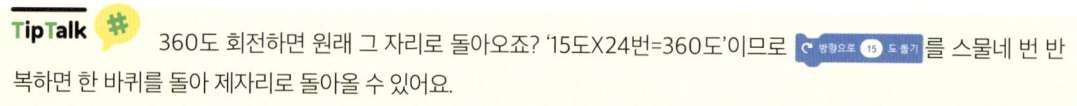 팔레트의 블록을 가져와 STEP 01 에서 만든 명령 블록의 아래에 연결한 후 블록 값 '10'을 '24'로 수정하세요.

② 팔레트의 블록과 팔레트의 블록을 결합한 후 반복 블록의 안쪽에 넣으세요.

> **TipTalk** 360도 회전하면 원래 그 자리로 돌아오죠? '15도X24번=360도'이므로 를 스물네 번 반복하면 한 바퀴를 돌아 제자리로 돌아올 수 있어요.

③ 팔레트의 블록을 가져와 '안녕!'을 '나는 응원할게! 시작~'으로 수정한 후 ① 과정의 반복 블록 아래에 연결하세요.

④ '신호 보내기' 기능을 이용해 다른 스프라이트들이 명령 블록을 실행하도록 호출할게요. 팔레트의 블록을 가져와 ③ 과정의 아래에 연결한 후 '메시지1'을 클릭해 새로운 메시지를 생성하세요. '시작' 메시지를 추가해 볼까요?

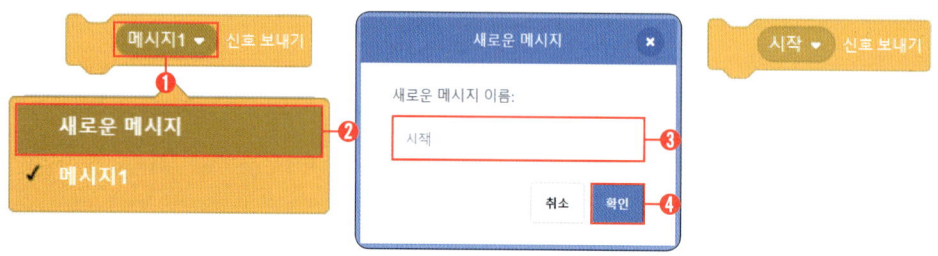

140

STEP 03   '공룡1' 스프라이트를 보며 응원하기

'응원 공룡' 스프라이트가 '공룡1' 스프라이트를 바라보면서 응원을 보내요.

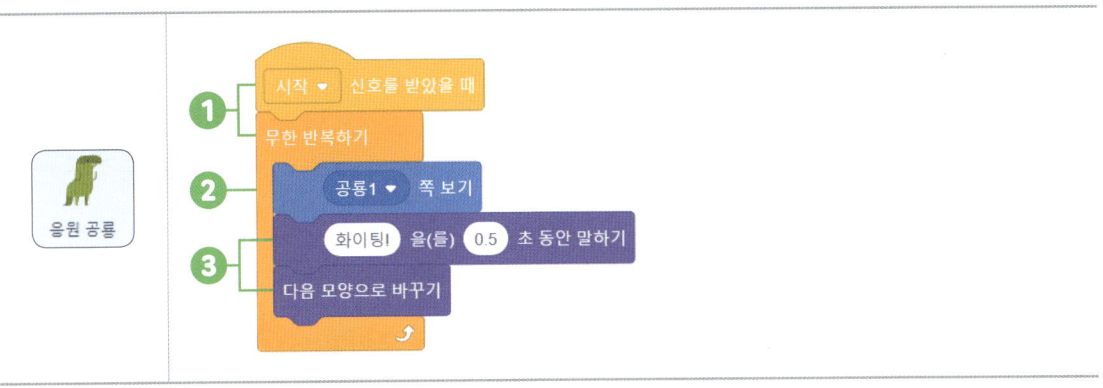

❶ '시작' 신호를 받았을 때 '응원 공룡' 스프라이트가 달리기하는 '공룡1' 스프라이트를 응원하도록 해 볼게요. 이벤트 팔레트의 시작 신호를 받았을 때 블록을 빈곳에 배치한 후 제어 팔레트의 무한 반복하기 블록을 가져와 연결합니다.

> **TipTalk** 무한 반복하기 블록을 실행하면 안쪽의 명령 블록이 계속 반복되죠? [멈추기] 를 눌러 프로젝트를 종료하거나 멈추기 모두 블록을 사용하기 전까지는 행동을 멈추지 않으므로 이 아래에는 다른 명령 블록을 연결할 수 없어요.

❷ '응원 공룡' 스프라이트가 '공룡1'을 바라보도록 동작 팔레트의  블록을 코드 창의 빈곳에 배치한 후 공룡1 쪽 보기 로 수정하세요.

❸ 형태 팔레트의 안녕! 을(를) 2 초 동안 말하기 블록을 ❷ 과정의 아래 연결하고 '안녕!'을 '화이팅!', '2'를 '0.5'로 수정한 후 다음 모양으로 바꾸기 블록을 연결하세요. ❷~❸ 과정에서 만든 블록을 무한 반복하기 블록의 안쪽에 넣으세요.

STEP 04 '공룡1' 스프라이트의 크기와 회전 방식 정하기

'공룡1' 스프라이트의 크기, 방향, 위치와 회전 방식을 정해 볼게요.

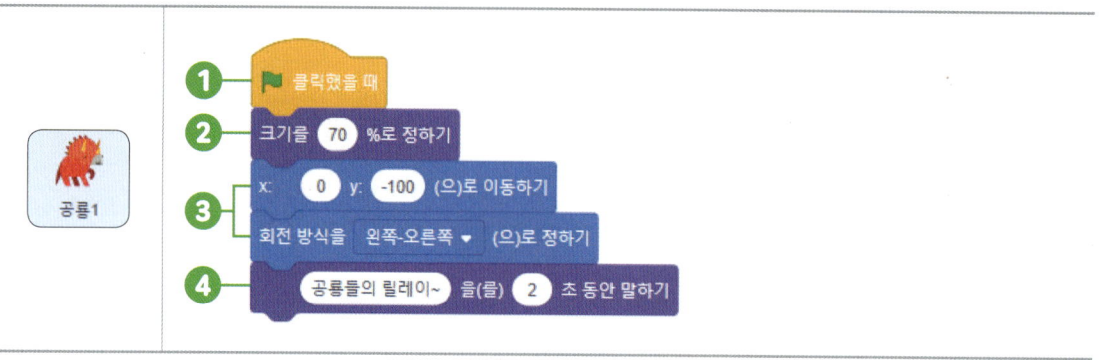

① '공룡1' 스프라이트를 선택하고 [이벤트] 팔레트의 [깃발 클릭했을 때] 블록을 배치하세요.

② [형태] 팔레트의 [크기를 100 %로 정하기] 블록을 ① 과정의 블록 아래에 연결하고 값을 '70'으로 수정하세요.

③ [동작] 팔레트의 [x: 0 y: 0 (으)로 이동하기] 블록을 ② 과정 아래에 연결하고 좌푯값을 'x: 0, y: -100'으로 수정하세요. 그 아래에는 [회전 방식을 왼쪽-오른쪽 (으)로 정하기] 블록을 연결하세요.

④ [형태] 팔레트의 [안녕! 을(를) 2 초 동안 말하기] 블록을 연결하고 '공룡들의 릴레이~'로 수정하세요.

STEP 05 · '공룡2' 스프라이트 방향으로 이동하기

'시작' 신호를 받은 '공룡1' 스프라이트가 '공룡2' 스프라이트에게 달려가요.

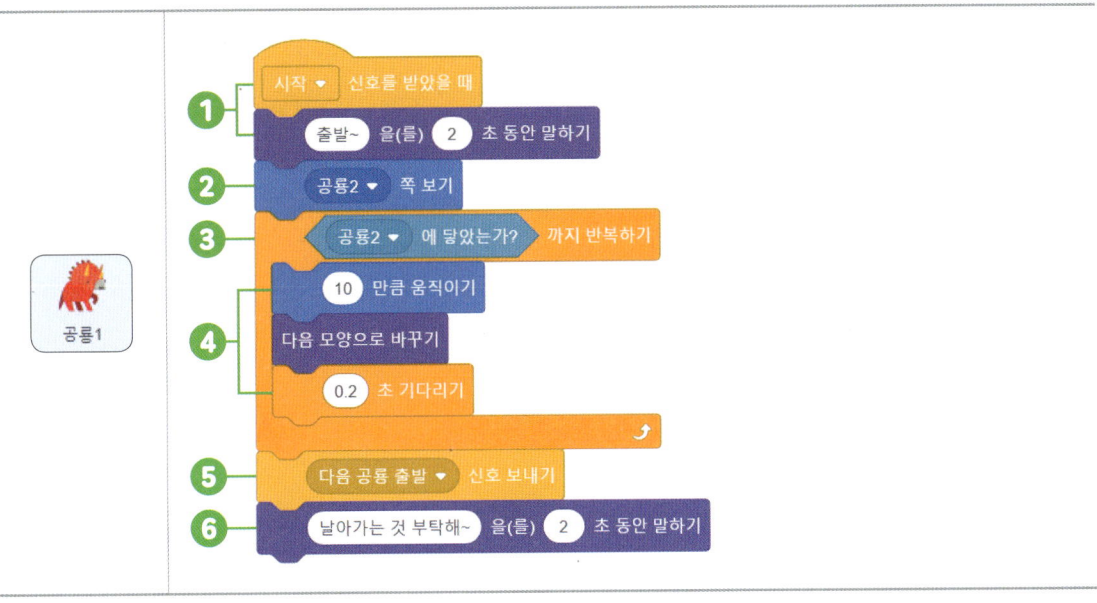

❶ '시작' 메시지를 받았을 때 '공룡1' 스트라이프가 달리기를 시작하도록 이벤트 팔레트의 시작 신호를 받았을 때 블록을 코드 창에 배치하세요. 그런 다음 형태 팔레트의 안녕! 을(를) 2 초 동안 말하기 블록을 가져와 아래에 연결하고 '안녕!'을 '출발~'로 수정하세요.

❷ 릴레이 경주를 하려면 '공룡2' 스트라이프 쪽으로 이동해야겠죠? 동작 팔레트의 마우스 포인터 쪽 보기 블록을 연결하고 '마우스 포인터'를 '공룡2'로 수정하세요.

❸ '공룡1' 스프라이트가 '공룡2' 스프라이트에게 닿을 때까지 모양을 바꾸면서 이동하도록 제어 팔레트의 까지 반복하기 블록을 연결한 후 에 감지 팔레트의 마우스 포인터 에 닿았는가? 블록을 결합하세요. 이때 '마우스 포인터'를 '공룡2'로 바꾸세요.

❹ 공룡2 에 닿았는가? 까지 반복하기 블록의 안쪽에 동작 팔레트 10 만큼 움직이기 블록, 형태 팔레트 다음 모양으로 바꾸기 블록, 제어 팔레트의 1 초 기다리기 블록 차례대로 넣으세요. 1 초 기다리기 블록의 값은 '0.2'로 수정하세요.

❺ '공룡2' 스프라이트에게 닿았다면 '공룡1'이 움직임을 멈추고 '공룡2'가 달리기를 시작해요. '공룡2' 스프라이트에게 신호를 보내도록 이벤트 팔레트에서 시작 신호 보내기 블록을 공룡2 에 닿았는가? 까지 반복하기 블록 아래에 연결한 후 '새로운 메시지'를 클릭해 '다음 공룡 출발'이라는 메시지를 생성하세요.

❻ 형태 팔레트의 안녕! 을(를) 2 초 동안 말하기 블록을 드래그해 ❺ 과정의 아래에 연결한 후 '안녕!'을 '날아가는 것 부탁해~'로 수정하세요.

STEP 06 '공룡2' 스프라이트의 크기와 회전 방식 정하기

'공룡2' 스프라이트의 크기, 방향, 위치와 회전 방식을 정해 볼게요.

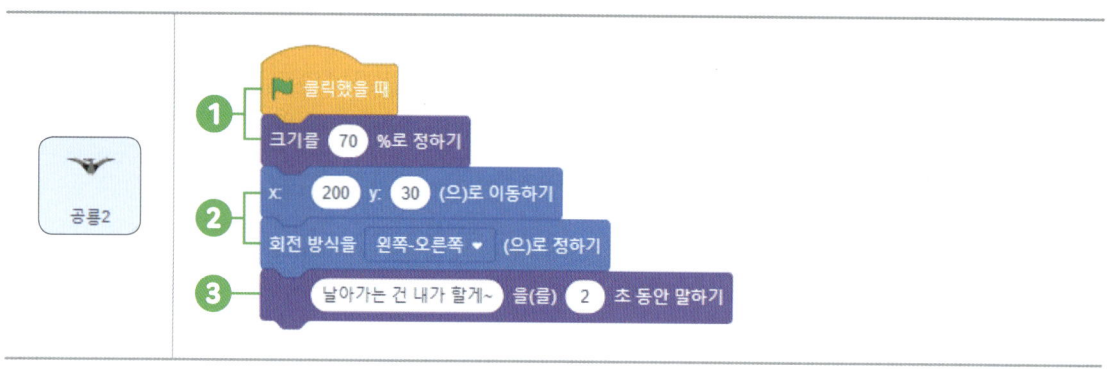

❶ '공룡2' 스프라이트를 선택하고 이벤트 팔레트의 클릭했을 때 블록을 코드 창에 배치하고 형태 팔레트의 크기를 100 %로 정하기 블록을 연결한 후 값을 '70'으로 수정하세요.

❷ 동작 팔레트의 x: 0 y: 0 (으)로 이동하기 블록을 연결한 후 좌푯값을 'x: 200, y: 30'으로 수정하고 회전 방식을 왼쪽-오른쪽 (으)로 정하기 블록을 가져와 연결하세요.

❸ 형태 팔레트의 안녕! 을(를) 2 초 동안 말하기 블록을 가져와 ❷ 과정의 아래에 연결한 후 '안녕'을 '날아가는 건 내가 할게~'로 수정하세요.

STEP 07   '무지개' 스프라이트 방향으로 이동하기

'공룡2' 스프라이트가 릴레이를 이어, 무지개 쪽으로 이동하도록 해 볼게요.

① '다음 공룡 출발' 신호를 받았을 때 명령 블록이 실행되도록 [이벤트] 팔레트의 블록을 가져와 코드 창의 빈곳에 배치하세요.

② '공룡2'가 무지개 방향으로 이동하도록 [동작] 팔레트의 블록을 연결한 후 '마우스 포인터'를 '무지개'로 수정하세요. '공룡2' 스프라이트가 무지개에 가려지지 않도록 [형태] 팔레트의 블록을 연결하세요.

③ '무지개' 스프라이트에 닿을 때까지 이동하려면 움직이는 동작을 반복해야 해요. [제어] 팔레트의 블록을 가져오세요.

★중요해요
④ 무지개의 가운데 부분으로 이동하도록 [감지] 팔레트에서 블록을 가져와 ③ 과정 블록의 에 결합합니다. 스포이트 기능을 활용해 보라색을 선택해요.

TipTalk 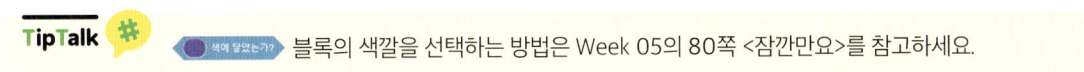 블록의 색깔을 선택하는 방법은 Week 05의 80쪽 <잠깐만요>를 참고하세요.

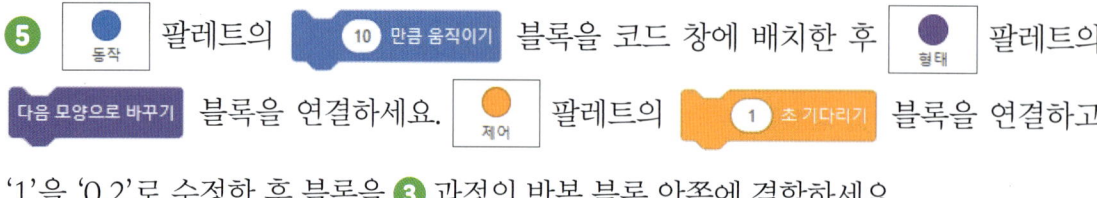

⑥ 무지개에 닿으면 '도착!'이라고 말하도록 형태 팔레트의 안녕!을(를) 2 초 동안 말하기 블록을 반복 블록 아래에 연결한 후 '안녕!'을 '도착!'으로 수정하세요.

⑦ 무지개에 도착한 후 프로젝트가 모두 멈추도록 제어 팔레트에서 멈추기 모두 블록을 드래그해 ⑥ 과정 블록 아래에 연결하세요.

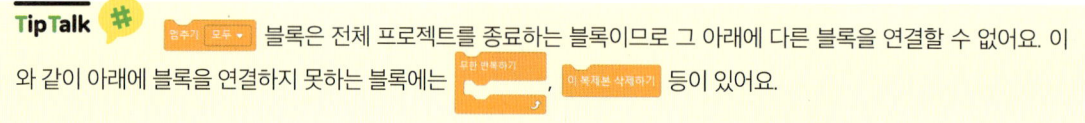

STEP 08 '공룡2' 스프라이트를 보며 응원하기

'공룡2' 스프라이트가 이동할 때는 '응원 공룡' 스프라이트가 '공룡2'를 응원해요.

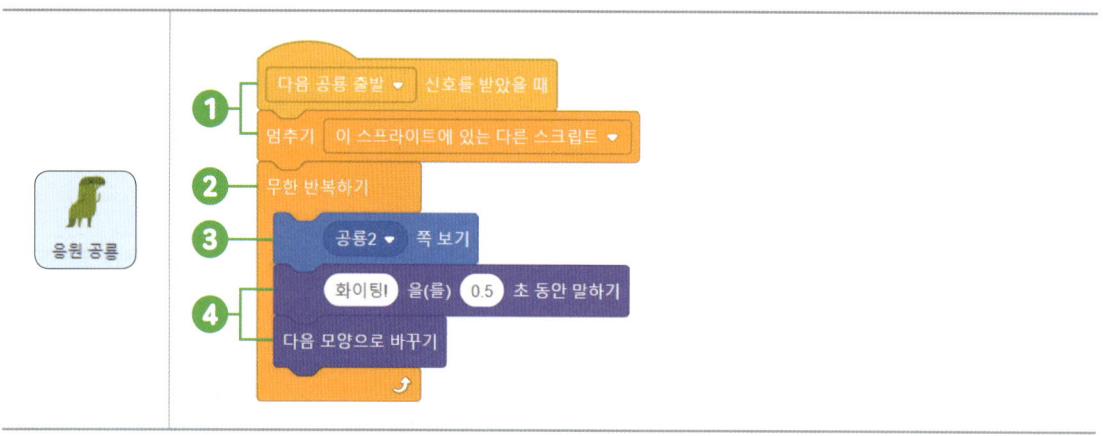

① '공룡2' 스프라이트가 릴레이를 시작할 때, '응원 공룡'은 '공룡1'에 대한 응원을 멈춰야 해요. 이벤트 팔레트의 시작 신호를 받았을 때 블록을 빈곳에 배치한 후 '시작'을 클릭해 '다음 공룡 출발'을 선택하세요. 다음 공룡 출발 신호를 받았을 때 블록 아래에 제어 팔레트의 멈추기 모두 블록을 연결한 후 '모두'를 '이 스프라이트에 있는 다른 스크립트'로 수정하세요.

② 형태 팔레트의 무한 반복하기 블록을 가져와 ① 과정의 블록 아래에 연결하세요.

❸ [제어] 팔레트의 [마우스 포인터▼ 쪽 보기] 블록을 코드 창의 빈곳에 배치한 후 [공룡2▼ 쪽 보기] 블록으로 수정하세요.

❹ [형태] 팔레트의 [안녕! 을(를) 2 초 동안 말하기] 블록을 ❸ 과정의 블록 아래에 연결한 후 '안녕!'을 '화이팅!', '2'를 '0.5'로 수정하세요. [다음 모양으로 바꾸기] 블록을 가져와 그 아래에 연결한 후 ❷ 과정의 [무한 반복하기] 블록 안쪽에 넣으세요.

STEP 09 '공룡2' 스프라이트가 도착하면 환영 인사하기

'공룡2' 스프라이트가 '무지개' 스프라이트에게 도착하면, '무지개' 스프라이트가 공룡을 환영하도록 해 볼게요.

❶ '무지개' 스프라이트를 선택하고 [이벤트] 팔레트의 [🚩클릭했을 때] 블록을 배치합니다.

❷ [동작] 팔레트의 [x: 0 y: 0 (으)로 이동하기] 블록을 가져와 연결하고 좌푯값을 'x: 0, y: 130'으로 수정하세요.

❸ '무지개' 스프라이트가 '공룡2'와 만날 때까지 다음 명령 블록을 실행하지 않고 기다리도록 [제어] 팔레트의 [까지 기다리기] 블록을 ❷ 과정 아래에 연결한 후 [감지] 팔레트의 [마우스 포인터▼ 에 닿았는가?] 블록을 ●에 결합하세요. 그리고 '마우스 포인터'를 '공룡2'로 수정하세요.

❹ '공룡2' 스프라이트와 닿았을 때 환영 인사를 하기 위해 [형태] 팔레트의 [안녕! 말하기] 블록을 가져와 연결한 후 '공룡~ 어서 와~'로 수정하세요.

전체 코드 CHECK!

응원 공룡

- 🏁 클릭했을 때
- 크기를 70 %로 정하기
- 90 도 방향 보기
- x: -180 y: 40 (으)로 이동하기
- 회전 방식을 회전하기 (으)로 정하기
- 24 번 반복하기
  - ↻ 방향으로 15 도 돌기
  - 다음 모양으로 바꾸기
- 나는 응원할게! 시작~ 을(를) 2 초 동안 말하기
- 시작 ▼ 신호 보내기

- 시작 ▼ 신호를 받았을 때
- 무한 반복하기
  - 공룡1 ▼ 쪽 보기
  - 화이팅! 을(를) 0.5 초 동안 말하기
  - 다음 모양으로 바꾸기

- 다음 공룡 출발 ▼ 신호를 받았을 때
- 멈추기 이 스프라이트에 있는 다른 스크립트 ▼
- 무한 반복하기
  - 공룡2 ▼ 쪽 보기
  - 화이팅! 을(를) 0.5 초 동안 말하기
  - 다음 모양으로 바꾸기

공룡1

- 🏁 클릭했을 때
- 크기를 70 %로 정하기
- x: 0 y: -100 (으)로 이동하기
- 회전 방식을 왼쪽-오른쪽 (으)로 정하기
- 공룡들의 릴레이~ 을(를) 2 초 동안 말하기

스프라이트	스크립트
공룡1	**시작** 신호를 받았을 때 **출발~** 을(를) **2** 초 동안 말하기 **공룡2** 쪽 보기 **공룡2** 에 닿았는가? 까지 반복하기 　**10** 만큼 움직이기 　다음 모양으로 바꾸기 　**0.2** 초 기다리기 **다음 공룡 출발** 신호 보내기 **날아가는 것 부탁해~** 을(를) **2** 초 동안 말하기
공룡2	클릭했을 때 크기를 **70** %로 정하기 x: **200** y: **30** (으)로 이동하기 회전 방식을 **왼쪽-오른쪽** (으)로 정하기 **날아가는 건 내가 할게~** 을(를) **2** 초 동안 말하기 **다음 공룡 출발** 신호를 받았을 때 **무지개** 쪽 보기 맨 **앞쪽** 으로 순서 바꾸기 색에 닿았는가? 까지 반복하기 　**10** 만큼 움직이기 　다음 모양으로 바꾸기 　**0.2** 초 기다리기 **도착!** 을(를) **2** 초 동안 말하기 멈추기 **모두**
무지개	클릭했을 때 x: **0** y: **130** (으)로 이동하기 **공룡2** 에 닿았는가? 까지 기다리기 **공룡~ 어서 와~** 말하기

여러 가지 반복 블록 알아보기

같은 명령이 반복되는 코딩을 할 때, 똑같은 블록을 여러 번 연결하는 것보다 '반복' 블록을 사용하는 것이 더 간단해요. [제어] 팔레트의 여러 반복 블록 중 각각의 상황에 적합한 블록에는 무엇이 있는지 살펴봅시다.

'Robot(로봇)' 스프라이트를 추가하고 펜 기능을 이용해 스프라이트의 이동 자취를 남겨 볼게요. [펜] 팔레트를 추가한 후 [이벤트] 팔레트의 [클릭했을 때] 블록과 [펜] 팔레트의 [펜 내리기] 블록을 연결해 코드 창에 준비합니다. 그리고 다음 명령 블록들을 그 아래로 하나씩 연결해 봅시다.

> **TipTalk** [펜] 팔레트를 추가하는 방법은 257쪽을 참고하세요.

명령 블록	동작
반복 횟수로 반복하기 4 번 반복하기 100 만큼 움직이기 방향으로 90 도 돌기	
조건으로 반복하기 벽▼ 에 닿았는가? 까지 반복하기 10 만큼 움직이기	
무한 반복하기 방향으로 15 도 돌기 무한 반복하기 10 만큼 움직이기 벽에 닿으면 튕기기	

◀ 정답코드 확인
http://gilbut.co/c/22073360IJ

이렇게 만들어요! ▶
https://scratch.mit.edu/projects/663823744/

앞에서 만든 프로젝트에서  블록을  블록으로 대체해 같은 동작을 하도록 수정해 보세요.

스프라이트와 배경

'Dinosaur4 (공룡4)' 스프라이트	'Dinosaur2 (공룡2)' 스프라이트	'Dinosaur3 (공룡3)' 스프라이트	'Rainbow (무지개)' 스프라이트	'Slope (산비탈)' 배경
Dinosaur4	Dinosaur2	Dinosaur3	Rainbow	Slopes

미션1 스프라이트의  블록을 사용한 부분을  블록을 사용해 동작하도록 수정해 보세요.

미션2 스프라이트의  블록을 사용한 부분을  블록을 사용해 동작하도록 수정해 보세요.

《 힌트 》

,  와 [멈추기 이 스크립트] 블록을 사용해요.

WEEK 08

WEEK 09 이번에 배울 핵심 기능 ▶ 조건

유령과 박쥐를 잡아 보세요!

코딩 개념 이해 쏙쏙 | 상황을 판단하는 조건 블록

우리는 상황에 따라 판단을 내리고 그에 맞는 행동을 합니다. 예를 들어 신호등에 빨간 불이 표시돼 있으면 길을 건너지 않고 기다립니다. 여름에는 시원한 옷, 겨울에는 따뜻한 옷을 입지요. 우리는 경험을 통해 습득한 내용을 바탕으로 스스로 판단하고 행동해요.

그렇다면 컴퓨터는 어떻게 판단을 내려 명령을 수행하는 걸까요? 컴퓨터는 주어진 조건에 따라 상황을 판단하고 행동해요.

휴대폰의 잠금을 해제하기 위해 지문을 입력하는 상황을 떠올려 봅시다. 휴대폰에 등록된 지문과 입력한 지문이 일치해야 잠금이 해제됩니다. 이 경우 판단의 조건은 '등록된 지문과 입력한 지문이 같은가?'이고, 이 조건을 만족할 때 휴대폰은 '잠금 해제'라는 명령을 수행합니다.

프로그래밍에서는 특별한 조건을 충족했을 때만 실행되는 명령을 '조건문'이라고 해요. 조건 블록을 이용하여 특정 조건을 만족한 경우에만 명령이 실행되도록 코딩해 봅시다.

1 놀이동산에 놀러간 재희와 재연이는 행운의 번호표를 한 장씩 받았습니다. 아래에 제시된 조건을 모두 만족하는 번호를 받은 친구에게 선물을 준다고 해요. 둘 중 선물을 받을 수 있는 친구는 누구일까요?

> 조건
>
> ① 10보다 크고 50보다 작은 자연수입니다.
> ② 3으로 나누어떨어집니다.
> ③ 5로 나누어떨어집니다.
> ④ 십의 자리 숫자와 일의 자리 숫자를 더하면 5보다 작습니다.

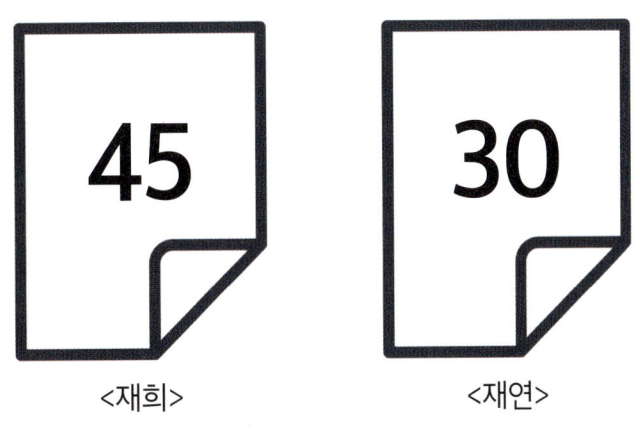

<재희>   <재연>

(   )

유령과 박쥐 잡기

▼ 작품 미리보기

- '조건' 블록을 이해하고 다양하게 활용해요.
- [만약~라면] 조건과 [만약~라면~아니면] 조건의 차이점을 배워요.
- '조건'에 따라 스프라이트의 동작을 제어하는 코딩을 할 수 있어요.

◀ 이렇게 만들어요

『https://scratch.mit.edu/projects/661925116/』에 접속한 후 시작(▶)을 클릭해 작품을 실행해 보세요.

단계별 코딩 미리보기

1 점수를 '0'으로 타이머를 '30'으로 초기화한다.

2 'Bat(박쥐)' 스프라이트가 모양을 바꾸며 무작위 위치로 이동한다.

3 'Ghost(유령)' 스프라이트가 모양을 바꾸며 벽에 닿을 때까지 이동한다.

4 'Bat(박쥐)' 스프라이트를 클릭하면 점수가 1점 더해진다.

5 'Ghost(유령)' 스프라이트를 클릭하면 조건이 참일 경우 점수를 '5'점 더하고 거짓인 경우 '3'을 뺀다.

스프라이트&블록

❖ 스프라이트와 배경

'Bat(박쥐)' 스프라이트	'Ghost(유령)' 스프라이트	'스프라이트1' 스프라이트	'Ball(공)' 스프라이트	'Woods(숲)' 배경
Bat	Ghost	스프라이트 1	Ball	Woods

❖ 꼭 알아야 할 블록

팔레트	블록	블록 설명
제어	만약 ◇ (이)라면	주어진 조건이 '참'이면 안쪽의 블록을 실행해요.
	만약 ◇ (이)라면 / 아니면	주어진 조건이 '참'이면 첫 번째, '거짓'이면 두 번째 부분의 블록을 실행해요.
연산	◯ > 50	입력된 두 값을 비교해 첫 번째 값이 크면 '참'으로 판단해요.
	◯ < 50	입력된 두 값을 비교해 두 번째 값이 크면 '참'으로 판단해요.
	◯ = 50	입력된 두 값을 비교해 같으면 '참'으로 판단해요.
	그리고	지정한 조건이 모두 '참'이면 '참'으로 판단해요.
	또는	지정한 조건 중 하나라도 '참'이면 '참'으로 판단해요.
	이(가) 아니다	지정한 조건이 '참'이면 '거짓', '거짓'이면 '참'으로 판단해요.
형태	모양을 모양 1 ▼ (으)로 바꾸기	모양을 선택한 모양으로 바꿔요.

완성파일 | 유령과 박쥐 잡기.sb3

01 스크래치 메뉴의 [만들기]를 클릭하면 코딩 작품을 만들 수 있는 작업 화면이 나타나요. 화면의 오른쪽 아래에 있는 [스프라이트 정보] 창에서 '스프라이트 1'의 [삭제] 🗑 를 클릭하고 [스프라이트 고르기] 🐻 를 선택한 후 'Bat(박쥐)', 'Ghost(유령)', 'Ball(공)' 스프라이트를 불러오세요.

02 [무대 정보] 창에서 [배경 고르기] 🖼 를 선택하고 'Woods(숲)' 배경을 선택해요.

03 [스프라이트 정보] 창에서 [스프라이트 고르기] 🐻 위에 마우스 포인터를 올려놓고 [그리기]를 클릭하세요. [스프라이트 정보] 창에 '스프라이트1'이 생성된 것을 확인할 수 있어요. [모양] 탭에서 텍스트 Ⓣ 를 클릭하고 'GAME OVER!!'라고 적으세요.

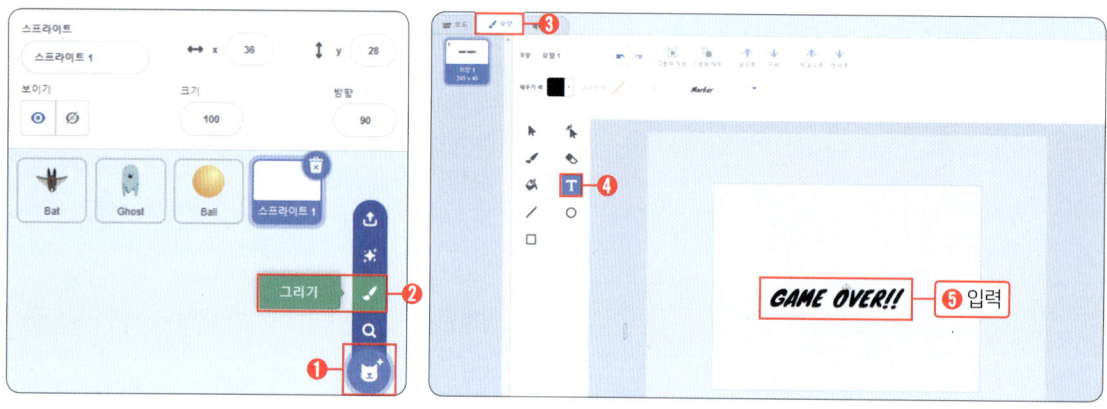

04 스프라이트를 준비해 볼게요. 'Ghost(유령)' 스프라이트를 선택하고 크기를 '50'으로 정하세요. 'Ball(공)' 스프라이트는 [모양] 탭에서 'ball-c'와 'ball-d'만 남기고 삭제해요.

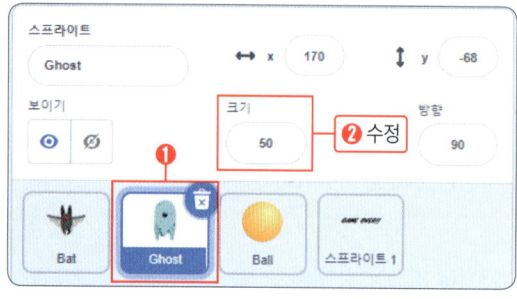
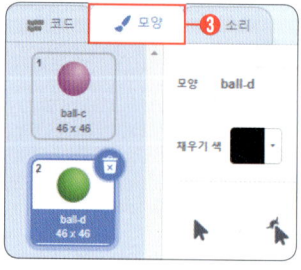

05 각각의 스프라이트를 무대 위 적당한 위치로 옮겨 주세요.

움직이는 박쥐와 유령을 클릭해 점수를 얻는 게임이에요. 단, 점수를 획득하려면 조건에 일치해야 합니다.

 그림판 살펴보기

[모양] 탭을 클릭하면 그림판 기능을 이용할 수 있습니다. 그중 '벡터 모드'에서는 스프라이트 각각의 부분을 분리해서 수정할 수도 있답니다. 그림판 하단의 [벡터로 바꾸기]를 클릭하면 벡터 모드로 변경됩니다.

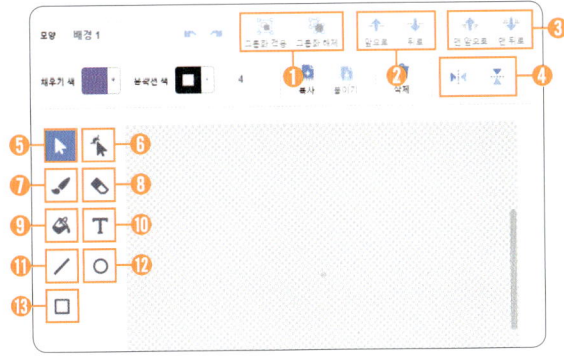

❶ **그룹화 적용/해제**: 이미지를 하나로 묶기 / 묶인 이미지 분리하기
❷ **앞으로/뒤로**: 선택한 이미지를 한 단계씩 앞/뒤로 이동하기
❸ **맨 앞으로/맨 뒤로**: 선택한 이미지를 맨 앞으로/맨 뒤로 보내기
❹ **좌우/상하 뒤집기**: 선택한 이미지의 좌우/상하 뒤집기
❺ **선택하기**: 드래그해 일정 영역 선택하기
❻ **형태 고치기**: 점의 위치를 옮겨 모양 바꾸기
❼ **붓**: 자유로운 선 그리기
❽ **지우개**: 그림 지우기
❾ **채우기 색**: 원하는 색 채우기
❿ **텍스트**: 글자 입력하기
⓫ **선**: 직선 그리기
⓬ **원**: 원 그리기
⓭ **사각형**: 사각형 그리기

06 점수, 타이머 변수를 만들어 볼까요?

점수	게임에서 획득한 점수를 저장하는 변수
타이머	게임 시간을 저장하는 변수

변수 팔레트의 변수 만들기 버튼을 클릭해 새로운 창이 나타나면 변수 이름에 '점수'와 '타이머'를 입력하세요. 만들어진 변수를 무대의 오른쪽 위로 옮기세요.

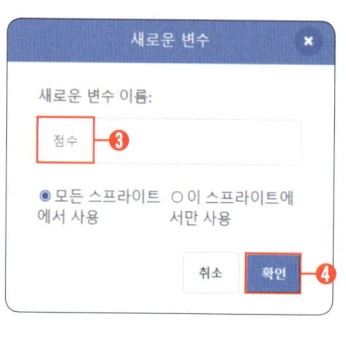
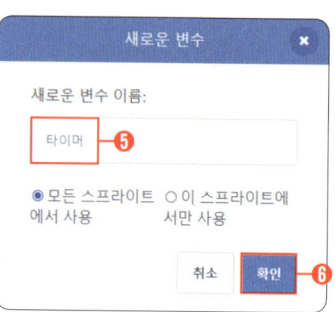

158

07 배경 음악을 추가해 볼게요. [무대 정보] 창에서 배경을 선택하고 [소리] 탭에서 [소리 고르기] 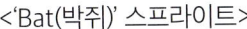를 클릭해 'Mystery'를 추가하세요. 스프라이트를 클릭했을 때 소리가 나도록 'Bat(박쥐)' 스프라이트를 선택한 후 [소리] 탭에서 [소리 고르기] 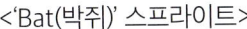를 클릭해 'Coin'을 추가하세요. 같은 방법으로 'Ghost(유령)' 스프라이트에는 'Boing', 'Bonk'를 추가하세요.

<배경>

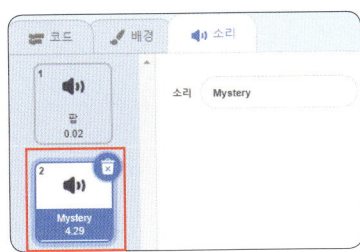

<'Bat(박쥐)' 스프라이트>

<'Ghost(유령)'스프라이트>

STEP 01 게임 시간 설정하기

🏁을 클릭하면 점수와 타이머가 초기화됩니다. 시간이 '30'초에서 '0'초가 되면 '게임 끝' 신호를 보내고 기다려요.

❶ 배경을 선택하고 [이벤트] 팔레트의 [🏁 클릭했을 때] 블록을 코드 창의 빈곳에 배치하세요.

❷ '점수'와 '타이머' 변수를 초기화해 보겠습니다. [변수] 팔레트에서 [나의 변수▼ 을(를) 0 로 정하기] 블록을 두 개 가져와 ❶ 과정 아래에 나란히 연결하세요.

첫 번째 블록의 '나의 변수'를 '점수'로 바꾼 후 두 번째 블록의 '나의 변수'를 '타이머'로, '0'을 '30'으로 바꾸세요.

❸ '타이머'의 숫자가 '30'에서 '0'으로 줄어들도록 제어 팔레트의 `10 번 반복하기` 블록을 가져와 ❷ 과정 아래 연결하고 '10'을 '30'으로 수정하세요.

❹ 1초가 지날 때마다 타이머의 숫자를 바꾸기 위해 제어 팔레트에서 `1 초 기다리기` 블록을 가져와 ❸ 과정 블록 안에 결합하세요.

❺ 변수 팔레트의 `나의 변수 ▼ 을(를) 1 만큼 바꾸기` 블록을 가져와 ❹ 과정 아래에 연결하고 '나의 변수'를 '타이머'로, '1'을 '-1'로 바꾸세요.

❻ '타이머'가 '0'이 되면 '게임끝' 신호를 보내고 기다리기 위해 이벤트 팔레트의 `메시지1 ▼ 신호 보내고 기다리기` 블록을 가져와 ❸ 과정 아래에 연결하고 '메시지1'을 클릭해 새로운 메시지 '게임끝'을 생성하세요.

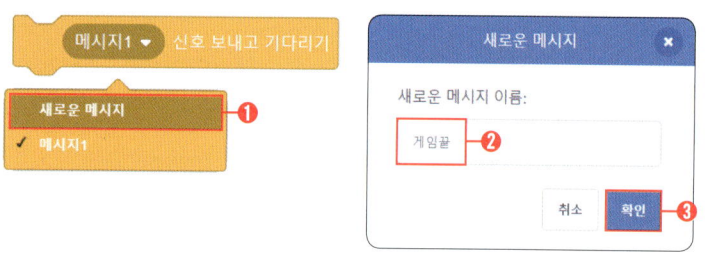

❼ 모든 코드를 멈추기 위해 제어 팔레트에서 `멈추기 모두 ▼` 블록을 가져와 ❻ 과정 아래에 연결하세요.

STEP 02 소리 효과 설정하기

'Mystery' 소리의 음량을 '50%'로 정하고 끝까지 재생해요.

① 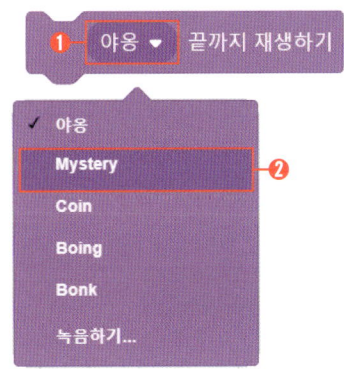 팔레트의 [클릭했을 때] 블록을 코드 창의 빈곳에 배치한 후 [소리] 팔레트의 [음량을 100%로 정하기] 블록을 가져와 연결하고 '100'을 '50'으로 바꾸세요.

② [제어] 팔레트의 [무한 반복하기] 블록을 가져와 ① 과정의 아래에 연결하세요.

③ 배경 음악을 선택하기 위해 [소리] 팔레트의 [야옹 ▼ 끝까지 재생하기] 블록을 가져와 ② 과정 블록의 안쪽에 넣고 '야옹'을 클릭해 'Mystery'로 바꾸세요.

STEP 03 스프라이트의 크기와 모양 설정하기

'Bat(박쥐)' 스프라이트의 크기를 정하고 모양을 바꿔요.

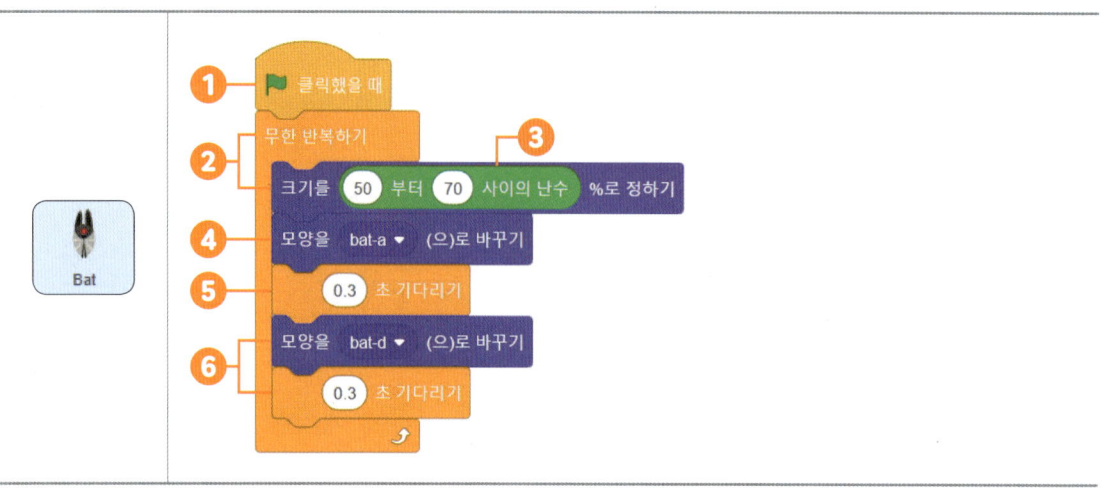

① 'Bat' 스프라이트를 선택하고 ![이벤트] 팔레트의 ![클릭했을 때] 블록을 배치하세요.

② ![제어] 팔레트의 ![무한 반복하기] 블록을 가져와 ① 과정 아래에 연결하고 ![형태] 팔레트의 ![크기를 100 %로 정하기] 블록을 가져와 반복 블록 안쪽에 넣으세요.

③ 크기를 '50'과 '70' 사이에서 무작위 값으로 바꾸기 위해 ![연산] 팔레트의 ![1 부터 10 사이의 난수] 블록을 가져와 ![크기를 100 %로 정하기]의 '100' 자리에 결합하고 '1'을 '50'으로, '10'을 '70'로 수정하세요.

④ 날아가는 모양으로 바꾸기 위해 ![형태] 팔레트의 ![모양을 모양1 (으)로 바꾸기] 블록을 가져와 ② 과정 아래에 연결하고 '모양1'을 'bat-a'로 바꾸세요.

⑤ 'bat-a' 모양과 'bat-d' 모양을 '0.3'초 간격으로 바꾸면 날아가는 것처럼 보여요. ![제어] 팔레트의 ![1 초 기다리기] 블록을 ④ 과정 아래에 연결하고 '1'를 '0.3'로 바꾸세요.

> **TipTalk** '기다리기' 블록을 이용하지 않으면 명령이 너무 빨리 실행되기 때문에 모양이 바뀌는 것을 눈으로 확인할 수 없어요.

⑥ `모양을 bat-a (으)로 바꾸기` 블록을 마우스 오른쪽 버튼으로 클릭하고 [복사하기]를 선택하면 아래의 기다리기 블록까지 함께 복사됩니다. 복사된 블록을 ⑤ 과정 아래에 연결하고 'bat-a'를 'bat-d'로 바꾸세요.

STEP 04 무작위 위치로 이동하기

🏁을 클릭했을 때 'Bat(박쥐)' 스프라이트가 무작위 위치로 이동하도록 해 볼게요.

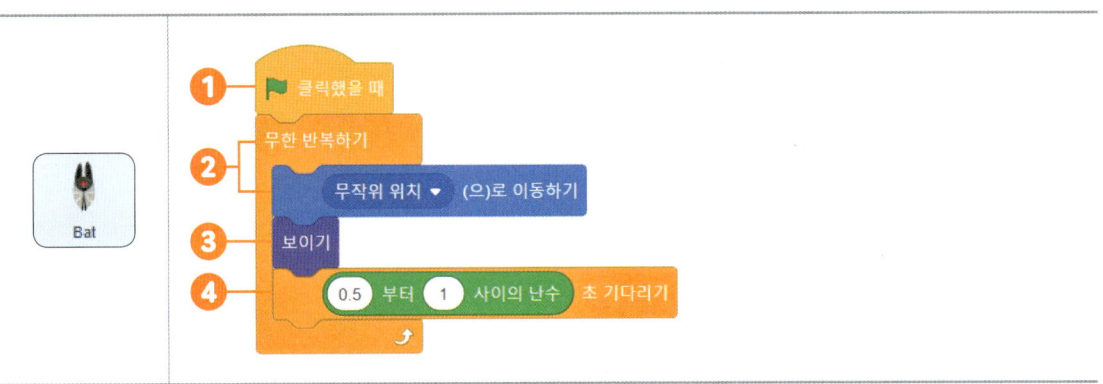

① 　이벤트　 팔레트의 `🏁 클릭했을 때` 블록을 코드 창의 빈곳에 배치하세요.

② 　제어　 팔레트의 `무한 반복하기` 블록을 가져와 연결하고 　동작　 팔레트의 `무작위 위치 (으)로 이동하기` 블록을 `무한 반복하기` 블록 안쪽에 넣으세요.

③ 숨겼던 스프라이트가 나타나도록 　형태　 팔레트에서 `보이기` 블록을 가져와 ② 과정 아래에 연결하세요.

④ 　제어　 팔레트의 `1 초 기다리기` 블록을 ③ 과정 아래에 연결하고 　연산　 팔레트의 `1 부터 10 사이의 난수` 블록을 가져와 '1' 자리에 결합하고 '1'을 '0.5'로 '10'을 '1'로 바꾸세요. 0.5초과 1초 사이의 난수 시간만큼 기다렸다가 무작위 위치로 이동해요.

STEP 05 스프라이트를 클릭했을 때 점수 바꾸기

'Bat(박쥐)' 스프라이트를 클릭했을 때 소리가 재생되고 '점수' 변수가 '1'씩 올라가요.

① 팔레트의 블록을 코드 창의 빈곳에 배치하세요.

② 'Bat(박쥐)' 스프라이트를 클릭했을 때 소리가 나도록 팔레트의 블록을 가져와 ① 과정 아래에 연결하고 '야옹'을 'Coin'으로 바꾸세요.

③ 점수를 1만큼 바꾸기 위해 팔레트의 블록을 가져와 ② 과정 아래에 연결하고 '나의 변수'를 '점수'로 바꾸세요.

④ 스프라이트를 클릭했을 때 사라지도록 팔레트의 블록을 가져와 연결하세요.

STEP 05 스프라이트의 모양 바꾸기

🏁을 클릭하면 'Ball(공)' 스프라이트의 모양이 바뀌도록 해 볼게요.

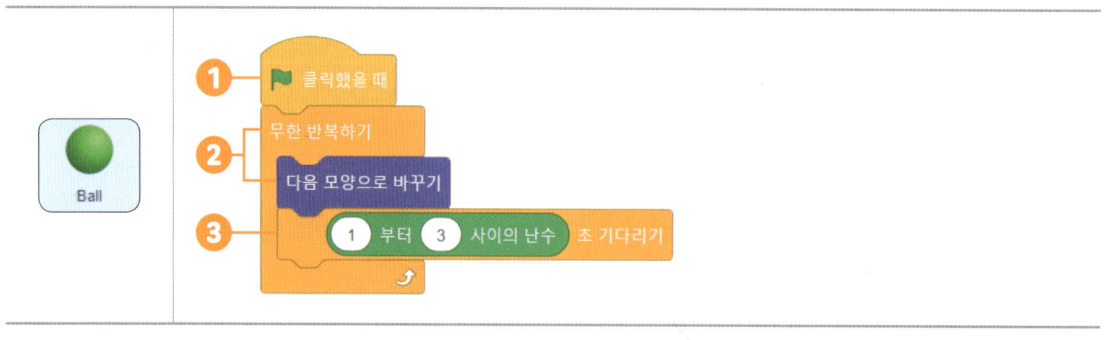

① 'Ball(공)' 스프라이트를 선택하고 팔레트의 블록을 코드 창의 빈

곳에 배치하세요.

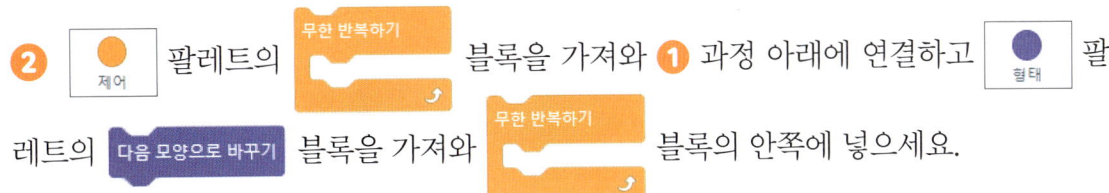

❷ 　　　 팔레트의 　무한 반복하기　 블록을 가져와 ❶ 과정 아래에 연결하고 　형태　 팔레트의 　다음 모양으로 바꾸기　 블록을 가져와 　무한 반복하기　 블록의 안쪽에 넣으세요.

❸ 모양이 바뀌는 간격을 무작위로 하기 위해 　제어　 팔레트에서 　1 초 기다리기　 블록을 가져와 ❷ 과정의 무한 반복 블록 안에 넣은 후 　연산　 팔레트의 　1 부터 10 사이의 난수　 블록을 '1' 자리에 결합하고 '10'을 '3'으로 바꾸세요.

STEP 07 　스프라이트 모양을 무작위로 바꾸기

🚩을 클릭하면 'Ghost(유령)' 스프라이트의 모양이 무작위로 바뀌도록 해 볼게요.

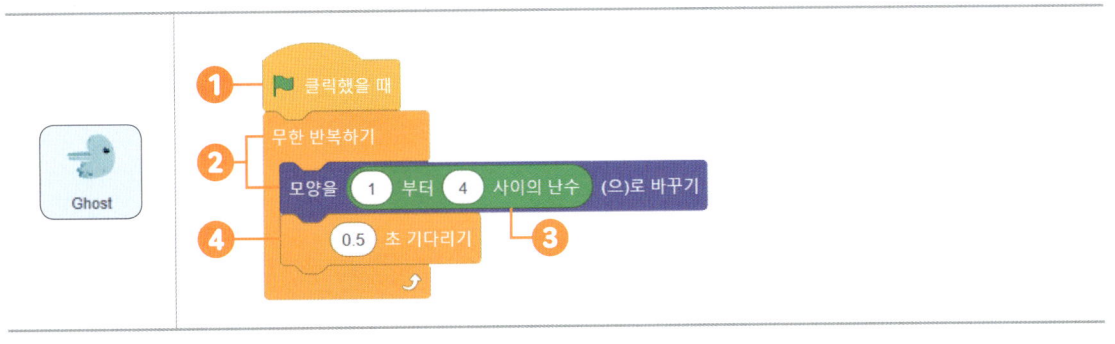

❶ 'Ghost(유령)' 스프라이트를 선택하고 　이벤트　 팔레트의 　🚩 클릭했을 때　 블록을 코드 창의 빈곳에 배치하세요.

❷ 　제어　 팔레트의 　무한 반복하기　 블록을 가져와 ❶ 과정의 아래에 연결하고 　형태　 팔레트의 　모양을 모양1 (으)로 바꾸기　 블록을 가져와 　무한 반복하기　 블록의 안쪽에 넣으세요.

❸ 유령의 모양을 무작위로 정하기 위해 　연산　 팔레트의 　1 부터 10 사이의 난수　 블록을 가져와 과정 ❷ 블록의 '모양1' 자리에 결합하세요. 'Ghost(유령)'스프라이트 모양은 'ghost-a'부터 'ghost-d'까지 4개이므로 연산 블록의 '10'을 '4'로 수정하세요.

> **TipTalk** 스프라이트 모양 개수에 맞춰 난수의 범위를 정해 줍니다. 모양이 다섯 개라면 '1부터 5사이의 난수'로 정하면 되겠죠?

④ 모양이 바뀌는 속도를 조절하기 위해 제어 팔레트에서 `1 초 기다리기` 블록을 가져와 '1'를 '0.5'로 바꾸고 ② 과정의 블록 안쪽에 넣으세요.

STEP 08   벽에 닿으면 숨었다가 정한 위치에서 다시 나타나기

'Ghost(유령)' 스프라이트가 움직이다가 벽에 닿으면 사라진 후 위치를 옮겨 등장해요.

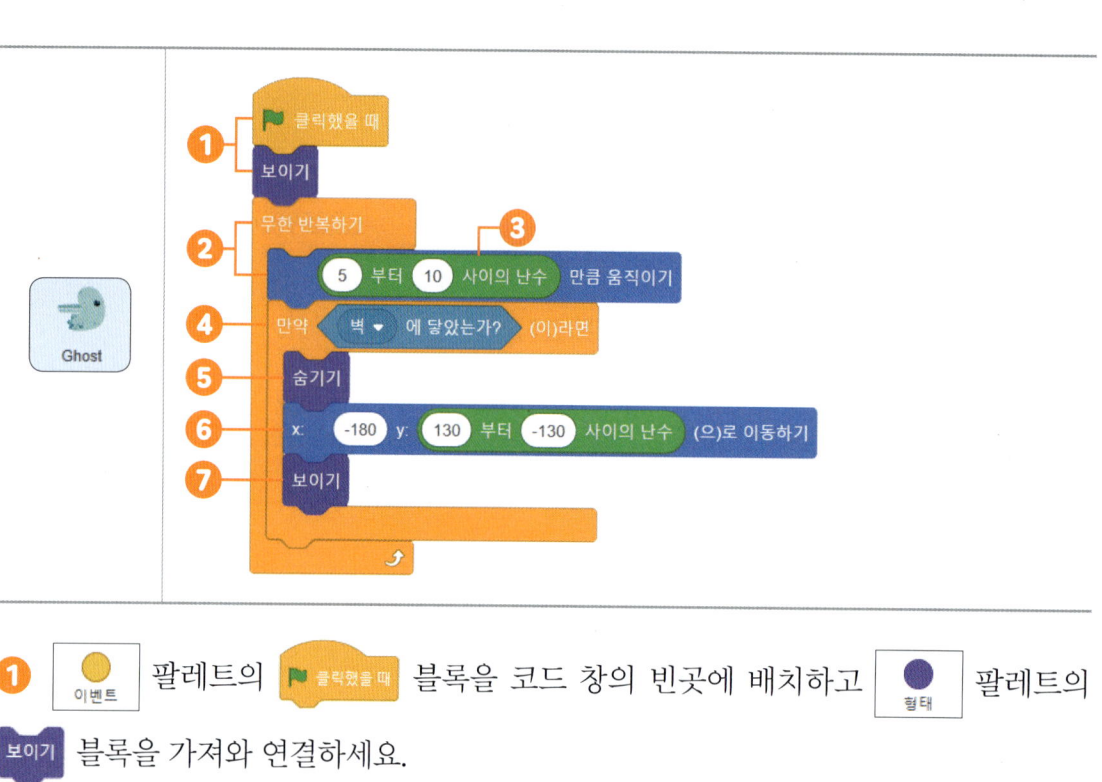

① 이벤트 팔레트의 `클릭했을 때` 블록을 코드 창의 빈곳에 배치하고 형태 팔레트의 `보이기` 블록을 가져와 연결하세요.

② 제어 팔레트의 `무한 반복하기` 블록을 가져와 ① 과정의 아래에 연결하고 동작 팔레트의 `10 만큼 움직이기` 블록을 가져와 `무한 반복하기` 블록 안쪽에 넣으세요.

③ 무작위로 움직이기 위해 연산 팔레트에서 `1 부터 10 사이의 난수` 블록을 가져와 ② 과정 `10 만큼 움직이기` 블록의 '10' 자리에 결합하고 '1'을 '5'로 수정하세요.

❹ 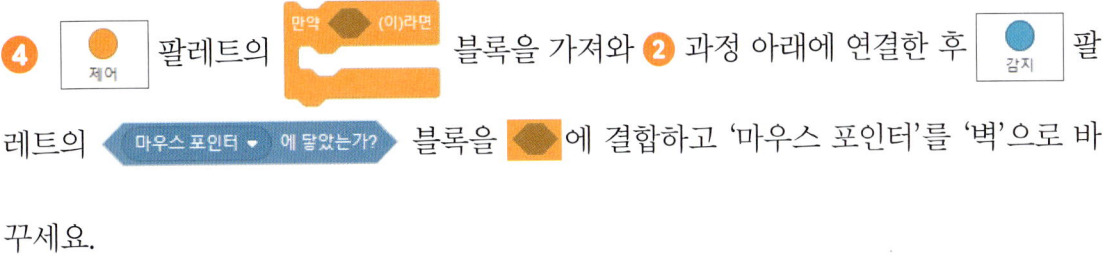 팔레트의 만약 ◆ (이)라면 블록을 가져와 ❷ 과정 아래에 연결한 후 ● 팔레트의 마우스 포인터 ▼ 에 닿았는가? 블록을 ◆ 에 결합하고 '마우스 포인터'를 '벽'으로 바꾸세요.

❺ ● 팔레트의 숨기기 블록을 가져와 ❹ 과정 블록 안쪽에 넣으세요.

❻ 스프라이트의 위치를 정하기 위해 ● 팔레트의 x: 0 y: 0 (으)로 이동하기 블록을 ❺ 과정 아래에 연결한 후 x좌푯값을 '-180'으로 바꿉니다. y좌푯값은 일정 범위 내에서 무작위로 결정되도록 할게요. ● 팔레트의 1 부터 10 사이의 난수 블록을 가져와 y좌푯값 자리에 결합하고 '1'을 '130'으로, '10'을 '-130'으로 수정하세요.

❼ 스프라이트가 나타나도록 ● 팔레트의 보이기 블록을 가져와 ❻ 과정 아래에 연결하세요.

STEP 09 ▶ 스프라이트를 클릭했을 때 점수 획득하기

'Ghost(유령)' 스프라이트를 눌렀을 때 'Ball(공)'과 'Ghost(유령)' 스프라이트의 모양이 모두 일치할 경우에만 점수가 올라가고 그렇지 않다면 점수가 줄어들어요.

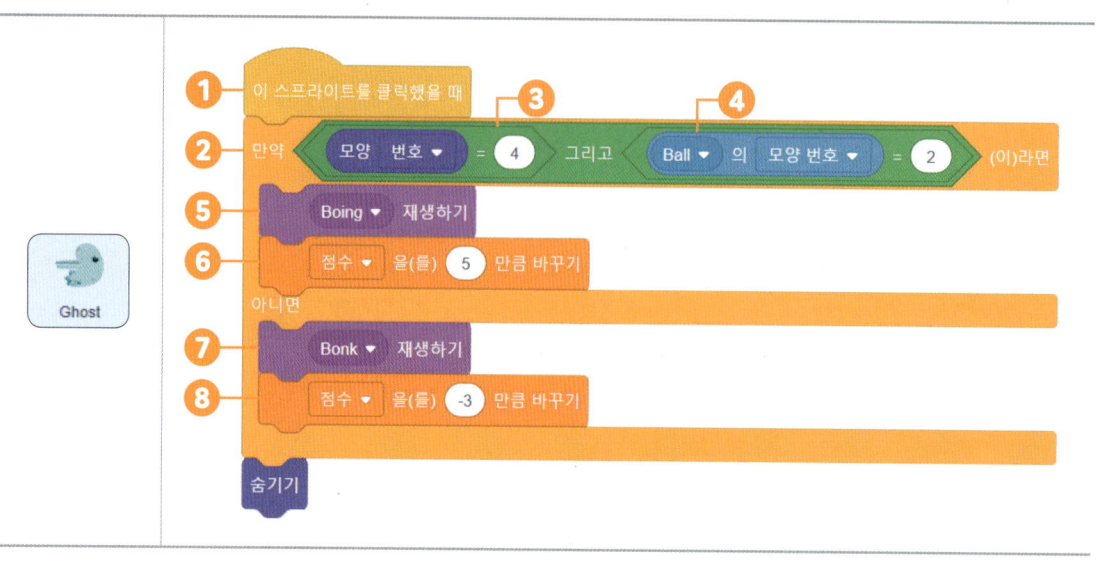

❶ [이벤트] 팔레트의 [이 스프라이트를 클릭했을 때] 블록을 코드 창의 빈곳에 배치하세요.

❷ 'Ghost(유령)' 스프라이트를 클릭했을 때, 'Ghost(유령)' 스프라이트가 네 번째 모양이고 'Ball(공)' 스프라이트가 두 번째 모양이라면 점수를 '5'점 획득하도록 [제어] 팔레트의 [만약 ~(이)라면 아니면] 블록을 가져와 ❶ 과정의 아래에 연결하고 [연산] 팔레트의 [그리고] 블록을 가져와 ◆에 결합하세요.

❸ 'Ghost(유령)' 스프라이트의 모양을 확인하기 위해 [연산] 팔레트의 [○=50] 블록을 가져와 ❷ 과정 [그리고] 블록의 왼쪽 칸에 결합하세요. [형태] 팔레트에서 [모양 번호▼] 블록을 가져와 [○=50] 블록의 왼쪽 칸에 넣고 '50'을 '4'로 수정하세요.

❹ 'Ball(공)' 스프라이트의 모양을 확인하기 위해 [연산] 팔레트의 [○=50] 블록을 가져와 [그리고] 블록의 오른쪽 칸에 결합하세요. [감지] 팔레트의 [무대▼의 배경 번호▼] 블록을 [○=50] 블록의 왼쪽 칸에 넣은 후 '무대'를 'Ball'로, '배경 번호'를 '모양 번호'로 바꾸고 '50'을 '2'로 수정하세요.

❺ 조건이 참일 때 소리가 재생되도록 소리 팔레트의 야옹 재생하기 블록을 가져와 ❷ 과정의 만약 (이)라면 아니면 블록의 첫 번째 칸에 넣고 '야옹'을 'Boing'으로 바꾸세요.

❻ 점수를 '5'점 더하기 위해 변수 팔레트의 나의 변수 을(를) 1 만큼 바꾸기 블록을 가져와 조건 블록 안쪽의 첫 번째 칸에 아래 연결한 후 '나의 변수'를 '점수'로 바꾸고 '1'을 '5'로 수정하세요.

> **TipTalk** 'Ghost(유령)' 스프라이트의 네 번째 모양인 'ghost-d'일 경우와 'Ball(공)'스프라이트의 두 번째 모양 번호(ball-d)일 경우에만 'Ghost(유령)' 스프라이트를 클릭했을 때 점수가 올라갑니다.

❼ 조건이 거짓인 경우 'Bonk' 소리를 재생하고 위해 소리 팔레트의 야옹 재생하기 블록을 가져와 만약 (이)라면 아니면 블록 안쪽의 두 번째 칸에 넣고 '야옹'을 'Bonk'로 바꾸세요.

❽ 조건이 거짓인 경우 점수를 '3'점 빼기 위해 변수 팔레트의 나의 변수 을(를) 1 만큼 바꾸기 블록을 가져와 조건 블록 안쪽의 두 번째 칸에 연결한 후 '나의 변수'를 '점수'로 바꾸고 '1'을 '-3'으로 수정하세요.

❾ 'Ghost(유령)' 스프라이트를 클릭하면 모양이 숨도록 형태 팔레트의 숨기기 블록을 가져와 과정 아래 연결하세요.

STEP 10 게임 끝 알리기

🏁을 클릭하면 '스프라이트1' 스프라이트의 모양을 숨기고 게임이 끝나면 다시 나타나요.

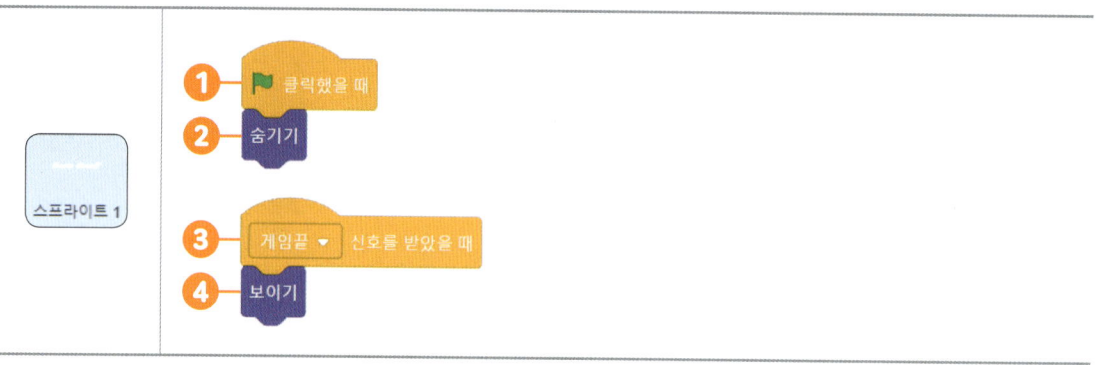

① 　⚫ 이벤트 　팔레트의 🏁클릭했을때 블록을 코드 창의 빈곳에 배치하세요.

② 　⚫ 형태 　팔레트의 숨기기 블록을 가져와 연결하세요.

③ 　⚫ 이벤트 　팔레트의 메시지1▼ 신호를 받았을때 블록을 가져와 코드 창 빈곳에 배치하고 '메시지1'을 '게임끝'으로 바꾸세요.

④ 　⚫ 형태 　팔레트에서 보이기 블록을 가져와 ③ 과정 아래 연결하세요.

STEP 11 '게임끝' 신호 받았을 때 스프라이트 숨기기

게임이 끝나면 'Bat(박쥐)' 스프라이트와 'Ghost(유령)' 스프라이트의 모양을 숨길게요.

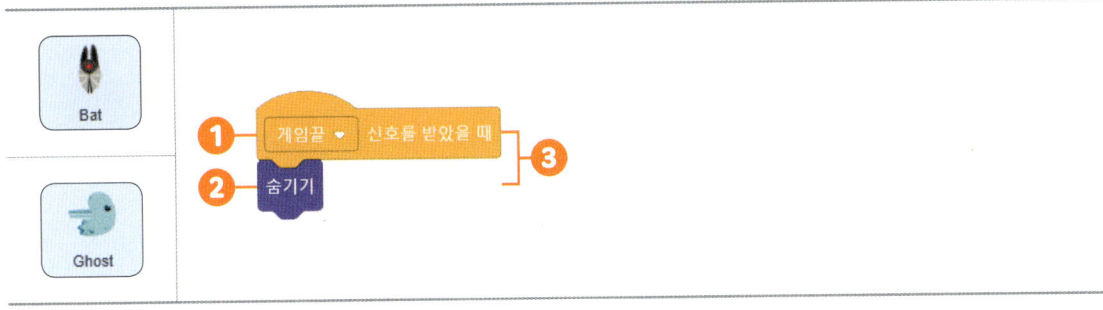

① 'Bat(박쥐)' 스프라이트를 선택하고 블록을 [이벤트] 팔레트에서 [메시지1 신호를 받았을 때] 블록을 가져와 코드 창의 빈곳에 배치한 후 '메시지1'을 '게임끝'으로 바꾸세요.

② [형태] 팔레트에서 [숨기기] 블록을 가져와 ① 과정 아래에 연결하세요.

③ 'Ghost(유령)' 스프라이트를 선택하고 'Bat(박쥐)' 스프라이트와 마찬가지로 ①~② 과정을 반복하세요.

전체 코드 CHECK!

배경

```
▶ 클릭했을 때
점수 ▼ 을(를) 0 로 정하기
타이머 ▼ 을(를) 30 로 정하기
30 번 반복하기
    1 초 기다리기
    타이머 ▼ 을(를) -1 만큼 바꾸기
게임끝 ▼ 신호 보내고 기다리기
멈추기 모두 ▼
```

```
▶ 클릭했을 때
음량을 50 %로 정하기
무한 반복하기
    Mystery ▼ 끝까지 재생하기
```

Bat

```
▶ 클릭했을 때
무한 반복하기
    크기를 50 부터 70 사이의 난수 %로 정하기
    모양을 bat-a ▼ (으)로 바꾸기
    0.3 초 기다리기
    모양을 bat-d ▼ (으)로 바꾸기
    0.3 초 기다리기
```

```
▶ 클릭했을 때
무한 반복하기
    무작위 위치 ▼ (으)로 이동하기
    보이기
    0.5 부터 1 사이의 난수 초 기다리기
```

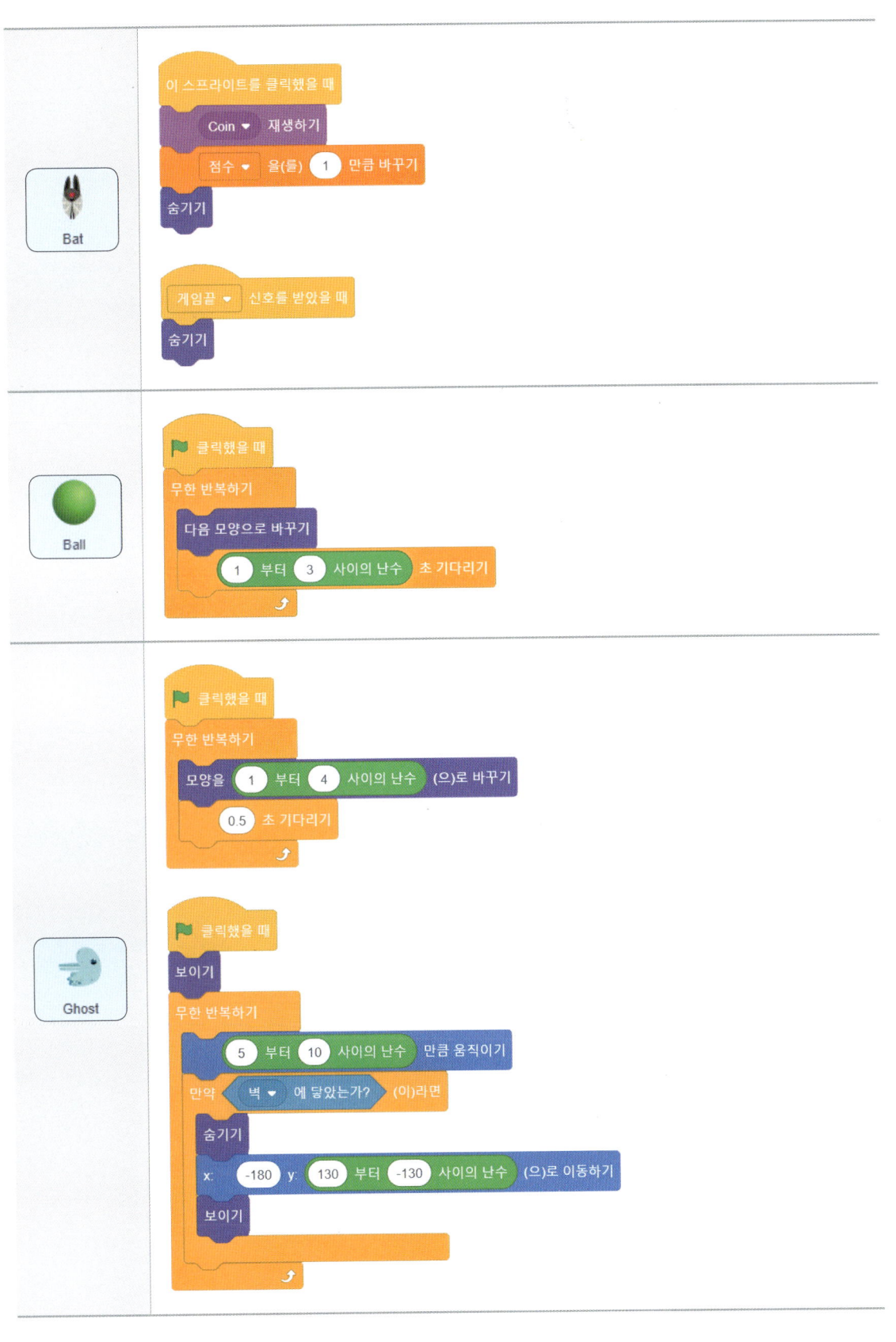

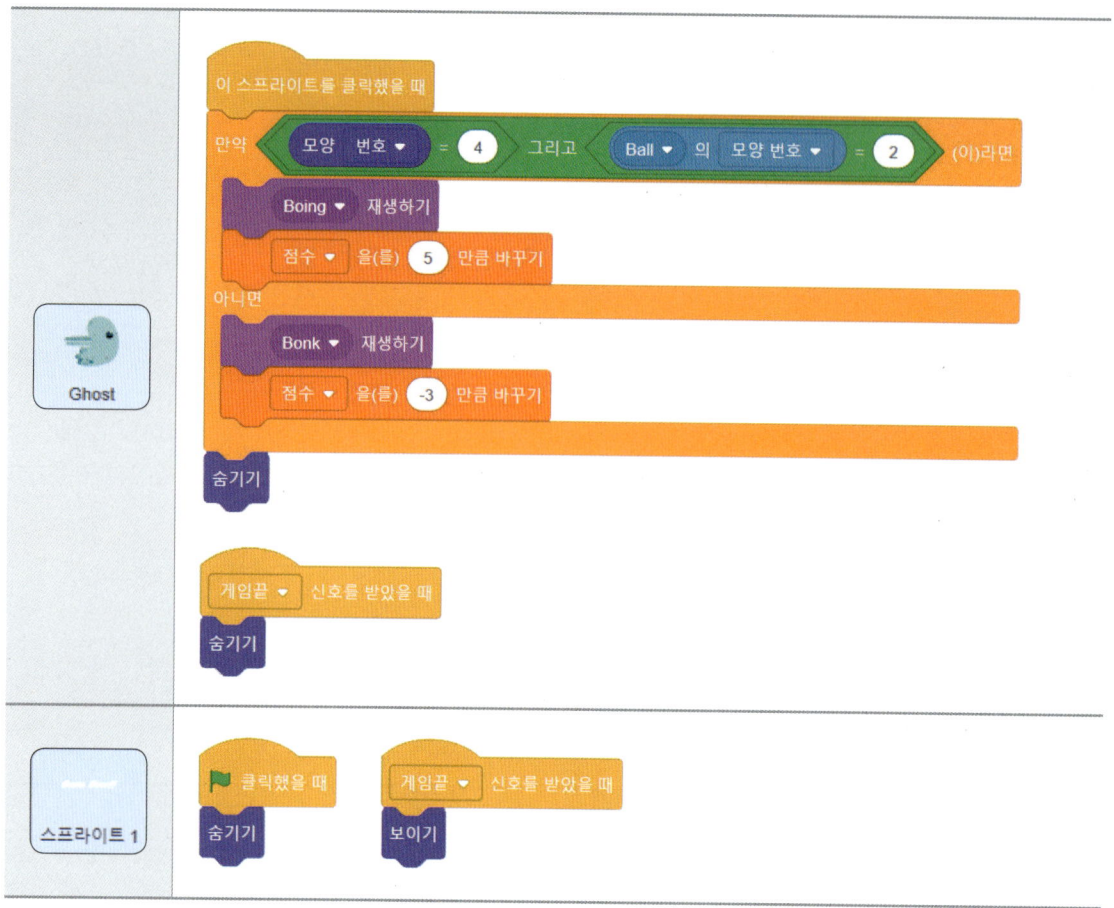

◀ 정답코드 확인
http://gilbut.co/
c/22073360IJ

이렇게 만들어요! ▶
https://scratch.mit.edu/
projects/709938412/

앞에서 만든 프로젝트에 'Arrow1(화살표)' 스프라이트를 추가하고 'Ghost(유령)' 스프라이트를 클릭했을 때 기존 조건을 만족하고 'Arrow1(화살표)' 스프라이트도 'arrow1-c' 모양으로 일치하는 경우 점수를 5점 얻도록 수정해 보세요.

스프라이트와 배경

'Arrow1' 스프라이트

미션1 'Arrow1' 스프라이트를 추가한 후 스프라이트의 모양이 무작위로 바뀌도록 해주세요.

미션2 Ghost(유령)' 스프라이트를 클릭했을 때 'Arrow1' 스프라이트가 3번 모양이어야 점수가 5점 올라가도록 해 보세요.

⟨ 힌트 ⟩

1. `1 부터 10 사이의 난수` 블록과 `1 초 기다리기` 블록을 사용해 무작위 시간만큼 기다린 후 무작위 모양으로 바꿔요.

2. `그리고` 블록을 2개 연결해요.

3. `무대 ▼ 의 배경 번호` 블록을 사용해 'Arrow1' 스프라이트의 모양 번호를 'arrow1-c' 모양 번호로 바꿔요.

WEEK 09

WEEK. 10

이번에 배울 핵심 기능 ▶ 연산

알쏭달쏭 암산 게임을 해 봐요

코딩 개념 이해 쏙쏙 계산과 판단을 도와주는 다양한 연산 블록

› 복잡한 숫자 연산은 나에게 – 산술 연산 ‹

1,234×5,678은 얼마일까요? 우리가 계산하려면 시간이 조금 걸리지만, 산술 연산 프로그램에 이 식의 조건과 값을 입력하면 바로 답을 알려 준답니다. 우리에게 익숙한 더하기, 빼기, 곱하기, 나누기는 모두 '산술 연산자'예요. 산술 연산 프로그램을 사용하면 복잡한 수 계산을 쉽고 빠르게 해결할 수 있답니다.

› 크기를 이용해 비교하기 – 비교 연산 ‹

자판기에서 음료를 뽑았던 경험을 떠올려 보세요. 1,000원짜리 음료수를 선택한 후 자판기에 900원만 넣으면 음료수가 나오지 않겠죠? 자판기는 어떻게 선택한 음료의 금액과 투입한 금액이 일치하는지 판단할 수 있는 걸까요? 바로 비교 연산(>, <, =) 코드를 사용했기 때문이랍니다. 비교 연산을 이용하면 컴퓨터는 다양한 조건을 비교해 판단을 내릴 수 있어요.

› 여러 조건의 참, 거짓 판단하기 – 논리 연산 ‹

놀이기구를 타 본 적 있나요? 놀이기구에 탑승하려면 '나이'와 '키' 조건을 맞춰야 하는데, 두 조건을 모두 충족해야 해요. 즉, 키 조건은 '참'이지만 나이 조건은 '거짓'이라면 놀이기구를 타지 못하는 것이죠. 이처럼 여러 조건을 '모두' 또는 '일부' 충족하는지 판단하고 실행을 결정하는 데 논리 연산이 이용된답니다.

코딩 활용 퀴즈

▶ 정답 및 해설 325쪽

1 다음 표에서 답이 10이 되는 칸을 찾아 색칠하세요. 그리고 색칠된 그림이 어떤 모양인지 맞혀 보세요.

5×3	32-10	3×3	6+6	7-2
15-6	7+3	15+14	8+2	4×3
32-22	23-13	9+1	5×2	10+0
2+8	10×1	5+5	49-39	6+4
20-7	17-7	1+9	12-2	47-5
6×2	23+4	15-5	6×7	81-1
19-2	8×7	7-7	7×4	9×9

(   )

2 다음 판단 조건을 보고 각각 어떤 과일에 대한 설명인지 맞혀 보세요.

① 나는 빨간색이에요. 그리고 얼굴에 주근깨가 있어요.

(   )

② 나는 빨간색 또는 초록색이에요. 나는 나무에서 자라요.

(   )

③ 나는 빨간색이 아니고 주근깨도 없어요. 그리고 나무에서 자라지도 않아요.

(   )

알쏭달쏭 암산 게임

▼ 작품 미리보기

화면에 나오는 숫자 세 개를 더하는 암산게임이야

- 산술 연산 블록과 비교, 논리 연산 블록을 배워요.
- 논술 연산 블록을 이용해 사칙연산을 계산해요.
- 비교 연산과 논리 연산을 활용해 다양한 조건을 만들어요.

◀ 이렇게 만들어요

『https://scratch.mit.edu/projects/663801489/』에 접속한 후 시작(▶)을 클릭해 작품을 실행해 보세요.

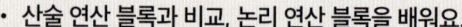

〈 단계별 코딩 미리보기 〉

1 — 을 클릭했을 때, '로디' 스프라이트가 게임 방법을 설명하고 '게임 시작' 메시지를 보낸다.

2 — '게임 시작'을 받으면 세 개의 '숫자' 스프라이트가 나타났다가 사라진다.

3 — '로디' 스프라이트가 "세 개의 숫자를 더한 값은 얼마일까?"라고 묻는다.

4 — 정답이 맞으면 점수를 1점을 더하고 틀리면 틀렸다고 말한 후 정답을 알려 준다.

5 — 사용자가 다섯 문제를 풀면 게임이 종료되고 점수를 알려 준다.

스프라이트&블록

❖ 스프라이트와 배경

'Robot(로봇)' 스프라이트	'Glow-1' 스프라이트
Robot	Glow-1

❖ 꼭 알아야 할 블록

팔레트	블록	블록 설명
연산	◯ + ◯	입력한 두 값을 더한 값을 표시해요.
	◯ - ◯	입력한 첫 번째 값에서 두 번째 값을 뺀 값을 표시해요.
	◯ × ◯	입력한 두 값을 곱한 값을 표시해요.
	◯ ÷ ◯	입력한 첫 번째 값을 두 번째 값으로 나눈 값을 표시해요.
	◯ 나누기 ◯ 의 나머지	입력한 첫 번째 값을 두 번째 값으로 나눈 나머지를 표시해요.
	◯ 의 반올림	입력한 값을 반올림해 표시해요.
	가위 와(과) 나무 결합하기	첫 번째와 두 번째 칸에 입력한 내용을 연결해 표시해요.
	절댓값 ▼ (◯)	입력한 값의 절댓값, 버림, 올림, 제곱근 등을 표시해요.

> **잠깐만요** 논리 연산 블록 '그리고'와 '또는'의 차이점
>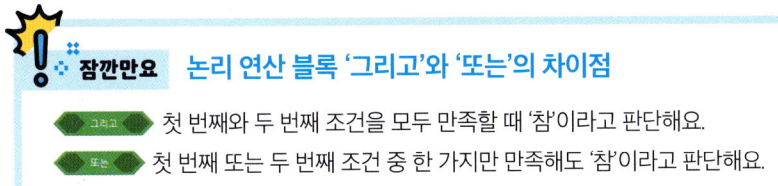
> - 그리고: 첫 번째와 두 번째 조건을 모두 만족할 때 '참'이라고 판단해요.
> - 또는: 첫 번째 또는 두 번째 조건 중 한 가지만 만족해도 '참'이라고 판단해요.

01 스크래치 메뉴의 [만들기]를 클릭하면 작업 화면이 나타나요. 삽입돼 있는 '스프라이트1'을 삭제한 후 [스프라이트 고르기] 를 클릭하세요. 'Robot(로봇)' 스프라이트와 'Glow-1' 스프라이트를 가져온 후 이름을 '로디'와 '숫자1'로 각각 수정하세요.

02 '숫자1' 스프라이트를 선택한 후 [모양] 탭에 들어가 [모양 고르기] 를 클릭합니다. 검색 창에 'Glow'를 입력하고 숫자 2부터 9까지 차례대로 추가하세요.

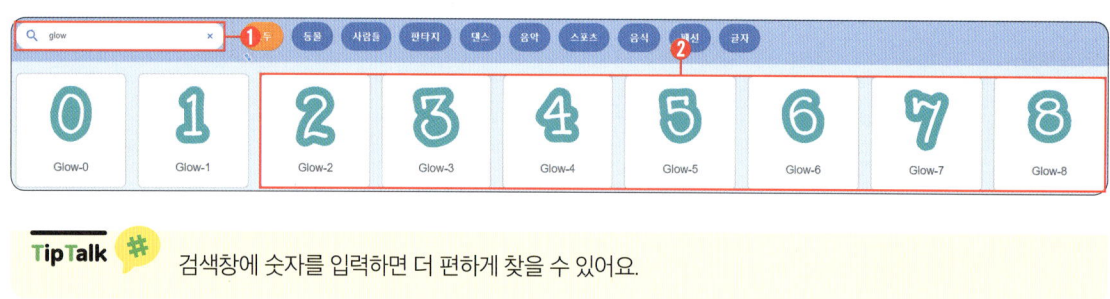

TipTalk 검색창에 숫자를 입력하면 더 편하게 찾을 수 있어요.

03 스프라이트 모양의 이름을 숫자로 수정하세요. 예를 들어, 'Glow-1'은 '1', 'Glow-2'는 '2'로 수정하세요.

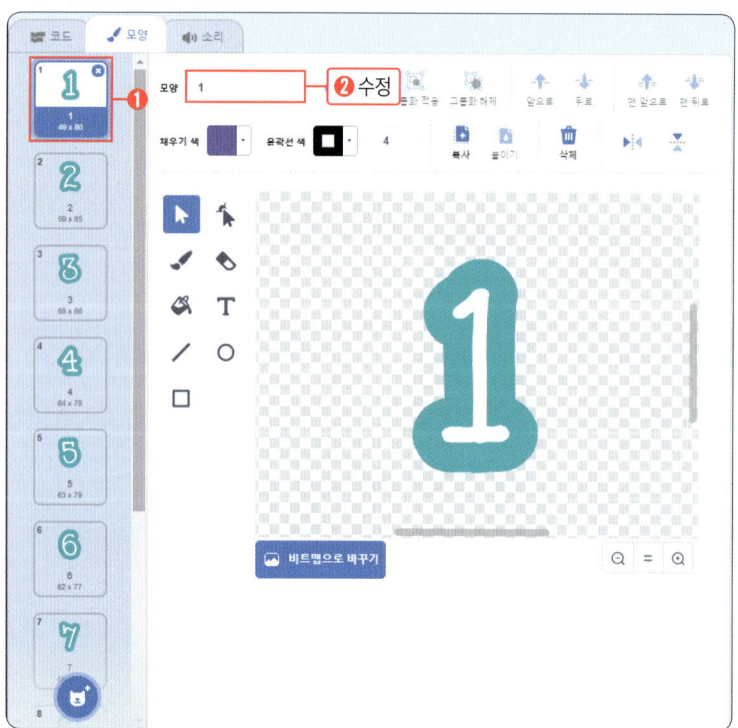

04 '로디' 스프라이트를 선택한 후 좌푯값을 'x: -180, y: -70'으로 수정해 위치를 정해 주세요. 그런 다음 크기를 '70'으로 수정하세요.

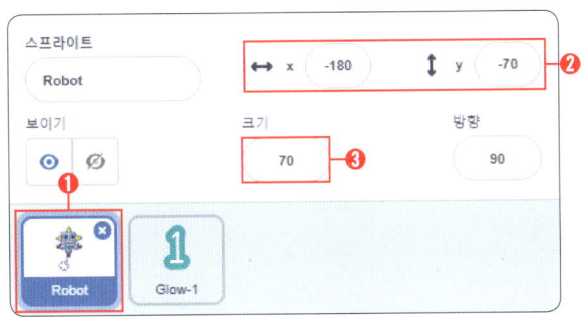

05 코딩에 사용되는 변수를 미리 만들어 둘게요. 변수 의 변수 만들기 를 이용해 '문제 수', '숫자1', '숫자2', '숫자3', '점수', '정답' 변수를 만들어 보세요.

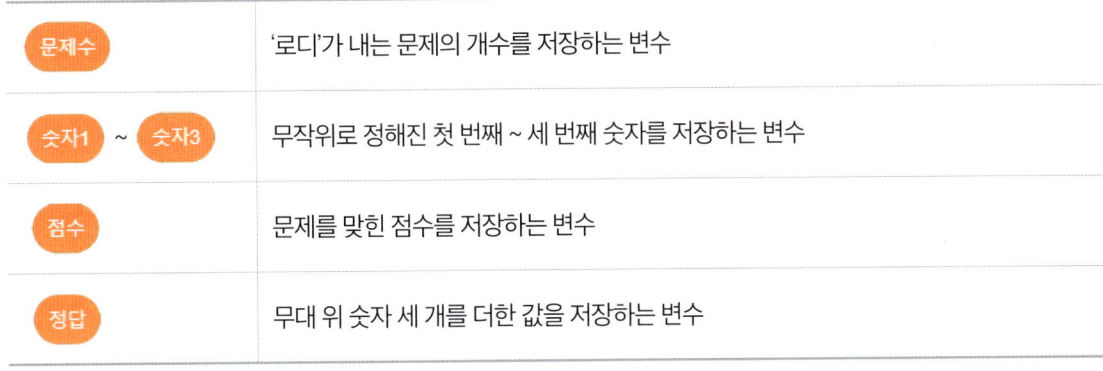

문제수	'로디'가 내는 문제의 개수를 저장하는 변수
숫자1 ~ 숫자3	무작위로 정해진 첫 번째 ~ 세 번째 숫자를 저장하는 변수
점수	문제를 맞힌 점수를 저장하는 변수
정답	무대 위 숫자 세 개를 더한 값을 저장하는 변수

STEP 01 게임 방법 설명하기

변숫값을 초기화한 후 '로디' 스프라이트가 게임 방법을 설명하도록 해 볼게요.

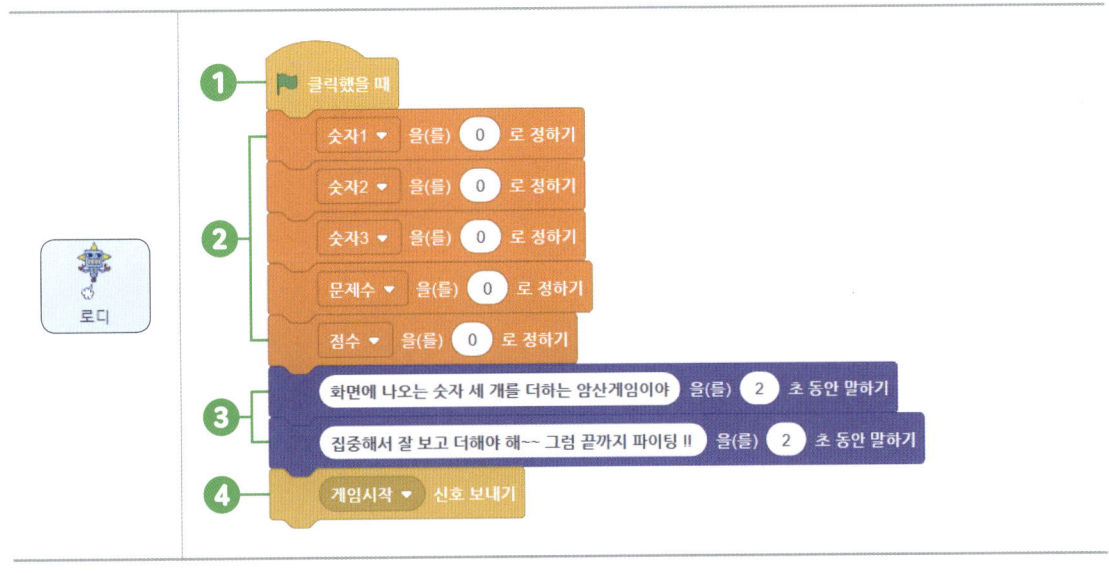

❶ [이벤트] 팔레트의 [클릭했을 때] 블록을 코드 창에 가져오세요.

❷ 각각의 변수값을 초기화하기 위해 [변수] 팔레트의 [나의 변수를 0로 정하기] 블록을 다섯 개 가져와 연결하고 '나의 변수'를 숫자1, 숫자2, 숫자3, 문제수, 점수로 수정하세요. 모든 변수값이 초기화돼야 하므로 총 다섯 개의 블록이 필요해요.

❸ 숫자 세 개가 하나씩 무대에 나타났다가 사라지면 숫자의 합을 입력하는 게임이에요. [형태] 팔레트의 [안녕!을(를) 2초 동안 말하기] 블록을 가져오고 다음과 같이 수정해 게임 방법을 설명해 보세요.

> 화면에 나오는 숫자 세 개를 더하는 암산게임이야 을(를) 2 초 동안 말하기
> 집중해서 잘 보고 더해야 해~~ 그럼 끝까지 파이팅!! 을(를) 2 초 동안 말하기

❹ [이벤트] 팔레트의 [메시지1 신호 보내기] 블록을 가져와 ❷ 과정의 아래에 연결하세요. '메시지1'을 눌러 '새로운 메시지'를 클릭한 후 새 창이 나타나면 '게임 시작'을 입력하세요. 이제 암산 게임이 시작됩니다.

STEP 02 다섯 문제를 푼 후 게임 종료하기

사용자가 다섯 개의 문제를 풀었다면 게임이 종료되고 그렇지 않다면 게임을 계속 진행하도록 해 볼게요.

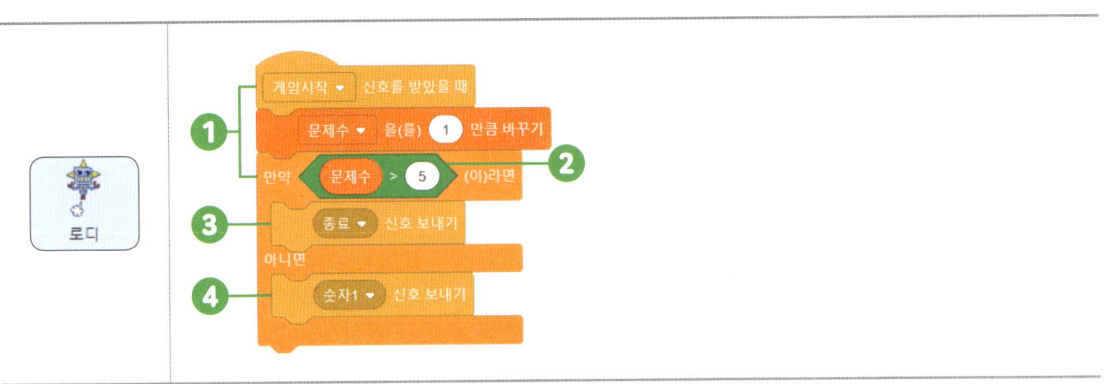

❶ '로디' 스프라이트가 낸 문제 수를 확인할 수 있도록 이벤트 팔레트에서 게임시작 신호를 받았을 때 블록을 가져와 코드에 배치한 후 변수 팔레트의 문제수 을(를) 1 만큼 바꾸기 블록과 제어 팔레트의 만약 (이)라면 아니면 블록을 가져와 차례대로 연결하세요.

❷  문제수 > 5 를 만족하면 게임을 종료하고 그렇지 않으면 게임을 계속 진행합니다. 연산 팔레트의 > 50 블록을 조건 블록의 에 결합하세요. > 50 블록의 왼쪽 칸에는 변수 팔레트의 문제수 블록을 결합하고 오른쪽 칸의 '50'은 '5'로 수정하세요.

❸ 이벤트 팔레트의 게임시작 신호 보내기 블록을 ❶ 과정 조건 블록의 첫 번째 칸에 넣으세요. 그런 다음 '게임 시작'을 클릭하고 '새로운 메시지'를 선택해 '종료' 메시지를 추가하세요.

❹ ❸ 과정과 마찬가지로 게임시작 신호 보내기 블록을 가져와 ❶ 과정의 조건 블록 두 번째 칸에 넣은 후 '숫자1' 메시지를 추가하세요.

STEP 03   무대에 첫 번째 숫자 나타내기

'숫자1' 스프라이트에 '1'부터 '9'까지의 모양을 추가했었죠? '숫자1' 메시지를 받으면 아홉 개의 숫자 중 하나가 랜덤으로 나타나도록 해 볼게요.

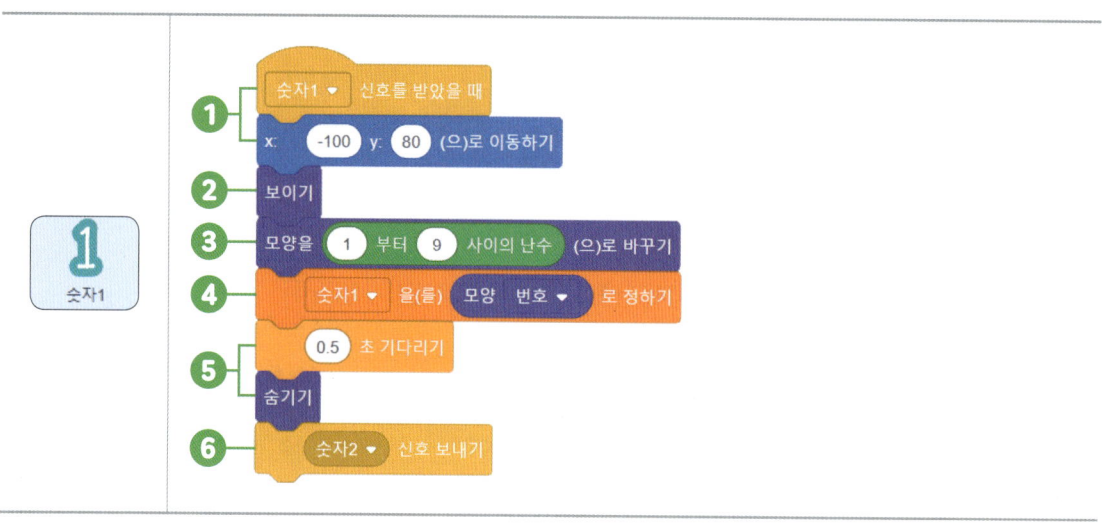

❶ 게임이 시작되면 '숫자1' 스프라이트가 정해진 위치로 이동하도록 팔레트의 블록과 팔레트의 블록을 연결한 후 좌푯값을 'x: -100, y: 80'으로 수정하세요.

❷ 숨어 있던 '숫자1' 스프라이트가 나타나도록 팔레트의 블록을 가져와 ❶ 과정 아래에 연결하세요.

❸ 1부터 9까지의 숫자를 무작위로 정하고 이 숫자를 사용해 모양을 바꿔 볼게요. 팔레트의 블록을 ❷ 과정 아래 연결한 후 팔레트의 블록을 'robot-a' 자리에 결합하고 '10'을 '9'로 수정하세요.

> **TipTalk** 는 스크래치에서 랜덤 값을 활용할 수 있는 유일한 블록이에요. 스프라이트의 모양을 랜덤으로 바꾸도록 만들 수도 있고 블록처럼 랜덤으로 숫자를 말하도록 명령할 수도 있어요.

❹ 화면에 나왔던 숫자를 계산할 수 있도록 첫 번째 숫자를 '숫자1' 변수에 저장합니다. 팔레트의 블록을 가져와 ❸ 과정 블록 아래에 연결하고 '0'의 자리에 팔레트의 블록을 결합하세요.

TipTalk 모양 이름 블록은 스프라이트의 모양 이름, 모양 번호 블록은 스프라이트의 모양 번호를 저장하는 변수예요. 'Robot' 스프라이트를 살펴볼까요? '1'은 '모양 번호'이고 'robot-a'는 '모양 이름'이랍니다.

❺ 숫자가 화면에 나타났다가 사라지는 속도를 적절히 조절해야 해요. 제어 팔레트의 `1 초 기다리기` 블록을 가져와 연결한 후 '1'을 '0.5'로 수정하고 형태 팔레트의 `숨기기` 블록을 그 아래에 연결하세요.

❻ 첫 번째 숫자가 나타났다가 사라진 후 두 번째 숫자가 나타나야겠죠? 이벤트 팔레트의 `게임시작 신호 보내기` 블록을 가져와 ❺ 과정의 블록 아래에 연결하고 '새로운 메시지'를 클릭해 '숫자2' 메시지를 추가하세요.

STEP 04 무대에 두 번째 숫자 나타내기

무대 위에 첫 번째 숫자가 나타났다가 사라진 후 두 번째 숫자가 나타나도록 해 볼게요. '숫자' 스프라이트와 마찬가지로 아홉 개의 숫자 중 하나가 나타납니다.

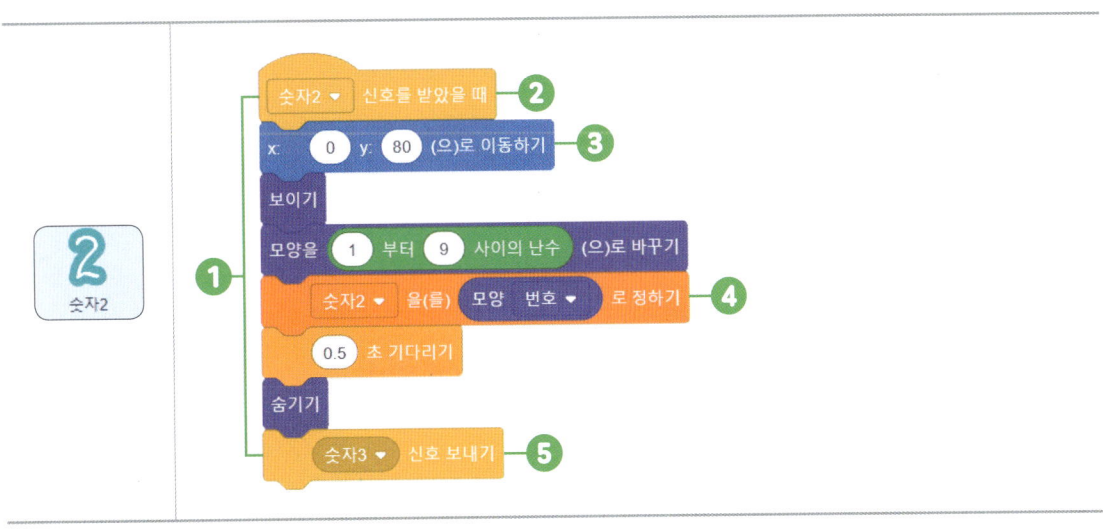

❶ [스프라이트 정보] 창에서 '숫자1' 스프라이트를 마우스 오른쪽 버튼으로 클릭해 복사하세요. '숫자2' 스프라이트가 생성될 때 '숫자1' 스프라이트의 명령 블록들도 함께 복사돼요.

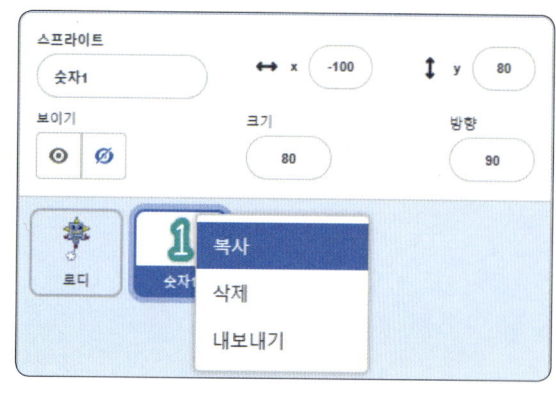 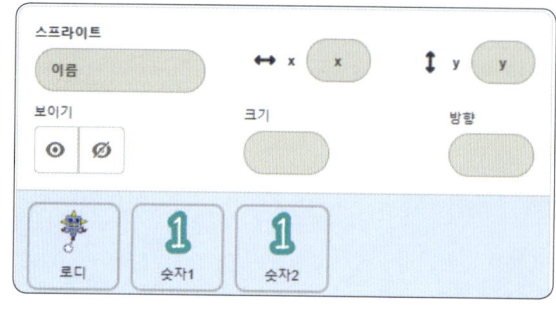

❷ 두 번째 숫자가 화면에 나타나도록 해 볼까요? 복사된 코드 중 [숫자1▼ 신호를 받았을 때] 블록의 '숫자1'을 '숫자2'로 수정하세요.

❸ '숫자2' 스프라이트의 위치를 정하기 위해 [x: -100 y: 80 (으)로 이동하기]의 좌푯값을 'x: 0, y: 80'으로 수정하세요.

❹ 두 번째 숫자가 '숫자2' 변수에 저장되도록 [숫자1▼ 을(를) 모양 번호▼ 로 정하기] 블록의 '숫자1'을 '숫자2'로 수정하세요.

❺ '숫자2' 스프라이트가 무대에서 사라진 후 '숫자3' 스프라이트가 나타나도록 [숫자2▼ 신호 보내기] 블록의 '새로운 메시지'를 선택해 '숫자3' 메시지를 추가하세요.

186

STEP 05 무대에 세 번째 숫자 나타내기

세 번째 숫자까지 모두 보여 준 후 정답을 물어보도록 신호를 보낼게요. '숫자1', '숫자2' 스프라이트의 코딩과 거의 동일하기 때문에 '숫자2' 스프라이트를 복사해 이용합니다.

❶ STEP 04 와 마찬가지 방법으로 '숫자2' 스프라이트를 복사하세요.

❷ 세 번째 숫자가 나타나도록 [숫자2 ▼ 신호를 받았을 때] 블록의 '숫자2'를 '숫자3'으로 수정하세요.

❸ '숫자3' 스프라이트의 위치를 정하기 위해 [x: 0 y: 80 (으)로 이동하기] 블록의 좌푯값을 'x: 100, y: 80'으로 수정하세요.

❹ 세 번째 숫자가 '숫자3' 변수에 저장되도록 [숫자2 ▼ 을(를) 모양 번호 ▼ 로 정하기] 블록의 '숫자2'를 '숫자3'으로 수정하세요.

❺ 숫자 세 개를 다 보여 줬으므로 이제 정답을 맞힐 차례입니다. [게임시작 ▼ 신호 보내기] 블록에서 '새로운 메시지'를 선택해 '정답 입력' 메시지를 추가하세요.

STEP 06 입력한 답이 정답과 일치하는지 비교하기

사용자가 입력한 답이 정답과 일치하는지 알려 주도록 해 볼게요.

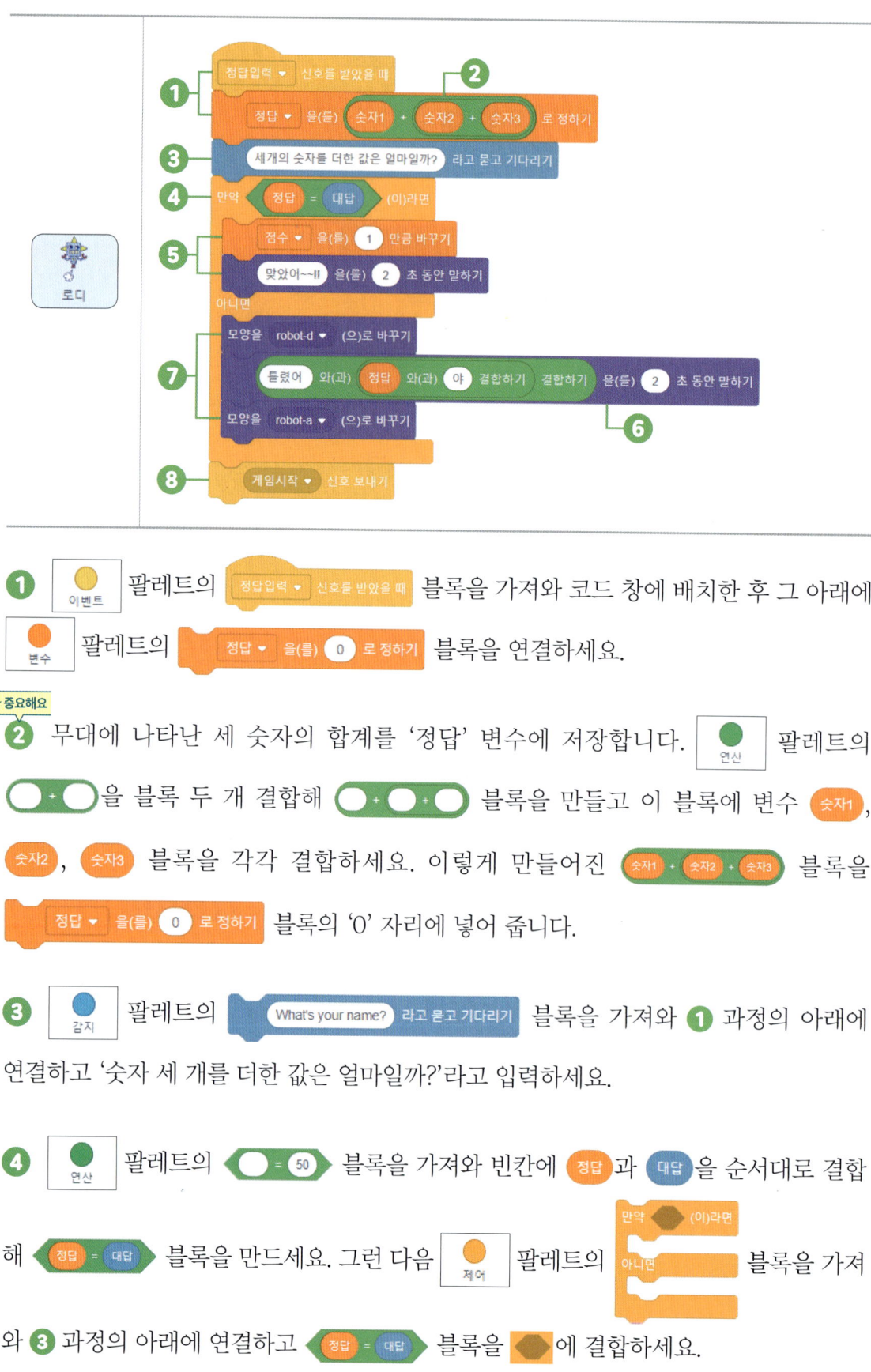

① 이벤트 팔레트의 정답입력 신호를 받았을 때 블록을 가져와 코드 창에 배치한 후 그 아래에 변수 팔레트의 정답을(를) 0 로 정하기 블록을 연결하세요.

★중요해요
② 무대에 나타난 세 숫자의 합계를 '정답' 변수에 저장합니다. 연산 팔레트의 ○+○ 블록 두 개 결합해 ○+○+○ 블록을 만들고 이 블록에 변수 숫자1, 숫자2, 숫자3 블록을 각각 결합하세요. 이렇게 만들어진 숫자1+숫자2+숫자3 블록을 정답을(를) 0 로 정하기 블록의 '0' 자리에 넣어 줍니다.

③ 감지 팔레트의 What's your name? 라고 묻고 기다리기 블록을 가져와 ① 과정의 아래에 연결하고 '숫자 세 개를 더한 값은 얼마일까?'라고 입력하세요.

④ 연산 팔레트의 ○=50 블록을 가져와 빈칸에 정답과 대답을 순서대로 결합해 정답=대답 블록을 만드세요. 그런 다음 제어 팔레트의 만약 (이)라면 아니면 블록을 가져와 ③ 과정의 아래에 연결하고 정답=대답 블록을 ◆에 결합하세요.

5 정답을 맞히면 점수가 '1' 늘어나도록 [변수] 팔레트의 [점수▼ 을(를) 1 만큼 바꾸기] 블록을 가져와 코드 창의 빈곳에 배치하세요. 그런 다음 [형태] 팔레트에서 [안녕! 을(를) 2 초 동안 말하기] 블록을 가져와 '안녕'을 '맞았어'로 수정하고 두 블록을 연결한 후 [만약 ◆ (이)라면 / 아니면] 블록의 첫 번째 칸에 넣으세요.

!주의해요

6 정답을 맞히지 못한 상황을 생각해 봅시다. [안녕! 을(를) 2 초 동안 말하기] 블록을 드래그해 빈곳에 배치하세요. [연산] 팔레트의 [apple 와(과) banana 결합하기] 블록을 두 개 결합해 [apple 와(과) apple 와(과) banana 결합하기 결합하기] 블록을 만드세요. 첫 번째 자리에 '틀렸어.'를 입력한 후 두 번째 자리에는 [변수] 팔레트의 [정답] 블록을 넣으세요. 마지막 자리에는 '야'를 입력한 후 이 블록을 말하기 블록과 결합하세요.

[틀렸어 와(과) 정답 와(과) 야 결합하기 결합하기 을(를) 2 초 동안 말하기]

7 [형태] 팔레트에서 [모양을 robot-a ▼ (으)로 바꾸기] 블록을 두 개 가져와 코드 창에 배치한 후 첫 번째 블록은 '로디' 스프라이트가 등을 돌리는 모양인 'robot-d'로 수정하세요. 등을 돌리면서 "틀렸어. 정답은 __야."라고 말한 후 다시 앞모습을 보이도록 6 과정의 블록 위, 아래로 각각 조립하세요. 이렇게 만들어진 블록을 4 과정의 [만약 ◆ (이)라면 / 아니면] 블록 안쪽 두 번째 칸에 넣으세요.

[모양을 robot-d ▼ (으)로 바꾸기]
[틀렸어 와(과) 정답 와(과) 야 결합하기 결합하기 을(를) 2 초 동안 말하기]
[모양을 robot-a ▼ (으)로 바꾸기]

8 푼 문제의 개수가 '5'를 넘기 전까지 게임을 계속해야 하므로 [이벤트] 팔레트의 [게임시작 ▼ 신호 보내기] 블록을 드래그해 가장 아래에 연결하세요.

STEP 07 게임이 끝난 후 점수 알려 주기

게임이 종료되면 사용자가 몇 점을 얻었는지 말하도록 해 볼게요.

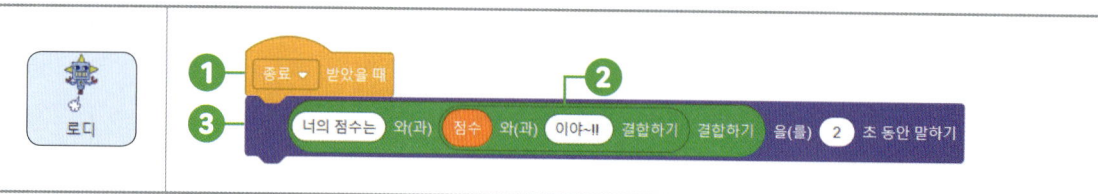

① 　　 팔레트의 　게임시작 ▼ 신호를 받았을 때　 블록을 가져와 빈곳에 배치한 후 '게임 시작'을 '종료' 메시지로 수정하세요.

② 　　 팔레트에서 　apple 와(과) banana 결합하기　 블록 두 개를 가져와 결합하세요. 그런 다음 첫 번째 칸에는 '너의 점수는', 두 번째 칸에는 　　 팔레트의 　점수　 블록, 세 번째 칸에는 '이야~!'를 입력하세요.

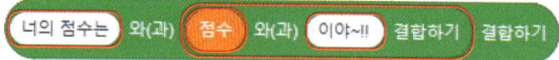

③ 위 과정에서 만든 블록을 　　 팔레트의 　안녕! 을(를) 2 초 동안 말하기　 블록의 '안녕!' 자리에 결합한 후 ① 과정의 아래에 연결하세요.

> **잠깐만요** '문자열 연산하기' 블록 알아보기
>
> (1) 　apple 의 1 번째 글자　 : 입력된 문자나 숫자 중 알고자 하는 순서에 어떤 값이 위치하는지 나타내요.

(2) `apple 의 길이` : 입력한 단어의 문자 개수를 표시해요. 숫자도 마찬가지예요. '1234512345'를 입력하면 '10'이라는 값을 알려 줍니다.

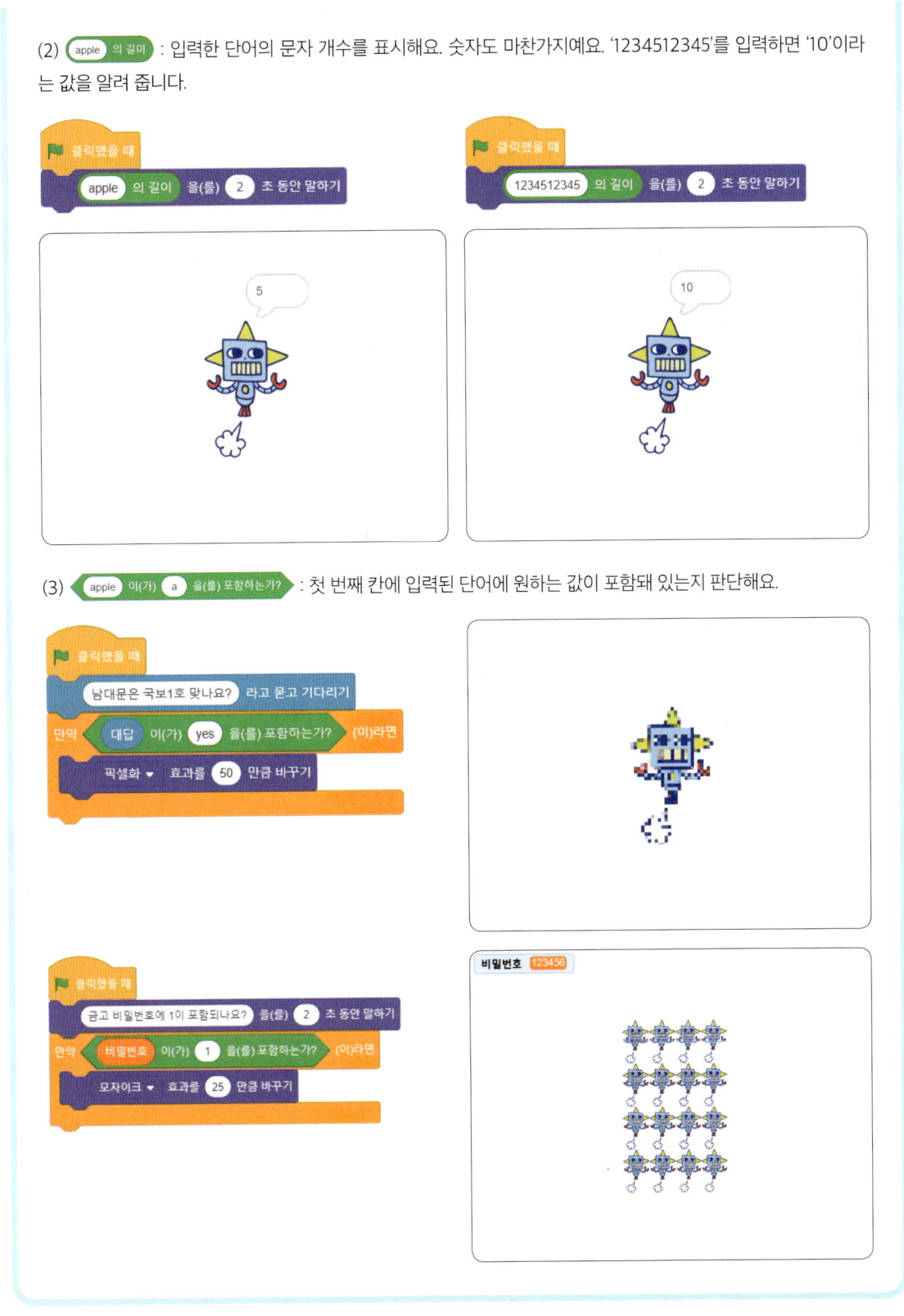

(3) `apple 이(가) a 을(를) 포함하는가?` : 첫 번째 칸에 입력된 단어에 원하는 값이 포함돼 있는지 판단해요.

전체 코드 CHECK!

로디

```
▶ 클릭했을 때
숫자1 ▼ 을(를) 0 로 정하기
숫자2 ▼ 을(를) 0 로 정하기
숫자3 ▼ 을(를) 0 로 정하기
문제수 ▼ 을(를) 0 로 정하기
점수 ▼ 을(를) 0 로 정하기
화면에 나오는 숫자 세 개를 더하는 암산게임이야 을(를) 2 초 동안 말하기
집중해서 잘 보고 더해야 해~~ 그럼 끝까지 파이팅!! 을(를) 2 초 동안 말하기
게임시작 ▼ 신호 보내기
```

```
게임시작 ▼ 신호를 받았을 때
문제수 ▼ 을(를) 1 만큼 바꾸기
만약 < 문제수 > 5 > (이)라면
    종료 ▼ 신호 보내기
아니면
    숫자1 ▼ 신호 보내기
```

```
정답입력 ▼ 신호를 받았을 때
정답 ▼ 을(를) 숫자1 + 숫자2 + 숫자3 로 정하기
세개의 숫자를 더한 값은 얼마일까? 라고 묻고 기다리기
만약 < 정답 = 대답 > (이)라면
    점수 ▼ 을(를) 1 만큼 바꾸기
    맞았어~~!! 을(를) 2 초 동안 말하기
아니면
    모양을 robot-d ▼ (으)로 바꾸기
    틀렸어 와(과) 정답 와(과) 야 결합하기 결합하기 을(를) 2 초 동안 말하기
    모양을 robot-a ▼ (으)로 바꾸기
게임시작 ▼ 신호 보내기
```

```
종료 ▼ 받았을 때
너의 점수는 와(과) 점수 와(과) 이야~!! 결합하기 결합하기 을(를) 2 초 동안 말하기
```

숫자1	숫자1 ▼ 신호를 받았을 때 x: -100 y: 80 (으)로 이동하기 보이기 모양을 1 부터 9 사이의 난수 (으)로 바꾸기 숫자1 ▼ 을(를) 모양 번호 ▼ 로 정하기 0.5 초 기다리기 숨기기 숫자2 ▼ 신호 보내기
숫자2	숫자2 ▼ 신호를 받았을 때 x: 0 y: 80 (으)로 이동하기 보이기 모양을 1 부터 9 사이의 난수 (으)로 바꾸기 숫자2 ▼ 을(를) 모양 번호 ▼ 로 정하기 0.5 초 기다리기 숨기기 숫자3 ▼ 신호 보내기
숫자3	숫자3 ▼ 신호를 받았을 때 x: 100 y: 80 (으)로 이동하기 보이기 모양을 1 부터 9 사이의 난수 (으)로 바꾸기 숫자3 ▼ 을(를) 모양 번호 ▼ 로 정하기 0.5 초 기다리기 숨기기 정답입력 ▼ 신호 보내기

더 많은 연산 블록 알아보기

1

첫 번째 숫자를 두 번째 숫자로 나누었을 때의 나머지를 표시해요.

2 ⬚ 의 반올림

지정한 숫자를 반올림해 표시해요. 예를 들어 '10.3'을 입력하면 이 블록의 결괏값은 '10'이 됩니다. '10.8'을 입력하면 '11'이 되고요.

3 절댓값 ▼ (⬚)

'절댓값'을 클릭하면 '절댓값, 버림, 올림, 사인(sin), 코사인(cos)'과 같은 여러 함수를 선택해 사용할 수 있어요. '제곱근'부터는 중학생이 된 이후에 배우기 때문에 우리 친구들이 이해하기는 어려울 거예요. 어떤 기능이 있는지만 살펴보고 넘어가도 좋아요.

 ◀ 정답코드 확인
http://gilbut.co/
c/220733360lJ

이렇게 만들어요! ▶
https://scratch.mit.edu/
projects/663801835/

이번에는 네 개의 숫자가 나타나는 암산 대결을 해 볼까요? 숫자 스프라이트를 추가해 로디와 게임을 계속해 봅시다.

스프라이트와 배경

'로디' 스프라이트	'숫자1' ~ '숫자4' 스프라이트
로디	숫자1 ~ 숫자4

미션1 '숫자' 스프라이트를 추가한 후 스프라이트의 이름을 '숫자4'로 수정하세요.

미션2 화면에 '숫자1'~'숫자4' 스프라이트를 적절하게 배치하세요.

미션3 화면에 보이는 숫자 네 개를 모두 더한 후 로디가 정답 여부를 확인하세요.

〈 힌트 〉

1. '숫자4' 스프라이트의 모양 번호를 저장할 변수를 추가해야 해요.

2. 숫자 네 개를 더하려면  블록을 세 번 결합해야 해요.

셋째 마당

실력 쑥쑥! 직접 설계하는 나만의 프로젝트

예제를 따라해 보니 코딩에 자신감이 붙었나요? 여러 가지 프로젝트를 직접 만드는 동안 여러분의 논리력과 사고력은 알게 모르게 쑥쑥 자라났을 거예요. 자라난 코딩 실력을 바탕으로 좀 더 응용된 프로젝트를 만들어 봅시다.

이번 마당에서는 여러분이 알고리즘을 설계할 수 있도록 연습해 볼 거예요. 내가 생각하는 대로 프로젝트를 완성하기 위해 알고리즘을 어떻게 구성하면 좋을지 우리 함께 고민해 볼까요?

스크래치의 확장 기능을 이용해 좀 더 업그레이드된 프로젝트를 만들 수도 있어요. 컴퓨터에 설치된 카메라를 통해 움직임을 감지하고 외국어를 우리말로 번역하는 등 똑똑한 기능들을 사용해 봅시다.

WEEK 11

이번에 배울 핵심 기능 ▶ 복제, 클라우드 변수

혼자서 하는 2인용 점프 게임

코딩 개념 이해 쏙쏙 | 똑같은 것을 만들어 낼 수 있을까?

내 얼굴이 부모님과 닮은 이유는 무엇일까요? 부모님의 유전 정보를 저장하고 있는 DNA를 물려받았기 때문이에요. DNA는 생물의 형태, 체질, 혈액형, 성격 등 유전 정보를 보관하고 있는 물질로 생물체의 모양과 기능을 만드는 역할을 해요. DNA에 각각의 특징이 저장되어 있기 때문에 다양한 특성을 가진 생물들이 존재할 수 있답니다.

사람도 태아기 때 부모님의 특징이 저장된 복제 DNA를 받아, 엄마와 아빠의 생김새, 성격, 신체적 특징을 가진 몸을 형성해요. 즉, DNA를 물려받기 때문에 부모님과 닮은 '내'가 태어나는 것이죠.

복제된 DNA에는 아빠, 엄마의 생김새뿐 아니라, 음악이나 미술 실력, 운동신경 같은 잠재 재능 정보도 함께 담겨 있습니다. 즉, 노래를 잘하고 그림을 잘 그리는 것도 80% 정도는 부모님에게 물려받은 유전 정보의 영향을 받는다고 해요.

스크래치에서도 스프라이트의 모양, 방향, 좌푯값 등 스프라이트의 특성을 복제할 수 있어요. 복제 기능을 이용하면 똑같은 모양의 스프라이트를 여러 개 만들고, 복제된 스프라이트에 코드를 추가하여 동작하게 할 수 있답니다. 반복되는 코드가 있다면 복제 기능을 이용해 효율적으로 프로젝트를 만들 수 있겠죠?

코딩 활용 퀴즈

▶ 정답 및 해설 325쪽

1 <보기>의 도형을 복제한 후 아래로 뒤집고, 시계 방향으로 90도 돌린 후 거울에 비춘 모양을 고르세요.

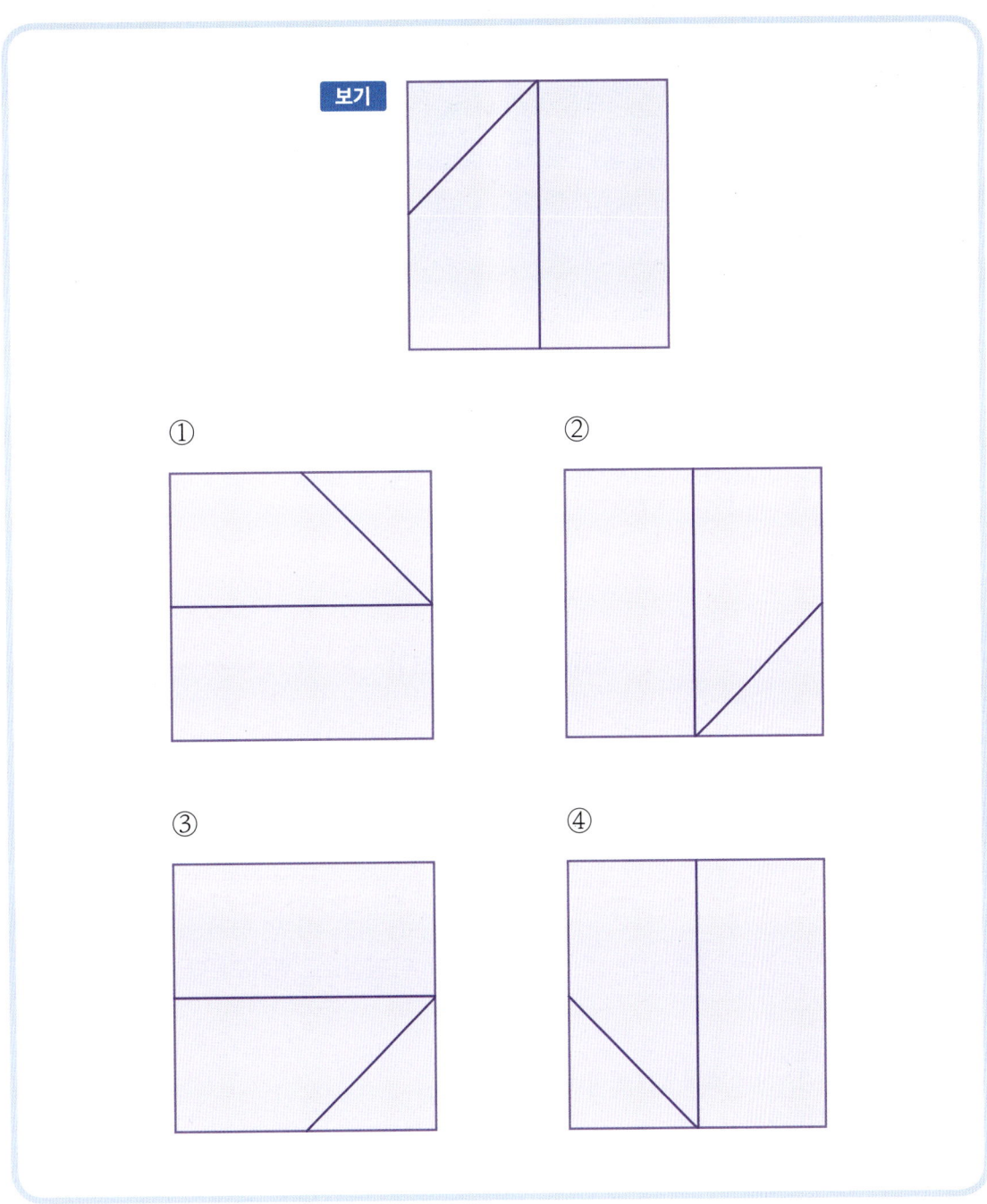

199

점프 점프! 장애물을 피해라

▼ 작품 미리보기

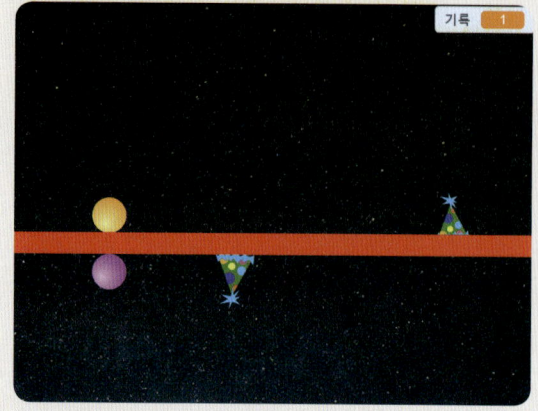
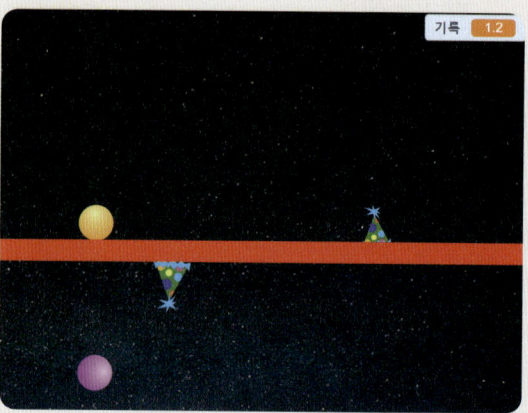

- '복제' 기능에 대해 알아봐요.
- '클라우드 변수'의 개념을 이해하고 활용해요.
- 복제 블록과 클라우드 변수를 이용해 프로젝트를 만들 수 있어요.

◀ 이렇게 만들어요

『https://scratch.mit.edu/projects/661846474/』에 접속한 후 시작(▶)을 클릭해 작품을 실행해 보세요.

단계별 코딩 미리보기

1. 🚩을 누르면 장애물이 오른쪽에서 왼쪽으로 이동한다.

2. ↑ 키를 누르면 경계선 위에 있는 공이 위 방향으로 튀어오른다.

3. ↓ 키를 누르면 경계선 아래에 있는 공이 아래 방향으로 튀어오른다.

4. 공이 장애물에 닿으면 게임이 종료된다.

5. 게임이 종료되면 Spacebar 키를 눌러 '기록'과 '사용자 이름'을 클라우드에 저장한다.

200

스프라이트&블록

❖ 스프라이트와 배경

'Ball(볼)' 스프라이트	'Party Hats(파티 모자)' 스프라이트	'Line(선)' 스프라이트	'Stars(천체)' 배경
Ball	Party Hats	Line	Stars

❖ 꼭 알아야 할 블록

팔레트	블록	블록 설명
제어	복제되었을 때	스프라이트가 복제되었을 때 아래에 연결된 명령 블록이 실행돼요.
	이 복제본 삭제하기	스프라이트의 복제본을 삭제해요.
	나 자신 ▼ 복제하기	선택한 스프라이트를 복제해요.
동작	방향으로 15 도 돌기	오른쪽으로 입력한 각도만큼 회전해요.
	x 좌표 y 좌표	스프라이트의 x, y좌표를 표시해요.
	방향	스프라이트의 방향을 표시해요.

01 스크래치 메뉴의 [만들기]를 클릭하면 코딩 작품을 만들 수 있는 작업 화면이 나타나요. 화면의 오른쪽 아래에 있는 [스프라이트 정보] 창에서 '스프라이트 1'의 [삭제] 를 클릭하고 [스프라이트 고르기] 를 클릭하세요. 'Ball(볼)' 스프라이트, 'line(선)' 스프라이트 그리고 'Party Hats(파티 모자)' 스프라이트를 가져온 후 이름을 '볼1', '경계선', '장애물1'로 각각 수정하세요.

02 [무대 정보] 창에서 [배경 고르기] 를 클릭해 'Stars(천체)' 배경을 불러오세요.

03 '장애물1' 스프라이트의 모양을 수정해볼게요.

❶ 를 선택한 후 [모양] 탭으로 이동하세요.

❷ '모양 2( )', '모양 3( )'을 선택하고 [삭제] 를 클릭해 삭제해요.

❸ 그림판의 [선택] 을 클릭하고 그림을 드래그해 중심점이 스프라이트의 하단에 위치하도록 옮기세요.

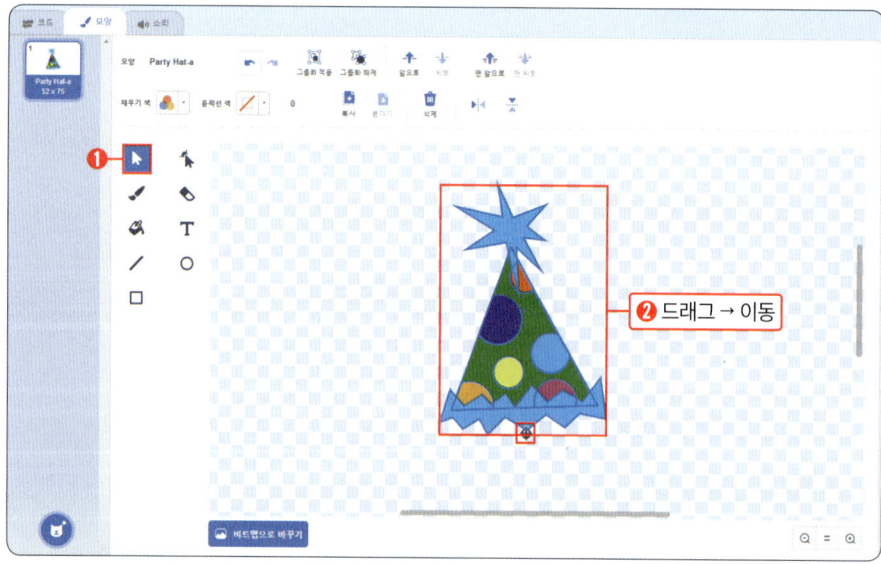

04 '장애물1' 스프라이트의 모양을 추가해 볼게요.

❶ 고깔 2개가 겹쳐진 모양( )을 만들기 위해 [스프라이트 정보] 창에서 첫 번째 모양을 마우스 오른쪽 버튼으로 클릭한 후 [복사]를 선택해 모양을 추가해요.

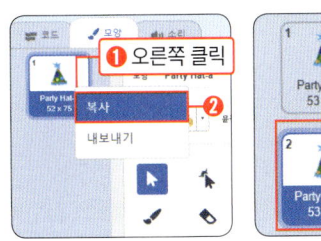

❷ 복사된 두 번째 모양을 선택하고 [선택] 을 클릭한 후 [복사], [붙여넣기] 메뉴를 이용하여 모양을 복사해요. 다시 [선택] 을 클릭해 복사한 모양을 드래그하고 모양의 중심점이 다음과 같이 위치하도록 배치합니다.

05 코딩에 사용되는 변수를 미리 만들어 둘게요. 변수의 변수 만들기를 이용해 '기록', '점프1', '점프2' 변수를 만들어보세요.

기록	게임을 지속한 시간을 저장하는 변수
점프1 점프2	'볼1', '볼2'의 점프 높이를 저장하는 변수

06 다른 플레이어와의 기록을 비교한 후 기록을 남기기 위해서 클라우드 변수 'Ranking'과 'Record'를 만들어요.

❶ 클라우드 변수를 만들어 볼게요. 변수의 변수 만들기를 클릭하면 새 창이 나타납니다. 새로운 변수 이름을 'Record'로 입력한 후 [클라우드 변수(서버에 저장됨)]에 체크하고 [확인]을 클릭하세요.

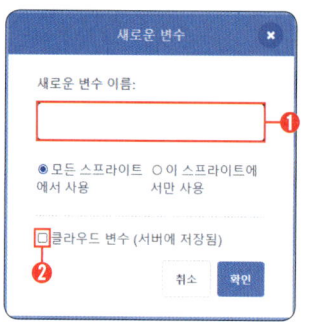

> **TipTalk** 스크래치에 새로 가입한 경우 클라우드 변수를 바로 사용할 수 없어요. 스크래치에 여러 작품을 올리고 나면 클라우드 변수를 만들 수 있는 권한이 부여됩니다. 클라우드 변수 만들기가 나타나지 않으면 이 과정은 생략하고 진행하세요.

❷ 생성된 변수 블록에 구름() 표시가 나타나므로 클라우드 변수임을 구분할 수 있어요.

잠깐만요 '클라우드 변수' 알아보기

'클라우드 변수'에는 프로젝트에서 나온 데이터를 저장하고 그 정보를 다른 사람에게 공유할 수 있어요. 따라서 클라우드 변수를 사용하면 여러 사람이 데이터에 접근하는 방식의 프로젝트를 만들 수 있답니다.

클라우드 변수에는 사용자 이름과 변숫값을 함께 볼 수 있어요. 예를 들어, 여러분이 클라우드 변수를 사용한 스크래치 프로젝트에 '9'라는 기록을 저장했다면 미국에 있는 친구도 여러분의 기록을 확인할 수 있는 거예요. 단, 클라우드 변수에는 숫자만 저장할 수 있답니다.

STEP 01 첫 번째 볼의 위치를 정하고, 장애물에 닿으면 코드 멈추기

🏁을 클릭했을 때 '볼1' 스프라이트의 y좌표 위치를 정하고, 장애물에 닿으면 프로젝트를 멈춰요.

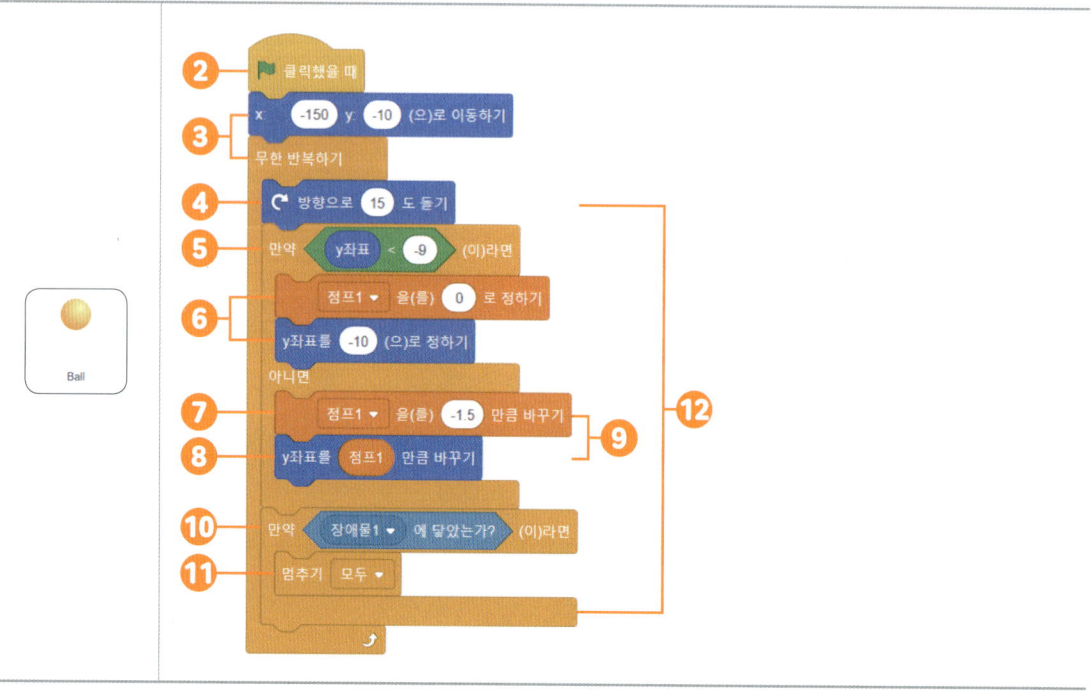

❶ '볼1' 스프라이트를 선택하고 [스프라이트 정보] 창에서 크기를 '70'으로 수정합니다.

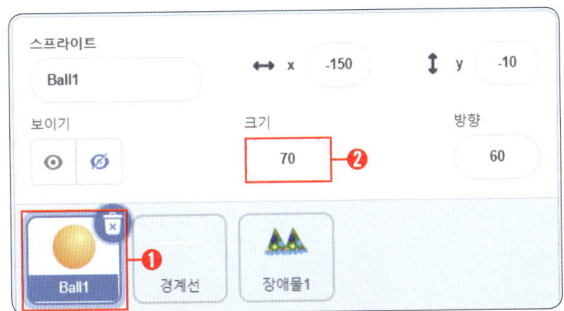

❷ 　　 팔레트의 　　 블록을 가져와 코드 창에 배치하세요.

❸ 　　 팔레트의 　　 블록과 　　 팔레트의 　　 블록을 순서대로 가져와 ❷ 과정 아래에 연결하고 　　 블록의 좌푯값을 'x: -150, y: -10'으로 수정하세요.

❹ '볼1' 스프라이트가 제자리에서 시계 방향으로 회전하도록 　　 팔레트의 　　 블록을 가져와 코드 창의 빈 곳에 배치하세요.

❺ '볼1' 스프라이트의 y좌푯값을 '-10' 아래로 내려가지 않게 하기 위해서 '볼1' 스프라이트의 y좌푯값이 'y<-9'라면 'y: -10'으로 바뀌도록 정해 볼까요?

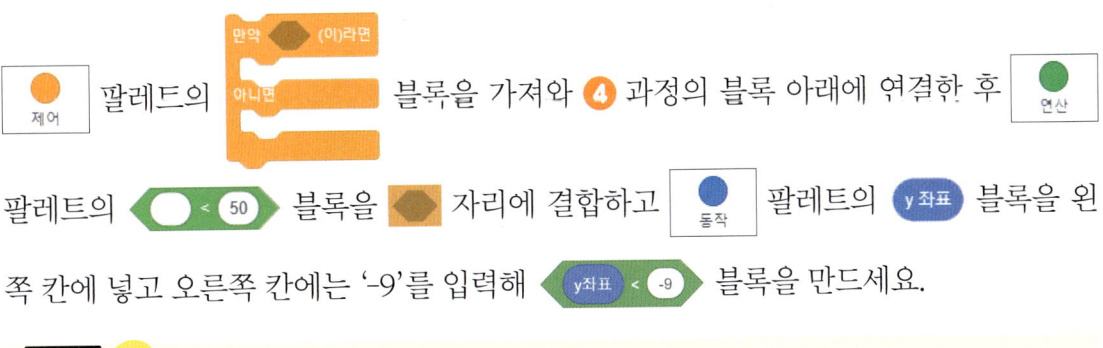

TipTalk '점프1' 변숫값은 '15'에서 '-1.5'만큼 값이 바뀌기 때문에 반복하다 보면 마이너스(-) 값으로 변경되어 공이 아래로 내려갑니다. 이것을 막기 위해 'y<-9'일 때 'y=10'으로 정해지도록 코드를 만들어 줍니다.

❻ 　　 팔레트의 　　 블록과 　　 팔레트의

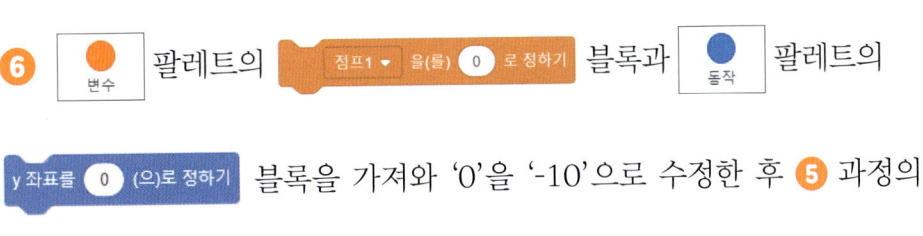

　　 블록을 가져와 '0'을 '-10'으로 수정한 후 ❺ 과정의 블록 안쪽 첫 번째 칸에 넣으세요.

⑦ 이번에는 '볼1' 스프라이트의 y 위치가 'y < -9'가 아니라면, '볼1' 스프라이트가 점점 아래로 내려오도록 y 좌푯값을 바꿔 볼게요. 변수 팔레트의 `점프1 을(를) 1 만큼 바꾸기` 블록을 코드 창의 빈 곳에 배치한 후 '1'을 '-1.5'로 수정하세요.

⑧ 동작 팔레트의 `y좌표를 10 만큼 바꾸기` 블록을 가져와 ⑦ 과정 아래 연결한 후 변수 팔레트의 `점프1` 블록을 가져와 '10'자리에 결합하세요.

⑨ ⑦~⑧ 과정에서 만든 블록을 ⑤ 과정 `만약 (이)라면 아니면` 블록의 두 번째 칸에 넣으세요.

⑩ '볼1' 스프라이트가 '장애물1' 스프라이트에 닿았을 때 코드가 모두 멈추도록 할게요. 제어 팔레트의 `만약 (이)라면` 블록을 ⑨ 과정 아래에 연결한 후 감지 팔레트의 `마우스 포인터 에 닿았는가?` 블록을 가져와 자리에 결합하고 '마우스 포인터'를 '장애물1'로 변경하세요.

⑪ 제어 팔레트의 `멈추기 모두` 블록을 가져와 ⑩ 과정의 `만약 (이)라면` 블록 안에 넣어 코드를 완성하세요.

⑫ ④~⑪번 과정을 통해 완성된 블록을 ③ 과정의 `무한 반복하기` 블록 안에 쏙 넣으세요.

STEP 02 위쪽 화살표를 눌렀을 때 위로 점프하기

↑ 키를 눌렀을 때 '볼1' 스프라이트가 소리 효과를 내면서 점프해요

❶ [이벤트] 팔레트에서 [스페이스 키를 눌렀을 때]을 가져와 코드 창에 배치한 후 '스페이스'를 클릭해 '위쪽 화살표'로 변경하세요.

❷ 점프 소리 효과를 추가해 볼까요? '볼1' 스프라이트의 [소리] 탭을 클릭해 이미 추가된 소리를 삭제한 후 화면 왼쪽 아래의 [소리 고르기]를 클릭해 [효과]에서 'Coin'을 추가하세요.

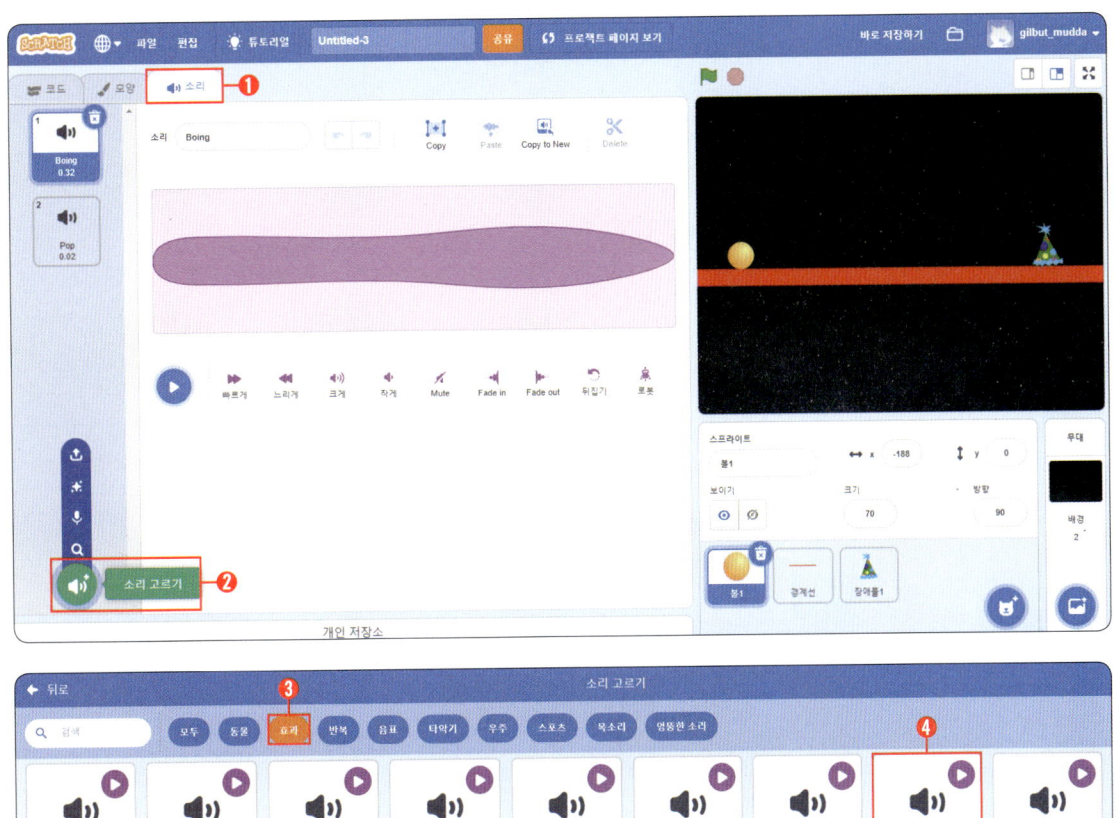

❸ 다시 [코드] 탭으로 이동하고 [소리] 팔레트의 [Coin 재생하기] 블록을 가져와 ❶ 과정 블록 아래에 연결하세요.

❹ '볼1' 스프라이트의 y좌푯값이 '-10'일 때만 점프하도록 해 볼게요. '볼1' 스프라이트의 y좌푯값이 '-10'인지 판단하도록 [제어] 팔레트의 [만약 ~(이)라면] 블록을 가져와 ❸ 과정 아래에 연결합니다. [연산] 팔레트의 [○ = 50] 블록을 자리에 결합하고 [동작] 팔레트의 [y좌표] 블록을 왼쪽 칸에 결합하고, 오른쪽 칸에는 '-10'을 입력해  블록을 만드세요.

⑤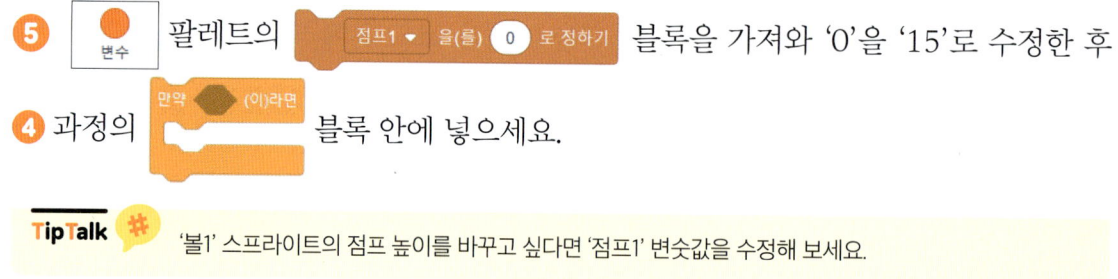

TipTalk # '볼1' 스프라이트의 점프 높이를 바꾸고 싶다면 '점프1' 변숫값을 수정해 보세요.

⑥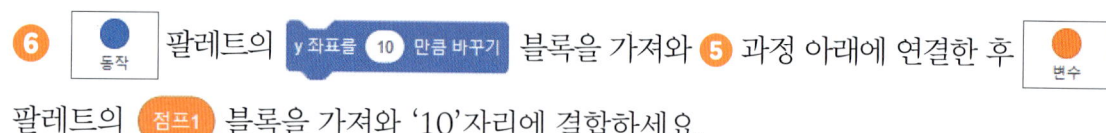

STEP 03 첫 번째 장애물 복제하기

▶을 클릭했을 때 '장애물1' 스프라이트의 위치를 정하고 복제해요.

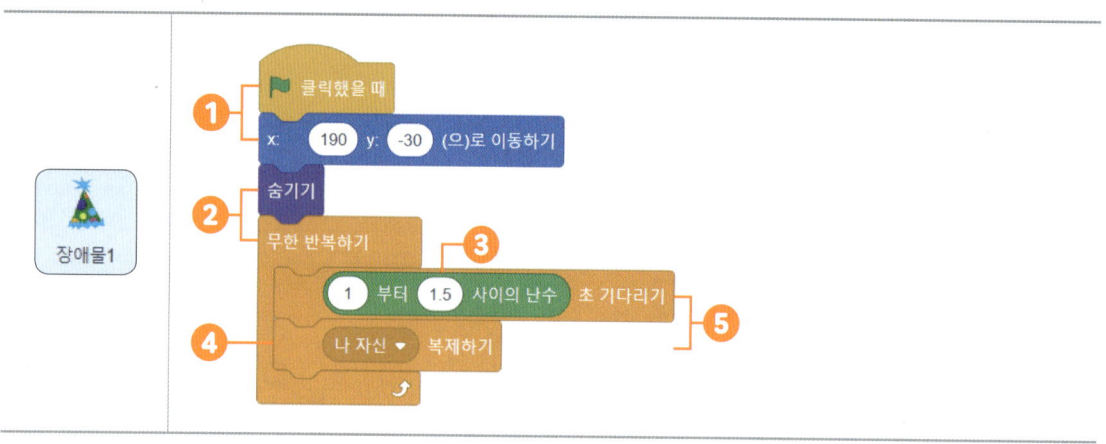

① 이벤트 팔레트의 클릭했을 때 블록을 가져와 코드 창의 빈곳에 배치한 후 동작 팔레트의 x: 0 y: 0 (으)로 이동하기 블록을 연결하고 좌푯값을 'x: 190, y: -30'으로 수정하세요.

② 형태 팔레트의 숨기기 블록과 제어 팔레트의 무한 반복하기 블록을 차례대로 연결하세요.

③ 제어 팔레트의 1 초 기다리기 블록과 연산 팔레트의 1 부터 10 사이의 난수 블록을 결합한 후 오른쪽 '10'을 '1.5'로 수정하세요.

④ [제어] 팔레트의 [나 자신 복제하기] 블록을 가져와 ④ 과정 아래에 연결합니다.

⑤ ③~④ 과정에서 조립한 블록을 ② 과정의 [무한 반복하기] 블록 안에 넣으세요.

STEP 04 복제된 장애물 이동하기

'장애물1' 스프라이트가 복제되었을 때 화면 모양과 크기를 정하고 오른쪽에서 왼쪽으로 벽에 닿을 때까지 이동해요.

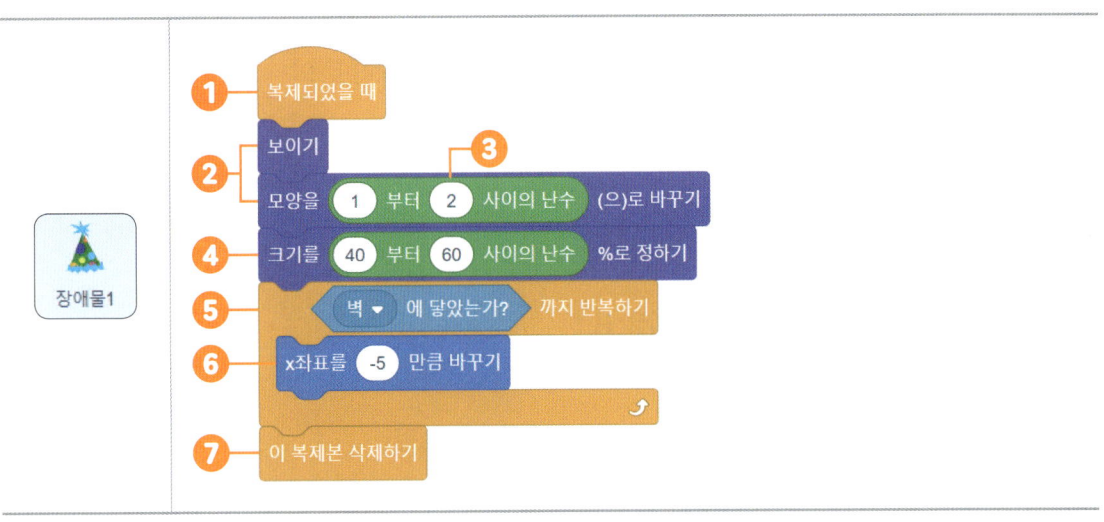

① [제어] 팔레트의 [복제되었을 때] 블록을 가져와 코드 창의 빈 곳에 배치하세요.

② [형태] 팔레트의 [보이기], [모양을 Party Hat-a2 (으)로 바꾸기], [크기를 100 %로 정하기] 블록을 가져와 ① 과정 아래 차례대로 연결하세요.

③ '장애물1' 스프라이트의 모양이 무작위로 바뀌도록 [모양을 Party Hat-a2 (으)로 바꾸기] 블록의 'Party Hat-a2' 자리에 [연산] 팔레트의 [1 부터 10 사이의 난수] 블록을 결합하고 '10'을 '2'로 수정하세요.

④ '장애물1' 스프라이트의 크기를 무작위로 정하도록 [크기를 100 %로 정하기] 블록의 '100' 자리에 [1 부터 10 사이의 난수] 블록을 결합하고 왼쪽 자리의 '1'을 40으로, 오른쪽 자리의 '10'을 60으로 변경하세요.

TipTalk 난수의 값을 50~70으로 입력하면 게임의 난이도가 올라갑니다.

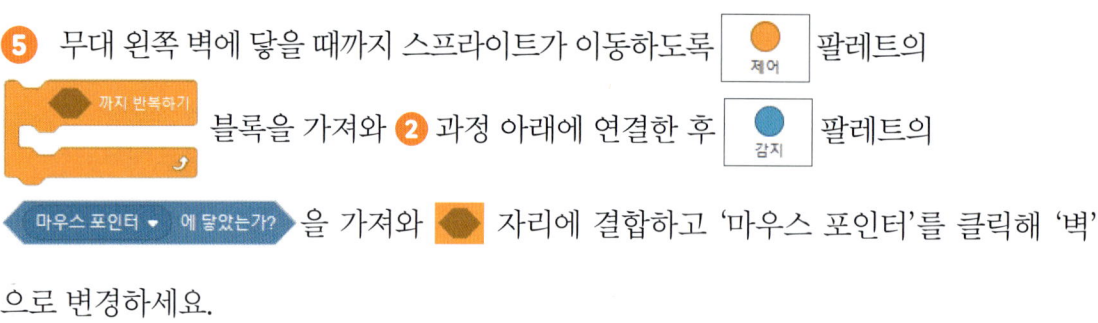

❺ 무대 왼쪽 벽에 닿을 때까지 스프라이트가 이동하도록 [제어] 팔레트의 [까지 반복하기] 블록을 가져와 ❷ 과정 아래에 연결한 후 [감지] 팔레트의 [마우스 포인터▼ 에 닿았는가?]을 가져와 자리에 결합하고 '마우스 포인터'를 클릭해 '벽'으로 변경하세요.

❻ [동작] 팔레트의 [x좌표를 10 만큼 바꾸기] 블록을 가져와 '10'을 '-5'으로 수정하고 ❺ 과정의 [무한 반복하기] 블록 안에 넣으세요.

❼ 벽에 닿은 복제 스프라이트가 삭제되도록 [제어] 팔레트의 [이 복제본 삭제하기]을 ❺ 과정 아래 연결해 코드를 완성하세요.

STEP 05 경계선의 위치 정하기

🏁을 클릭했을 때 '경계선' 스프라이트의 위치를 정해요.

❶ '경계선' 스프라이트를 선택해 [스프라이트 정보] 창에서 크기를 '150'으로 수정해요.

❷ [이벤트] 팔레트의 [🏁 클릭했을 때] 블록을 가져와 코드 창의 빈곳에 배치하세요.

❸ [동작] 팔레트의 [x: 0 y: 0 (으)로 이동하기] 블록을 가져와 ❷ 과정 아래 연결한 후 좌푯값을 'y: -35'으로 수정하세요.

STEP 06   두 번째 장애물 복제하고 이동하기

'장애물1' 스프라이트의 코드와 비슷하기 때문에 '장애물1' 스프라이트를 복사해 사용해요.

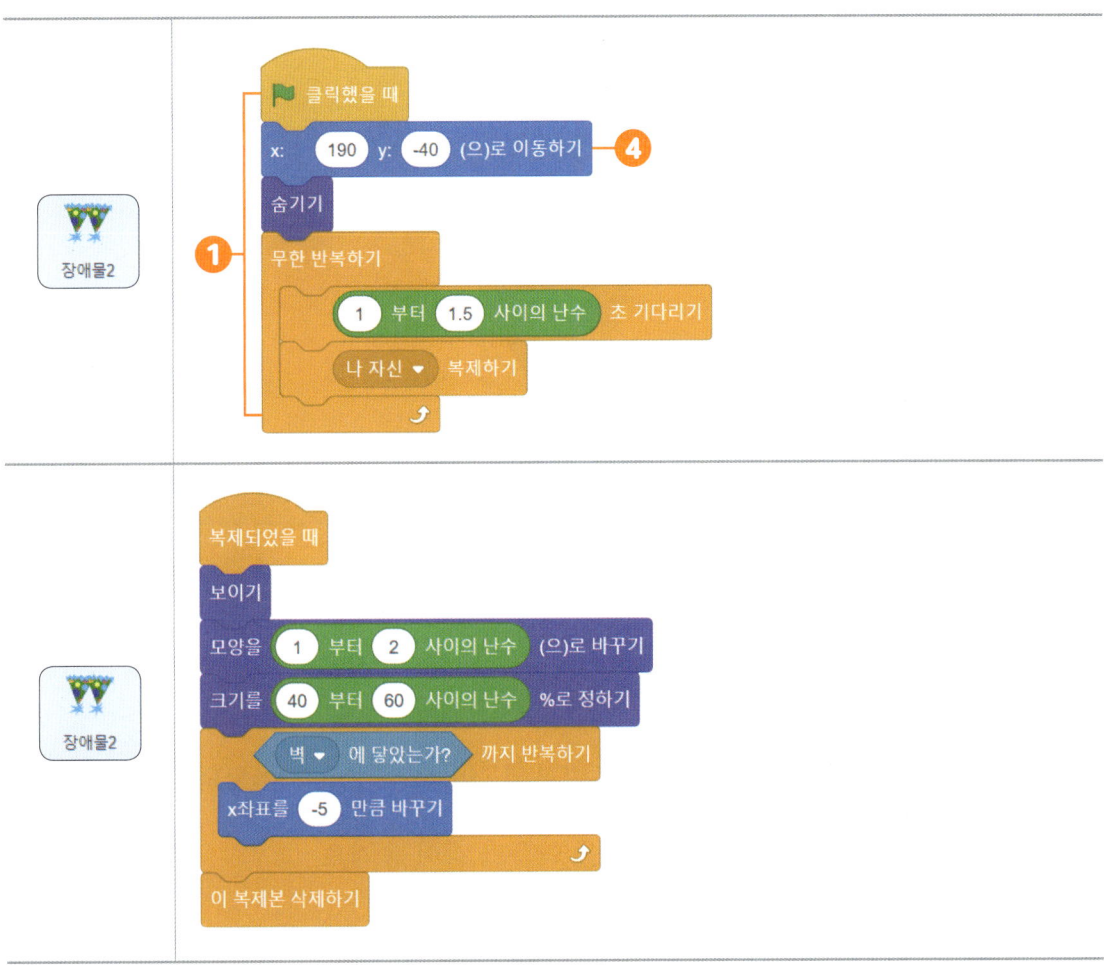

① [스프라이트 정보] 창에서 '장애물1' 스프라이트를 마우스 오른쪽 버튼으로 클릭해 [복사]를 선택하세요. '장애물2' 스프라이트가 생성되면서 '장애물1' 스프라이트에서 만든 명령 블록도 함께 복사됩니다. '장애물2' 스프라이트를 선택합니다.

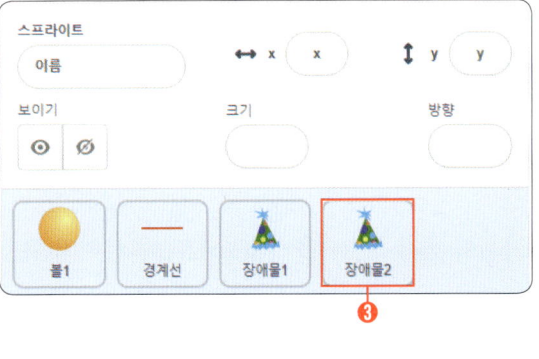

211

❷ [모양] 탭으로 이동한 후 첫 번째 모양을 클릭하세요. 그리고 그림판의 [선택] 메뉴를 클릭하고 모양 전체를 드래그한 후 [상하 뒤집기] 합니다. 그런 다음 모양의 중심점을 다음과 같이 옮기세요.

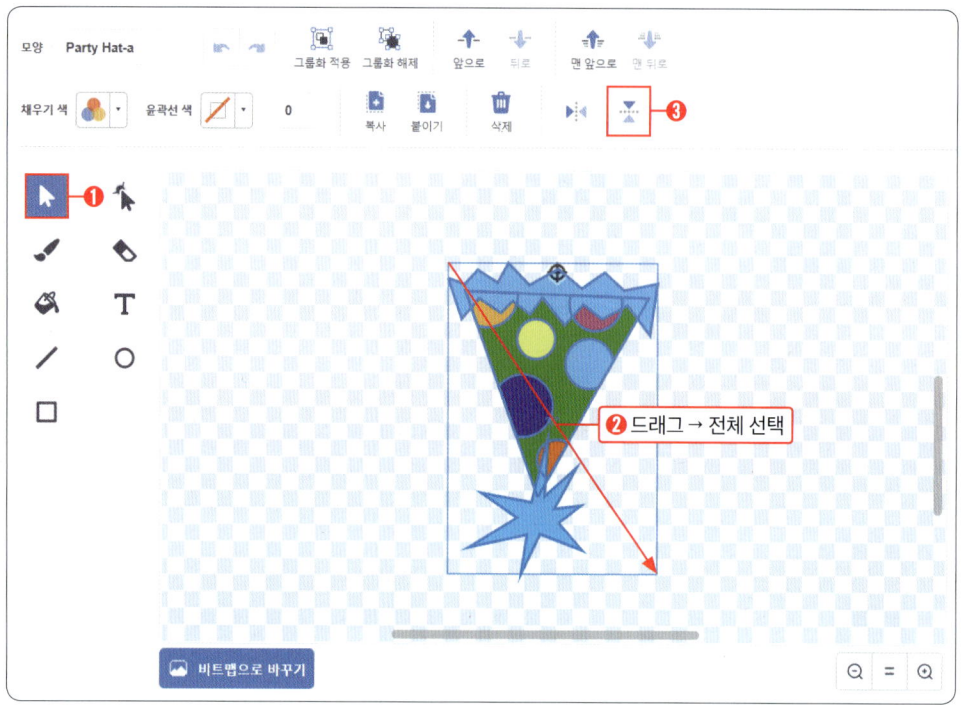

❸ 두 번째 모양을 선택하고 ❷ 과정을 반복해 '장애물2' 스프라이트의 뾰족한 부분이 무대 아래로 향하게 한 후 모양의 중심점을 다음과 같이 옮겨요.

❹ '장애물2' 스프라이트가 경계선 아래에 위치하도록 x: 190 y: -30 (으)로 이동하기 블록의 y좌푯값 '-30'을 '-40'으로 수정하세요.

STEP 07　두 번째 볼의 위치를 정하고, 장애물에 닿으면 코드 멈추기

🏁을 클릭했을 때 '볼2' 스프라이트의 위치를 정하고, 장애물에 닿으면 프로그램이 멈추도록 해요.

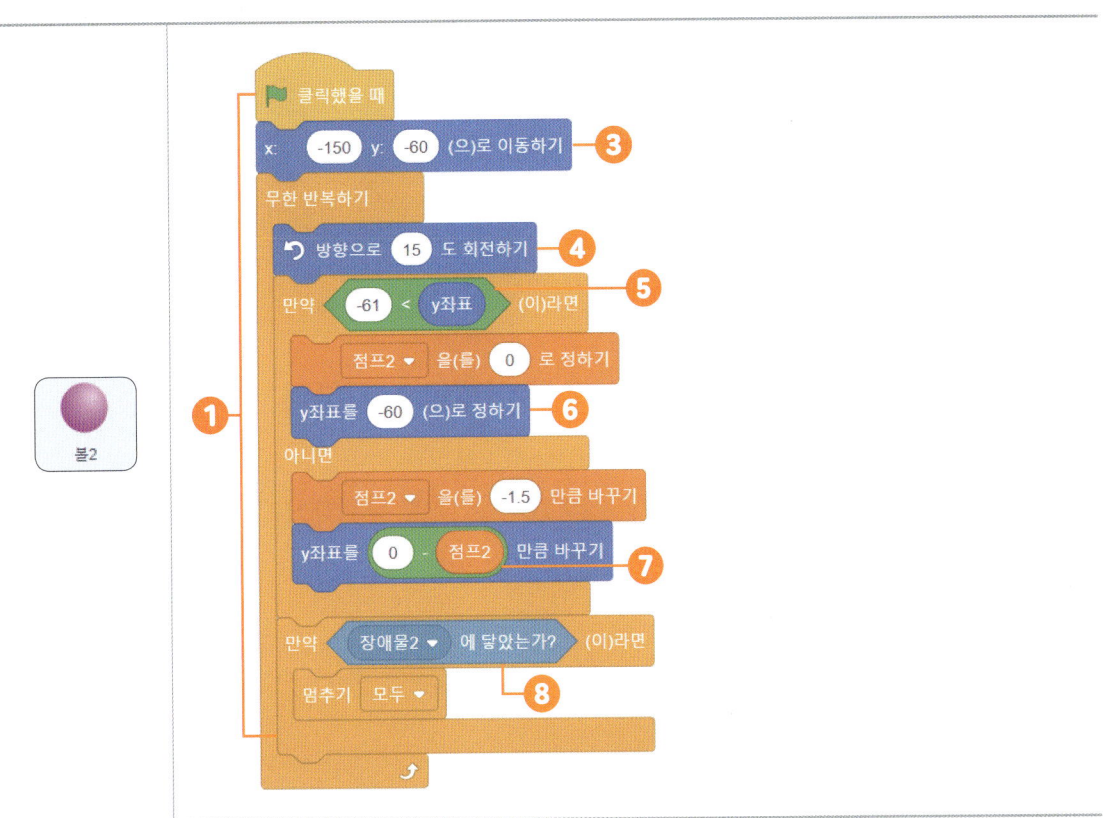

❶ '볼1' 스프라이트를 복사하세요.

❷ 복사된 '볼2' 스프라이트를 '볼1' 스프라이트와 구분하기 위해 [모양] 탭으로 이동하여 원하는 모양을 클릭하세요.

❸ `x: -150 y: -10 (으)로 이동하기` 블록의 '-10'을 '-60'으로 수정해 위치를 변경합니다.

❹ '볼2' 스프라이트가 시계 반대 방향으로 회전하도록 `방향으로 15 도 돌기` 블록을 삭제하고 동작 팔레트의 `방향으로 15 도 회전하기` 블록을 넣으세요.

❺ '볼2' 스프라이트가 아래 방향으로 점프하도록 코드를 수정해 볼까요?
　`y좌표 < -9` 블록을 `-61 < y좌표`으로 수정하세요.

❻ '볼2' 스프라이트의 y좌푯값이 '-61<y좌표'라면 'y: -60'으로 정하기 위해서 `y좌표를 -10 (으)로 정하기`의 '-10'을 '-60'으로 수정하세요.

❼ '볼2' 스프라이트가 점프하도록 `y좌표를 점프1 만큼 바꾸기` 블록의 `점프1`을 삭제한 후 `연산` 팔레트의 `◯-◯` 블록을 가져와 삽입하고 첫 번째 빈 자리에는 '0'을 두 번째 빈 자리에는 `변수` 팔레트의 `점프2` 블록을 삽입합니다.

❽ `장애물1 ▼ 에 닿았는가?` 블록의 '장애물1'을 '장애물2'로 수정하세요.

STEP 08 아래쪽 화살표를 눌렀을 때 아래로 점프하기

↓ 키를 눌렀을 때 '볼2' 스프라이트가 소리 효과를 내며 점프해요.

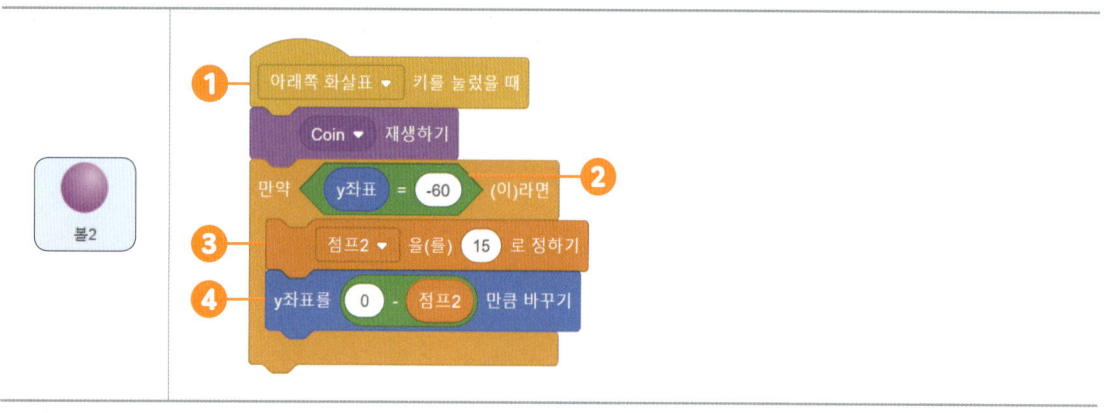

❶ `위쪽 화살표 ▼ 키를 눌렀을 때` 블록의 '위쪽 화살표'를 '아래쪽 화살표'로 수정하세요.

❷ '볼2' 스프라이트의 y좌푯값이 -60일 때 점프하도록 `y좌표 = -10` 블록의 '-10'을 '-60'으로 변경하세요.

❸ '볼2' 스프라이트의 점프 값을 정하기 위해 `점프1 ▼ 을(를) 15 로 정하기` 블록의 '점프1'을 '점프2'로 수정하고, `y좌표를 점프1 만큼 바꾸기` 블록의 '점프1'을 `0 - 점프2`로 변경하여 `y좌표를 0 - 점프2 만큼 바꾸기` 블록으로 만드세요.

> **TipTalk** '볼2' 스프라이트의 점프 높이를 바꾸고 싶다면 '점프2' 변숫값을 수정해 보세요.

STEP 09 게임 시간 기록하기

▶︎을 클릭했을 때 플레이어가 게임을 지속한 시간을 0.1초 단위로 기록해요.

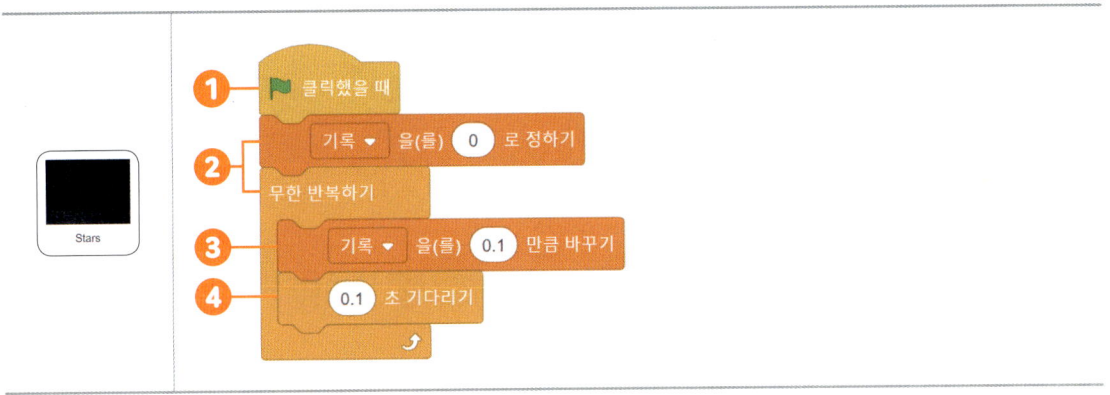

① 이벤트 팔레트의 [▶︎클릭했을 때] 블록을 가져와 코드 창의 빈곳에 배치하세요.

② 변수 팔레트의 [기록 을(를) 0 로 정하기] 블록과 제어 팔레트의 [무한 반복하기] 블록을 가져와 ① 과정 아래에 순서대로 연결해요.

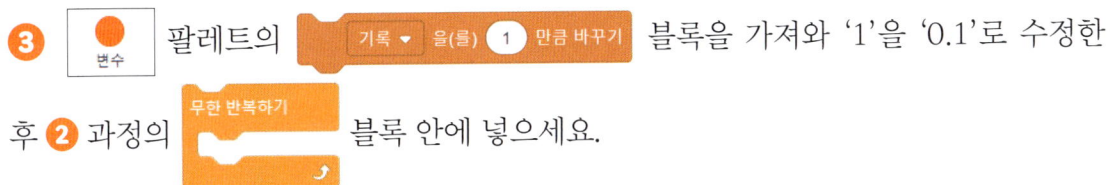

③ 변수 팔레트의 [기록 을(를) 1 만큼 바꾸기] 블록을 가져와 '1'을 '0.1'로 수정한 후 ② 과정의 [무한 반복하기] 블록 안에 넣으세요.

④ 제어 팔레트의 [1 초 기다리기] 블록을 가져와 '1'을 '0.1'로 변경하고 ③ 과정 아래 연결해 게임 기록을 저장하는 코드를 완성해 보세요.

STEP 10 배경 음악 재생하기

▶︎을 클릭했을 때 배경 음악을 재생해요.

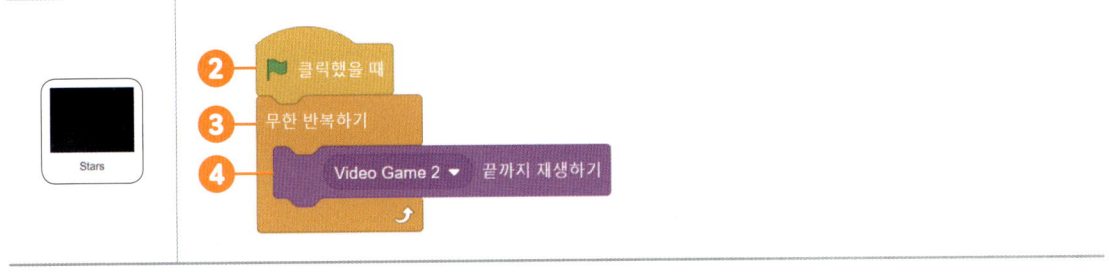

❶ [소리] 탭을 클릭해 이미 추가된 소리를 삭제합니다. 그런 다음 화면 왼쪽 아래의 [소리 고르기] 를 클릭해 [반복]에서 'Video Game2'을 추가하세요.

❷ [코드] 탭으로 이동한 후 이벤트 팔레트의 클릭했을때 블록을 가져와 코드 창의 빈곳에 배치하세요.

❸ 제어 팔레트의 무한 반복하기 블록을 가져와 ❷ 과정 아래에 연결해요.

❹ 소리 팔레트의 Video Game 2 끝까지 재생하기 블록을 가져와 ❸ 과정의 무한 반복하기 블록 안에 넣으세요.

STEP 11 클라우드에 기록 저장하기

게임이 종료된 후 스페이스 키를 눌러 게임 기록과 사용자 이름을 클라우드 변수에 저장해요. 클라우드 변수를 사용할 수 없다면 이 과정은 생략하세요!

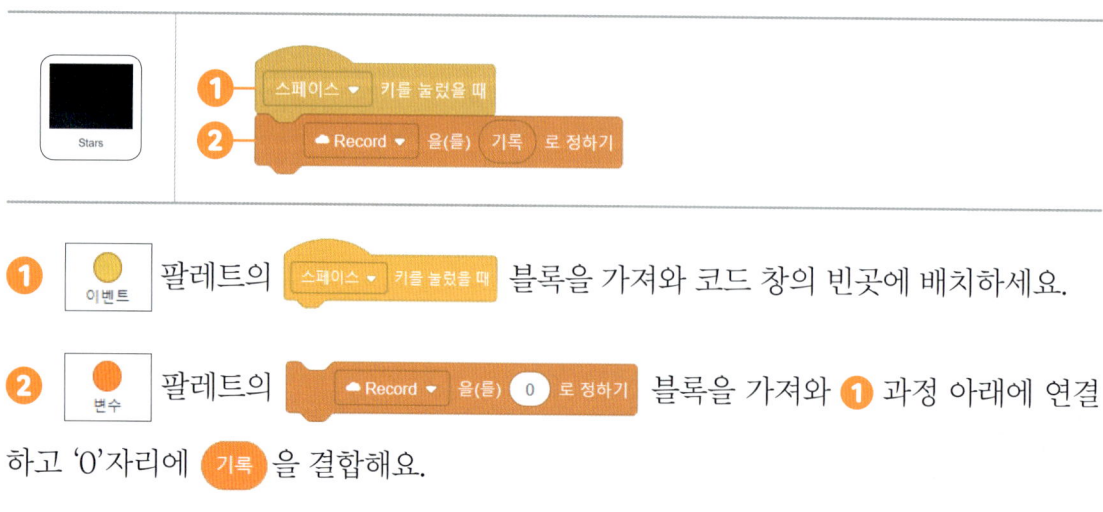

❶ 이벤트 팔레트의 스페이스 키를 눌렀을 때 블록을 가져와 코드 창의 빈곳에 배치하세요.

❷ 변수 팔레트의 Record 을(를) 0 로 정하기 블록을 가져와 ❶ 과정 아래에 연결하고 '0' 자리에 기록 을 결합해요.

TipTalk 프로젝트를 공유하면 다른 플레이어의 기록을 클라우드 변수에 남길 수 있어요. 프로젝트를 공유해 친구들과 기록을 비교해 보세요! 메뉴바의 공유 버튼을 클릭한 후 오른쪽 아래의 링크 복사를 클릭해 링크를 복사한 후 친구들에게 공유합니다.

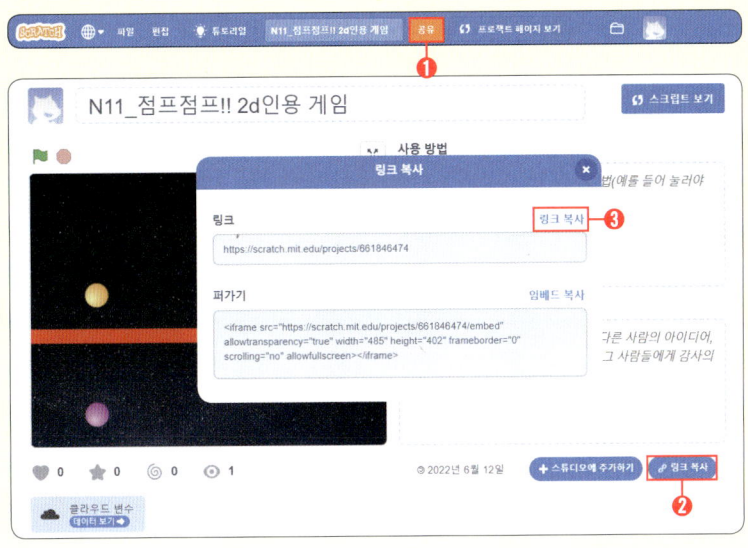

잠깐만요 클라우드에 저장된 기록 데이터 확인하기

클라우드에 기록된 값을 확인하고 싶을 때는 [내 작업실]에 저장된 프로젝트를 선택한 후 화면 아래 클라우드 변수 데이터 보기 버튼을 클릭합니다.

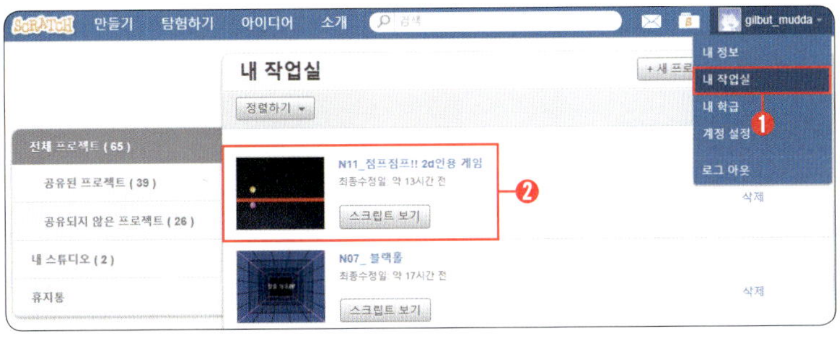

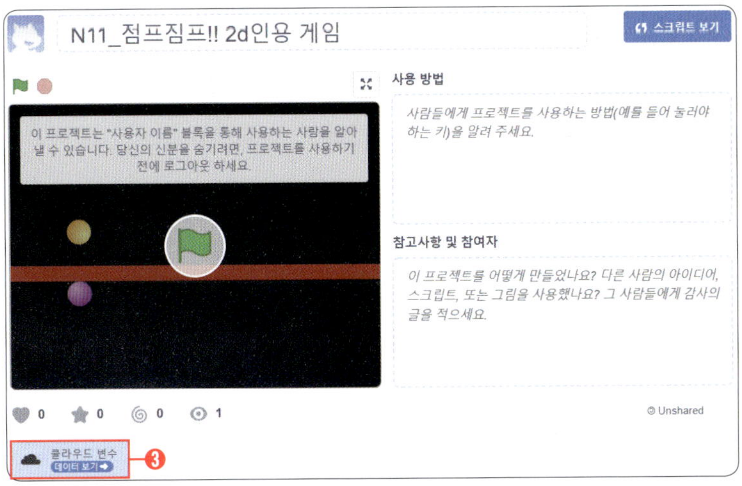

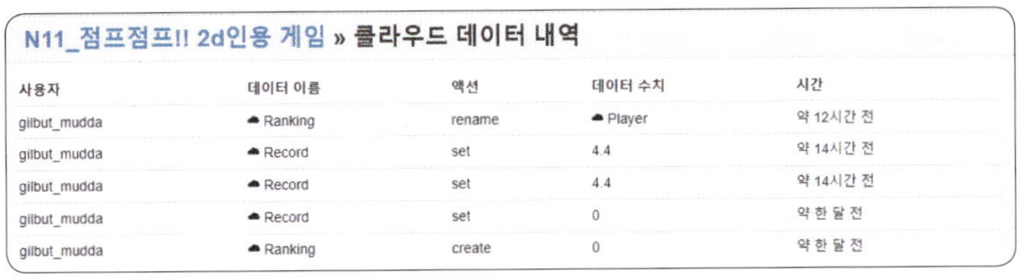
N11_점프점프!! 2d인용 게임 » 클라우드 데이터 내역

사용자	데이터 이름	액션	데이터 수치	시간
gilbut_mudda	Ranking	rename	Player	약 12시간 전
gilbut_mudda	Record	set	4.4	약 14시간 전
gilbut_mudda	Record	set	4.4	약 14시간 전
gilbut_mudda	Record	set	0	약 한 달 전
gilbut_mudda	Ranking	create	0	약 한 달 전

전체 코드 CHECK!

Ball

```
클릭했을 때
x: -150 y: -10 (으)로 이동하기
무한 반복하기
    방향으로 15 도 돌기
    만약 y좌표 < -9 (이)라면
        점프1 을(를) 0 로 정하기
        y좌표를 -10 (으)로 정하기
    아니면
        점프1 을(를) -1.5 만큼 바꾸기
        y좌표를 점프1 만큼 바꾸기
    만약 장애물1 에 닿았는가? (이)라면
        멈추기 모두
```

```
위쪽 화살표 키를 눌렀을 때
Coin 재생하기
만약 y좌표 = -10 (이)라면
    점프1 을(를) 15 로 정하기
    y좌표를 점프1 만큼 바꾸기
```

불2

```
클릭했을 때
x: -150 y: -60 (으)로 이동하기
무한 반복하기
    방향으로 15 도 회전하기
    만약 -61 < y좌표 (이)라면
        점프2 을(를) 0 로 정하기
        y좌표를 -60 (으)로 정하기
    아니면
        점프2 을(를) -1.5 만큼 바꾸기
        y좌표를 0 - 점프2 만큼 바꾸기
    만약 장애물2 에 닿았는가? (이)라면
        멈추기 모두
```

```
아래쪽 화살표 키를 눌렀을 때
Coin 재생하기
만약 y좌표 = -60 (이)라면
    점프2 을(를) 15 로 정하기
    y좌표를 0 - 점프2 만큼 바꾸기
```

WEEK 11

장애물1

```
🏁 클릭했을 때
x: 190  y: -30 (으)로 이동하기
숨기기
무한 반복하기
    1 부터 1.5 사이의 난수 초 기다리기
    나 자신 ▼ 복제하기
```

```
복제되었을 때
보이기
모양을 1 부터 2 사이의 난수 (으)로 바꾸기
크기를 40 부터 60 사이의 난수 %로 정하기
벽 ▼ 에 닿았는가? 까지 반복하기
    x좌표를 -5 만큼 바꾸기
이 복제본 삭제하기
```

장애물2

```
🏁 클릭했을 때
x: 190  y: -40 (으)로 이동하기
숨기기
무한 반복하기
    1 부터 1.5 사이의 난수 초 기다리기
    나 자신 ▼ 복제하기
```

```
복제되었을 때
보이기
모양을 1 부터 2 사이의 난수 (으)로 바꾸기
크기를 40 부터 60 사이의 난수 %로 정하기
벽 ▼ 에 닿았는가? 까지 반복하기
    x좌표를 -5 만큼 바꾸기
이 복제본 삭제하기
```

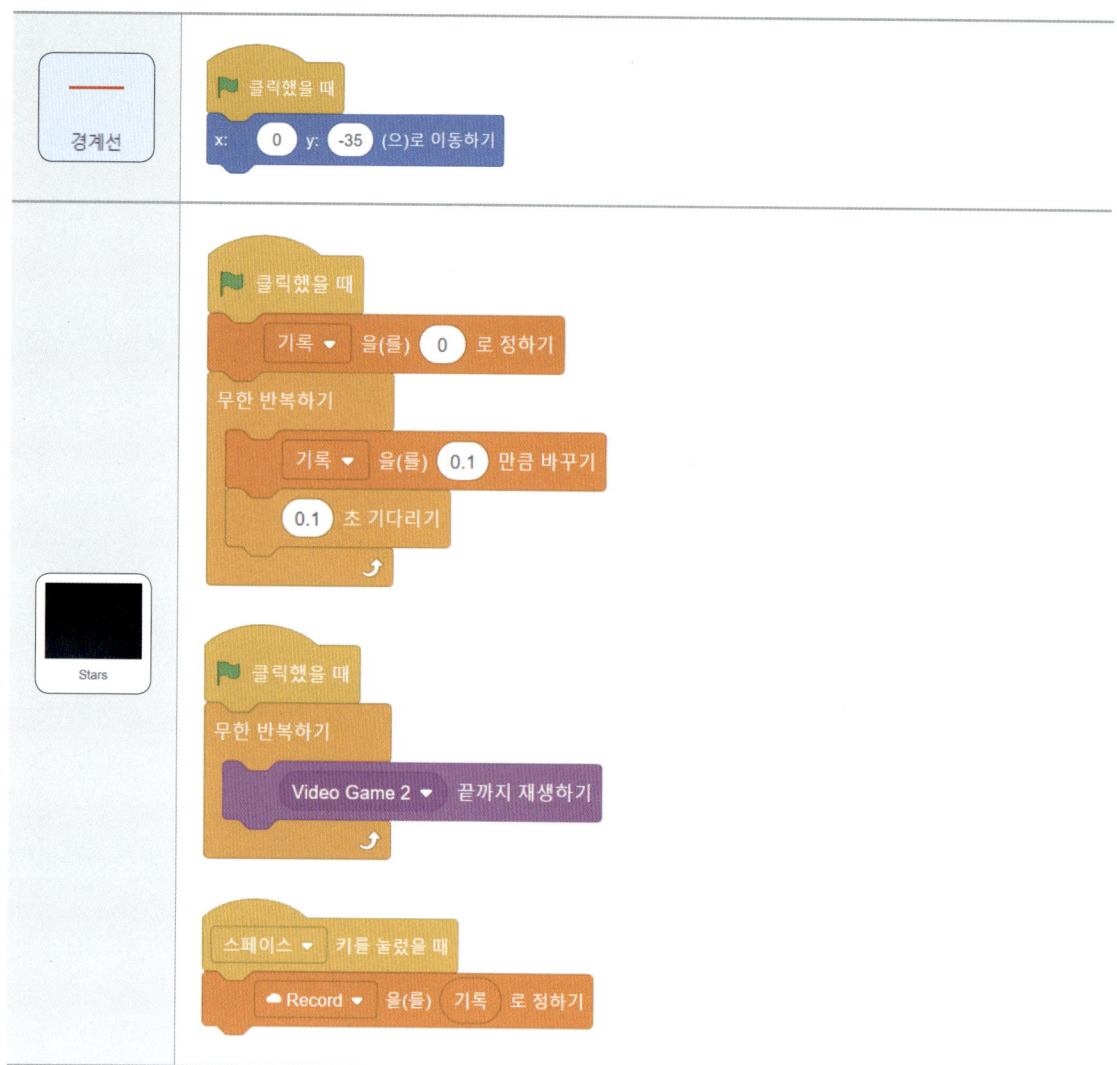

◀ 정답코드 확인
http://gilbut.co/
c/22073360lJ

이렇게 만들어요! ▶
https://scratch.mit.edu/
projects/680373573/

WEEK 11

점수를 추가로 획득할 수 있는 아이템을 추가해 볼까요? 원하는 스프라이트를 추가하여 볼이 별 스프라이트에 닿으면 '기록'을 '1'점 올리도록 코딩해 보세요.

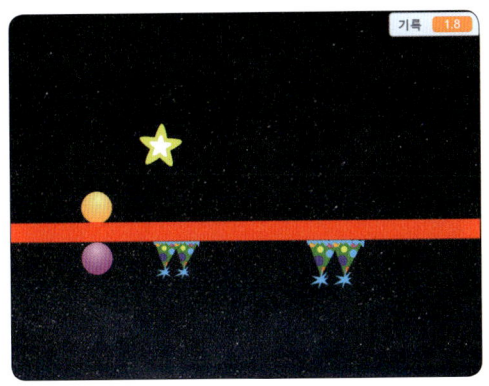
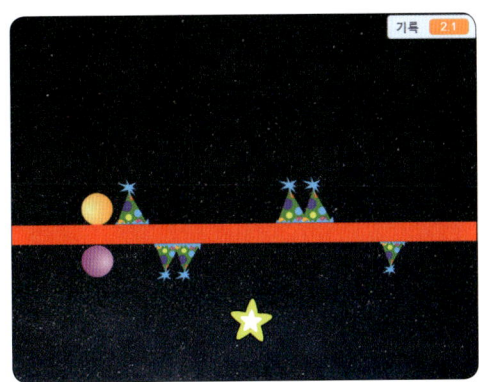

스프라이트와 배경

'Ball(볼)' 스프라이트	'Party Hats(파티모자)' 스프라이트	'Line(선)' 스프라이트	'Star(별)'	'Stars(천체)' 배경
Ball	Party Hats	Line	Star	Stars

미션1 '별' 스프라이트를 추가한 후 '볼1' 스프라이트가 닿을 수 있는 위치를 정해요.

미션2 깃발을 클릭했을 때 '별' 스프라이트를 복제하고, 복제된 '별' 스프라이트는 '장애물' 스프라이트처럼 무대의 오른쪽에서 왼쪽으로 이동해요.

미션3 '볼1' 스프라이트가 '별' 스프라이트에 닿으면 '기록'을 1점 올리고 '별' 스프라이트를 숨겨요.

미션4 '별' 스프라이트를 하나 더 추가하여, '볼2' 스프라이트도 '별' 스프라이트에 닿으면 '기록'을 1점 올리도록 해요.

〈 힌트 〉

1. '별' 스프라이트는 '장애물' 스프라이트의 코드와 비슷해요.

2. '별' 스프라이트가 '볼' 스프라이트에 닿았는지 확인하려면 `볼1 ▼ 에 닿았는가?` 와 `볼2 ▼ 에 닿았는가?` 블록을 사용해요.

이번에 배울 핵심 기능 ▶ 리스트, 텍스트 음성 변환, 번역

WEEK 12 내가 만드는 영어 단어장

코딩 개념 이해 쏙쏙 여러 항목을 차례차례 저장하는 '리스트'

우리 반 아이들의 이름을 담은 출석부를 만들려고 해요. 앞에서 배운 '변수' 기능을 이용하려면 서른 명의 이름을 저장할 서른 개의 변수가 필요해요. 이렇게 저장해야 할 값이 많을 때는 '변수'를 이용하기 어려우므로 여러 항목을 저장할 수 있는 '리스트' 기능을 이용해 봅시다.

변수에는 단 하나의 값밖에 저장하지 못합니다. 값을 새로 입력하면 기존의 값이 삭제돼요. 하지만 리스트에는 여러 항목을 저장할 수 있기 때문에 입력한 값이 차곡차곡 쌓인답니다. 이렇게 저장된 값은 각 항목이 저장된 순서인 '번호'를 이용해 활용할 수 있어요.

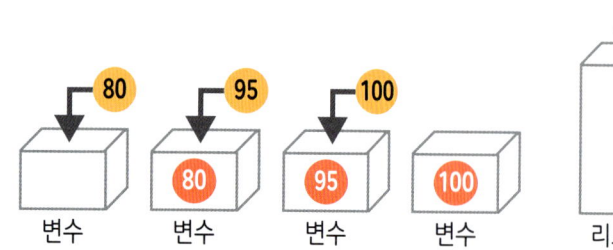

▲ 하나의 값만 저장하는 '변수'

▲ 여러 항목을 저장하는 '리스트'

 ▶ 정답 및 해설 326쪽

① 마트에 장을 보러 가기로 했어요. 장을 보러 가기 전에 어떤 물건들을 살지 미리 생각해 리스트를 만들어 봐요.

< 사야 할 것들 >

1. _____

2. _____

3. _____

4. _____

5. _____

퀴즈로 영어 실력을 쑥쑥!

▼ 작품 미리보기

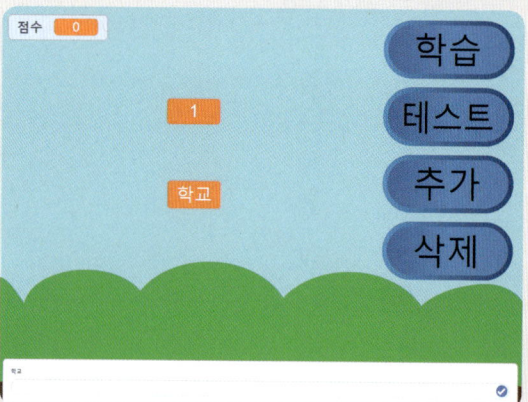

- 여러 개의 값을 저장하는 '리스트'에 대해 알아봐요
- '리스트'에 값을 추가하고 삭제하며 사용할 수 있어요.
- 확장 기능의 '텍스트 음성 변환'과 '번역'을 프로젝트에 활용할 수 있어요.

◀ 이렇게 만들어요
『https://scratch.mit.edu/projects/681017865/』에 접속한 후 시작(▶)을 클릭해 작품을 실행해 보세요.

단계별 코딩 미리보기

1 [학습] 버튼을 클릭하면 리스트에 저장된 영어 단어를 재생하고 의미를 알려준다.

2 [테스트] 버튼을 클릭하면 영어 단어의 의미를 보여 주고 사용자가 영어 단어를 입력한다.

3 [추가] 버튼을 클릭하면 영어 단어를 추가로 입력한다.

4 [삭제] 버튼을 클릭하면 입력된 영어 단어를 삭제한다.

스프라이트&블록

❖ 스프라이트와 배경

'Button2 (버튼2)' 스프라이트	'Blue Sky (푸른 하늘)' 배경
Button2	Blue Sky

❖ 꼭 알아야 할 블록

팔레트	블록	블록 설명
변수	나의 목록	리스트에 저장된 모든 값을 표시해요.
	항목 을(를) 나의 목록 ▾ 에 추가하기	입력한 값을 선택한 리스트의 마지막 항목으로 추가해요.
	1 번째 항목을 나의 목록 ▾ 에서 삭제하기	지정한 순서의 항목을 선택한 리스트에서 삭제해요.
	나의 목록 ▾ 의 항목을 모두 삭제하기	선택한 리스트의 모든 항목을 삭제해요.
	항목 을(를) 나의 목록 ▾ 리스트의 1 번째에 넣기	입력한 항목을 선택한 리스트의 지정된 순서에 추가해요.
	나의 목록 ▾ 리스트의 1 번째 항목을 항목 으로 바꾸기	선택한 리스트의 지정한 순서의 항목을 지정한 값으로 바꿔요.
	나의 목록 ▾ 리스트의 1 번째 항목	선택한 리스트의 지정한 순서의 항목 값을 표시해요.
	나의 목록 ▾ 리스트에서 항목 항목의 위치	선택한 리스트에서 입력한 값의 순서를 표시해요.
	나의 목록 ▾ 의 길이	선택한 리스트의 저장된 항목의 수를 표시해요.
Text to Speech	언어를 한국어 ▾ 로 정하기	음성으로 출력할 언어를 정해요.
	안녕 말하기	입력한 내용을 소리로 출력해요.
번역	안녕 을(를) 리투아니아어 ▾ 로 번역하기	입력한 내용을 선택한 언어로 번역해요.

완성파일 | 내가 만드는 영어 단어장.sb3

01 스크래치 메뉴의 만들기를 실행하면 코딩 작품을 만들 수 있는 작업 화면이 나타나요. 이미 삽입되어 있는 '스프라이트 1'을 삭제한 후 [스프라이트 고르기] 를 클릭해 'Button2(버튼2)' 스프라이트를 추가합니다.

02 'Button2(버튼2)' 스프라이트의 [모양] 탭을 선택하면 그림판이 나타나요. 그림판의 [텍스트] 메뉴를 선택해 버튼 위에 '학습'이라고 입력하고 [스프라이트 정보] 창에서 스프라이트의 이름을 '학습 버튼'으로 수정하세요.

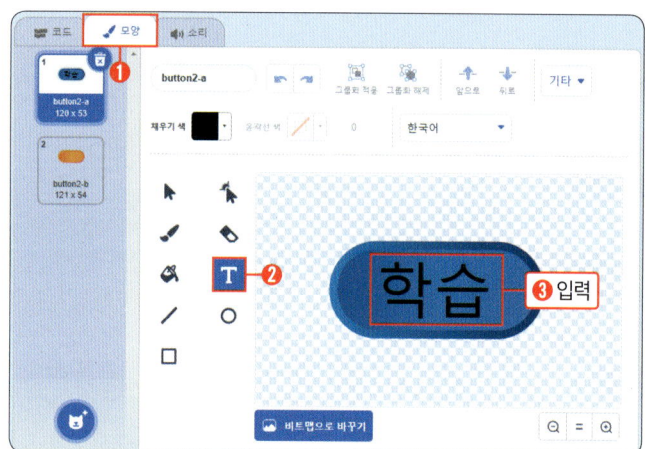

03 02 과정과 같은 방법으로 '테스트 버튼', '추가 버튼'과 '삭제 버튼' 스프라이트를 만듭니다.

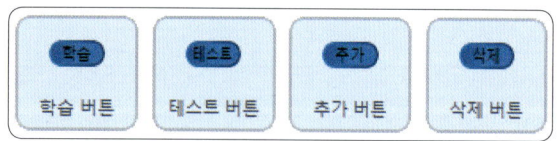

04 [무대 정보] 창에서 [배경 고르기] 를 클릭해 'Blue Sky(푸른 하늘)' 배경을 불러오세요.

05 단어를 저장할 리스트를 추가해 봅시다. 변수 팔레트에서 리스트 만들기 를 클릭하세요. [새로운 리스트] 창이 나타나면 빈칸에 '단어 리스트'를 입력하고 [확인]을 클릭합니다. 리스트를 작성하면 기존에 보이지 않던 관련 블록들이 등장해요.

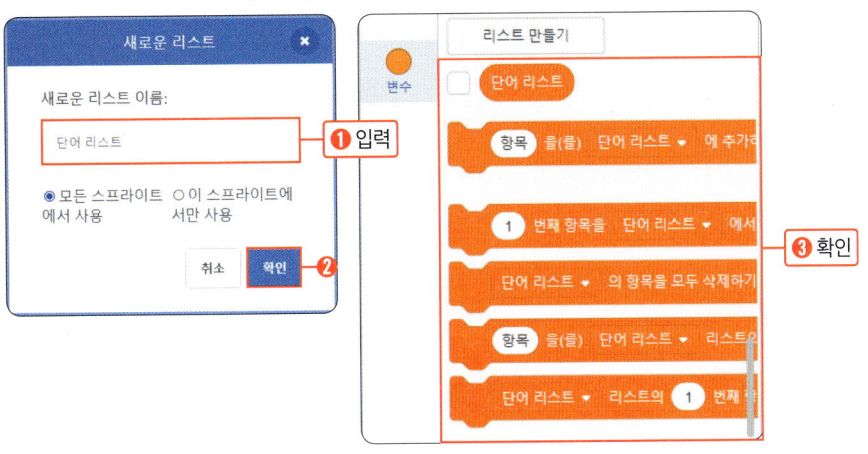

> **잠깐만요** **블록 없이 리스트 항목 변경하기**
>
> 변수 팔레트의 리스트를 선택하면 리스트의 항목 값이 무대에 표시됩니다. 프로젝트를 작성하는 동안 리스트를 무대에 표시하여 항목을 추가하거나 삭제할 수 있어요.
> 블록을 이용하지 않고도 무대에서 직접 리스트의 값을 추가, 삭제하는 방법을 알아봅시다.
>
> **❶ 리스트 표시하기**
> 리스트를 선택하면 무대에 리스트가 표시돼요. 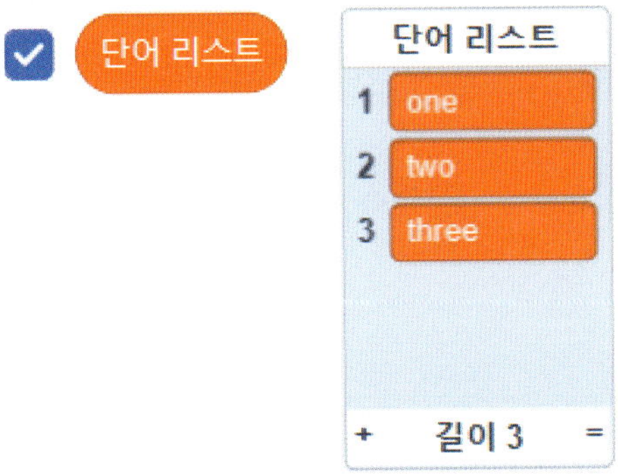
>
> **❷ 항목 값 추가하기**
> 리스트의 [+]를 클릭해 항목 값을 추가해요. 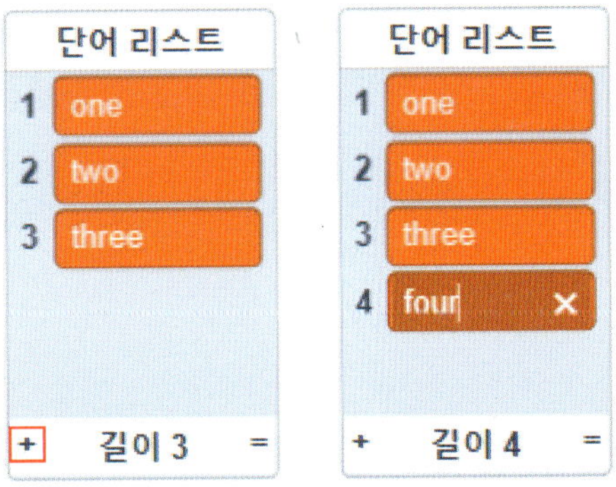
>
> **❸ 항목 값 수정하기**
> 리스트에서 수정하고 싶은 항목 값을 클릭하여 수정해요. 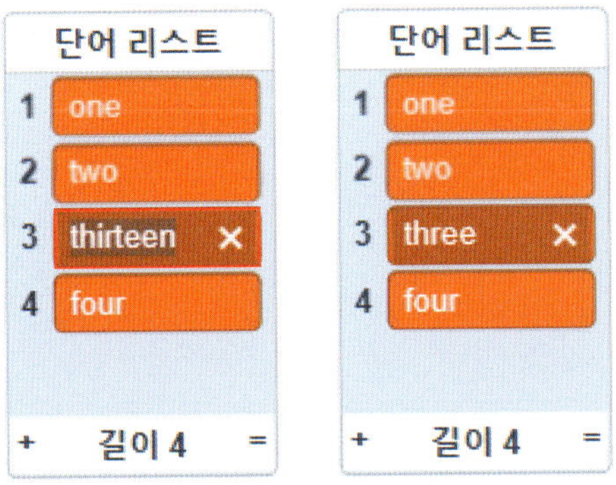
>
> **❹ 항목 값 삭제하기**
> 리스트에서 삭제하고 싶은 항목 값을 선택한 후 [x]를 클릭해 삭제해요.

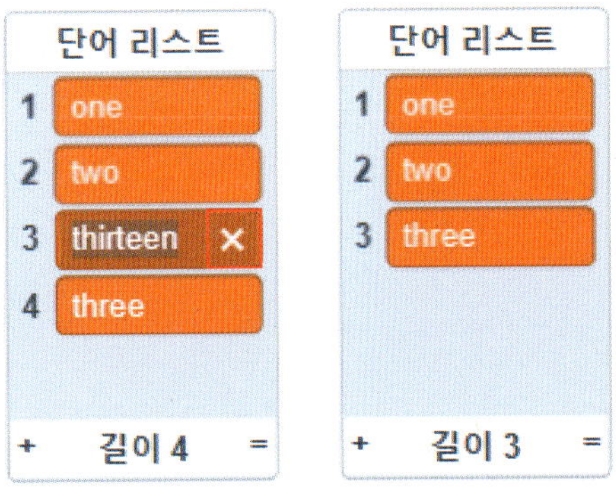

06 사용할 변수를 미리 만들어 봅시다. 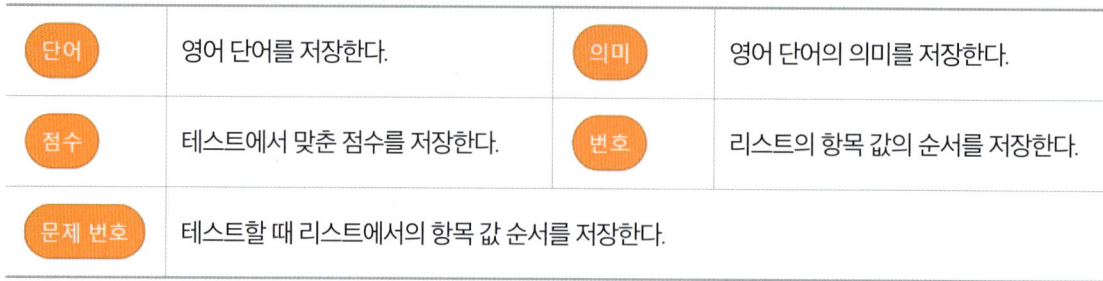 팔레트의 `변수 만들기`를 클릭해 각각의 변수를 만듭니다.

단어	영어 단어를 저장한다.	의미	영어 단어의 의미를 저장한다.
점수	테스트에서 맞춘 점수를 저장한다.	번호	리스트의 항목 값의 순서를 저장한다.
문제 번호	테스트할 때 리스트에서의 항목 값 순서를 저장한다.		

07 무대에서 '번호', '단어', '의미' 변수를 마우스 오른쪽 버튼으로 클릭하고 [변수값 크게 보기]를 선택합니다. 그런 다음 변수와 버튼 스프라이트를 무대의 적절한 위치에 배치해 보세요.

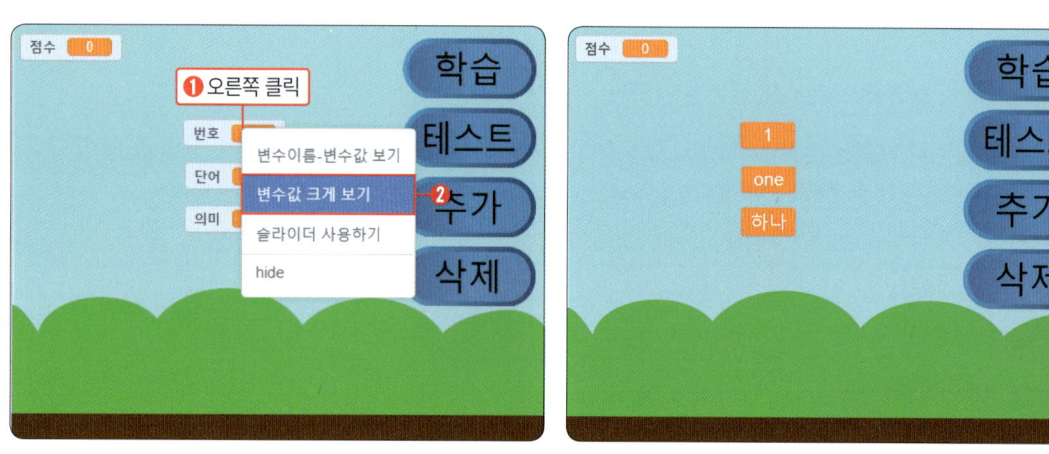

TipTalk '변수값 크게 보기'를 선택하면 변수의 이름이 보이지 않고 입력한 값만 나타납니다.

08 [무대]에서 배경을 선택하고 [소리] 탭으로 이동하세요. [소리 고르기] 를 클릭하고 'Zoop'과 'Toy Honk'를 검색해 추가합니다.

09 팔레트 목록 아래에서 [확장 기능 추가하기] 를 클릭하여 확장 기능 고르기에서 '텍스트 음성 변화(TTS)'와 '번역'을 차례대로 선택하여 팔레트를 추가합니다.

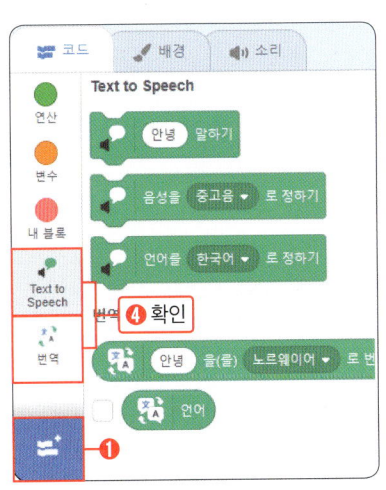

잠깐만요 다양한 확장 기능 알아보기

스크래치 3.0에서는 확장 기능을 활용하여 멋진 프로젝트를 만들 수 있어요. 어떤 확장 기능이 있는지 알아볼까요?

STEP 01   시작하면 변수를 무대에 보이고 언어 정하기

시작하기 버튼을 클릭했을 때 필요한 변수가 무대에 보이도록 해요.

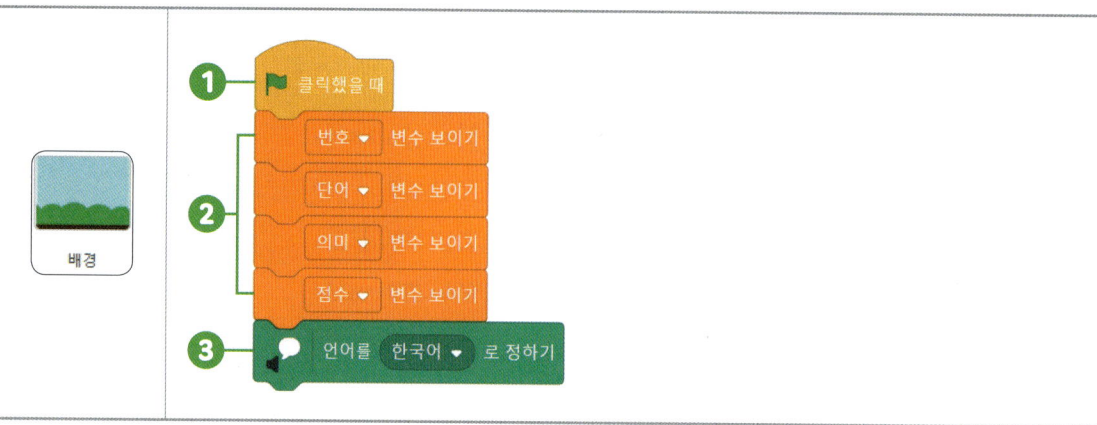

① 영어 단어장이 배경 위에서 동작하도록 만들어 봅시다. 배경을 선택해 코딩해 볼까요? [무대] 창에서 '배경'을 클릭하고 [이벤트] 팔레트의 [클릭했을 때] 블록을 코드 창의 빈곳에 배치하세요.

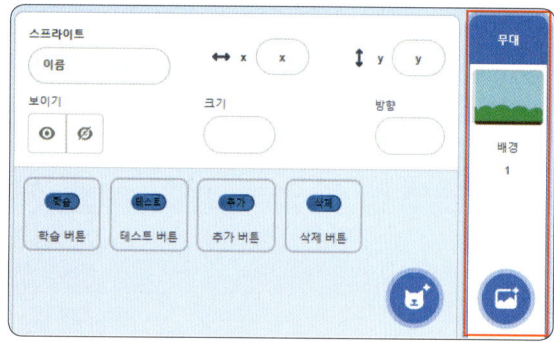

② [변수] 팔레트의 [나의 변수 ▼ 변수 보이기] 블록을 네 개 가져와 아래에 연결하고 '나의 변수'를 각각 '번호', '단어', '의미', '점수'로 변경합니다.

> **TipTalk** 스프라이트 외에도 무대를 선택해 코딩할 수도 있어요. 단, 이 경우에는 '동작'과 '말하기', '모양 바꾸기' 블록 등은 사용할 수 없습니다.

③ [Text to Speech] 팔레트의 [언어를 한국어 ▼ 로 정하기] 블록을 가져와 연결합니다.

STEP 02 각 버튼을 눌렀을 때 신호 보내기

각 버튼을 클릭했을 때 영어 단어장이 동작하도록 신호를 보내요.

❶ '학습 버튼' 스프라이트를 선택하고 코드 창의 빈곳에 이벤트 팔레트의 이 스프라이트를 클릭했을 때 블록을 배치하고 메시지1 신호 보내기 블록을 가져와 연결합니다. '메시지1'을 클릭해 '새로운 메시지'를 선택하고 '학습 시작' 메시지를 생성합니다.

▶반복 작업
❷ '테스트 버튼' 스프라이트를 클릭했을 때 '테스트 시작' 신호를, '추가 버튼'과 '삭제 버튼' 스프라이트를 클릭했을 때는 '추가', '삭제' 신호를 보내도록 해 봅시다. 각각의 스프라이트에서 새로운 메시지를 생성해 신호를 보내도록 코딩하세요.

STEP 03 학습 시작을 받았을 때 순서대로 단어 학습하기

'학습 시작' 신호를 받았을 때 단어 리스트에 저장된 순서대로 단어와 의미를 알려주어 학습할 수 있도록 해 볼게요.

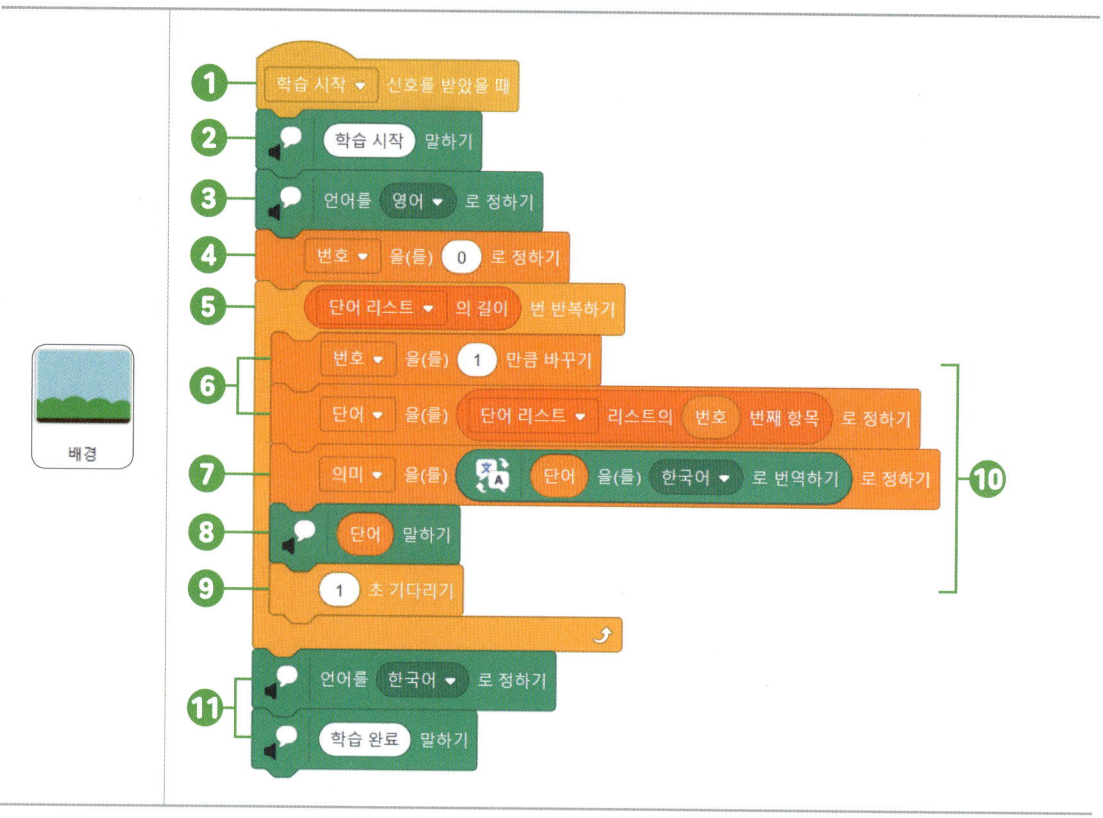

❶ [무대] 창에서 '배경'을 선택하고 이벤트 팔레트의 메시지1▼ 신호를 받았을 때 블록을 코드 창의 빈곳으로 가져와 '메시지1'을 클릭해 '학습 시작'으로 수정하세요.

❷ Text to Speech 팔레트의 안녕 말하기 블록을 연결하고 '안녕'을 '학습 시작'으로 수정합니다.

❸ 영어 단어를 소리로 말하도록 Text to Speech 팔레트의 언어를 한국어▼ 로 정하기 블록을 가져와 연결하고 '한국어'를 '영어'로 바꾸어 언어를 '영어'로 설정하세요.

❹ 리스트의 항목을 순서대로 가져오기 위해 '번호' 변수를 '0'으로 정해 볼게요. 변수 팔레트의 나의 변수▼ 을(를) 0 로 정하기 블록을 연결하고 '나의 변수'를 '번호'로 바꿔 보세요.

❺ 제어 팔레트의 10 번 반복하기 블록을 가져와 연결한 후 '10' 자리에 변수 팔레

트의 `단어 리스트▼ 의 길이` 블록을 결합하세요.

> **TipTalk** `단어 리스트▼ 의 길이` 블록에서 '길이'는 리스트에 저장된 항목의 수를 의미해요.

6 번호를 1씩 증가시켜 리스트에 저장된 단어를 순서대로 가져오도록 [변수] 팔레트의 `나의 변수▼ 을(를) 1 만큼 바꾸기` 블록을 코드 창의 빈곳에 가져오고 '나의 변수'를 '번호'로 수정합니다. [변수] 팔레트의 `나의 변수▼ 을(를) 0 로 정하기` 블록을 가져와 연결하고 '나의 변수'를 '단어'로 수정한 후 '0' 자리에 [변수] 팔레트의 `단어 리스트▼ 리스트의 1 번째 항목` 블록과 `번호` 블록을 조립해 결합하세요.

```
번호▼ 을(를) 1 만큼 바꾸기
단어▼ 을(를) 단어 리스트▼ 리스트의 번호 번째 항목 로 정하기
```

7 영어 단어를 한국어로 번역해 '의미' 변수에 저장하도록 **6** 과정 아래에 `나의 변수▼ 을(를) 0 로 정하기` 블록을 연결하고 '나의 변수'를 '단어'로 수정합니다. '0' 자리에 [번역] 팔레트의 `안녕 을(를) 리투아니아어▼ 로 번역하기` 블록을 결합한 후 '안녕' 자리에 `단어` 블록을 결합하고 '한국어'로 번역하도록 수정하세요.

```
의미▼ 을(를) 단어 을(를) 한국어▼ 로 번역하기 로 정하기
```

8 [Text to Speech] 팔레트의 `안녕 말하기` 블록을 **7** 과정 아래에 연결하고 '안녕' 자리에 `단어` 블록을 결합합니다.

9 [제어] 팔레트의 `1 초 기다리기` 블록을 가져와 아래에 연결합니다.

10 **6**~**9** 과정에서 조립한 블록을 **5** 과정의 반복하기 블록 내부에 끼워넣으세요.

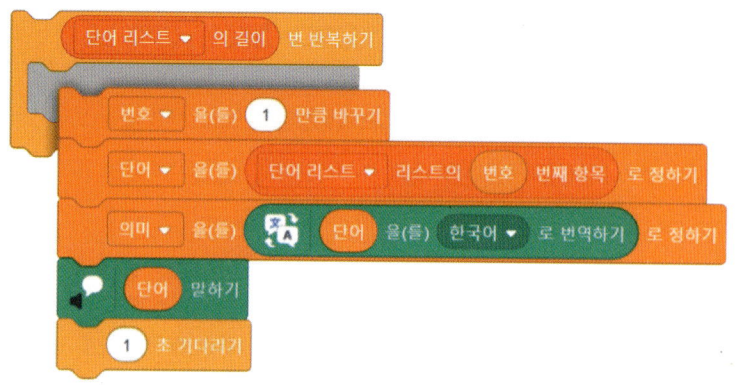

⑪ Text to Speech 팔레트의 언어를 한국어로 정하기 블록과 안녕 말하기 블록을 가져와 ❺ 과정의 반복하기 블록 아래에 연결하고 '안녕'을 '학습 완료'로 수정합니다.

> **TipTalk** 학습하는 동안 영어 단어를 영어로 말하기 위해 언어를 '영어'로 설정했었죠? 학습이 완료되면 다시 '한국어'로 설정합니다.

STEP 04 신호를 받았을 때 변숫값 정하고 입력 신호 보내기

'테스트 시작' 신호를 받았을 때 변숫값을 정하고 '입력' 신호를 보내요.

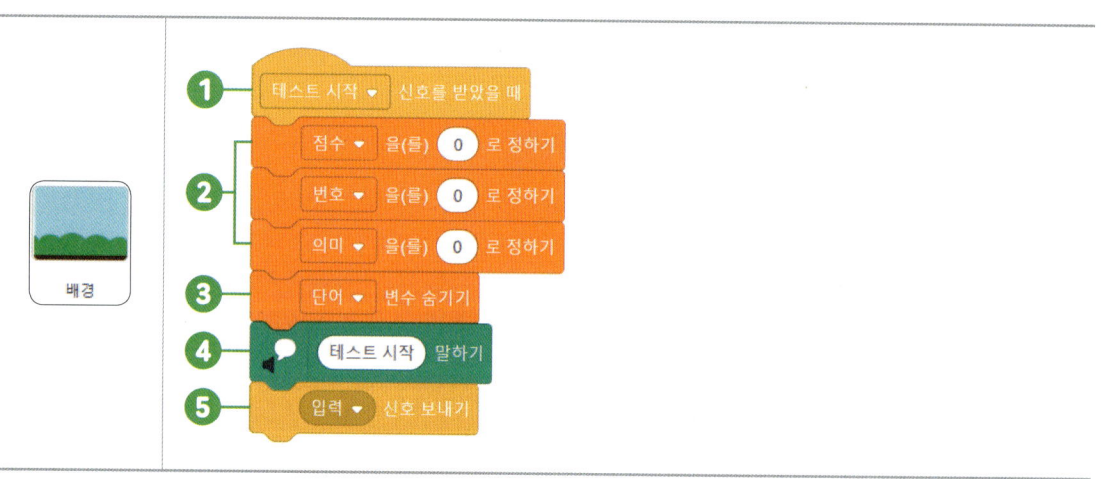

❶ 이벤트 팔레트의 메시지1 신호를 받았을 때 블록을 코드 창의 빈곳으로 가져와 '메시지1'을 클릭해 '테스트 시작'으로 수정하세요.

❷ 변수 팔레트의 나의 변수 을(를) 0 로 정하기 블록을 세 개 가져와 연결하고 '나의 변수'를 각각 '점수', '번호', '의미'로 선택해 테스트 시작 전 변수를 '0'으로 설정합니다.

③ 　팔레트의 　나의 변수 ▼ 변수 숨기기　 블록을 가져와 연결하고 '나의 변수'를 '단어'로 수정해 '단어' 변수가 무대에 보이지 않도록 하세요.

④ 　Text to Speech 팔레트의 　안녕 말하기　 블록을 가져와 연결하고 '테스트 시작'을 입력해 해당 문구를 말하도록 합니다.

⑤ 　이벤트 팔레트의 　메시지1 ▼ 신호 보내기　 블록을 연결하고 '메시지1'을 클릭해 '새로운 메시지'를 선택하고 '입력' 메시지를 생성합니다.

STEP 05 입력을 받았을 때 입력 횟수를 확인하기

'입력' 신호를 받았을 때 번호가 10보다 작은지 확인해요.

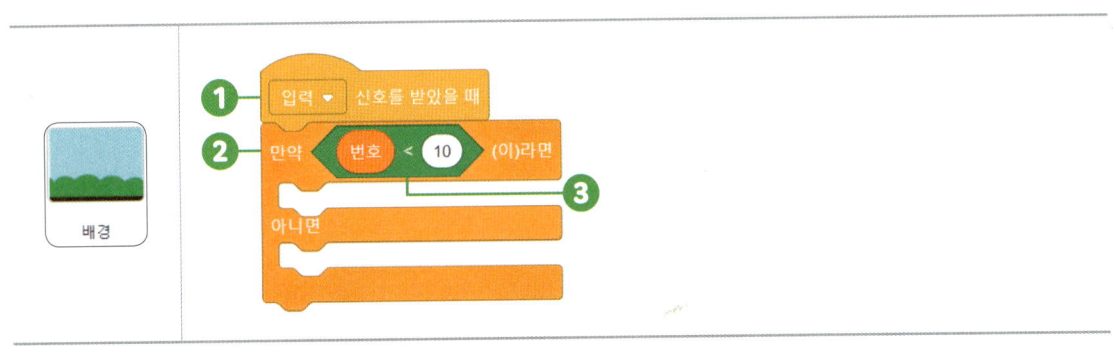

① 　이벤트 팔레트의 　메시지1 ▼ 신호를 받았을 때　 블록을 코드 창의 빈곳으로 가져와 '메시지1'을 클릭해 '입력'으로 수정하세요.

② 　제어 팔레트의 　만약 ◆ (이)라면 / 아니면　 블록을 가져와 연결합니다.

③ ② 과정의 ◆ 자리에 　연산 팔레트의 　○ < 50　 블록을 결합한 후 앞의 자리에는 　변수 팔레트의 　번호　 블록을 결합하고 뒤의 자리는 '10'으로 수정하세요.

STEP 06 입력받은 단어가 맞는지 확인하기

무작위로 정한 영어 단어의 의미를 알려주고 단어를 입력받아요.

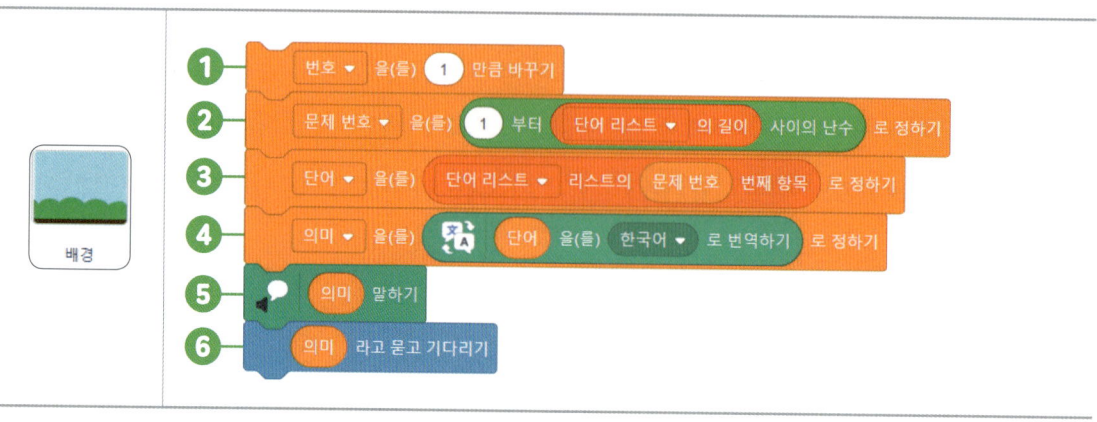

① 변수 팔레트의 나의 변수▼ 을(를) 1 만큼 바꾸기 블록을 코드 창의 빈곳에 가져오고 '나의 변수'를 '번호'로 수정하세요.

② '문제 번호' 변수를 무작위 숫자로 정하기 위해 변수 팔레트의 나의 변수▼ 을(를) 0 로 정하기 블록을 연결하고 '나의 변수'를 '문제 번호'로 수정하세요. '0' 자리에는 연산 팔레트의 1 부터 10 사이의 난수 블록을, '10' 자리에는 변수 팔레트의 단어 리스트▼ 의 길이 블록을 결합해요.

문제 번호 을(를) 1 부터 단어 리스트▼ 의 길이 사이의 난수 로 정하기

③ '단어' 변수를 ② 과정에서 정한 무작위 순서의 단어로 정하기 위해 변수 팔레트의 나의 변수▼ 을(를) 0 로 정하기 블록을 가져와 연결하고 '나의 변수'를 '단어'로 수정합니다. '0' 자리에 변수 팔레트의 단어 리스트▼ 리스트의 1 번째 항목 블록을 결합하고 '1' 자리에 변수 팔레트의 문제 번호 블록을 끼워 넣으세요.

단어▼ 을(를) 단어 리스트▼ 리스트의 문제 번호 번째 항목 로 정하기

④ 영어 단어를 한국어로 번역하여 '의미' 변수에 저장하도록 변수 팔레트의 나의 변수▼ 을(를) 0 로 정하기 블록을 연결한 후 '나의 변수'를 '단어'로 수정하고 '0' 자

리에 [번역] 팔레트의  블록을 결합하세요. '안녕' 자리에 [단어] 블록을 끼우고 '리투아니아어'를 '한국어'로 수정합니다.

⑤ [Text to Speech] 팔레트의 `안녕 말하기` 블록을 연결하고 '안녕' 자리에 [변수] 팔레트의 [의미] 블록을 결합합니다.

⑥ [감지] 팔레트의 `이름이 무엇이니? 라고 묻고 기다리기`을 가져와 아래에 연결하고 '이름이 무엇이니?' 자리에 [변수] 팔레트의 [의미] 블록을 결합하세요.

STEP 07 입력받은 단어가 맞는지 확인하기

입력받은 '대답' 값이 '단어'와 같으면 점수를 10점 높이고 다시 '입력' 신호를 보내요.

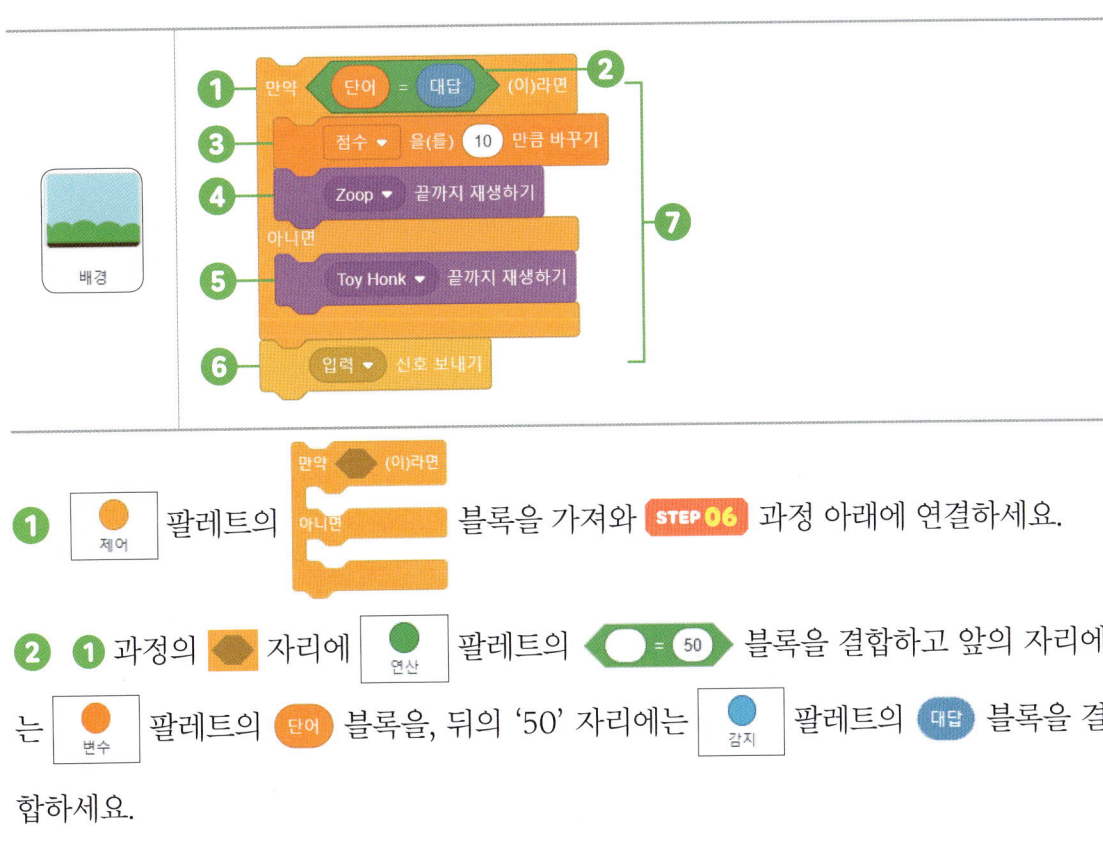

① [제어] 팔레트의 `만약 ~ (이)라면 아니면` 블록을 가져와 STEP 06 과정 아래에 연결하세요.

② ① 과정의 자리에 [연산] 팔레트의 `◯ = 50` 블록을 결합하고 앞의 자리에는 [변수] 팔레트의 [단어] 블록을, 뒤의 '50' 자리에는 [감지] 팔레트의 [대답] 블록을 결합하세요.

③ 입력한 값이 맞으면 점수가 올라가도록 ② 과정의 첫 번째 조건 자리에 [변수] 팔레트의 `나의 변수 을(를) 1 만큼 바꾸기` 블록을 넣은 후 '나의 변수'를 '점수'로 변경하고

'1'을 '10'으로 수정하세요.

④ 　소리　 팔레트의 　pop ▼ 끝까지 재생하기　 블록을 ❸ 과정 아래에 넣고 'Zoop' 소리로 변경합니다.

> **TipTalk** 이 블록도 첫 번째 조건 자리에 넣어야 하니 주의하세요!

⑤ 입력한 값이 정답이 아닌 경우 다른 소리를 재생하도록 ❶ 과정의 두 번째 '아니면' 조건 자리에 　소리　 팔레트의 　pop ▼ 끝까지 재생하기　 블록을 끼우고 'pop'을 'Toy Honk' 소리로 변경합니다.

⑥ 　이벤트　 팔레트의 　메시지1 ▼ 신호 보내기　 블록을 ❶ 과정 아래에 연결하고 '메시지1'을 '입력'으로 수정해 신호를 보내도록 코딩하세요.

⑦ STEP 06 ~ STEP 07 에서 조립한 블록을 STEP 05 과정의 조건 블록 안쪽의 첫 번째 칸에 끼워 넣으세요.

STEP 08 입력 횟수가 10번 이상이면 테스트 완료하기

'번호' 값이 '10' 이상이면 입력 시간을 확인하는 스크립트를 멈추고 '테스트 완료'라고 말해요.

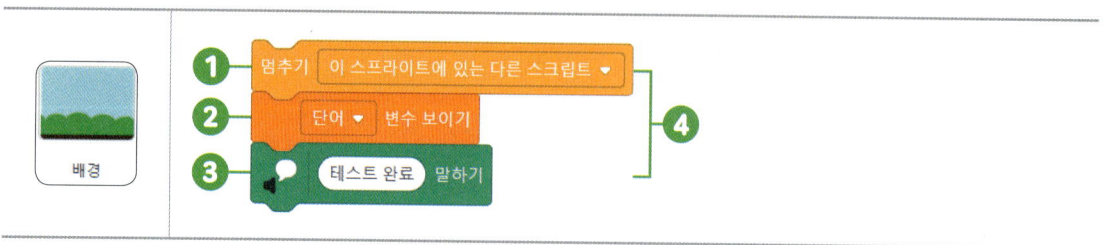

❶ 입력 횟수가 10번 이상이면 다른 스크립트가 멈추도록 　제어　 팔레트의 　멈추기 모두　 블록을 코드 창의 빈곳에 가져와 '모두'를 '이 스프라이트에 있는 다른 스크립트'로 수정합니다.

❷ 　　 팔레트의 　　　　　　　　 블록을 가져와 연결하고 '나의 변수'를 '단어'로 수정해 테스트를 시작할 때 숨겼던 '단어' 변수가 무대에 보이도록 합니다.

❸ 　　 팔레트의 　　　　 블록을 가져와 연결한 후 '테스트 완료'라고 소리내어 말하도록 합니다.

❹ ❶~❸ 과정에서 조립한 블록을 STEP 05 과정의 조건 블록 안쪽의 두 번째 칸에 끼워 넣으세요.

STEP 09 단어 입력 시간의 타이머 동작하기

'입력' 신호를 받았을 때 타이머로 입력 시간을 확인하고 지정한 시간을 초과하면 입력받는 것을 멈춰요.

❶ 　　 팔레트의 　　　　　　 블록을 코드 창의 빈곳으로 가져와 '메시지1'을 클릭해 '입력'으로 수정하세요.

❷ 　　 팔레트의 　　　　 블록을 연결하여 타이머를 초기화합니다.

❸ 　　 팔레트의 　　　　　 블록을 연결하고 　　에 　　 팔레트의 　　　　 블록을 결합하세요. 앞의 자리에는 　　 팔레트의 　　 블록을 결합하

고, 뒤의 자리 '50'은 '8'로 수정합니다.

> **TipTalk** 이렇게 하면 '입력' 신호를 받고 8초를 기다릴 수 있습니다.

④ [제어] 팔레트의 [까지 반복하기] 블록을 연결하고 ◆에 [○ > 50] 블록을 결합하세요. 앞 자리에는 [감지] 팔레트의 [타이머] 블록을 결합하고 뒤 자리 '50'은 '10'으로 수정하여 타이머가 10초가 될 때까지 반복하도록 합니다.

> **TipTalk** 8초가 지날 때까지 영어 단어가 입력되지 않으면 경고음이 나고, 10초가 되면 입력을 할 수 없도록 타이머를 활용했어요. 여러분에게 맞도록 타이머 설정 시간을 조절해 보세요.

⑤ ④ 과정의 반복 블록 내부에 [소리] 팔레트의 [pop ▼ 끝까지 재생하기] 블록과 [제어] 팔레트의 [1 초 기다리기] 블록을 연결해 끼워 넣고 '1'을 '0.2'로 수정하세요.

⑥ 설정된 시간이 지난 경우 소리를 내도록 [소리] 팔레트의 [pop ▼ 끝까지 재생하기] 블록을 ④ 과정 아래에 연결한 후 'pop'을 'Toy Honk'로 수정합니다.

⑦ 설정된 시간이 지난 경우 입력을 기다리는 스크립트를 종료하기 위해 [제어] 팔레트의 [멈추기 모두 ▼] 블록을 ⑥ 과정 아래에 연결하고 '모두'를 '이 스프라이트에 있는 다른 스크립트'로 수정합니다.

⑧ 설정된 시간이 지난 경우 다시 대답을 입력 받도록 [이벤트] 팔레트의 [메시지1 ▼ 신호 보내기] 블록을 ⑦ 과정 아래에 연결하고 '메시지1'을 '입력'으로 수정해 신호를 보내도록 코딩하세요.

STEP 10 리스트에 단어 추가하기

'추가' 신호를 받았을 때 추가할 영어 단어를 입력하도록 코딩해요.

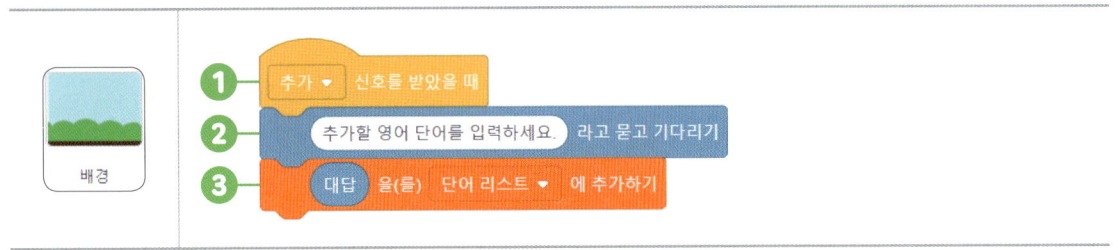

① 　　　 팔레트의 　　　 블록을 코드 창의 빈곳으로 가져와 '메시지1'
　　이벤트
을 클릭해 '추가'로 수정하세요.

② 　　　 팔레트의 　　　 을 가져와 연결하고 값을 '추가할 영
　　감지
어 단어를 입력하세요.'라고 수정합니다.

③ 　　　 팔레트의 　　　 블록을 연결하고 '항목'을
　　변수
　　　 팔레트의 　대답　 블록으로 수정해 입력한 영어 단어를 리스트에 추가합니다.
　감지

STEP 11 리스트에서 단어 삭제하기

'삭제' 신호를 받았을 때 단어를 입력받고, 해당 단어가 리스트에 있으면 삭제, 없으면 리스트에 없다는 말을 하도록 코딩해요.

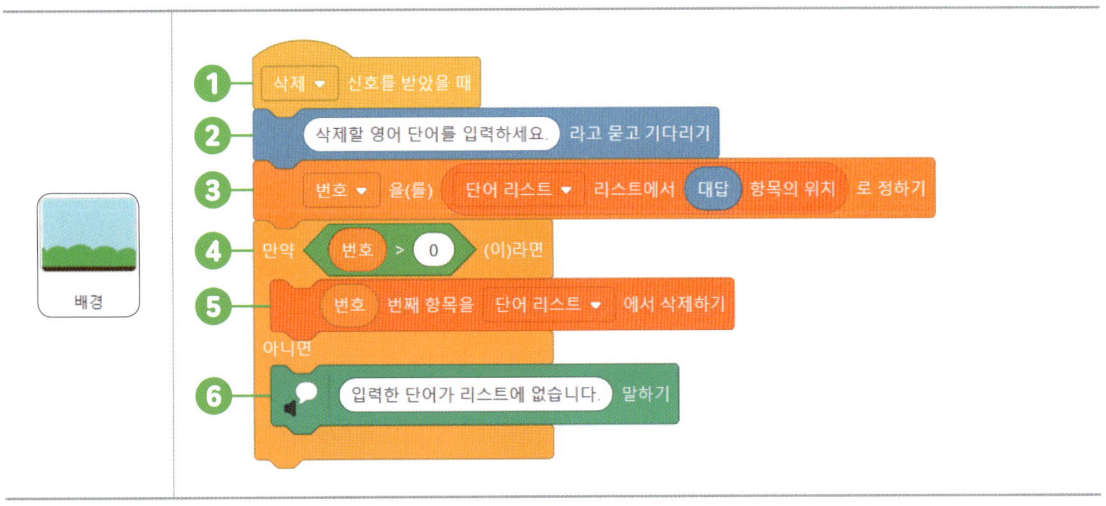

❶ [이벤트] 팔레트의 [메시지1▼ 신호를 받았을 때] 블록을 코드 창의 빈곳으로 가져와 '메시지1'을 클릭해 '삭제'로 수정하세요.

❷ [감지] 팔레트의 [이름이 무엇이니? 라고 묻고 기다리기]을 가져와 연결한 후 값을 '삭제할 영어 단어를 입력하세요.'라고 수정합니다.

❸ '번호' 변수에는 입력 받은 영어 단어의 리스트 순서를 저장할 거예요. [변수] 팔레트의 [나의 변수▼ 을(를) 0 로 정하기] 블록을 연결해 '나의 변수'를 '번호'로 수정합니다. 그런 다음 [변수] 팔레트의 [단어 리스트▼ 리스트에서 항목 항목의 위치] 블록을 가져와 '0' 자리에 결합하고 '항목' 자리에 [감지] 팔레트의 [대답] 블록을 끼워 넣으세요.

❹ 입력한 영어 단어의 리스트에서의 순서를 확인할 수 있도록 [제어] 팔레트의 [만약 (이)라면 아니면] 블록을 가져와 연결하고 ◆에 [연산] 팔레트의 [○ > 50] 블록을 결합하세요. 앞의 자리에 [변수] 팔레트의 [번호] 블록을 결합하고 뒤의 '50'은 '0'으로 수정하세요.

TipTalk 설정한 '항목' 값이 리스트에 없으면  블록의 결과가 '0'으로 저장됩니다.

❺ 번호가 '0'보다 크면 입력한 영어 단어를 삭제하도록 ❹ 과정의 조건 블록 안쪽 첫 번째 칸에 [변수] 팔레트의 [1 번째 항목을 단어 리스트▼ 에서 삭제하기] 블록을 넣고 '1' 자리에 [변수] 팔레트의 [번호] 블록을 결합합니다.

❻ 번호가 '0'이면 입력한 영어 단어가 리스트에 없다는 뜻입니다. ❹ 과정의 조건 블록 안쪽 두 번째 칸에 [Text to Speech] 팔레트의 [안녕 말하기] 블록을 넣고 '입력한 단어가 리스트에 없습니다.'라고 입력해 말하도록 합니다.

잠깐만요 '리스트'의 다양한 블록 살펴보기

예제에서 사용한 리스트 블록 외에 다른 블록은 어떤 기능을 가지고 있는지 알아봅시다.

전체 코드 CHECK!

배경

```
▶ 클릭했을 때
번호 ▼ 변수 보이기
단어 ▼ 변수 보이기
의미 ▼ 변수 보이기
점수 ▼ 변수 보이기
언어를 한국어 ▼ 로 정하기

학습 시작 ▼ 신호를 받았을 때
학습 시작 말하기
언어를 영어 ▼ 로 정하기
번호 ▼ 을(를) 0 로 정하기
단어 리스트 ▼ 의 길이 번 반복하기
    번호 ▼ 을(를) 1 만큼 바꾸기
    단어 ▼ 을(를) 단어 리스트 ▼ 리스트의 번호 번째 항목 로 정하기
    의미 ▼ 을(를) (단어 을(를) 한국어 ▼ 로 번역하기) 로 정하기
    단어 말하기
    1 초 기다리기
언어를 한국어 ▼ 로 정하기
학습 완료 말하기

테스트 시작 ▼ 신호를 받았을 때
점수 ▼ 을(를) 0 로 정하기
번호 ▼ 을(를) 0 로 정하기
의미 ▼ 을(를) 0 로 정하기
단어 ▼ 변수 숨기기
테스트 시작 말하기
입력 ▼ 신호 보내기
```

배경

입력 신호를 받았을 때
- 만약 `번호 < 10` (이)라면
  - `번호`을(를) `1` 만큼 바꾸기
  - `문제 번호`을(를) `1` 부터 `단어 리스트의 길이` 사이의 난수 로 정하기
  - `단어`을(를) `단어 리스트 리스트의 문제 번호 번째 항목` 로 정하기
  - `의미`을(를) `단어을(를) 한국어로 번역하기` 로 정하기
  - `의미` 말하기
  - `의미` 라고 묻고 기다리기
  - 만약 `단어 = 대답` (이)라면
    - `점수`을(를) `10` 만큼 바꾸기
    - `Zoop` 끝까지 재생하기
  - 아니면
    - `Toy Honk` 끝까지 재생하기
  - `입력` 신호 보내기
- 아니면
  - 멈추기 `이 스프라이트에 있는 다른 스크립트`
  - `단어` 변수 보이기
  - `테스트 완료` 말하기

입력 신호를 받았을 때
- 타이머 초기화
- `타이머 > 8` 까지 기다리기
- `타이머 > 10` 까지 반복하기
  - `pop` 끝까지 재생하기
  - `0.2` 초 기다리기
- `Toy Honk` 끝까지 재생하기
- 멈추기 `이 스프라이트에 있는 다른 스크립트`
- `입력` 신호 보내기

추가 신호를 받았을 때
- `추가할 영어 단어를 입력하세요.` 라고 묻고 기다리기
- `대답`을(를) `단어 리스트` 에 추가하기

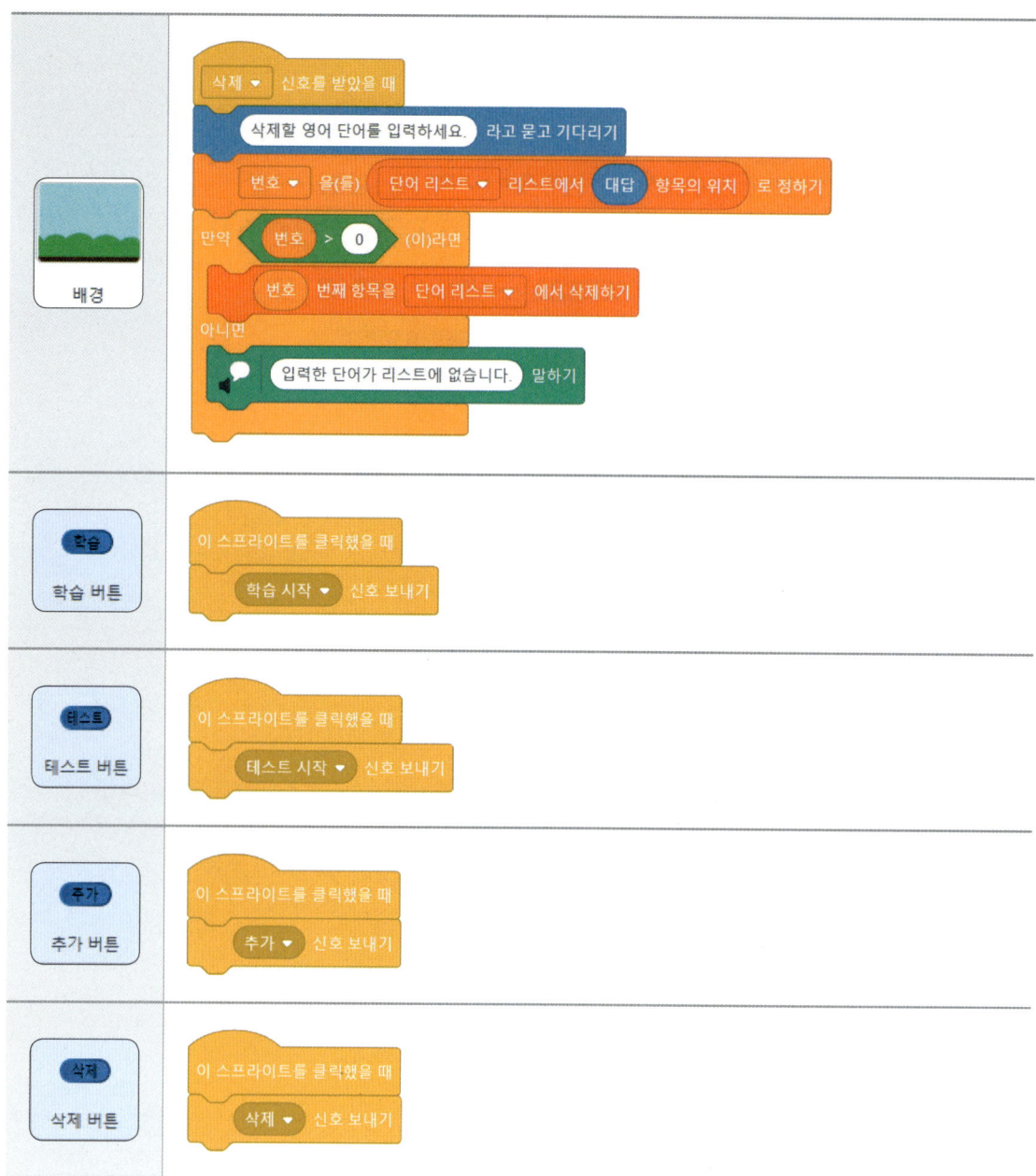

한걸음 더! 핵심 정리

텍스트 음성 변환(TTS)과 번역

확장 기능 중 '텍스트 음성 변화(TTS)'와 '번역'에 대해 더 알아봅시다.

우선 팔레트 목록 아래에 있는 [확장 기능 추가하기] 를 클릭하고 [텍스트 음성 변화(TTS)]과 [번역]을 선택해 와 팔레트를 추가하세요.

텍스트 음성 변환과 번역 기능 블록 살펴보기

팔레트	블록	블록 설명
Text to Speech	언어를 한국어로 정하기	스크래치에서 말하는 언어를 선택한 언어로 정해요.
Text to Speech	안녕 말하기	입력한 단어 또는 문장을 말해요.
번역	안녕 을(를) 리투아니아어로 번역하기	입력한 단어 또는 문장을 선택한 언어로 번역해서 표시해요.

❶ 텍스트 음성 변환 블록을 이용해 소리 출력하기

텍스트 음성 변환 Text to Speech 팔레트의 언어를 한국어로 정하기 블록을 이용해 언어를 선택하고 안녕 말하기 블록을 연결해 실행하면 단어나 문장을 소리로 출력할 수 있어요.

이때 소리가 제대로 출력되려면 언어를 한국어로 정하기 블록에서 설정한 언어와 안녕 말하기 블록의 입력한 내용의 언어가 같아야 해요. 즉, 언어를 영어로 정하기 블록과 같이 '영어'로 설정한 경우, [hello 말하기] 블록과 같이 영어를 입력해야 해요.

<스크립트 예시>

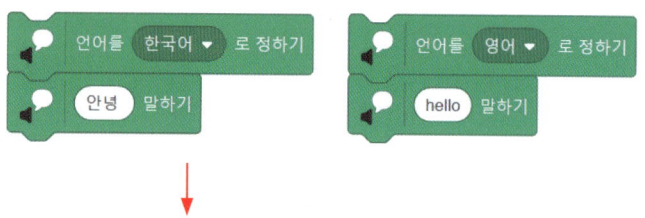

입력한 '안녕', 'hello'를 소리내어 말해요.

❷ 번역 블록을 이용해 문장 번역하기

번역 팔레트의 [안녕 을(를) 노르웨이어로 번역하기] 블록을 이용해 단어나 문장을 원하는 언어로 번역할 수 있어요.

<스크립트 예시>

안녕을 영어로 번역한 'hi' 말풍선이 무대에 표시됩니다.

❸ 번역한 단어나 문장을 소리로 출력하기

[안녕 을(를) 노르웨이어로 번역하기] 블록과 [안녕 말하기] 블록을 이용해 문장이나 단어를 번역하여 소리로 출력할 수 있어요.

<스크립트 예시>

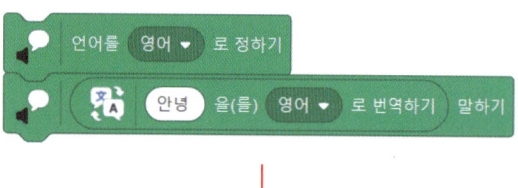

'안녕'을 영어로 번역한 'hi'가 소리로 출력됩니다.

 ◀ 정답코드 확인
http://gilbut.co/
c/22073360IJ

이렇게 만들어요! ▶
https://scratch.mit.edu/
projects/679700128/

WEEK 12

[한 번 더 핵심 정리]에서 알아본 '텍스트 음성 변환'과 '번역' 블록을 이용해 스크래치 번역기를 만들어 봅시다.

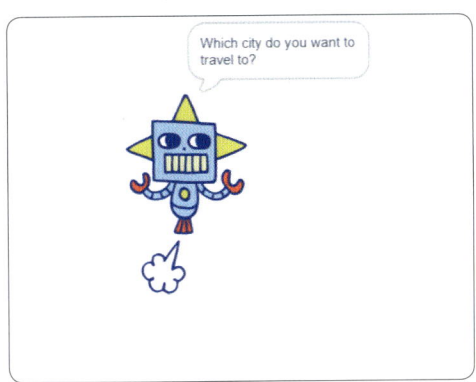

스프라이트와 배경

'Robot(로봇)'
배경

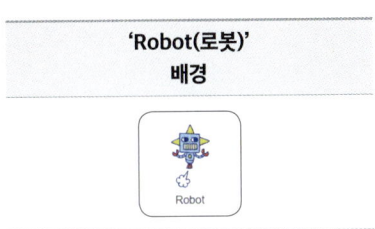

미션1 스프라이트가 한글을 영어로 번역할 수 있도록 설정하고, 번역하고 싶은 단어나 문장을 묻도록 해 보세요.

미션2 사용자가 입력한 단어나 문장을 스프라이트가 영어로 번역한 후 소리 내어 말하도록 해 보세요.

《 힌트 》

1. 스프라이트가 사용할 언어는 [언어를 한국어로 정하기] 블록을 이용해 정해요.

2. 스프라이트가 말풍선을 이용해 말할 때는 [안녕! 말하기] 블록을 이용하면 되겠죠?

3. 음성으로 말하게 하고 싶다면 [안녕 말하기] 블록을 사용해요.

WEEK. 13

이번에 배울 핵심 기능 ▶ 내 블록

나만의 방법으로 그림을 그려요

> **코딩 개념 이해 쏙쏙** [내 블록]을 활용해 코딩을 효율적으로!

복잡한 코드를 [내 블록]으로 만들어 저장해 두면 프로젝트를 간편하게 만들 수 있어요.

제빵 기계를 예로 들어 볼게요. 식빵을 직접 만들어 먹으려면 여러 단계를 거쳐야 해요. 밀가루, 달걀 등 재료를 반죽한 후 반죽을 발효하고 모양을 만들어 오븐에 구워야 합니다. 이때 시간과 온도를 정확히 맞춰야 맛있는 식빵을 만들 수 있어요. 꽤 복잡하죠?

하지만 반죽하기, 발효하기, 모양 만들기, 굽기와 같은 과정을 기능별로 제빵 기계에 입력해 놓으면 빵을 더 쉽게 완성할 수 있어요. 여기에 재료만 추가하면 밤 식빵, 치즈 식빵 등 다양한 종류의 식빵이 완성되고요.

제빵 기계에 식빵 만드는 기능을 만들어 입력해 둔 것처럼 스크래치에서는 자주 사용하고 반복되는 코드를 [내 블록]으로 만들어 활용할 수 있어요. 명령 블록을 조합해 [내 블록]으로 저장하면 복잡했던 코드가 간결해집니다. 자신이 원하는 기능을 쉽게 실행할 수 있겠죠?

블록의 이름도 직접 입력할 수 있으므로 프로젝트의 흐름을 한 눈에 파악하는데도 도움 되고 '입력값'을 지정해 입력에 따라 다른 동작을 하도록 만들 수도 있답니다.

자, 그렇다면 이제부터 [내 블록]을 이용해 코딩 실력을 업그레이드해 볼까요?

1 승민이의 동생은 정사각형의 넓이를 구하는 법을 아직 배우지 못했어요. 승민이의 도움 없이도 정사각형의 넓이를 알아볼 수 있도록 도와주세요.

정사각형 한 변의 길이를 입력하면 넓이를 출력하는 [정사각형 넓이] 계산 상자를 이용해 봅시다. 각 입력값에 따라 어떤 값이 출력될지 생각해 보고 빈칸을 채우세요.

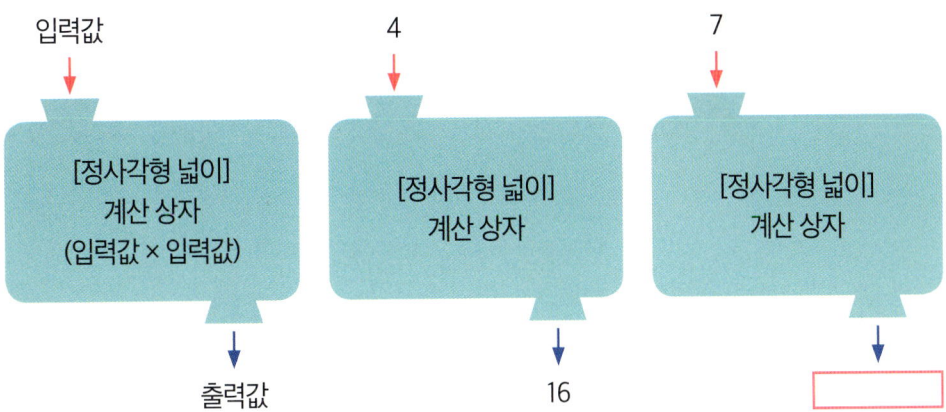

[정사각형 넓이] 계산 상자만 있으면 공식을 모르는 동생도 정사각형의 넓이를 구할 수 있겠네요.

여러 가지 다각형 그리기

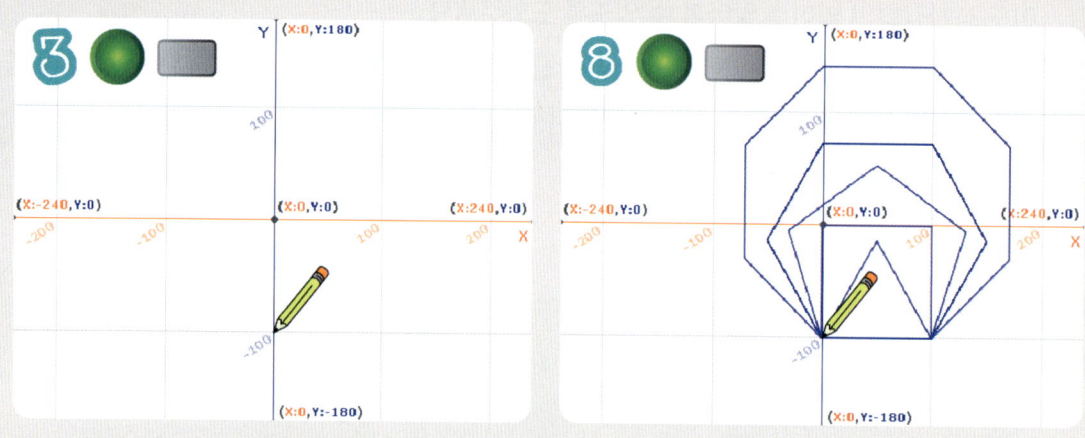

▼ 작품 미리보기

- [내 블록]이 무엇인지 알아보고 쓰임을 살펴봐요.
- [내 블록]을 정의한 후 프로젝트에 활용해요.
- 다양한 다각형 및 패턴을 그려요.

◀ 이렇게 만들어요
『https://scratch.mit.edu/projects/663802085/』에 접속한 후 시작(▶)을 클릭해 작품을 실행해 보세요.

단계별 코딩 미리보기

1. 무대의 '숫자' 스프라이트를 클릭해 그리고자 하는 다각형의 종류를 바꾼다.

2. 연필을 드래그해 원하는 위치에 가져다 놓는다.

3. '그리기' 스프라이트를 클릭해 다각형을 그린다.

4. '지우기' 스프라이트를 클릭해 무대에 그려진 그림을 지운다.

스프라이트&블록

❖ 스프라이트와 배경

'Pencil(연필)' 스프라이트	'Glow-3' 스프라이트	'Button1(버튼1)' 스프라이트	'Button3(버튼3)' 스프라이트	'Xy-grid(Xy-격자)' 배경
Pencil	Glow-3	Button1	Button3	Xy-grid

❖ 꼭 알아야 할 블록

팔레트	블록	블록 설명
내 블록	다각형 선의개수 선의길이 정의하기	원하는 기능을 가진 블록을 직접 만들고 '블록 이름'과 '입력값의 이름'을 지정할 수 있어요.
	다각형 ◯ ◯	[내 블록]을 정의했을 때 자동으로 생성됩니다. 이 블록을 이용해 [내 블록]을 활용해요.
펜	모두 지우기	무대에 그려진 그림을 모두 삭제해요.
	펜 내리기 / 펜 올리기	스프라이트가 움직이면 그림이 그려지도록 설정해요. / 그림 그리기를 끝내요.
	펜 색깔을 ● (으)로 정하기	펜의 색깔을 지정한 색으로 정해요.
	펜 색깔 ▼ 을(를) 50 (으)로 정하기	선택한 펜의 속성(색깔, 채도, 명도, 투명도)을 입력한 값으로 정해요.
	도장찍기	스프라이트의 모양을 무대 위에 표시해요.
형태	모양 번호 ▼	모양의 번호, 이름이나 속성을 표시해요.
감지	드래그 모드를 드래그할 수 있는 ▼ 상태로 정하기	프로젝트가 실행 중일 때 스프라이트를 드래그해 옮길 수 있는지 여부를 설정해요.
연산	가위 의 1 번째 글자	입력한 내용 중 설정한 위치의 글자를 표시해요.
	가위 의 길이	입력한 내용의 글자 수를 표시해요.

완성파일 | 여러 가지 다각형 그리기.sb3

01 스크래치 메뉴의 [만들기]를 클릭하면 작업 화면이 나타나요. 이미 삽입돼 있는 '스프라이트1'을 삭제한 후 [배경 고르기] 를 클릭하세요. [모두]에서 'Xy-grid(Xy-격자)'를 불러옵니다.

02 [스프라이트 고르기] 를 클릭해 'Pencil(연필)'을 추가합니다. 연필로 그림을 그리는 모습을 표현하기 위해 모양의 중심을 연필심 부분에 위치하도록 수정해 볼까요? [모양] 탭을 선택한 후 [그림판] 메뉴의 [선택] 을 클릭합니다. 마우스 왼쪽 버튼을 눌러 드래그해 스프라이트 전체를 선택하고 연필을 옮겨 연필 끝이 모양 중심점 에 위치하도록 합니다.

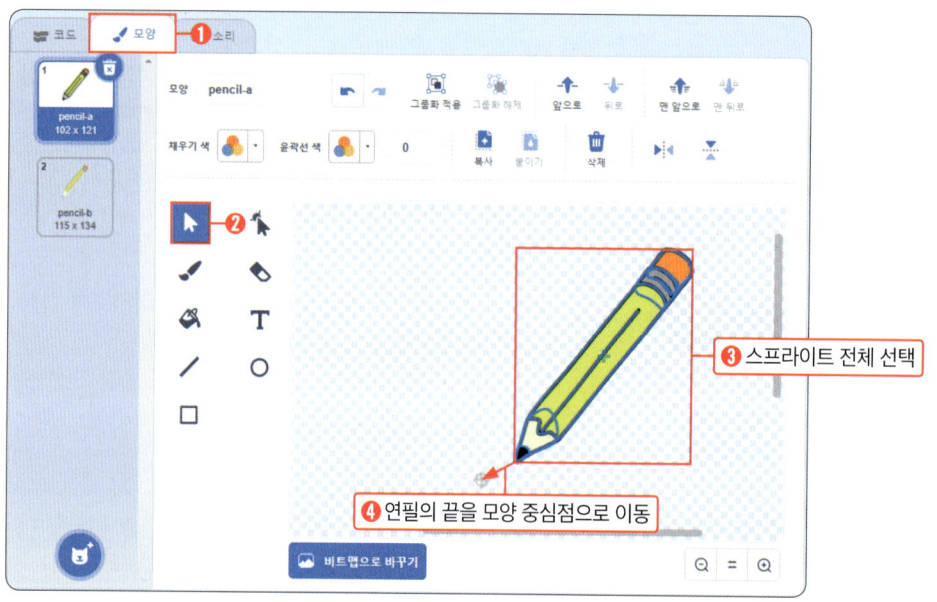

TipTalk 그림판에서 스프라이트의 위치를 옮길 때는 스프라이트 전체가 이동해야 합니다.

03 'Glow-3' 스프라이트를 추가한 후 [스프라이트 정보] 창에서 스프라이트의 이름을 '숫자'로 수정하세요. 그런 다음 [모양] 탭으로 이동하고 '모양 고르기'를 선택해 'Glow-4', 'Glow-5', 'Glow-6', 'Glow-8' 모양을 추가하세요.

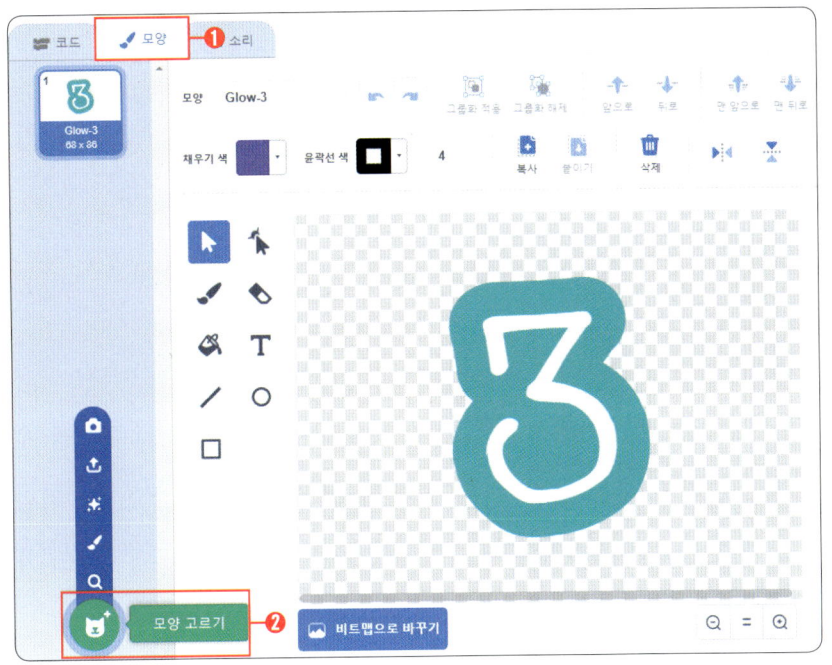

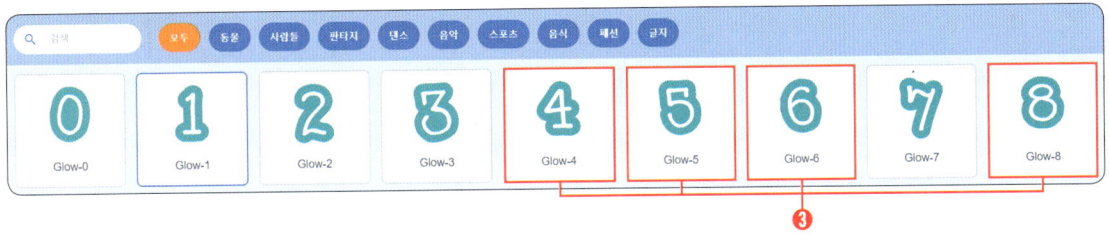

04 'Button1(버튼1)'과 'Button3(버튼3)' 스프라이트를 추가한 후 스프라이트의 이름을 각각 '그리기'와 '지우기'라고 수정하세요.

05 코드 창으로 이동한 후 '변수' 팔레트에서 변수를 만드세요.

도형	도형의 종류를 저장하는 변수(예 3: 삼각형, 4: 사각형…)
길이	도형의 변 길이를 저장하는 변수

06 [내 블록]을 미리 만들어 봅시다. 아래 과정을 따라 하세요.

❶ 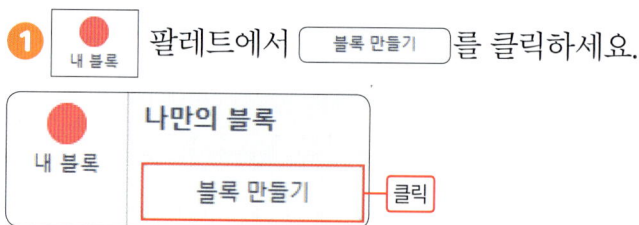 팔레트에서 [블록 만들기]를 클릭하세요.

❷ '블록 이름'을 '다각형'으로 정한 후 [입력값 추가하기 숫자 또는 문자열]을 클릭하면 '입력값'을 추가할 수 있는 빈칸이 등장해요. '입력값'은 [내 블록]을 호출할 때 전달하는 값으로, '입력값'이 여러 개인 경우 '입력값 추가하기'를 반복합니다. '입력값'의 이름을 '선의 개수'와 '선의 길이'로 정하고 [확인]을 클릭하세요.

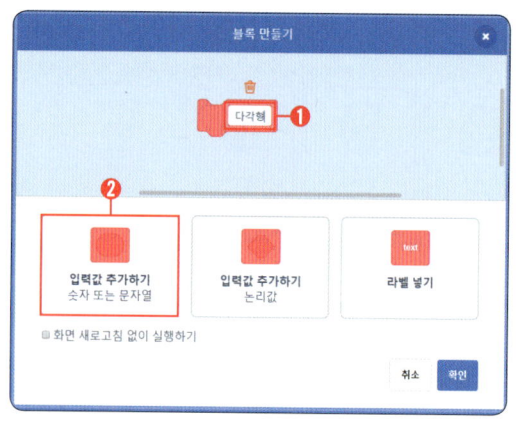

> **TipTalk** 반복 동작이 많아 실행 속도가 느려질 경우, '화면 새로고침 없이 실행하기'를 선택하세요.

❸ 팔레트에는 [다각형 ○ ○] 블록, 코드 창에는 [다각형 선의개수 선의길이 정의하기] 블록이 생성됐어요. [다각형 ○ ○] 블록을 실행하면 [다각형 선의개수 선의길이 정의하기] 블록이 호출되며 그 아래에 연결된 블록들이 명령을 수행합니다.

07 팔레트 목록 아래에 있는 [확장 기능 추가하기] 를 클릭해 '확장 기능 고르기' 창에서 [펜]을 선택하세요. 팔레트 목록에 이 추가됩니다.

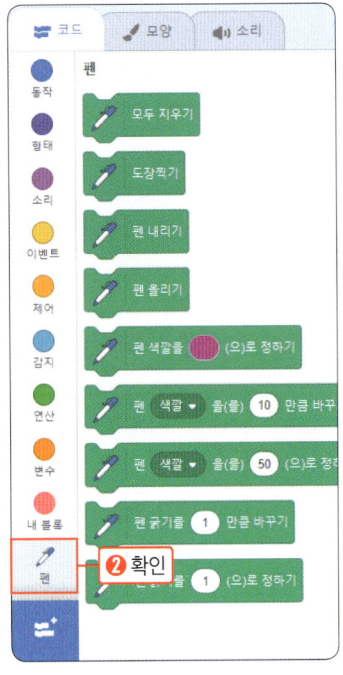

> **잠깐만요** **다양한 형태의 [내 블록] 만들기**
>
> [내 블록] 팔레트에서 블록 만들기 를 클릭하고 숫자 또는 문자열 '입력값'을 추가하기 위해 '입력값 추가하기(숫자 또는 문자열)'를 클릭해요. 조건 등의 논리값은 '입력값 추가하기(논리값)'로 추가할 수도 있어요. 좀더 복잡한 형태의 [내 블록]을 만들어 봅시다.
>
> 새로 생긴 'number or text' 부분에 '말하기'를 입력한 후 '라벨 넣기'를 클릭해 생긴 'label text' 부분에 '을(를) 말하고'를 입력해요. 이와 같은 방법으로 '높이' 입력값과 '만큼 점프하기' 라벨을 추가해요.
>
> 가장 앞에 있는 '블록 이름'을 삭제하기 위해 라벨을 선택한 후 휴지통 🗑 을 클릭하세요.
>
>

STEP 01 그림 그릴 준비하기

다각형을 그리기 전, 'Pencil(연필)' 스프라이트를 드래그할 수 있는 상태로 설정하고, 그림을 그릴 수 있도록 펜을 준비해 볼게요.

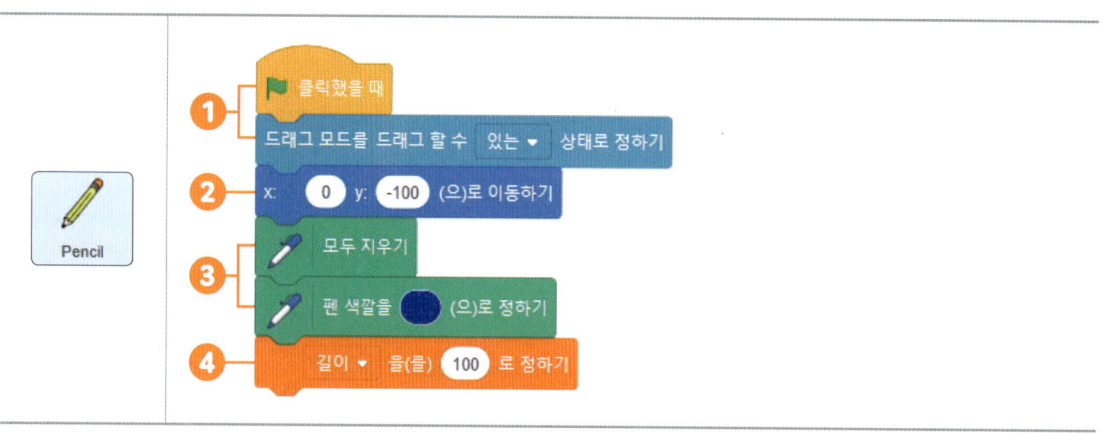

❶ 'Pencil(연필)' 스프라이트를 선택하고 무대에서 스프라이트를 드래그해 원하는 위치로 이동할 수 있도록 [이벤트] 팔레트의 [클릭했을 때] 블록과 [감지] 팔레트의 [드래그 모드를 드래그할 수 있는 상태로 정하기] 블록을 가져와 코드 창에 배치하세요.

Tip Talk 무대의 오른쪽 위의 전체 화면(⛶)을 눌러 프로젝트를 실행할 때, [드래그 모드를 드래그할 수 있는 상태로 정하기] 블록을 사용하면 스프라이트를 마우스로 드래그해 움직일 수 있어요.

❷ [동작] 팔레트의 [x: 0 y: 0 (으)로 이동하기] 블록을 가져와 연결한 후 좌푯값을 'x: 0, y: -100'으로 수정하세요.

❸ 이전에 그렸던 도형을 삭제하기 위해 [펜] 팔레트의 [모두 지우기] 블록을 ❷ 과정의 블록 아래에 연결하고 [펜 색깔을 (으)로 정하기] 블록으로 원하는 색을 선택하세요.

❹ [변수] 팔레트의 [길이 을(를) 0 로 정하기] 블록을 가져와 연결한 후 '0'을 '100'으로 수정해 코딩을 완성하세요.

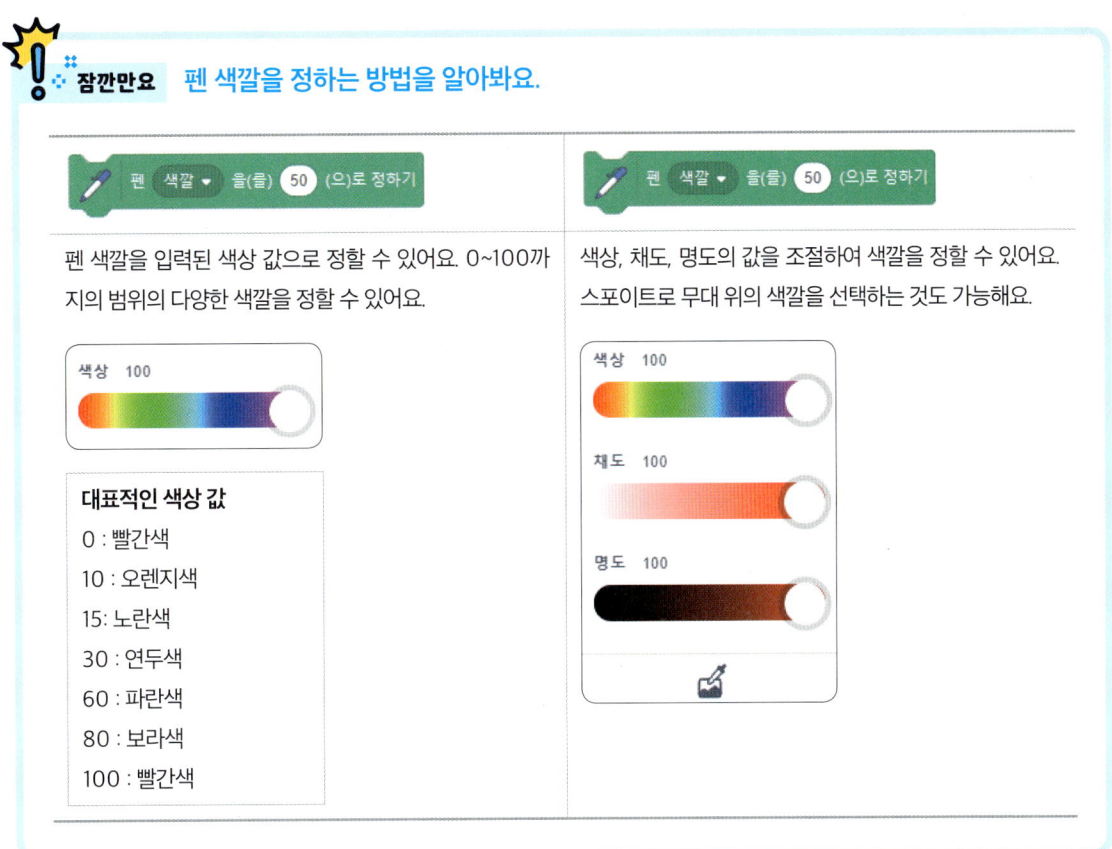

STEP 02   [내 블록]을 이용해 '다각형' 정의하기

앞에서 정의한 [내 블록]을 이용해 다각형을 그릴 수 있도록 해 볼게요.

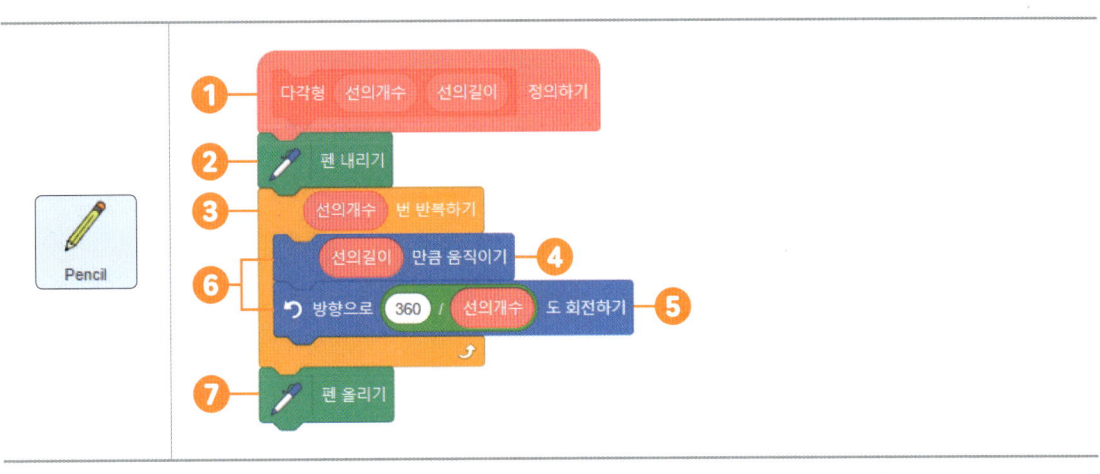

① 코드 창에 생성해 둔 ![다각형 선의개수 선의길이 정의하기] 블록을 이용해 코딩을 해 볼게요.

② 도형을 그리기 위해 ![펜] 팔레트에서 ![펜 내리기] 블록을 가져와 연결하세요.

TipTalk 펜으로 그림을 그리려면 ![펜 내리기] 블록으로 펜을 내린 후 스프라이트를 이동해야 합니다. 마찬가지로 그림 그리기를 끝낼 때는 ![펜 올리기] 블록으로 펜을 올려야 스프라이트를 이동해도 그림이 그려지지 않아요.

259

❸ 다각형의 선 개수만큼 그리기 명령을 반복해야겠죠? 예를 들어, 삼각형을 만들기 위해서는 선을 세 번 그려야 해요. 제어 팔레트의 `10번 반복하기` 블록과 [내 변수] '입력값'인 `선의개수` 블록을 결합하고 ❷ 과정의 블록 아래에 연결하세요. [내 블록] 내에서 사용하는 '입력값'은 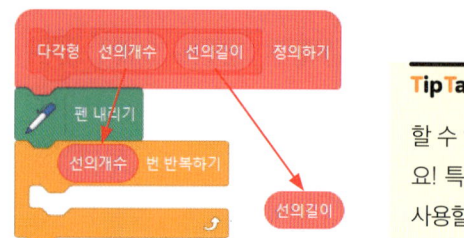 에서 드래그해 사용합니다.

> **TipTalk** [내 블록]을 이용하면 '입력값'에 따라 각각 다른 값을 전달할 수 있어요. 계산 상자에 숫자를 입력했을 때 각각 다른 값이 나오는 것처럼요! 특히 `다각형 도형 길이` 과 같이 '입력값'으로 변수를 사용하면 더욱 편리하게 사용할 수 있겠죠?

❹ 다각형의 한 변을 그리기 위해 동작 팔레트의 `10 만큼 움직이기` 블록을 코드 창의 빈 곳으로 가져오세요. 그런 다음 '10'의 자리에 `선의길이` 블록을 결합해 `선의길이 만큼 움직이기` 블록을 만드세요.

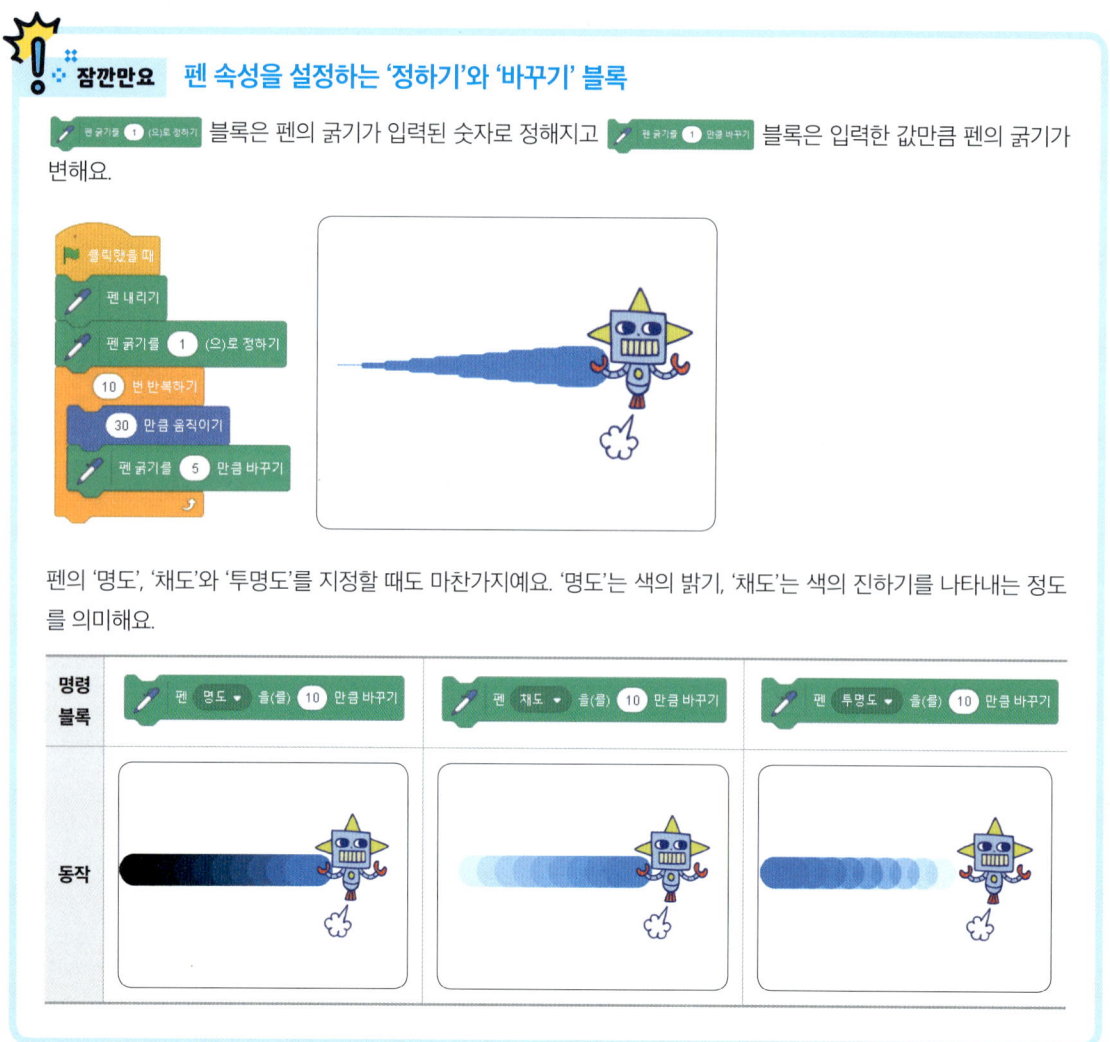

❺ 다각형의 외각 크기인 360°÷(선의 개수)만큼 회전한 후 다음 변을 그려야겠죠?

연산 팔레트의 ⬜/⬜ 블록과 선의개수 블록을 결합해 360 / 선의개수 블록을 만들어

동작 팔레트의 ↻ 방향으로 15 도 회전하기 블록에 결합하세요.

❻ ↻ 방향으로 360 / 선의개수 도 회전하기 블록을 ❹ 과정의 블록에 연결한 후 ❸ 과정 반복 블록

안에 넣으세요.

❼ 그리기를 완료했으므로 펜 팔레트의 펜 올리기 블록을 연결하세요.

> **잠깐만요** 정다각형의 특징 알아보기
>
> [내 블록]을 이용해 다각형을 그리기 전에 정다각형의 특징을 살펴봅시다.
> ① 모든 변의 길이가 같다.
> ② 한 외각의 크기는 (360÷선의개수)°이다.
> '선의 개수'와 '선의 길이'를 '입력값'으로 설정해 정다각형을 그리는 [내 블록]을 만들어 봅시다.

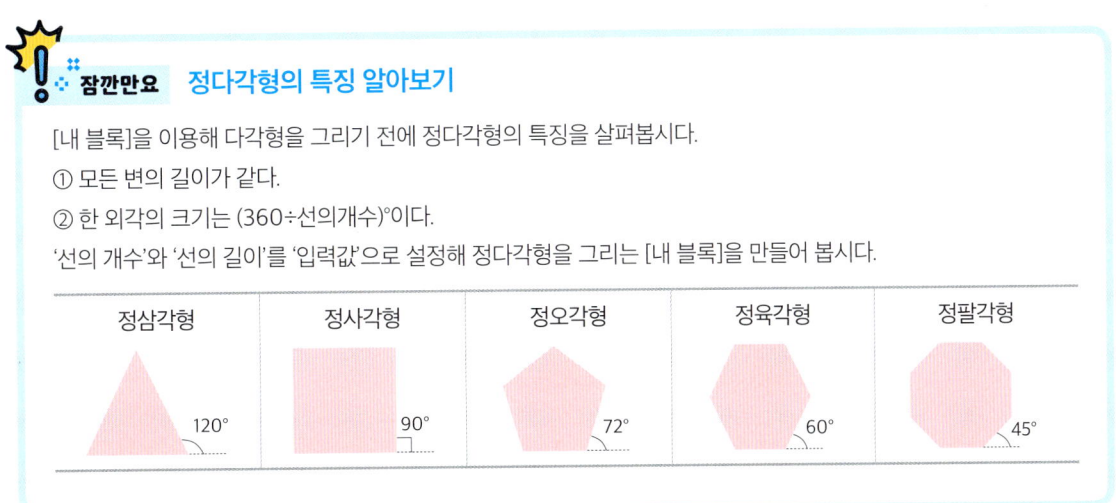

| 정삼각형 | 정사각형 | 정오각형 | 정육각형 | 정팔각형 |
| 120° | 90° | 72° | 60° | 45° |

STEP 03 [내 블록] 호출하기

'다각형 그리기'를 신호받았을 때 내 블록 다각형 ⬜⬜ 을 호출하도록 해 볼게요.

❶ 이벤트 팔레트의 메시지1 ▾ 신호를 받았을 때 블록을 코드 창에 배치한 후 새로운 메시지 '다각형 그리기'를 생성하세요.

❷ 내 블록 팔레트의 다각형 ⬜⬜ 블록과 변수 팔레트의 도형, 길이 블록을 결합한 후 ❶ 과정의 블록 아래에 연결하세요.

STEP 04 프로젝트를 시작할 때 모양과 변수값 초기화하기

🏁을 클릭했을 때 '숫자' 스프라이트에서 삼각형을 그릴 준비를 합니다.

① '숫자' 스프라이트를 선택하세요. 그런 다음 [이벤트] 팔레트의 [🏁 클릭했을 때] 블록을 드래그해 코드 창에 배치한 후 [형태] 팔레트의 [크기를 100 %로 정하기] 블록을 가져와 연결하고 값을 '60'으로 수정하세요.

② 삼각형을 그릴 수 있도록 준비해 봅시다. [형태] 팔레트의 [모양을 Glow-3 (으)로 바꾸기] 블록과 [변수] 팔레트의 [도형 을(를) 3 로 정하기] 블록을 연결하세요. 🏁을 눌렀을 때 스프라이트의 모양이 '3'으로 바뀌고 변수값 역시 '3'으로 설정되겠죠?

STEP 05 숫자를 클릭해 다음에 그릴 다각형 정하기

스프라이트를 클릭해 숫자 모양을 바꾸면서 그릴 다각형을 선택해 볼게요.

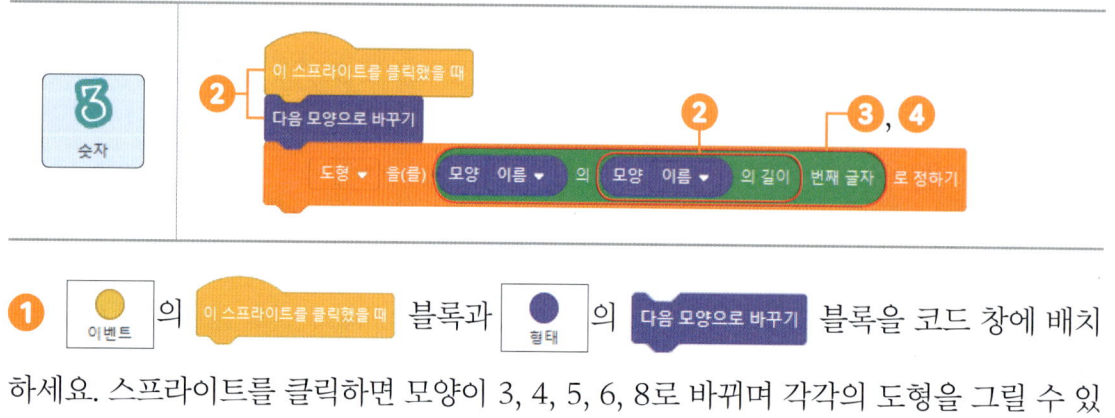

① [이벤트]의 [이 스프라이트를 클릭했을 때] 블록과 [형태]의 [다음 모양으로 바꾸기] 블록을 코드 창에 배치하세요. 스프라이트를 클릭하면 모양이 3, 4, 5, 6, 8로 바뀌며 각각의 도형을 그릴 수 있도록 준비됩니다.

모양 이름	Glow-3	Glow-4	Glow-5	Glow-6	Glow-8
스프라이트 모양	Glow-3 67×85	Glow-4 63×77	Glow-5 62×78	Glow-6 61×76	Glow-8 63×74

주의해요

❷ '도형' 변수값을 스프라이트 [모양 이름]의 마지막 글자인 '3', '4', '5', '6', '8'로 정해 봅시다. 형태 팔레트 `모양 번호` 블록의 '번호'를 '이름'으로 수정한 후 연산 팔레트의 `가위 의 길이` 블록에 결합해 `모양 이름 의 길이` 블록을 만드세요.

이 블록은 '[모양 이름]의 글자 수'를 나타내요. 모양의 이름이 'Glow-3'이라면 이 블록 값은 '6'이겠죠? 글자 수가 모두 같기 때문에 이 블록 값은 전부 '6'이에요.

❸ 형태 팔레트의 `모양 번호` 블록에서 '번호'를 '이름'으로 바꾼 후 연산 팔레트의 `가위 의 1 번째 글자` 블록을 결합해 `모양 이름 의 1 번째 글자` 블록을 만드세요.

주의해요

❹ ❷ 과정의 블록을 ❸ 과정의 블록의 '1' 자리에 결합해

`모양 이름 의 모양 이름 의 길이 번째 글자` 블록을 만드세요. 이 블록은 '[모양 이름]의 여섯 번째 글자'를 나타내므로 스프라이트 모양의 이름이 'Glow-3'이라면 이 블록 값은 '3'이 됩니다. 즉, [모양 이름]의 마지막 글자를 값으로 가지게 돼요.

❺ 변수 팔레트의 `도형 을(를) 0 로 정하기` 블록과 ❹ 과정에서 만든

`모양 이름 의 모양 이름 의 길이 번째 글자` 블록을 결합해 '도형' 변수값을 '스프라이트 [모양 이름]의 마지막 글자'로 정합니다. '도형' 변수값이 화면에 나타난 '숫자' 스프라이트의 모양과 일치하게 됐어요. 이 블록을 ❹ 과정의 블록 아래에 연결하세요.

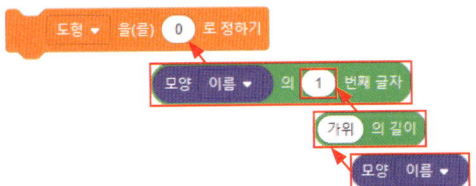

STEP 06 '다각형 그리기' 신호를 보내 그림 그리기

'그리기' 스프라이트를 클릭했을 때 '다각형 그리기' 신호를 보내도록 해 볼게요.

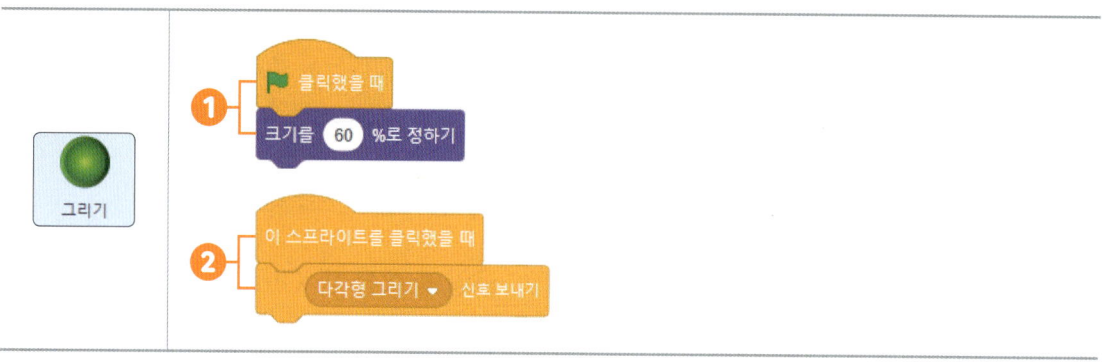

① '그리기' 스프라이트를 선택한 후 이벤트 팔레트의 클릭했을 때 블록과 형태 팔레트의 크기를 100 %로 정하기 블록을 코드 창에 배치하고 '100'을 '60'으로 수정하세요.

② 이벤트 팔레트의 이 스프라이트를 클릭했을 때 블록과 다각형 그리기 신호 보내기 블록을 코드 창의 빈곳에 가져와 차례대로 연결하세요.

STEP 07 무대 위 그림 지우기

'지우기' 스프라이트를 클릭했을 때 무대 위에 그려진 그림이 지워지도록 해 볼게요.

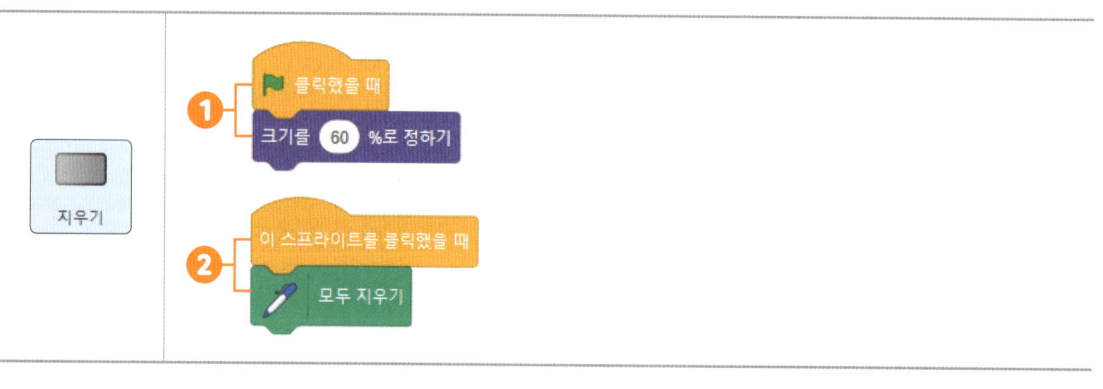

① '지우기' 스프라이트를 선택한 후 이벤트 팔레트의 클릭했을 때 블록과 형태 팔레트의 크기를 100 %로 정하기 블록을 코드 창에 배치하고 '100'을 '60'으로 수정하세요.

② 이벤트 팔레트의 이 스프라이트를 클릭했을 때 블록과 펜 팔레트의 모두 지우기 블록을 연결해 무대 위 그림을 지우는 코딩을 완성하세요.

전체 코드 CHECK!

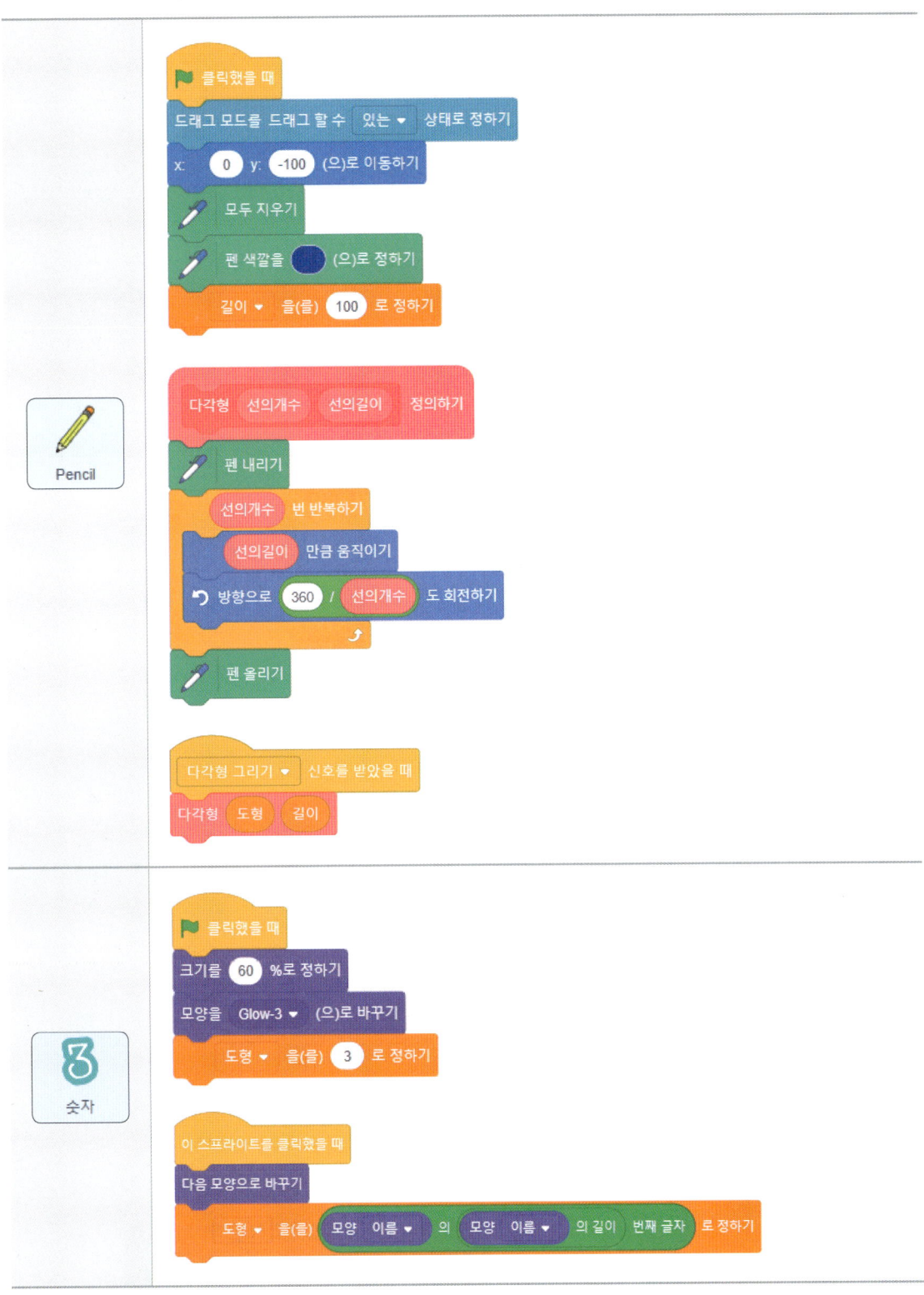

266

'신호 보내고 기다리기' 블록과 [내 블록] 비교하기

'신호 보내고 기다리기' 블록을 변수와 결합하면 [내 블록]처럼 사용할 수 있어요. 우선 '신호 보내고 기다리기' 블록과 [내 블록]을 비교해 봅시다.

	신호 보내고 기다리기	나만의 블록
비슷한 점	• 메시지를 만들어서 사용해요. • 메시지를 보내고 메시지를 받은 블록의 실행이 완료된 이후 다음 블록을 실행해요.	• [내 블록]을 정의해 사용해요. • [내 블록]으로 호출하면 정의된 블록이 모두 실행된 후 다음 블록을 실행해요.
다른 점	• 다른 스프라이트나 배경에서도 사용할 수 있어요. • '입력값'이 없어요.	• 설정한 스프라이트나 배경에서만 사용할 수 있어요. • 입력값을 사용할 수 있어요.
코드	점프하기 ▼ 신호 보내고 기다리기 ↓ 점프하기 ▼ 신호를 받았을 때 y좌표를 100 만큼 바꾸기 0.1 초 기다리기 y좌표를 -100 만큼 바꾸기 0.1 초 기다리기	점프하기 ↓ 점프하기 정의하기 y 좌표를 100 만큼 바꾸기 0.1 초 기다리기 y 좌표를 -100 만큼 바꾸기 0.1 초 기다리기
동작		블록 ↑↓

변수와 '신호 보내고 기다리기' 블록을 결합해 [내 블록]처럼 사용해 봅시다.

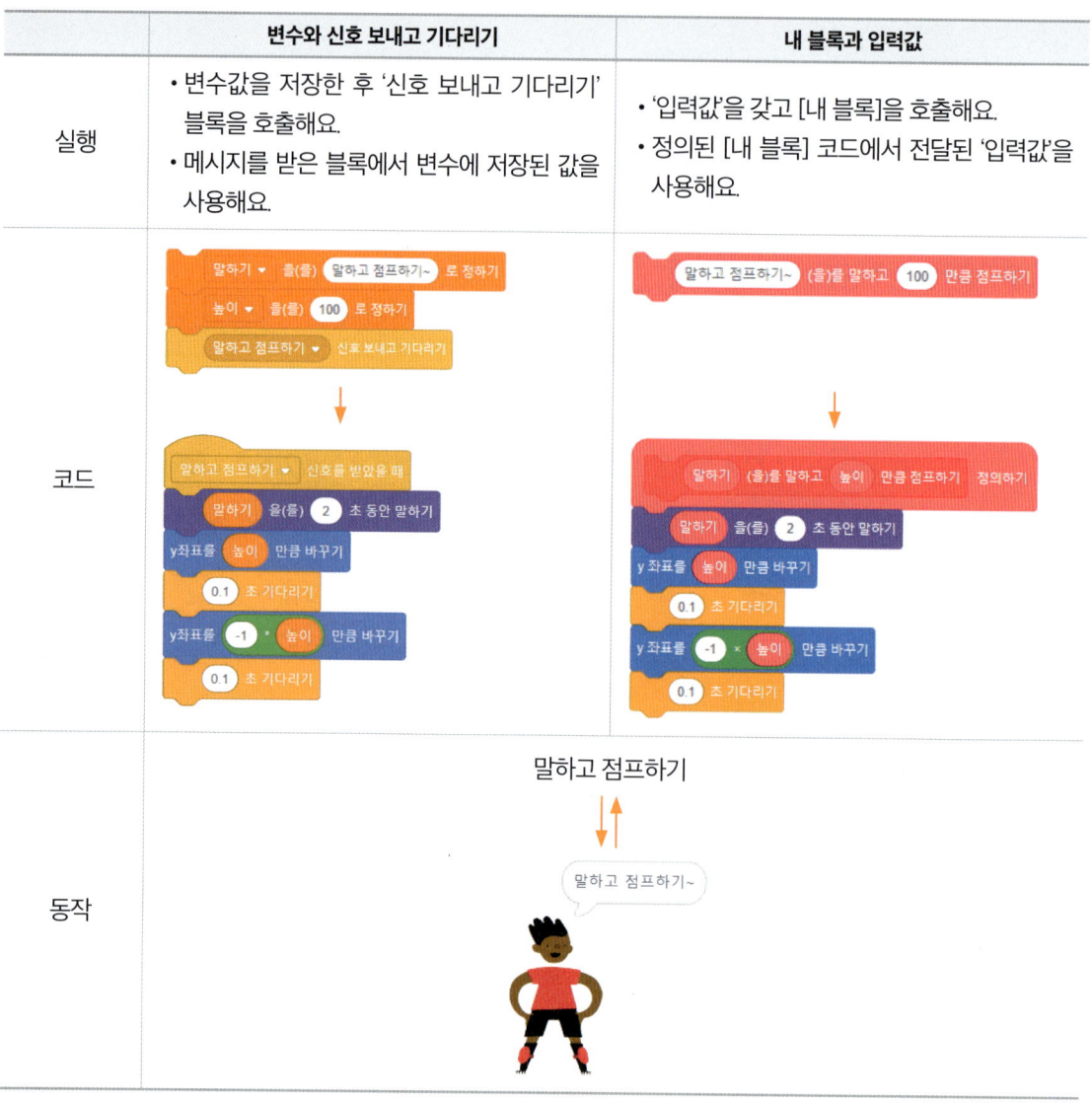

> **TipTalk** 변수와 '신호 보내고 기다리기' 블록을 이용하면 다른 스프라이트에도 이용할 수 있지만, 다른 코드로 인해 변수값이 변경될 수 있으니 주의해야 해요.

◀ 정답코드 확인
http://gilbut.co/c/220733601J

도전! 코딩 마스터 DO TODAY!

이렇게 만들어요! ▶
https://scratch.mit.edu/projects/663802381/

다각형을 그리는 [내 블록]을 활용해 여러 가지 디자인 패턴을 만들어 보세요. 반복 블록 안에 반복 블록을 넣거나 색과 방향이 바뀌도록 하는 등 여러 가지 방법을 시도해요.

스프라이트와 배경

'Pencil(연필)' 스프라이트	'Blue Sky2(푸른 하늘)' 스프라이트	'Stars(천체)' 배경
Pencil	Blue Sky 2	Stars

미션 1 반복 블록의 내부에 반복 블록을 결합해 패턴을 만들어 보세요.

미션 2 색을 바꾸며 반복적으로 회전하는 패턴을 만들어 보세요.

〈 힌트 〉

1. `다각형 ◯ ◯` 블록을 이용해 다양한 다각형을 그려요.

2. 다각형의 종류를 입력할 '도형' 변수와 변의 길이를 입력할 '길이' 변수가 필요해요.

3. 펜의 색상을 변경하려면 `펜 색깔 을(를) 10 만큼 바꾸기` 블록을 반복해 사용해요.

4. 그리기 방향이나 좌표를 변경해 다양한 패턴을 만들 수 있어요.

WEEK 14

이번에 배울 핵심 기능 ▶ 확장 기능

야구공을 멀리멀리~ 홈런!

코딩 개념 이해 쏙쏙 | 여러 가지 확장 기능 알아보기

스크래치 3.0에서는 '음악', '펜', '비디오 감지', '텍스트 음성 변환(TTS)', '번역' 등 다양한 확장 기능을 이용할 수 있어요. 여러 요소를 추가해 더 재미있고 유용한 프로젝트를 만들 수 있겠죠?

또한 'Makey Makey(메이키메이키)'나 'micro:bit(마이크로비트)'와 같은 하드웨어 보드와 연결할 수도 있고, 다양한 'LEGO(레고)'와 연결해 로봇을 작동시킬 수도 있어요. 스크래치 무대 밖에서도 프로젝트를 실행해 볼 수 있다니 놀랍지 않나요?

스크래치 공부를 열심히 해서 업그레이드된 프로젝트를 만든다고 상상해 보세요! 번역 프로젝트나, 음악 연주 프로젝트, 비디오로 실제 움직임을 감지하는 프로젝트 등 다양한 코딩이 가능합니다.

코딩 활용 퀴즈

▶ 정답 및 해설 326쪽

1 팔레트 목록 아래에 있는 [확장 기능 추가하기] 를 클릭하면 다양한 기능을 이용할 수 있어요. 각각의 그림을 보며 어떤 확장 기능들이 있을지 생각해 보고 그림과 기능을 바르게 연결하세요.

펜
- 무대에 그림을 그려 보세요.

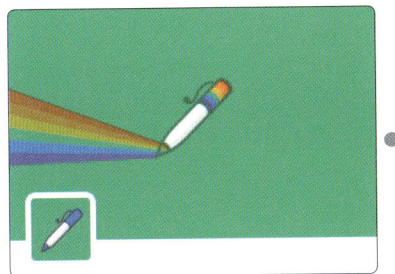

텍스트 음성 변환(TTS)
- 텍스트를 소리로 바꿔 보세요.

음악
- 여러 가지 악기를 연주해 보세요.

비디오 감지
- 카메라를 이용해 움직임을 감지해 보세요.

번역
- 텍스트를 여러 가지 언어로 번역해 보세요.

내 동작을 감지하는 야구 게임

▼ 작품 미리보기

- 확장 기능 중 비디오 감지 기능에 대해 알아봐요.
- 비디오 감지 기능을 이용해 스프라이트에서 동작을 감지해요.
- 동작이 감지되면 실행되는 프로젝트를 만들어요.

◀ 이렇게 만들어요

『https://scratch.mit.edu/projects/679699712/』에 접속한 후 시작(▶)을 클릭해 작품을 실행해 보세요.

⟨ 단계별 코딩 미리보기 ⟩

1 무대의 왼쪽에 위치한 야구공에 동작이 감지되면 오른쪽으로 날아간다.

2 타자 스프라이트에서 동작이 감지되면 야구 방망이를 휘두른다.

3 야구공이 야구 방망이에 맞으면 소리를 내며 반대편으로 날아가고 점수가 올라간다.

스프라이트&블록

❖ 스프라이트와 배경

'Batter(타자)' 스프라이트	'Baseball(야구공)' 스프라이트	'Baseball 2(야구 2)' 배경
Batter	Baseball	Baseball 2

❖ 꼭 알아야 할 블록

팔레트	블록	블록 설명
비디오 감지	비디오 동작 에 대한 스프라이트 에서의 관찰값	선택한 스프라이트 또는 무대에서 비디오의 동작 또는 방향을 감지한 값을 표시해요.
	비디오 켜기	비디오를 켜거나 끄도록 설정해요.
	비디오 투명도를 50 (으)로 정하기	무대 위에 나타나는 비디오 화면의 투명도를 설정해요.
음악	(1) 스네어 드럼 번 타악기를 0.25 박자로 연주하기	선택한 타악기를 입력한 박자로 연주해요.
	0.25 박자 쉬기	입력한 박자만큼 쉬어요.
	악기를 (1) 피아노 (으)로 정하기	악기를 선택한 악기로 정해요.
	60 번 음을 0.25 박자로 연주하기	지정한 음을 입력한 박자로 연주해요.

WEEK 14

01 스크래치를 실행한 후 배경 'Baseball 2(야구 2)'을 불러오세요.

02 'Batter(타자)'와 'Baseball(야구공)' 스프라이트를 추가하세요.

03 팔레트 목록 아래에 있는 [확장 기능 추가하기] 를 클릭하면 새로운 창이 등장합니다. 여러 가지 확장 기능 중 [비디오 감지]를 선택해 볼게요. 팔레트 목록에 가 추가된 것을 확인할 수 있죠?

04 의 팔레트에서 야구공, 점수 변수를 만들어 볼게요.

야구공	주어질 야구공의 개수를 저장하는 변수
점수	야구방망이로 야구공을 맞춘 점수를 저장하는 변수

STEP 01   게임 방법을 알려주고 게임 시작하기

시작하기 버튼을 클릭했을 때 게임 방법을 알려주고 게임 시작 신호를 보내요.

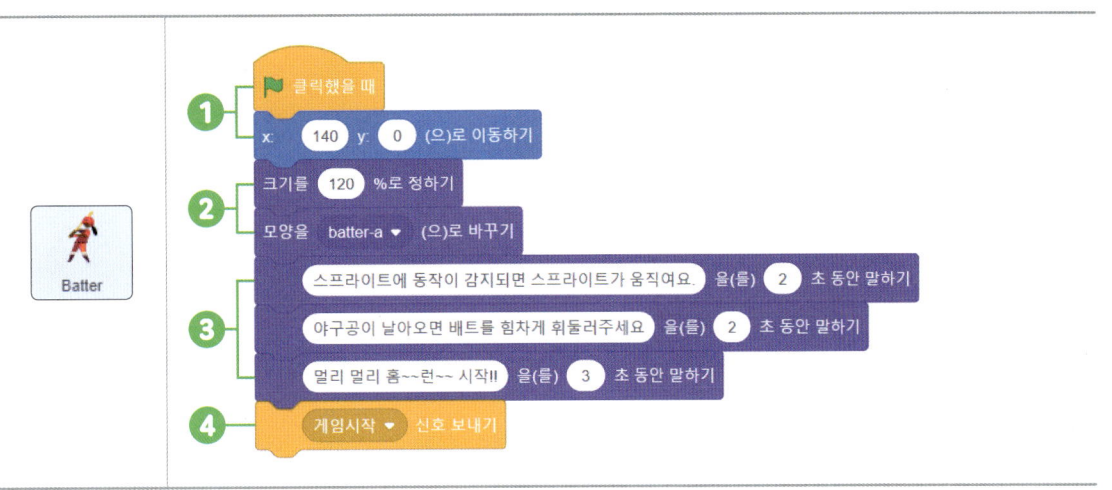

① 우선 'Batter(타자)' 스프라이트를 선택하세요. 이벤트 팔레트의 클릭했을 때 블록을 코드 창의 빈곳에 배치하고 동작 팔레트의 x: 0 y: 0 (으)로 이동하기 블록을 가져와 연결한 후 좌푯값을 'x: 140, y: 0'으로 수정하세요.

② 'Batter(타자)' 스프라이트의 모양을 야구공을 기다리며 준비하는 자세로 정합니다.
❶ 과정 아래에 형태 팔레트의 크기를 100 %로 정하기 블록을 연결하고 '100'을 120'으로 수정한 후 형태 팔레트의 모양 batter-a ▼ (으)로 바꾸기 블록을 가져와 연결하세요.

③ 형태 팔레트의 안녕! 을(를) 2 초 동안 말하기 블록을 세 개 가져와 ② 과정 아래에 연결하세요. 다음과 같이 게임 방법을 간단히 소개하고 게임 시작을 알려요.

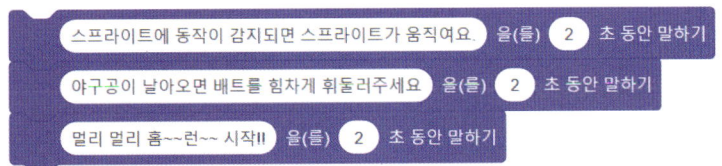

④ 이벤트 팔레트의 메시지1 ▼ 신호 보내기 블록을 가져와 연결한 후, '메시지1'을 클릭해 '게임 시작' 메시지를 만드세요.

STEP 02 비디오를 켜고 게임 준비하기

게임을 시작하면 '점수'와 '야구공' 변수를 초기화하고 비디오를 켜 게임을 준비해요.

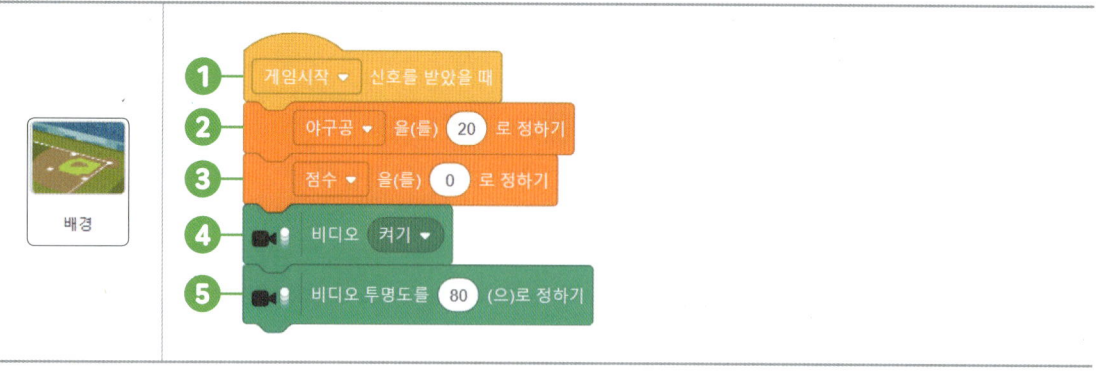

① 　　 팔레트의 　　 블록을 코드 창의 빈곳으로 가져와 '메시지1'을 '게임시작'으로 변경하세요.

② 　　 팔레트의 　　 블록을 가져와 연결한 후 값을 '20'으로 수정해 게임에 등장할 야구공 개수를 정하세요. 개수는 원하는 대로 설정해도 좋아요.

③ 이번에는 게임 시작할 때 점수를 '0'으로 초기화하기 위해 　　 팔레트의 　　 블록을 가져와 연결한 후 '야구공'을 '점수'로 변경하세요.

④ 프로젝트에서 비디오 기능을 사용할 수 있도록 　　 팔레트의 　　 블록을 가져와 ③ 과정 아래에 연결하세요.

잠깐만요 비디오 투명도 설정하기

비디오가 켜지면 영상이 무대 위에 등장하는데, 초기 투명도는 '50'으로 설정돼 있어요. 　　 블록으로 투명도를 '0'에서 '100' 사이로 조절할 수 있답니다. 투명도가 '0'이면 무대 위에 스프라이트와 배경 없이 비디오 영상만 나타나고, '100'이면 비디오 영상이 완전히 투명해져 배경만 보여요.

▲ 투명도 '0'인 경우　　▲ 투명도 '50'인 경우　　▲ 투명도 '100'인 경우

⑤ 프무대와 스프라이트가 더 선명하게 보이도록 비디오의 투명도를 높입니다. '비디오 감지' 팔레트의 '비디오 투명도를 50 (으)로 정하기' 블록을 가져와 ④ 과정 아래에 연결한 후 '50'을 '80'으로 수정하세요.

STEP 03 야구공을 던지도록 신호보내기

'게임 시작' 신호를 받았을 때 'Baseball(야구공)' 스프라이트에 비디오 동작이 감지되면 '공 던지기' 신호를 보내는 것을 반복합니다.

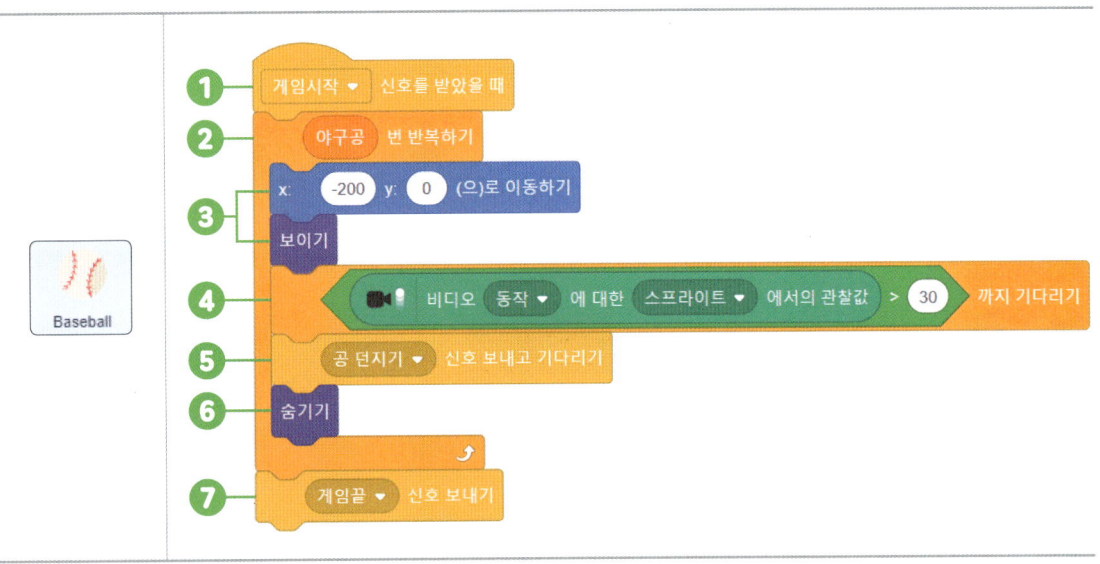

❶ 게임이 시작되면 야구공이 움직이도록 '이벤트' 팔레트의 '게임시작 신호를 받았을 때' 블록을 코드 창의 빈곳에 배치합니다.

❷ '야구공' 변수에 저장된 수만큼 동작이 반복되도록 '제어' 팔레트의 '10 번 반복하기' 블록을 가져와 연결한 후 '10' 자리에 '변수' 팔레트의 '야구공' 블록을 가져와 결합하세요.

❸ 'Baseball(야구공)' 스프라이트가 등장하는 위치를 지정해 볼게요. '동작' 팔레트에서 'x: 0 y: 0 (으)로 이동하기' 블록을 가져와 좌푯값을 'x: -200, y: 0'으로 수정하고 '형태' 팔레트의 '보이기' 블록과 연결해 ❷ 과정의 반복 블록 내부에 끼워 넣으세요.

> **TipTalk** # 'Baseball(야구공)' 스프라이트가 벽에 닿아 있으면 아래에 연결한 조건 반복 블록이 실행되지 않으므로 시작 위치를 설정할 때 주의해야 해요. 따라서 공의 x 좌푯값을 무대의 끝인 '-240'이 아닌 '-200'으로 지정해 줬어요!

④ 'Baseball(야구공)' 스프라이트에 동작이 감지될 때까지 기다리도록 [제어] 팔레트의 [까지 기다리기] 블록을 가져와 ❸ 과정 아래에 연결하고 ◆에 [연산] 팔레트의 [◯ > 50] 블록을 결합합니다. [◯ > 50] 블록 앞의 자리에 [비디오 감지] 팔레트의 [비디오 동작▼에 대한 스프라이트▼에서의 관찰값] 블록을 결합하고 '50'을 '30'으로 수정합니다.

[비디오 동작▼에 대한 스프라이트▼에서의 관찰값 > 30 까지 기다리기]

이때 관찰값은 카메라에 따라 다를 수 있으므로 다음 **TipTalk**의 방법대로 관찰값을 확인해 적당한 값으로 수정하세요.

TipTalk [비디오 동작▼에 대한 스프라이트▼에서의 관찰값] 블록 값은 비디오를 통해 감지되는 움직임이 커질수록 증가해요. [안녕! 말하기] 블록에 결합하여 무한 반복 블록 내부에 넣어 실행하면 비디오를 통해 스프라이트에서 감지되는 움직임의 크기를 확인할 수 있어요.

무한 반복하기
　[비디오 동작▼에 대한 스프라이트▼에서의 관찰값 말하기]

⑤ [이벤트] 팔레트의 [메시지1▼ 신호 보내고 기다리기] 블록을 가져와 ❹ 과정 아래에 끼우고 '메시지1'을 클릭해 새로운 메시지인 '공 던지기'를 만드세요. 야구공이 끝까지 이동한 후에 새로운 야구공이 등장해야 하므로 이 블록을 사용해요.

⑥ [형태] 팔레트의 [숨기기] 블록을 가져와 ❺ 과정 아래에 끼워 넣으세요.

⑦ 정해진 횟수만큼 야구공을 던지면 게임이 종료되도록 ❷ 과정의 반복하기 블록 아래에 [이벤트] 팔레트 [메시지1▼ 신호 보내기] 블록을 가져와 연결하고 '메시지1'를 클릭해 '게임 끝' 메시지를 만드세요.

STEP 04 야구공의 움직임 설정하기

'공던지기' 신호를 받았을 때 'Baseball(야구공) 스프라이트가 무대의 오른쪽 벽에 닿을 때까지 이동하도록 해 볼게요.

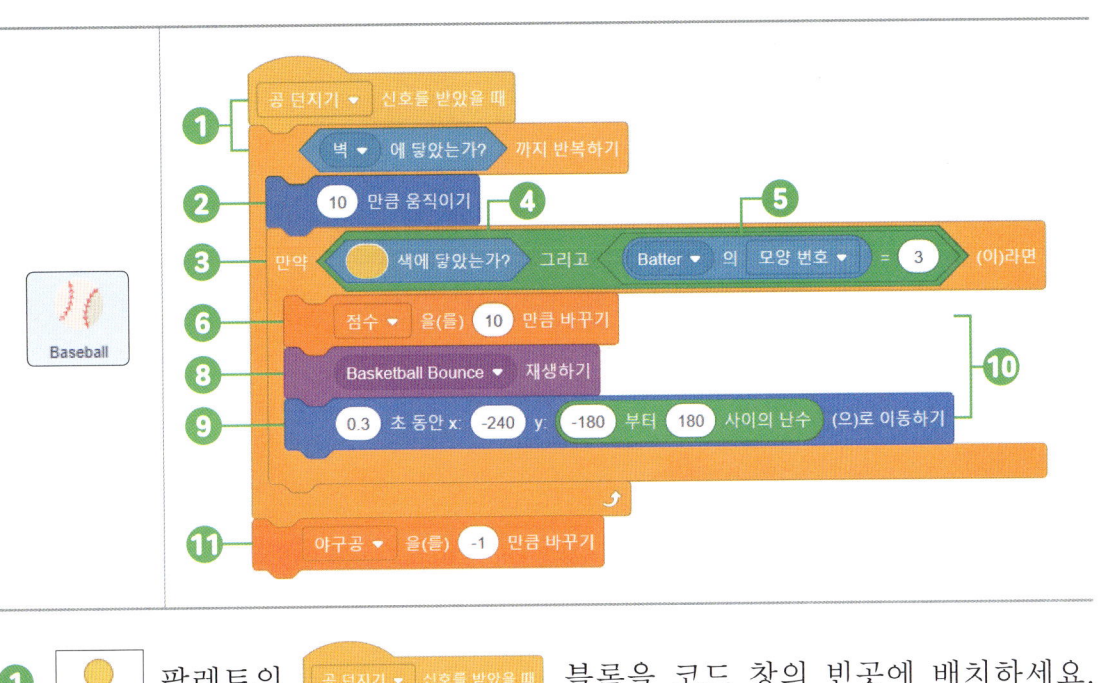

① 　　　 팔레트의 　　　 블록을 코드 창의 빈곳에 배치하세요.

　　　 팔레트의 　　　 블록을 가져와 연결하고 　　　 에 　　　 팔레트의

　　　 블록을 결합한 후 '마우스 포인터'를 '벽'으로 변경하세요.

★중요해요
② ① 과정 반복 블록 내부에 　　　 팔레트 　　　 블록을 넣으세요.

★중요해요
③ 야구공이 타자가 휘두르는 야구 방망이에 닿은 경우, 블록이 실행되도록 해 볼게요. 'Baseball(야구공)' 스프라이트가 'Batter(타자)' 스프라이트의 야구 방망이에 닿았는지 그리고 이때 'Batter(타자)' 스프라이트가 세 번째 모양인지 모두 확인해야 해요.

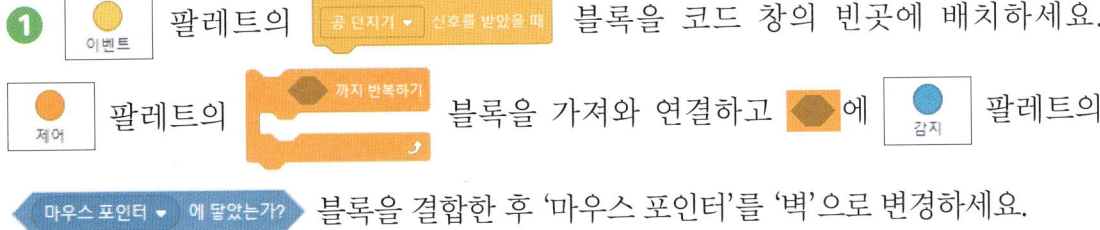

우선 　　　 팔레트의 　　　 블록을 반복 블록 내부의 　　　 블록 아래에 연결한 후 　　　 자리에 　　　 팔레트의 　　　 블록을 결합하세요.

④ 공이 야구 방망이에 닿았는지 판단하기 위해 　　　 팔레트의 　　　 블록을 가져와 　　　 을 클릭하고 'Batter(타자)' 스프라이트의 야구방망이를 선택해 색깔을 지정합니다. 그리고 ③ 과정 　　　 블록의 왼쪽 칸에 결합하세요.

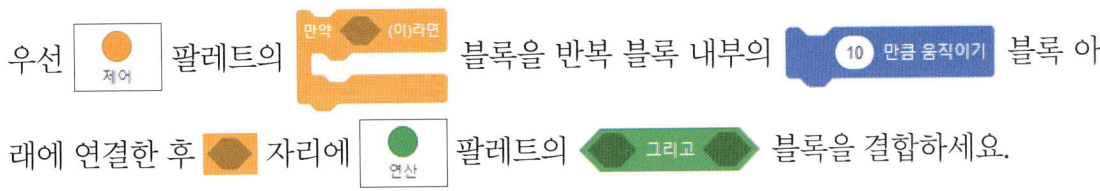

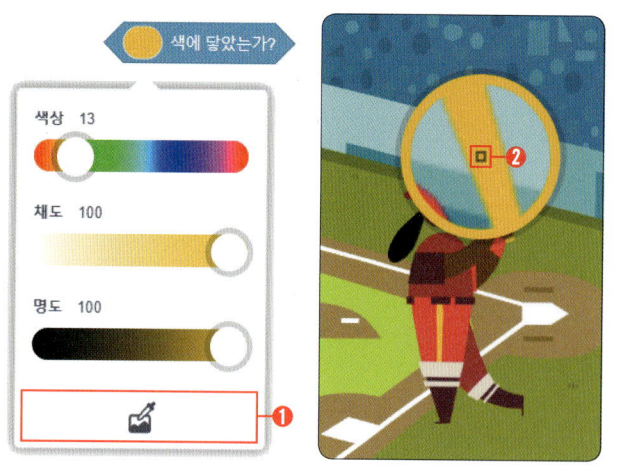

❺ 　🔵감지　팔레트의 `무대▼ 의 배경 번호▼` 블록에서 '무대'를 'Batter', '배경 번호'를 '모양 번호'로 수정한 후 　🟢연산　팔레트의 `◯ = 50` 블록의 왼쪽 칸에 결합하세요. 오른쪽 칸에는 '3'을 입력해 ❸ 과정의 `그리고` 블록의 오른쪽 칸에 결합하세요.

`색에 닿았는가? 그리고 Batter▼ 의 모양 번호▼ = 3` 블록이 완성됐어요.

❻ 야구공이 야구 방망이에 맞으면 점수가 10점씩 올라가도록 　🟠변수　팔레트의 `점수▼ 을(를) 1 만큼 바꾸기` 블록을 코드 창의 빈곳으로 가져와 '1'을 '10'으로 수정해요.

❼ 야구공이 야구 방망이에 부딪혔을 때 효과음이 재생되도록 해 볼게요. 'Baseball(야구공)' 스프라이트의 [소리] 탭에서 [소리 고르기] 🔊 를 클릭하세요. 그런 다음 [스포츠]에서 'Basketball Bounce(농구공 튀는 소리)'를 추가하세요.

❽ 　🟣소리　팔레트의 `Basketball Bounce▼ 재생하기` 블록을 ❻ 과정 아래에 연결하세요.

!주의해요

❾ 야구공이 오른쪽으로 날아가는 모습을 표현해 볼게요. 　🔵동작　팔레트의 `1 초 동안 x: 0 y: 0 (으)로 이동하기` 블록을 가져와 '1'을 '0.3', x좌푯값은 '-240'으로 수정하세요. y좌표 자리에는 　🟢연산　팔레트의 `1 부터 10 사이의 난수` 블록을 결합하고 값을 '-180'과 '180'로 수정하세요.

`0.3 초 동안 x: -240 y: -180 부터 180 사이의 난수 (으)로 이동하기` 블록을 ❽ 과정의 블록 아래에 연결하세요.

⑩ ⑥~⑨ 과정에서 만들어진 블록을 ❸ 과정 조건 블록의 내부에 넣으세요.

⑪ 야구공이 벽에 닿으면 야구공 숫자를 하나씩 줄이도록 ⬤ 변수 팔레트의 `야구공 ▼ 을(를) 1 만큼 바꾸기` 블록을 가져온 후 '1'을 '-1'로 수정하고 ❶ 과정의 반복하기 블록 아래에 연결하세요.

STEP 05 야구 방망이 휘두르기

스프라이트에서 비디오 동작을 감지하면 'Batter(타자)' 스프라이트가 야구 방망이를 휘두르도록 해 볼게요.

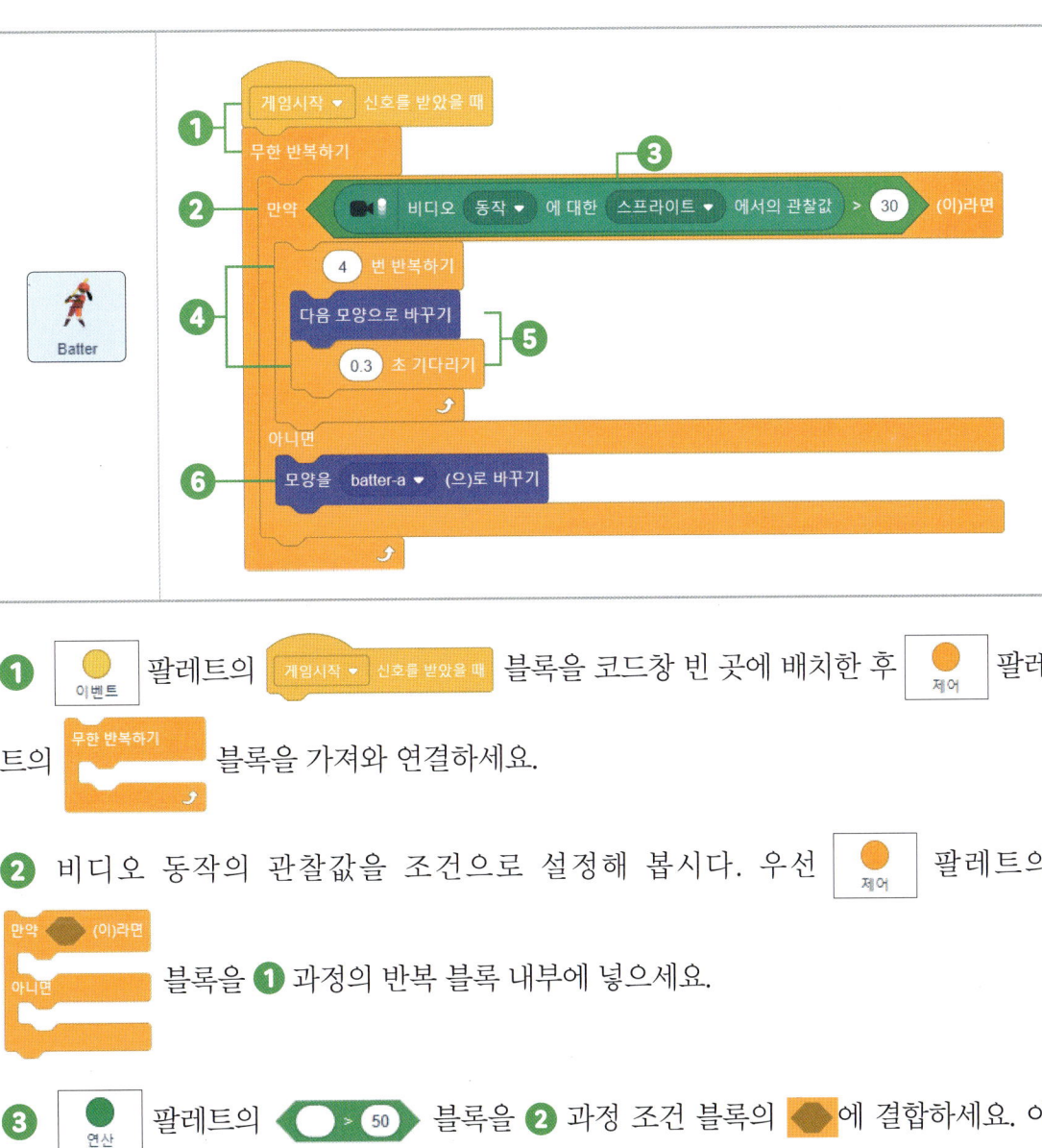

❶ ⬤ 이벤트 팔레트의 `게임시작 ▼ 신호를 받았을 때` 블록을 코드창 빈 곳에 배치한 후 ⬤ 제어 팔레트의 `무한 반복하기` 블록을 가져와 연결하세요.

❷ 비디오 동작의 관찰값을 조건으로 설정해 봅시다. 우선 ⬤ 제어 팔레트의 `만약 (이)라면 아니면` 블록을 ❶ 과정의 반복 블록 내부에 넣으세요.

❸ ⬤ 연산 팔레트의 `◯ > 50` 블록을 ❷ 과정 조건 블록의 ⬢에 결합하세요. 이 블록의 왼쪽 칸에 ⬤ 비디오 감지 팔레트의 `비디오 동작 ▼ 에 대한 스프라이트 ▼ 에서의 관찰값` 블록을

결합하고, 오른쪽 칸의 '50'을 '30'으로 수정합니다.

> **TipTalk** 278쪽에서 'Baseball(야구공)' 스프라이트를 코딩할 때 비디오 동작에 대한 관찰값을 확인했죠? 이 방법을 참고하여 적당한 값으로 수정하세요.

④ 스프라이트 동작이 감지될 때 모양이 연속으로 바뀌면서 야구 방망이를 휘두르는 것처럼 보이도록 해 볼게요. 제어 팔레트의 10번 반복하기 블록을 코드 창의 빈곳으로 가져와 배치한 후 '10'을 스프라이트 모양의 개수인 '4'로 수정하세요. 형태 팔레트의 다음 모양으로 바꾸기 블록과 제어 팔레트의 1초 기다리기 블록을 가져와 반복 블록의 내부에 넣은 후 '기다리기' 블록의 '1'을 '0.3'으로 수정하세요.

> **TipTalk** [모양] 탭을 클릭해 'Batter(타자)' 스프라이트의 모양을 살펴봅시다. 스프라이트가 야구방망이를 휘두르는 자세인 'Batter-c' 모양으로 바뀌었을 때 야구공을 맞춰야 합니다.

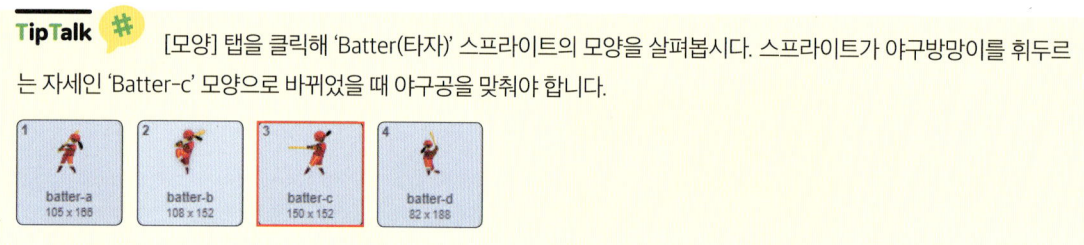

⑤ 움직임이 감지된 경우, ④ 과정에서 만든 블록이 실행되도록 ② 과정 반복 블록 내부 첫 번째 칸에 ④ 과정의 조건 블록을 결합하세요.

⑥ 움직임이 감지되지 않으면 'Batter(타자)' 스프라이트가 준비 자세를 유지하도록 형태 팔레트의 모양을 batter-a (으)로 바꾸기 블록을 ② 과정의 조건 블록 내부 두 번째 칸에 결합해 코딩을 완성하세요.

STEP 06 게임 종료하기

게임이 끝났을 때 비디오를 끄고 실행 중인 코드를 모두 멈춥니다.

❶ 야구공을 정해진 횟수만큼 던지고 나면 게임이 종료되도록 해 볼게요. [무대]를 선택한 후 `이벤트` 팔레트의 `게임끝 신호를 받았을 때` 블록을 가져와 코드 창의 빈곳에 배치하세요.

❷ `비디오 감지` 팔레트의 `비디오 켜기` 블록을 연결하고 '켜기'를 '끄기'로 수정하세요.

❸ 실행 중인 코드가 모두 멈추도록 `제어` 팔레트에서 `멈추기 모두` 블록을 가져와 ❷ 과정의 블록 아래에 연결하세요.

전체 코드 CHECK!

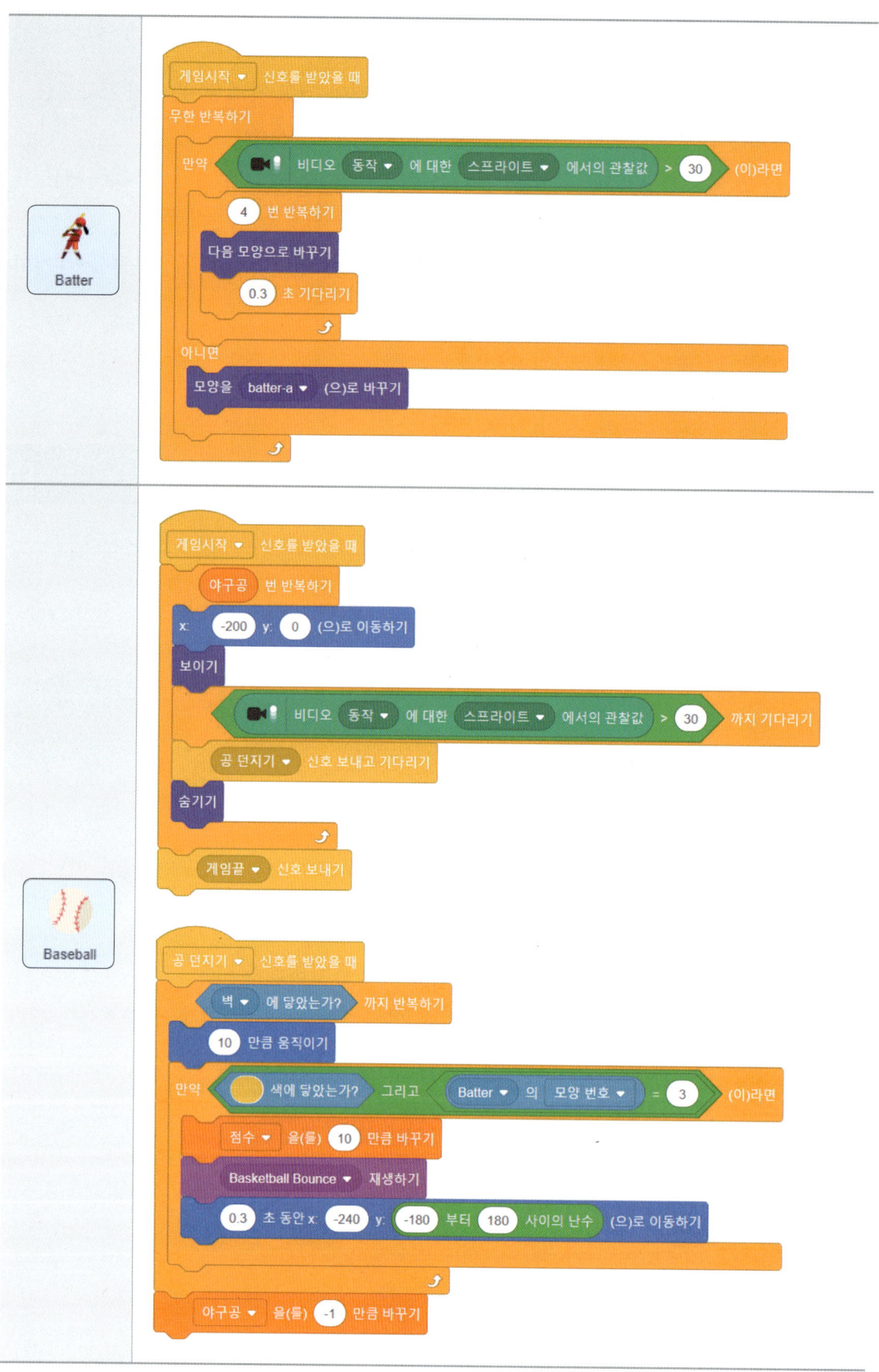

'음악' 기능 알아보기

확장 기능 중 '음악'에 대해 좀 더 알아봅시다. 음악 팔레트의 명령 블록을 활용하면 음계와 박자를 설정해 음악을 연주할 수 있어요. 코딩으로 내가 원하는 음악을 재생해 봅시다!

팔레트 목록 아래에 있는 [확장 기능 추가하기]를 클릭해 '확장 기능 고르기' 창이 나타나면 [음악]을 선택하세요. 음악 팔레트를 추가하면 블록이 등장합니다.

팔레트	블록	블록 설명
음악	(1) 스네어 드럼 번 타악기를 0.25 박자로 연주하기	선택한 타악기를 지정한 박자로 연주해요.
	악기를 (1) 피아노 (으)로 정하기	연주할 악기를 선택해요.
	60 번 음을 0.25 박자로 연주하기	첫 번째 숫자로 지정한 음을 두 번째 숫자로 지정한 박자로 연주해요.
	0.25 박자 쉬기	지정한 박자만큼 쉬어요.

❶ 타악기 연주하기

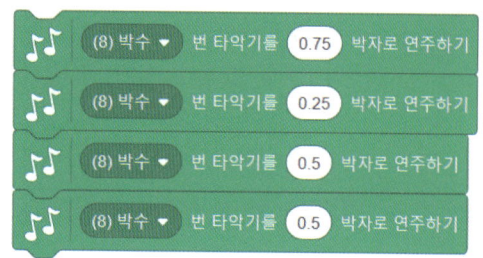 팔레트의 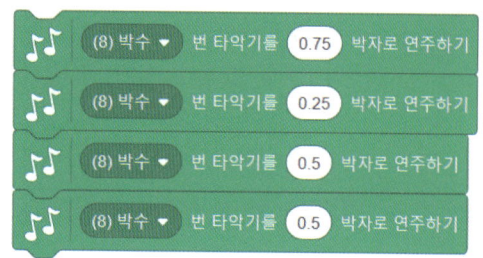 블록을 이용하면 설정한 타악기로 입력한 박자를 연주할 수 있어요. '대~한민국 ~'을 '박수'로 코딩해 볼까요?

❷ 연주할 악기를 정하고 음계 연주하기

이번에는 멜로디가 있는 음악을 연주해 봅시다.

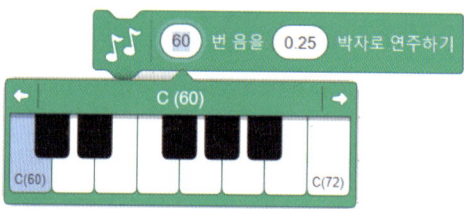 팔레트의 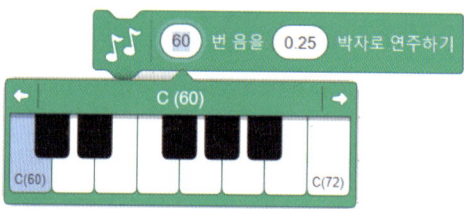 블록을 이용하면 연주할 악기를 정하고

 블록에서 음계를 건반으로 선택할 수 있어요.

다음과 같이 코딩하여 어떤 음악이 되는지 연주해 보세요.

◀ 정답코드 확인
http://gilbut.co/c/22073360IJ

이렇게 만들어요! ▶
https://scratch.mit.edu/projects/679701039/

'음악' 블록을 이용하여 음악을 연주하는 프로젝트를 만들어 봅시다.

스프라이트와 배경

'Magic Wand (마법 지팡이)' 스프라이트	'Drum (드럼)' 스프라이트	'Keyboard (키보드)' 스프라이트	'Guitar (기타)' 스프라이트	'Saxophone (색소폰)' 스프라이트	'Theater (극장)' 배경
Magic Wand	Drum	Keyboard	Guitar	Saxophone	Theater

미션 1 마법 지팡이가 마우스 포인터 쪽으로 이동하도록 해 보세요.

미션 2 마법 지팡이가 드럼 스프라이트에 닿았을 때 타악기를 박자에 맞춰 연주하도록 해 보세요.

미션 3 마법 지팡이가 키보드, 기타, 색소폰 등의 스프라이트에 닿았을 때 악기를 피아노, 기타, 색소폰으로 정하고 음악을 연주하도록 해 보세요.

〈 힌트 〉

1. `만약 (이)라면`, `마우스 포인터 ▼ 쪽 보기`, `10 만큼 움직이기` 블록을 사용해 스프라이트가 마우스 포인터 쪽으로 이동하도록 할 수 있어요.

2. 타악기 연주는 `(1) 스네어 드럼 ▼ 번 타악기를 0.25 박자로 연주하기` 블록을 사용해요.

3. `악기를 (1) 피아노 ▼ (으)로 정하기` 블록으로 악기를 정하고, 음계 연주는 `60 번 음을 0.25 박자로 연주하기` 블록을 사용해요.

WEEK 15

이번에 배울 핵심 기능 ▶ 프로젝트 설계하기

더 빠르게! 더 정확하게!

> **코딩 개념 이해 쏙쏙** 순서도를 이용해 알고리즘을 간단하게!

'알고리즘'을 이용해 컴퓨터에게 단계별로 명령을 내릴 수 있다는 것을 알게 됐죠? 알고리즘은 문장으로 표현할 수 있지만 '순서도'를 이용하면 더 간단하고 정확하게 나타낼 수 있어요.

'순서도'란 약속된 기호를 이용해 알고리즘을 나타낸 그림을 말해요. 그림을 이용하면 글로 쓰는 경우보다 논리의 흐름을 명확하게 표현할 수 있답니다.

순서도를 그릴 때 대표적으로 사용되는 기호에 대해 살펴보고 순서도를 이용해 알고리즘을 표현해 봅시다.

기호	명칭	설명
⬭	단말	순서도의 시작과 끝을 표시해요.
▭	처리	연산과 같은 처리 동작을 표시해요.
◇	판단	조건을 비교하고 판단해 참·거짓에 따라 실행을 결정해요.
반복 조건	반복	동일한 작업을 반복해 실행해요.
▱	입력	데이터를 입력해요.
⎆	출력	데이터를 출력해요.
→	흐름선	순서도의 기호를 연결해 실행 순서를 나타내요.

 **프로젝트 작성 단계 익히기**

이제는 스스로 프로젝트를 작성해 보고 싶다고요? 프로젝트를 작성하기 위한 단계를 살펴보며 나만의 프로젝트를 만들 힘을 길러 봅시다.

〉 프로젝트 작성 단계 〈

프로젝트 이해와 분석	알고리즘 설계	프로그래밍	실행과 수정
프로젝트를 파악하기 위해 '데이터'와 '기능' 관점에서 필요한 핵심 요소를 추출해요.	프로젝트 동작 과정을 순서대로 나열해요.	프로그래밍 언어를 이용해 프로그램을 작성해요.	프로그램을 실행해 확인하고 보완할 사항이 있으면 수정해요.

이와 같은 과정을 거쳐 작성한 프로그램을 실행해 보세요! 수정해야 할 부분이 있다면 이전 단계를 반복하며 프로젝트를 완성할 수 있어요.

〉 02 | 알고리즘의 표현 〈

'알고리즘'이란 어떤 작업을 수행하기 위한 절차나 방법을 공식화해 표현한 것을 의미해요. 알고리즘을 작성하면 문제를 해결하기 위한 과정을 쉽게 파악할 수 있어요. 알고리즘의 다양한 표현 방법에 대해 알아봅시다.

	자연어	순서도	의사 코드
표현 방법	일상생활에서 사용하는 언어로 표현한다.	약속된 규칙의 글, 도형과 선으로 표현한다.	자연어로 프로그래밍 언어를 흉내 내어 작성한다.
특징	쉽고 간단히 작성할 수 있다. 일상적인 표현을 사용하므로 알고리즘을 파악하는 데 어렵거나 의미 전달이 명확하지 않을 수 있다.	순서도 작성 규칙을 알아야 한다. 알고리즘의 흐름을 이해하기 쉽다.	프로그래밍 언어의 대략적인 문법을 알아야 작성할 수 있다.

프로젝트 준비 › 클릭클릭! 순발력 게임

파란 공과 노란 공 중, 로봇이 말하는 공을 주어진 시간 동안 모두 삭제하는 게임을 만들어 볼게요. 변수를 이용해 게임에 필요한 값을 저장하고 '복제하기' 기능을 이용해 무대에 스프라이트를 복제하는 등 지금까지 배운 내용을 응용해 나만의 게임을 만들어요.

〉 01 | 프로젝트 이해 및 분석하기 〈

- 데이터 관점 : 변수 준비하기

'게임 공' 변수	임의로 선택 된 'Ball(공)' 스프라이트의 모양 이름을 저장하는 변수
'Y좌표' 변수	'Ball(공)' 스프라이트 복제 시 Y좌푯값을 저장하는 변수
'노란 공', '파란 공' 변수	복제된 노란 공과 파란 공의 개수를 저장하는 변수
'초시계' 변수	게임 시간을 저장하는 변수

- 기능 관점 : 장면 구상하기

① 게임 준비하기

② 게임 진행하기
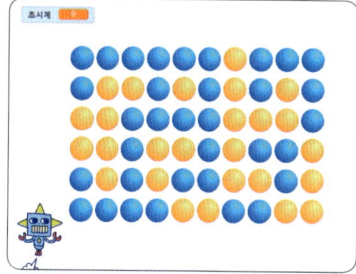

③ 게임 성공 확인하기
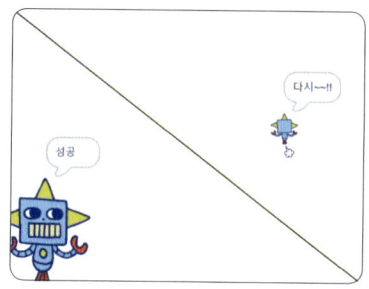

〉 02 | 순서도를 이용해 알고리즘 설계하기 〈

① 게임 준비하기
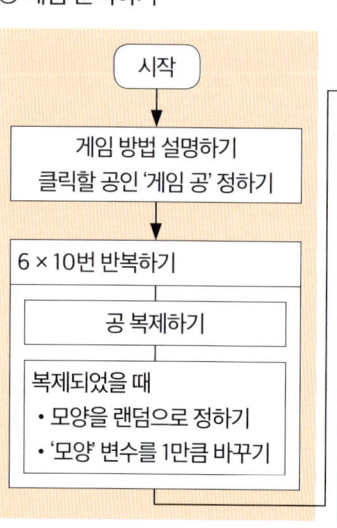

② 게임 진행하기
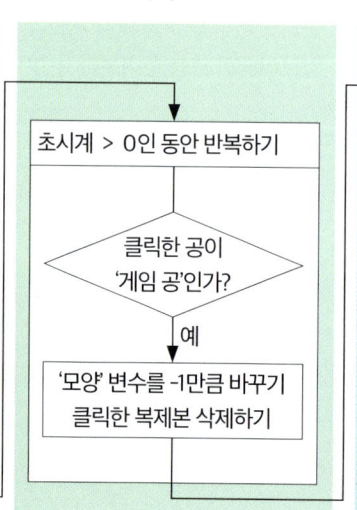

③ 게임 성공 확인하기
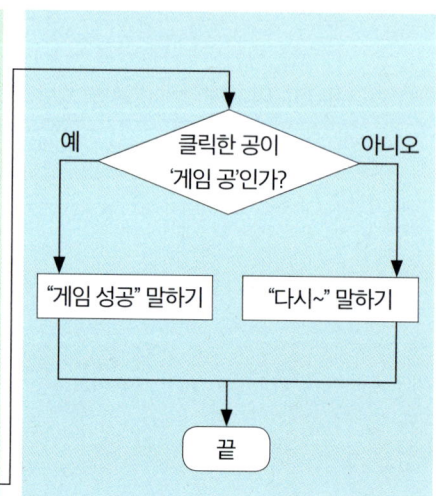

스프라이트&블록

❖ 스프라이트와 배경

'Robot(로봇)' 스프라이트	'Ball(공)' 스프라이트
Robot	Ball

❖ 꼭 알아야 할 블록

팔레트	블록	블록 설명
제어	복제되었을 때	스프라이트가 복제됐을 때, 이 블록 아래에 연결된 명령 블록들이 실행돼요.
	나 자신 ▼ 복제하기	선택한 스프라이트를 복제해요.
	이 복제본 삭제하기	복제된 스프라이트를 삭제해요.

WEEK 15

> **잠깐만요** 스프라이트 복제하기
>
> 스크래치에서는 원본 스프라이트와 똑같은 스프라이트를 만들 수 있는 '복제하기' 기능을 제공하고 있어요. 제어 팔레트의 `나 자신 복제하기` 블록을 이용하면 '나 자신'이나 '다른 스프라이트'를 복제할 수 있고, 복제된 스프라이트는 크기, 위치, 모양 등 원본 스프라이트의 특징을 그대로 갖게 됩니다.
>
> `복제되었을 때` 블록을 이용하면 복제된 스프라이트의 다음 동작을 제어할 수 있어요.

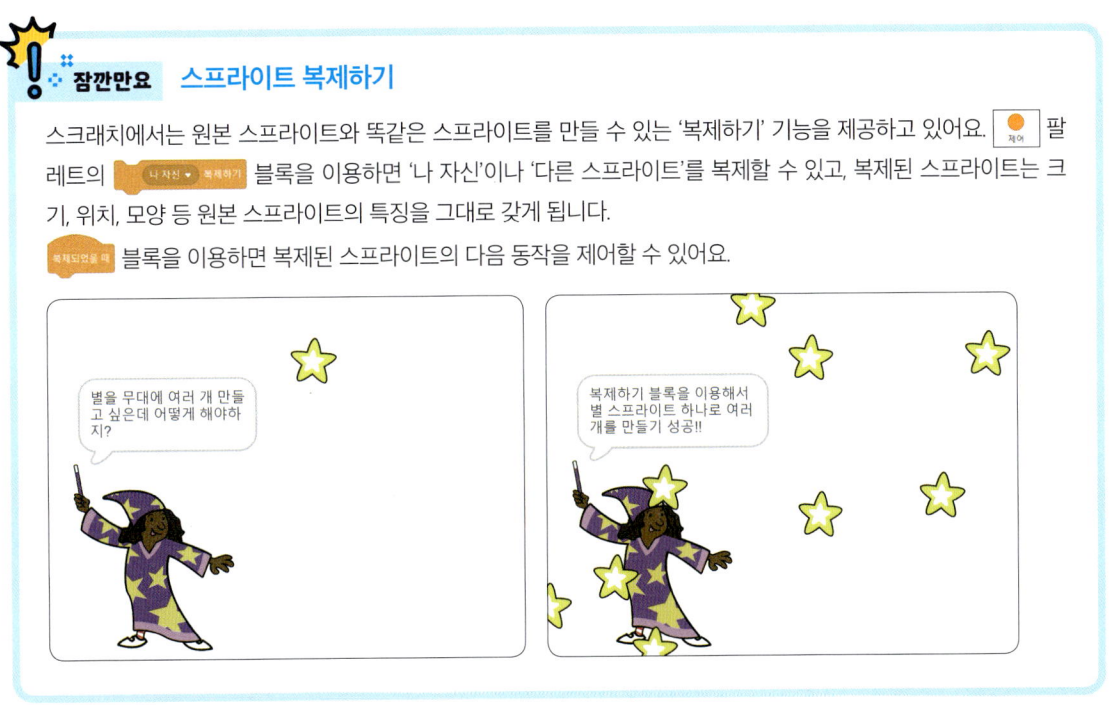

291

완성파일 | 클릭클릭.sb3

01 스크래치를 실행한 후 'Robot(로봇)'과 'Ball(공)' 스프라이트를 가져오세요. 'Robot(로봇)' 스프라이트를 무대 왼쪽 아래에 배치한 후 'Ball(공)' 스프라이트의 크기를 '70'으로 정해요.

02 'Ball(공)' 스프라이트를 선택하고 [모양] 탭을 클릭해 'ball-c', 'ball-d', 'ball-e' 모양을 삭제하고 'ball-a'과 'ball-b'의 이름을 '노란 공'과 '파란 공'으로 수정하세요.

03  팔레트의 '변수 만들기'를 클릭해 코딩에 사용할 변수를 만들어 둡니다.

게임 공	임의로 선택 된 'Ball(공)' 스프라이트의 모양 이름을 저장하는 변수
Y좌표	'Ball(공)' 스프라이트 복제 시 Y좌푯값을 저장하는 변수
노란 공	복제된 노란 공의 개수를 저장하는 변수
파란 공	복제된 파란 공의 개수를 저장하는 변수
조시계	게임 시간을 저장하는 변수

STEP 01   게임 방법을 설명한 후 게임 시작 알리기

'Robot(로봇)' 스프라이트가 게임 방법을 설명한 후 사용자가 클릭해야 할 공의 색을 알려주고 게임이 시작되도록 해 볼게요.

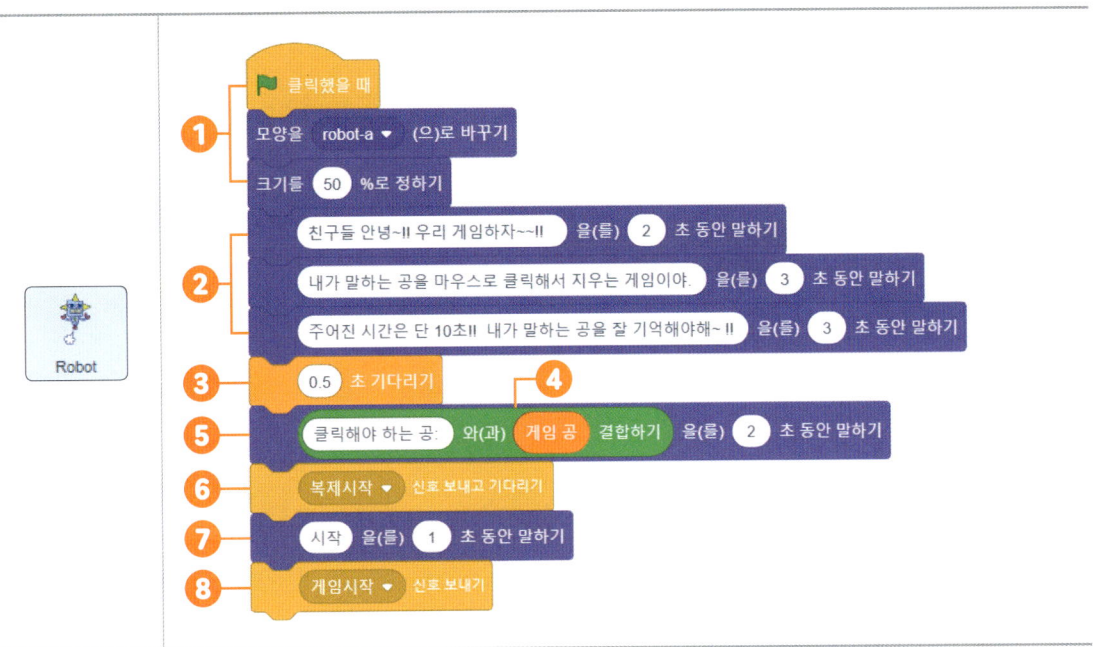

① 'Robot(로봇)' 스프라이트의 모양과 크기를 정해요. 이벤트 팔레트의 ▶ 클릭했을 때 를 코드 창에 배치한 후 형태 팔레트의 모양을 robot-a (으)로 바꾸기 , 크기를 100 %로 정하기 블록을 가져와 연결하고 '100'을 '50'으로 수정하세요.

② 형태 팔레트의 안녕! 을(를) 2 초 동안 말하기 블록을 세 개 가져와 연결한 후 다음과 같이 게임 방법을 설명하세요. '안녕!' 자리에 각각 '친구들 안녕~!! 우리 게임하자!!', '내가 말하는 공을 마우스로 클릭해서 지우는 게임이야.', '주어진 시간은 단 10초!! 내가 말하는 공을 잘 기억해야 해~!!'를 입력하고, 두 번째와 세 번째 블록의 '2'는 '3'으로 수정합니다.

③ 게임 방법을 설명한 후 클릭해야 할 공을 제시하기 전에 잠깐 기다립니다. 제어 팔레트의 1 초 기다리기 블록을 ② 과정의 아래에 연결한 후 '1'을 '0.5'로 수정하세요.

④ 연산 팔레트의 가위 와(과) 나무 결합하기 블록을 코드 창으로 드래그해 빈곳에 배치하세요. 그리고 '가위'를 '클릭해야 하는 공:'으로 수정하고 변수 팔레트의 게임 공 블록을 '나무'의 자리에 넣어 클릭해야 하는 공: 와(과) 게임 공 결합하기 블록을 만드세요.

❺ [형태] 팔레트의 [안녕!을(를) 2 초 동안 말하기] 블록을 가져와 '안녕'의 자리에 [클릭해야 하는 공: 와(과) 게임 공 결합하기] 블록을 결합하세요.

❻ 'Ball(공)' 스프라이트가 복제되도록 [이벤트] 팔레트의 [메시지1 ▼ 신호 보내고 기다리기] 블록을 ❺ 과정 아래에 연결한 후 '새로운 메시지'를 선택해 '복제 시작' 신호를 만드세요.

❼ [안녕!을(를) 2 초 동안 말하기] 블록을 가져와 '안녕!'을 '시작', '2'를 '1'로 수정하세요.

❽ 게임이 시작되도록 [메시지1 ▼ 신호 보내기] 블록을 가져와 연결한 후 '새로운 메시지'를 클릭해 '게임 시작' 신호를 만드세요.

STEP 02 클릭할 '게임 공' 정하기

'Robot(로봇)' 스프라이트가 제시할 공을 무작위로 정해 볼게요.

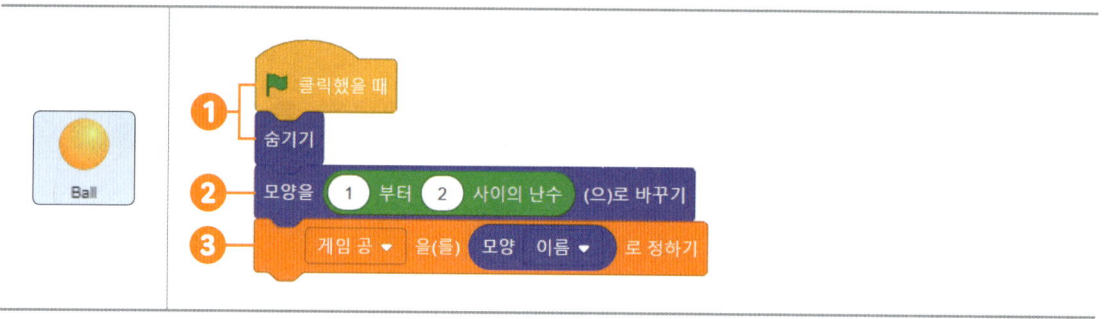

❶ 🏁을 클릭했을 때 '게임 공'이 '노란 공' 또는 '파란 공' 모양 중 무작위로 정해지도록 [이벤트] 팔레트의 [클릭했을 때] 블록을 코드 창에 배치하고 [형태] 팔레트의 [숨기기] 블록을 가져와 연결하세요.

❷ [형태] 팔레트의 [모양을 노란 공 ▼ (으)로 바꾸기] 블록을 연결한 후 '노란 공' 자리에 [연산] 팔레트의 [1 부터 10 사이의 난수] 블록을 결합하세요. 이때 '10'을 '2'로 수정하세요.

❸ ❷ 과정에서 정한 모양을 '게임 공' 변수로 정해 볼게요. [변수] 팔레트의 [게임 공 ▼ 을(를) 0 로 정하기] 블록을 드래그해 연결한 후 [형태] 팔레트의 [모양 번호 ▼] 블록을 가져와 '번호'를 '이름'으로 수정하고 '0'의 자리에 결합하세요.

STEP 03 | 'Ball(공)' 스프라이트 복제하기

게임에 사용할 'Ball(공)' 스프라이트를 복제해 볼게요. 이때 복제되는 스프라이트의 모양은 무작위 결정됩니다.

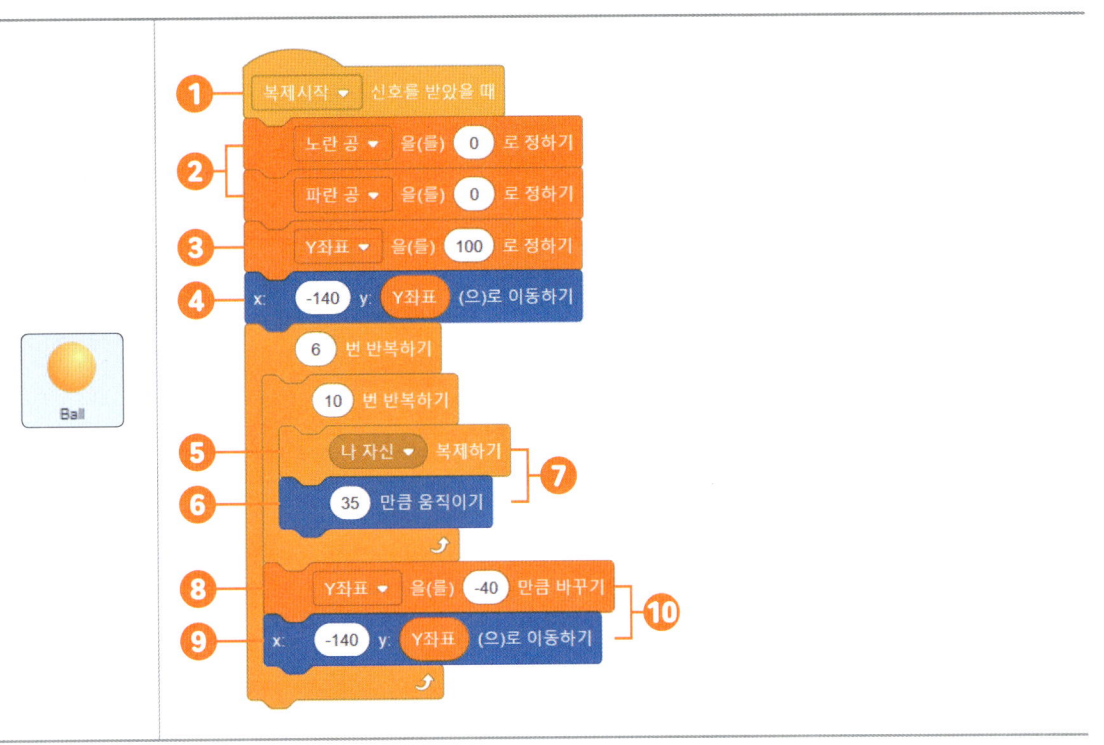

① 이벤트 팔레트에서 [게임시작 신호를 받았을 때] 블록을 가져와 배치한 후 '게임 시작'을 '복제 시작'으로 바꿉니다.

② 변수 '노란 공', '파란 공'의 값을 초기화합니다. '노란 공'의 변수값이 '0'으로 설정되도록 변수 팔레트의 [게임 공 ▼ 을(를) 0 로 정하기] 블록을 가져와 ① 과정의 블록 아래에 연결하고 '게임 공'을 '노란 공'으로 수정하세요. 이와 같은 방법으로 [게임 공 ▼ 을(를) 0 로 정하기] 블록을 추가해 '파란 공' 변수도 '0'으로 정하세요.

③ ② 과정을 참고해 'Y좌표' 변수값을 '100'으로 정하세요.

④ 'Ball(공)' 스프라이트가 처음 놓일 위치를 정해 볼게요. 동작 팔레트의 [x: 0 y: 0 (으)로 이동하기] 블록을 가져와 연결한 후 x좌푯값을 '-140'으로 수정하고 y좌푯값의 자리에는 변수 팔레트의 [Y좌표] 블록을 결합하세요.

❺ STEP 02 에서 정해진 'Ball(공) 스프라이트' 모양이 복제되도록 [제어] 팔레트의 [나 자신▼ 복제하기] 블록을 가져와 코드 창의 빈 곳에 배치하세요.

❻ 'Ball(공)' 스프라이트가 한 번 복제된 후 옆으로 이동하도록 [동작] 팔레트의 [10 만큼 움직이기] 블록을 ❺ 과정의 블록 아래에 연결하고 '10'을 '35'로 수정하세요.

❼ 'Ball(공)' 스프라이트가 옆으로 열 번 복제되도록 [제어] 팔레트의 [10 번 반복하기] 블록을 가져와 코드 창에 배치한 후 ❺~❻ 과정의 블록을 반복 블록의 내부에 넣으세요.

❽ 'Ball(공)' 스프라이트를 아래로 여섯 번 복제할 거예요. [변수] 팔레트의 [게임공▼ 을(를) 1 만큼 바꾸기] 블록을 ❼ 과정의 블록 아래에 연결하고 '게임공'을 'Y좌표', '0'을 '-40'으로 수정하세요.

❾ 'Ball(공)' 스프라이트가 아래로 이동하도록 ❹ 과정의 블록을 복사해 ❽ 과정의 블록 아래에 연결하세요.

❿ [제어] 팔레트의 [10 번 반복하기] 블록을 가져와 '10'을 '6'으로 수정한 후 ❹ 과정의 블록 아래에 연결하세요. 그리고 ❼~❾ 과정의 블록을 반복 블록의 내부에 넣으세요.

STEP 04 복제된 노란 공과 파란 공의 개수를 변수에 저장하기

'Ball(공)' 스프라이트가 복제될 때마다 노란 공의 개수는 '노란 공' 변수, 파란 공의 개수는 '파란 공' 변수에 저장해 각각의 모양이 몇 개씩 복제됐는지 확인해 볼게요.

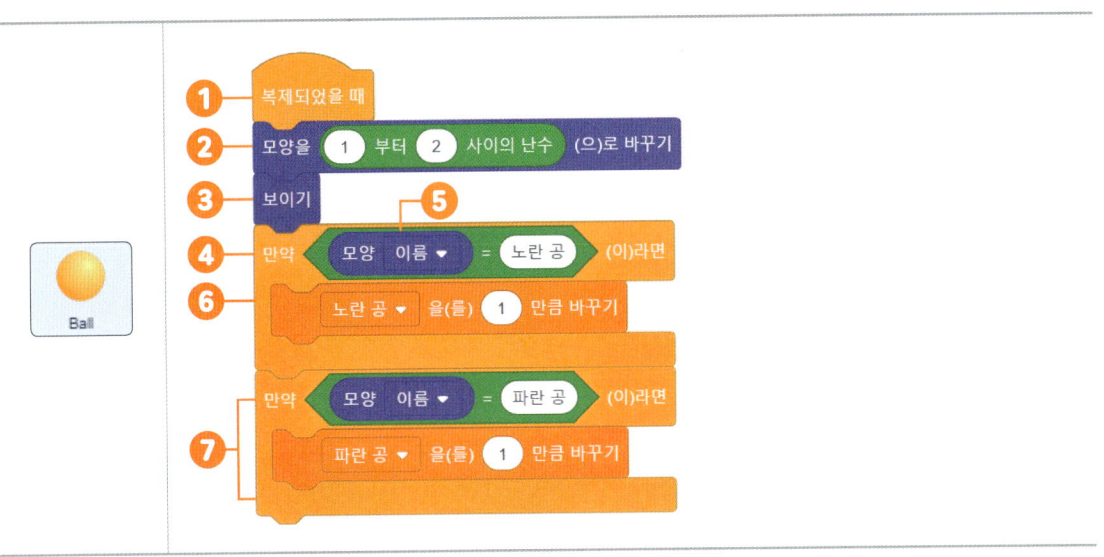

① 제어 팔레트의 복제되었을때 블록을 가져와 코드 창의 빈곳에 배치하세요.

② 형태 팔레트의 모양을 노란공 (으)로 바꾸기 블록을 연결한 후 '노란 공' 자리에 연산 팔레트의 1 부터 10 사이의 난수 블록을 가져와 결합하고 '10'을 '2'로 수정하세요.

③ 복제된 공이 무대에 보이도록 형태 팔레트의 보이기 블록을 가져와 연결하세요.

④ 복제된 공이 노란색일 때마다 '노란 공' 변수가 하나 늘어나도록 해 봅시다. 제어 팔레트의 만약 (이)라면 블록을 드래그해 ① 과정의 블록 아래에 연결하세요.

⑤ 연산 팔레트의 = 50 블록 왼쪽 칸에는 형태 팔레트의 모양 이름 블록을 가져와 결합한 후 '50'은 '노란 공'으로 수정하세요. 이 블록을 ◆에 결합하세요.

⑥ 조건 블록 내부에 변수 팔레트의 게임공 을(를) 1 만큼 바꾸기 블록을 넣은 후 '게임 공'은 '노란 공'으로 수정하세요.

⑦ ④~⑥ 과정을 참고해 복제된 공이 파란색일 때 '파란 공' 변수가 늘어나도록 해요.

STEP 05 게임 시간을 제어하는 초시계 코딩하기

게임 시간을 10초로 제한하고, 그 시간이 지나면 'TIMEOVER' 메시지를 보내 볼게요.

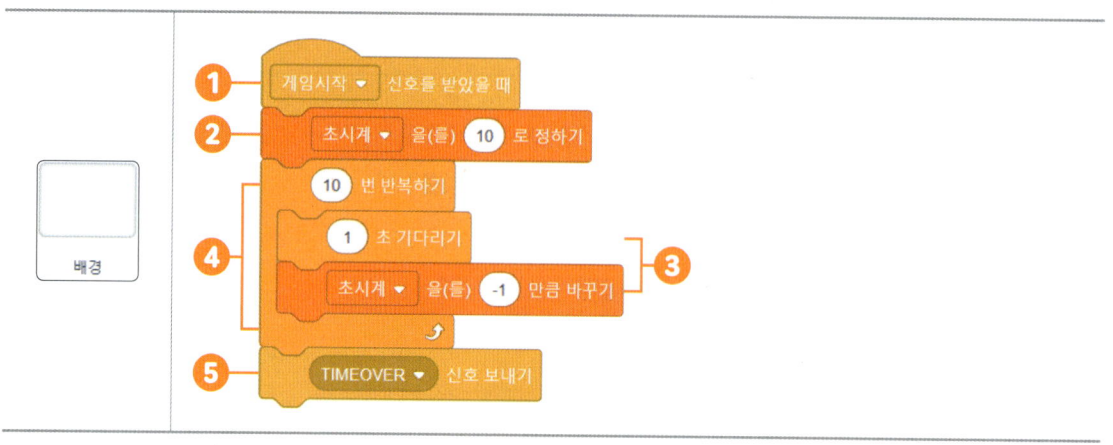

❶ [무대 정보] 창에서 '배경'을 클릭한 후 ![이벤트] 팔레트의 ![게임시작 신호를 받았을 때] 블록을 코드 창에 배치하세요.

> **TipTalk** 배경을 선택해도 코딩을 진행할 수 있어요. 스프라이트의 코드 창에 명령 블록이 너무 많아 복잡하므로 이번에는 배경을 선택해 코딩해 봅시다.

❷ 게임 시간을 10초로 제한하기 위해 ![변수] 팔레트의 ![게임 공 을(를) 0 로 정하기]를 가져와 결합한 후 '게임 공'은 '초시계', '0'은 '10'으로 수정하세요.

❸ ![제어] 팔레트에서 ![1 초 기다리기] 블록을 가져와 코드 창의 빈곳에 배치하세요. 그리고 게임 시간이 1초씩 줄어들도록 ![변수] 팔레트의 ![게임 공 을(를) 1 만큼 바꾸기] 블록을 가져와 연결한 후 '게임 공'을 '초시계', '1'을 '-1'로 수정하세요.

❹ 게임 시간이 10초이므로 ❸ 과정의 블록을 10번 반복합니다. ![제어] 팔레트의 ![10 번 반복하기] 블록을 ❷ 과정 아래에 연결한 후 ❸ 과정에서 조립된 블록을 반복 블록 내부에 넣으세요.

❺ 10초가 지나면 게임이 종료되도록 신호를 보냅니다. ![이벤트] 팔레트의 ![게임시작 신호 보내기] 블록을 ❹ 과정 아래에 연결한 후 '새로운 메시지'를 클릭해 'TIMEOVER' 신호를 만드세요.

STEP 06 클릭한 스프라이트의 모양이 '게임 공' 모양과 같은지 판단하기

'게임 공'으로 정해진 모양을 마우스로 클릭했을 때 클릭한 공이 사라지도록 해 볼게요.

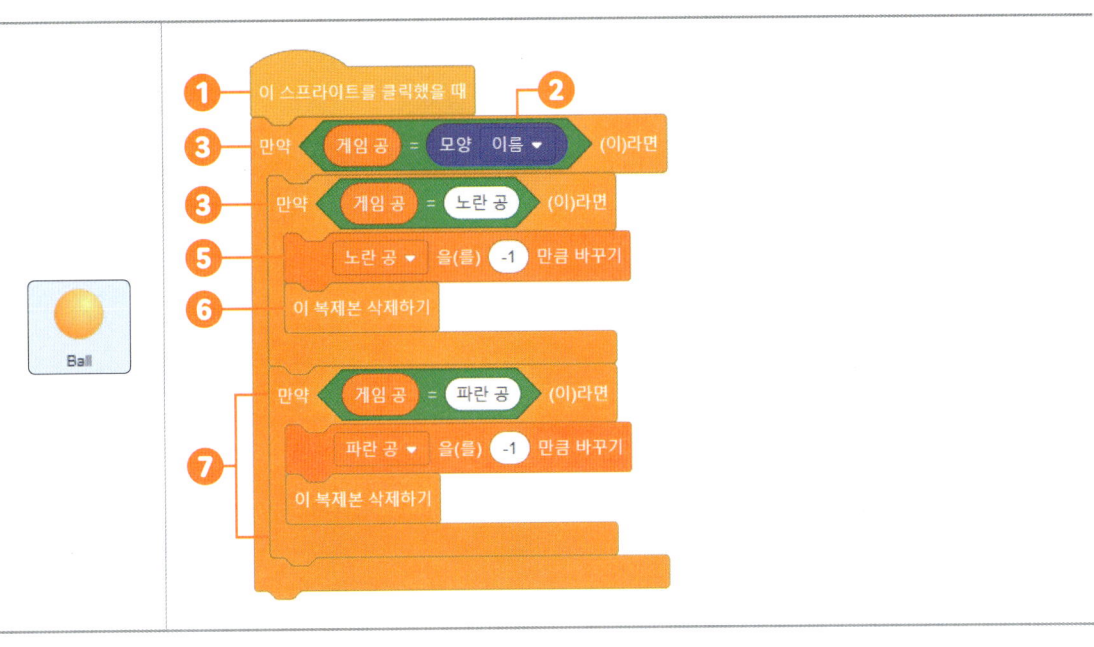

① ![이벤트] 팔레트의 ![이 스프라이트를 클릭했을 때] 블록을 코드 창에 배치하세요.

② ![연산] 팔레트의 ![= 50] 을 코드 창의 빈곳에 배치한 후 왼쪽 칸에는 ![변수] 팔레트의 ![게임 공] 블록, 오른쪽 칸에는 ![형태] 팔레트의 ![모양 이름 ▼] 블록을 결합하세요.

③ '게임 공'으로 정해진 모양과 클릭한 스프라이트의 모양이 같은지 판단하기 위해 ![제어] 팔레트의 ![만약 (이)라면] 블록을 가져와 ① 과정의 블록 아래에 연결하고 ② 과정에서 만든 ![게임 공 = 모양 이름 ▼] 블록을 ◆ 에 결합하세요.

> **TipTalk** 모든 스프라이트는 자신의 모양 이름을 ![모양 이름 ▼] 변수에 저장하고 있어요. 그래서 사용자가 클릭한 스프라이트의 모양 이름이 ![게임 공] 으로 설정된 모양의 이름과 같은지 비교할 수 있어요.

④ '게임 공'이 '노란 공'으로 정해진 경우를 먼저 생각해 볼게요. ![제어] 팔레트의 ![만약 (이)라면] 블록을 코드 창의 빈곳에 배치하고 ![연산] 팔레트의 ![= 50] 을 ◆ 에 결합해요. 왼쪽에는 ![변수] 팔레트의 ![게임 공] 블록을 결합하고, '50'은 '노란 공'으로 수정하세요.

❺ '게임 공'이 노란 공일 때 사용자가 노란 공을 클릭했다면, '게임 공' 변수값을 하나씩 줄입니다. 팔레트의 `게임 공 ▼ 을(를) 1 만큼 바꾸기` 블록을 ❹ 과정의 조건 블록 내부에 넣으세요. 그런 다음 '게임 공'을 '노란 공'으로 바꾸고 '1'을 '-1'로 수정하세요.

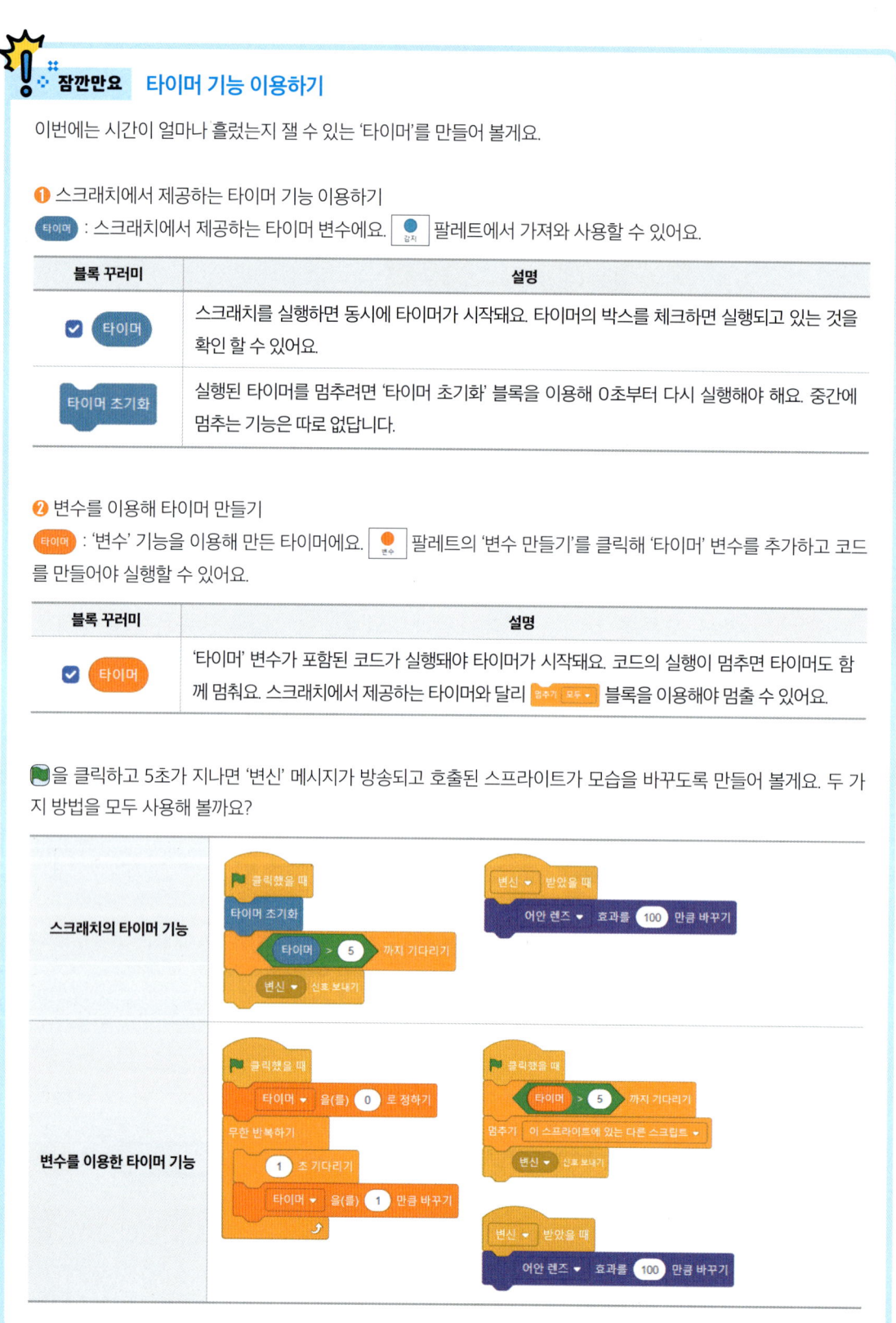

300

❻ 클릭한 노란 공을 삭제해 볼게요. 제어 팔레트의 `이 복제본 삭제하기` 블록을 가져와 ❺ 과정의 블록 아래에 연결하세요.

❼ '게임 공'이 '파란 공'으로 정해진 경우 역시 마찬가지겠죠? ❹~❻ 과정에서 만든 블록을 복사한 후 '노란 공'을 '파란 공'으로 수정하고 ❻ 과정 아래에 연결하세요. '게임 공'이 노란색인 경우와 파란색인 경우를 나타내는 조건 블록 2개를 ❸ 과정의 조건 블록 안에 결합하세요.

STEP 07 게임이 끝났을 때 복제된 스프라이트 삭제하기

10초가 지나 'TIMEOVER' 신호가 전송되면 복제됐던 스프라이트가 화면에서 모두 사라지게 해 볼게요.

❶ 이벤트 팔레트에서 `게임시작 을(를) 받았을 때` 블록을 가져와 코드 창에 배치한 후 '게임 시작'을 'TIMEOVER'로 수정하세요.

❷ 남아 있던 스프라이트가 삭제되도록 제어 팔레트의 `이 복제본 삭제하기` 블록을 ❶ 과정 블록 아래에 연결하세요.

STEP 08 ｜ 게임 완료 시 해당 공이 모두 지워졌는지 확인하기

10초가 지나 게임이 끝났을 때 '게임 공'으로 정했던 공의 개수가 '0'인지 확인해 게임 성공 여부를 알아봅시다.

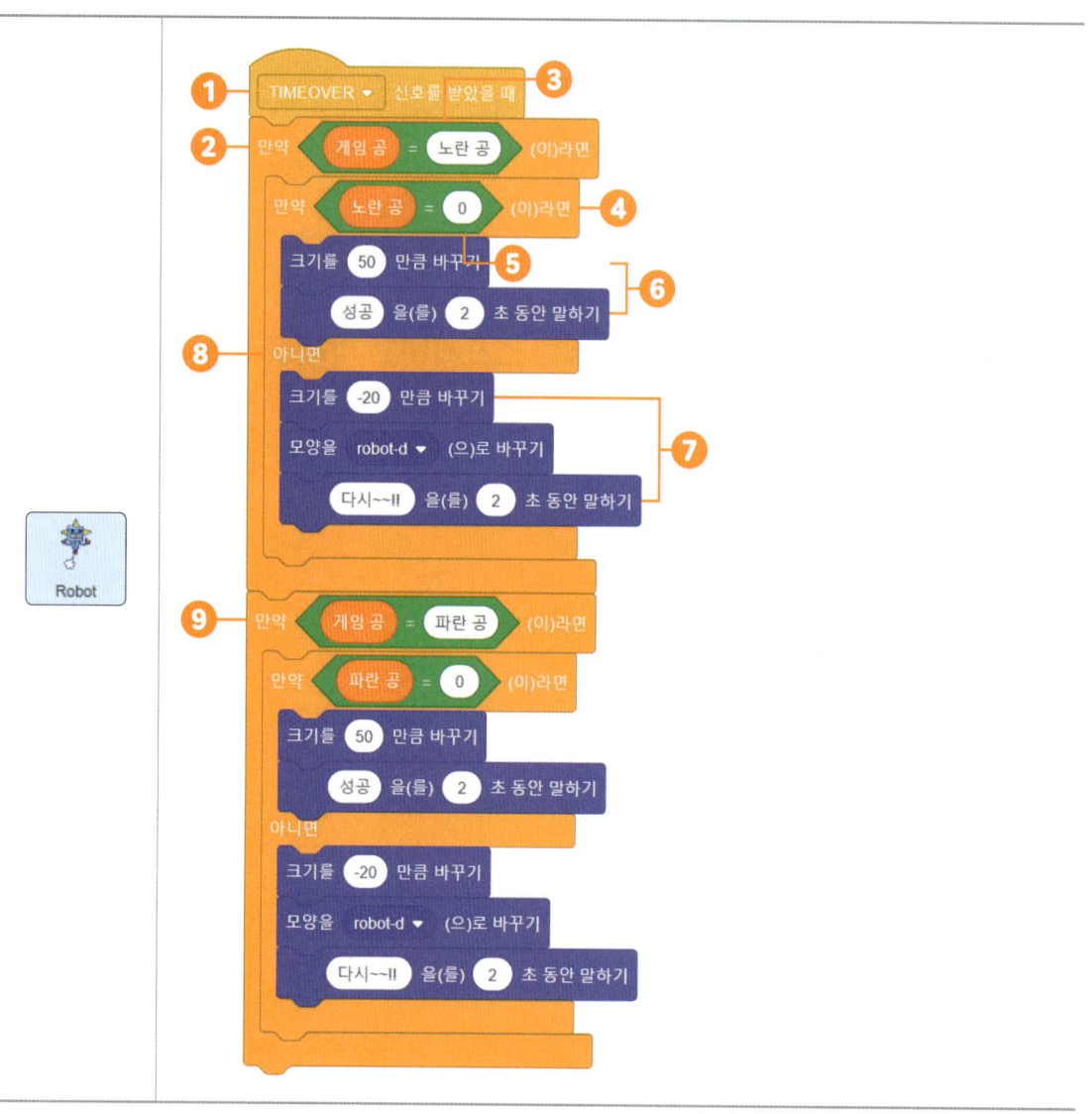

① 'Robot(로봇)' 스프라이트를 선택한 후 [이벤트] 팔레트에서 [게임시작 신호를 받았을 때]을 가져와 코드 창에 배치하고 '게임시작'을 'TIMEOVER'로 수정하세요.

② 이번에도 '게임 공'이 노란색으로 정해진 경우와 파란색으로 정해진 경우를 나누어 생각해 봅시다. [제어] 팔레트에서 [만약 ~(이)라면] 블록을 가져와 연결하세요.

③ '게임 공'이 노란색일 때의 코딩을 해 볼게요. [연산] 팔레트의 [◯ = 50] 첫 번째 자리에 [변수] 팔레트의 [게임 공] 블록을 결합한 후 '50'을 '노란 공'으로 수정하세요.

그리고 이 블록을  블록의 ◆에 결합하세요.

④ 노란 공을 클릭해 지울 때마다 '노란 공'의 개수를 하나씩 줄였죠? 노란 공을 모두 삭제했다면 '노란 공' 변수값은 '0'이 되므로 변수값을 확인해 게임에 성공했는지 판단할 수 있어요. 우선 제어 팔레트의 만약~아니면 블록을 코드 창의 빈곳에 배치해요.

⑤ 연산 팔레트의 ◯ = 50 을 가져와 ④ 과정 조건 블록의 ◆에 결합하고 노랑공 = 0 블록을 만드세요.

⑥ '노란 공' 변수값이 '0'일 때 'Robot(로봇)' 스프라이트가 커지면서 "성공"이라고 말하도록 해 볼게요. 형태 팔레트의 크기를 10 만큼 바꾸기 블록과 안녕! 을(를) 2 초 동안 말하기 블록을 ④ 과정 블록 내부의 첫 번째 칸에 넣고 '10'을 '50', '안녕'을 '성공'으로 수정하세요.

⑦ '노란 공' 변수값이 '0'이 아닐 때 'Robot(로봇)' 스프라이트가 등을 돌리면서 작아지고 "다시~!!"라고 말하도록 해 볼게요. 형태 팔레트의 크기를 10 만큼 바꾸기 블록과 모양을 robot-a (으)로 바꾸기 블록, 안녕! 을(를) 2 초 동안 말하기 블록을 ④ 과정의 조건 블록 내부의 두 번째 칸에 결합하세요. 그리고 '10'을 '-20', 'robot-a'를 'robot-d', '안녕'을 '다시~!!'로 수정하세요.

⑧ ④~⑦ 과정에서 만든 블록을 ② 과정의 조건 블록 내부에 넣으세요. '게임 공'으로 설정된 것이 노란 공인 경우, 게임의 성공 여부를 가리는 코딩이 완성됐어요.

⑨ '게임 공'으로 설정된 것이 파란 공일 때, 게임의 성공 여부를 판단하는 코딩도 위와 동일해요. ②~⑧ 과정에서 만든 블록을 복사한 후 '노란 공'을 '파란 공'으로 수정하고 ⑧ 과정의 블록 아래에 연결하세요.

전체 코드 CHECK!

Robot

- 🏁 클릭했을 때
- 모양을 robot-a (으)로 바꾸기
- 크기를 50 %로 정하기
- 친구들 안녕~!! 우리 게임하자~~!! 을(를) 2 초 동안 말하기
- 내가 말하는 공을 마우스로 클릭해서 지우는 게임이야. 을(를) 3 초 동안 말하기
- 주어진 시간은 단 10초!! 내가 말하는 공을 잘 기억해야해~!! 을(를) 3 초 동안 말하기
- 0.5 초 기다리기
- 클릭해야 하는 공: 와(과) 게임 공 결합하기 을(를) 2 초 동안 말하기
- 복제시작 신호 보내고 기다리기
- 시작 을(를) 1 초 동안 말하기
- 게임시작 신호 보내기

- TIMEOVER 신호를 받았을 때
- 만약 게임 공 = 노란 공 (이)라면
  - 만약 노란 공 = 0 (이)라면
    - 크기를 50 만큼 바꾸기
    - 성공 을(를) 2 초 동안 말하기
  - 아니면
    - 크기를 -20 만큼 바꾸기
    - 모양을 robot-d (으)로 바꾸기
    - 다시~~!! 을(를) 2 초 동안 말하기
- 만약 게임 공 = 파란 공 (이)라면
  - 만약 파란 공 = 0 (이)라면
    - 크기를 50 만큼 바꾸기
    - 성공 을(를) 2 초 동안 말하기
  - 아니면
    - 크기를 -20 만큼 바꾸기
    - 모양을 robot-d (으)로 바꾸기
    - 다시~~!! 을(를) 2 초 동안 말하기

Ball

```
[🏁 클릭했을 때]
숨기기
모양을 (1) 부터 (2) 사이의 난수 (으)로 바꾸기
게임 공 ▼ 을(를) 모양 이름 ▼ 로 정하기
```

```
[복제시작 ▼ 신호를 받았을 때]
노란 공 ▼ 을(를) (0) 로 정하기
파란 공 ▼ 을(를) (0) 로 정하기
Y좌표 ▼ 을(를) (100) 로 정하기
x: (-140) y: Y좌표 (으)로 이동하기
(6) 번 반복하기
    (10) 번 반복하기
        나 자신 ▼ 복제하기
        (35) 만큼 움직이기
    Y좌표 ▼ 을(를) (-40) 만큼 바꾸기
    x: (-140) y: Y좌표 (으)로 이동하기
```

```
[복제되었을 때]
모양을 (1) 부터 (2) 사이의 난수 (으)로 바꾸기
보이기
만약 < 모양 이름 ▼ = 노란 공 > (이)라면
    노란 공 ▼ 을(를) (1) 만큼 바꾸기
만약 < 모양 이름 ▼ = 파란 공 > (이)라면
    파란 공 ▼ 을(를) (1) 만큼 바꾸기
```

Ball	이 스프라이트를 클릭했을 때 만약 〈게임 공 = 모양 이름〉 (이)라면 　만약 〈게임 공 = 노란 공〉 (이)라면 　　노란 공 을(를) -1 만큼 바꾸기 　　이 복제본 삭제하기 　만약 〈게임 공 = 파란 공〉 (이)라면 　　파란 공 을(를) -1 만큼 바꾸기 　　이 복제본 삭제하기 TIMEOVER 신호를 받았을 때 이 복제본 삭제하기
배경	게임시작 신호를 받았을 때 초시계 을(를) 10 로 정하기 10 번 반복하기 　1 초 기다리기 　초시계 을(를) -1 만큼 바꾸기 TIMEOVER 신호 보내기

 ◀ 정답코드 확인
http://gilbut.co/
c/22073360IJ

이렇게 만들어요! ▶
https://scratch.mit.edu/
projects/663805906/

제한 시간 동안 게임 공을 모두 클릭해 삭제하는데 성공했나요? 공의 모양을 하나 더 추가해 볼게요. 세 가지 공 모양 중 랜덤으로 정해진 한 가지를 삭제하는 게임을 만들어 보세요.

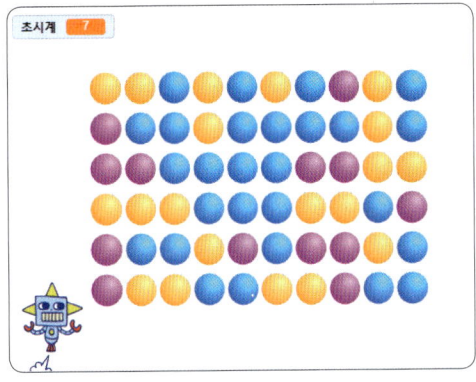

스프라이트와 배경

'Robot(로봇)' 스프라이트	'Ball(공)' 스프라이트	'배경1' 배경
Robot	Ball	

미션1 '분홍 공' 모양을 추가하세요.

미션2 게임 제한 시간을 '7초'로 수정하세요.

《 힌트 》

1. '분홍 공'의 개수를 저장할 변수가 필요해요.

2. '분홍 공'이 '게임 공'일 때 게임 성공 여부를 판단하기 위해 조건 블록을 하나 더 사용해요.

SW코딩자격 3급 모의고사

여기까지의 과정을 잘 따라왔다면 여러분은 이미 코딩 마스터!

예제를 따라하면서 내공을 다졌다면 이번에는 자격시험에도 도전해 봅시다. 'SW코딩자격'의 출제 위원으로 참가했던 선생님들이 《초등 코딩 스크래치 무작정 따라하기》의 독자만을 위해 한국생산성본부에서 시행하는 'SW코딩자격' 3급의 모의고사를 준비했어요.

실제 시험장에 있는 것처럼 모의고사를 풀면서 실전 감각을 키워 봅시다. 모의고사를 통해 여러분의 코딩 실력을 점검하고 실제 시험에도 완벽하게 대비할 수 있어요. 코딩 자격증까지 우리 모두 함께해요!

코딩 자격증에 도전해 보세요!

이 책과 함께 즐겁게 코딩을 익히고 있나요? 게임을 하듯 예제를 따라하다 보니 코딩이 어렵지 않죠? 프로젝트를 만드는 것에 익숙해졌다면 코딩 자격증에도 관심을 가져 보는 것은 어떨까요?

'한국생산성본부'에서는 컴퓨팅 사고력을 미래 인재의 핵심 역량이라고 판단해 'SW코딩자격'이라는 자격시험을 실시하고 있어요. 이 자격시험에 도전하려면 블록 코딩 언어인 '스크래치'와 '엔트리' 중 한 가지를 선택해야 합니다. 우리는 '스크래치'를 선택하면 되겠죠?

<SW코딩자격> 시험 소개

자격종목	등급	문항	시험시간
SW 코딩자격	1급	컴퓨팅적 사고력과 알고리즘 정보 윤리와 정보 보안 실생활과 IoT IoT코딩	60분
	2급	컴퓨팅적 사고력과 문제 해결 알고리즘 설계 프로그래밍 언어 이해와 프로그래밍 피지컬 컴퓨팅 이해	45분
	3급	문제 해결과 알고리즘 설계 기본 프로그래밍	45분

이 책에서는 부록으로 SW코딩자격 3급의 모의고사를 제공하고 있어요. 15주의 학습을 마친 후 모의고사를 풀면서 자신의 코딩 실력을 확인해 봅시다. 모의고사를 풀고 난 후에 시험 문제를 더 살펴보고 싶다면 한국생산성본부 웹 사이트(https://license.kpc.or.kr)를 방문해 보세요. [자료실]에서 샘플 문제를 다운로드할 수 있어요. 100점 만점에 70점 이상의 점수를 획득하면 합격할 수 있답니다. 모의고사를 통해 자신의 실력을 점검해 보세요!

SW코딩자격(3급)
- Software Coding and Computing Test -

SW	시험시간	급수	응시일	수험번호	성명
Scratch 3.0	45분	3	년 월 일		

수험자 유의사항

- 수험자는 감독관의 안내에 따라 문제지와 시험용 SW 등의 이상 여부를 확인해야 합니다.
- 시험지는 시험이 끝난 후 제출해야 하며, 미제출 시 실격 처리 됩니다.
- 제한된 시간 내에 시험을 완료해야 합니다.
- 시험 시작 후에는 화장실 출입이 불가하며, 시험 시간 중에는 퇴실할 수 없습니다.
- 시험 시간 중 고사실 내에서 휴대 전화기, 디지털카메라, MP3 등 전자 기기를 소지한 경우, 해당자의 시험을 무효로 처리하오니 절대 휴대하지 않도록 합니다.
- 부정 응시 및 문제 유출에 해당하는 행위 즉, 답안을 타인에게 전달 및 외부로 반출하는 경우, 자격기본법 제 32조에 의거 부정행위로 간주돼 해당자의 시험을 무효처리하며 민/형사상의 책임을 물을 수 있습니다.

답안 작성 방법

1. 길벗출판사 홈페이지(https://www.gilbut.co.kr)에 접속한 후 검색 창에 '초등 코딩 스크래치 무작정 따라하기' 입력하기
2. 자료실에서 [코딩 모의고사] 클릭해 바탕화면에 다운로드하기
3. 압축 해제 후 [수험번호-성명] 내 파일에 답안 작성하기
    ①~⑤: 한글 파일에 답안 작성 / ⑥~⑩: 각각의 sb3 파일 형식으로 작업 후 저장

과목 1 문제 해결과 알고리즘 설계

1 주영이와 수연이가 카드놀이를 하고 있다. <보기>를 참고해 <문제>의 빈칸을 완성하시오.(10점)

보기

앞면에는 숫자 '1'이, 뒷면에는 숫자 '0'이 적힌 카드 네 장이 있다. '1'이 적힌 카드의 앞면이 보이는 경우, 각각의 카드는 앞면에 표시된 점의 개수를 값으로 가진다. 즉, 아래 첫 번째 카드의 '1'은 8, 두 번째 카드의 '1'은 '4', 세 번째 카드의 '1'은 '2', 네 번째 카드의 '1'은 '1'을 의미한다. 그리고 '0'이 적힌 뒷면이 보이는 경우, 카드는 '0'을 값으로 가진다.

	첫 번째 카드	두 번째 카드	세 번째 카드	네 번째 카드
앞면	1 (8점)	1 (4점)	1 (2점)	1 (1점)
뒷면	0	0	0	0

카드 네 장이 표현하는 수 구하기

```
첫 번째 카드 : 8
두 번째 카드 : 0
세 번째 카드 : 0
+ 네 번째 카드 : 1
―――――――――――――――
              9
```

카드	0 0 0 1	0 1 1 0	1 1 0 0
점의 개수	0 + 0 + 0 + 1	0 + 4 + 2 + 0	8 + 4 + 0 + 0
표현하는 수	1	6	12

문제

※ 답안 작성 요령: <보기>에서 제시된 카드를 이용해 수를 나타냈다. <보기>를 참고해 빈칸을 채워 넣으시오.

카드	0 1 1 1	1 0 1 0
표현하는 수	①	②

2 강아지가 나무를 피해 장난감 공을 찾으러 가려고 한다. <보기>를 참고해 <문제>의 빈칸을 완성하시오. (10점)

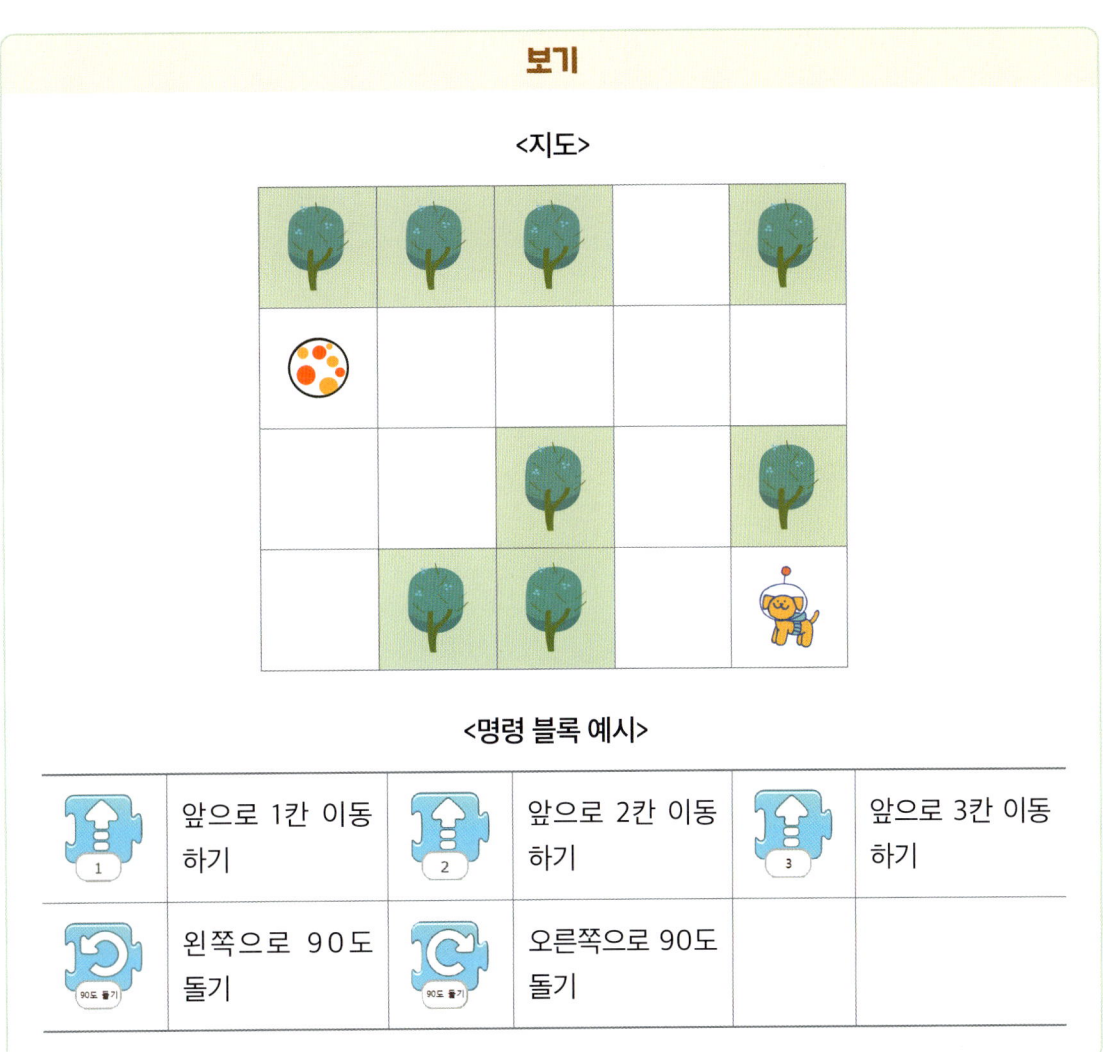

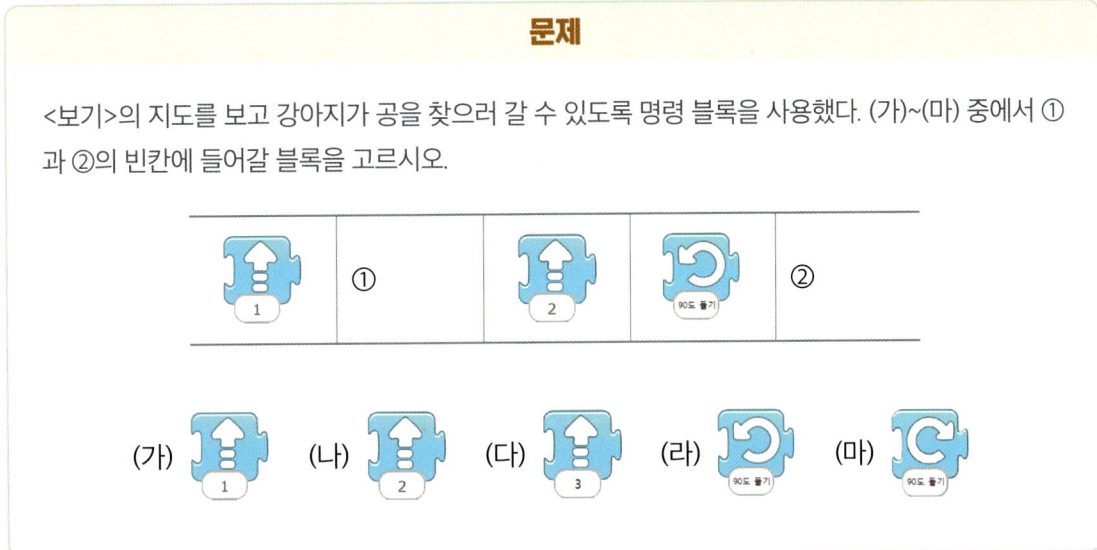

3 민지가 준비물을 사러 문구점에 갔다. <보기>를 참고해 <문제>의 빈칸을 완성하시오. (10점)

보기

문구류 가격표

문구	단위	가격
가위	1개	500원
도화지	1장	100원
물감	1세트	3,000원
색연필	1자루	300원
색종이	1묶음	500원
연필	1자루	200원
지우개	1개	400원
풀	1개	400원

[준비물] 색종이 한 묶음, 색연필 2자루, 도화지 2장
[갖고 있는 돈] 1000원 지폐 2장

문제

색종이 1묶음 = 500원
색연필 2자루 = 300원 × 2 = 600원
도화지 2장 = 100원 × 2 = 200원

민지가 구매한 준비물 비용의 합계 = 500원 + 600원 + 200원 = 1300원

거스름돈을 받을 때 동전의 개수를 최소한으로 하려면?

가. 1,000원 2장을 내고 거스름돈을 100원으로만 받게 되면, 100원 7개를 받는다.
나. 1,000원 2장을 내고 거스름돈을 500원과 100원으로 섞어서 받게 되면
 (① 500원 _____ 개, 100원 _____ 개이므로 동전을 총 _____ 개) 받는다.

두 경우 모두 거스름돈은 700원으로 같지만 (② 가 / 나) 경우의 동전 개수가 더 적다.

4 비밀번호를 입력해 휴대폰 잠금을 해제하는 알고리즘을 설계하려고 한다. <보기>를 참고해 <문제>의 빈칸을 완성하시오. (10점)

보기

<휴대폰 비밀번호 입력하기>

- 비밀번호를 [5번] 눌렀는가?
- 휴대폰 잠금이 해제된다.
- 비밀번호를 입력받는다.
- [30초] 동안 휴대폰이 잠긴다.
- "비밀번호가 잘못 입력됐습니다"라고 표시한다.
- 입력된 번호와 등록된 비밀번호가 같은가?

문제

※ 답안 작성 요령: <보기>를 참고해 작성하되, <비밀번호 입력하기>에서 적절한 내용을 골라 적으시오.

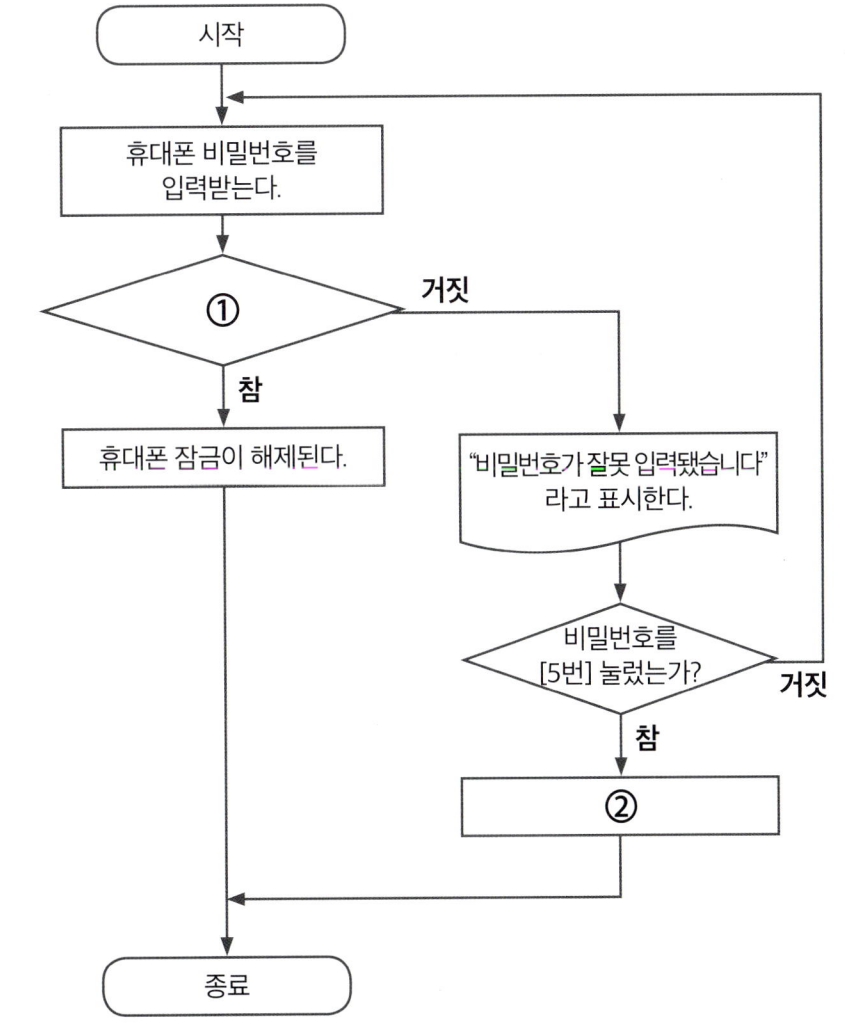

①에 들어갈 알고리즘을 <보기>에서 골라서 적으시오. ( )
②에 들어갈 알고리즘을 <보기>에서 골라서 적으시오. ( )

5 공기청정기가 작동하도록 알고리즘을 설계하려고 한다. <보기>를 참고해 <문제>의 빈칸을 완성하시오.(10점)

보기

<공기청정기 작동 원리>

- 미세먼지 측정값을 [0]으로 한다.
- 초록색 램프를 켠다.
- 노란색 램프를 켠다.
- 공기청정기의 가동을 멈춘다.
- 공기청정기를 가동한다.
- 미세먼지 농도 측정값이 100보다 큰가?
- 미세먼지 농도를 측정한다.

문제

※ 답안 작성 요령: <보기>를 참고해 작성하되, <공기청정기 작동 원리>에서 적절한 내용을 골라 적으시오.

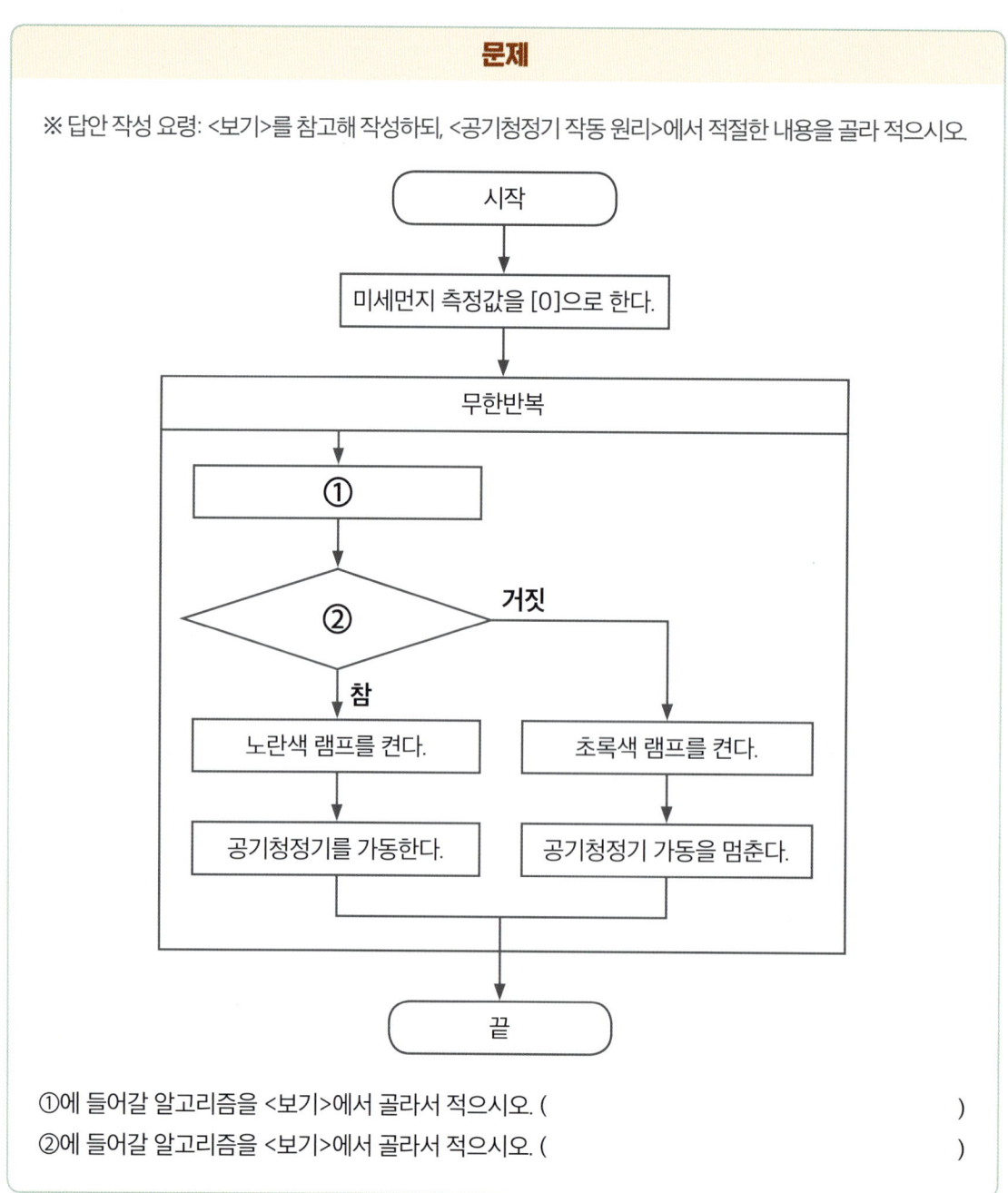

①에 들어갈 알고리즘을 <보기>에서 골라서 적으시오. (　　　　　　　　　　)
②에 들어갈 알고리즘을 <보기>에서 골라서 적으시오. (　　　　　　　　　　)

과목 2 기본 프로그래밍

※ 프로그래밍 작업 가이드

- 바탕화면에 다운로드한 [코딩 모의고사] 내 [수험번호-성명] 폴더를 마우스 오른쪽 버튼으로 클릭한 후, '이름 바꾸기'를 클릭 → 본인의 수험번호-성명으로 수정합니다.
- 스크래치를 실행해 '파일>컴퓨터에서 가져오기'를 클릭하고 본인의 수험번호-성명 폴더 안의 파일을 문항별로 가져옵니다.
- 문항별 조건에 따라 작업을 완료했으면 '파일>컴퓨터에 저장하기'를 클릭해 저장합니다.

6 고양이가 구름을 타고 날아다니도록 아래의 <조건>에 맞게 코딩하시오.(10점)

조건

스크래치의 [블록 팔레트]에서 필요한 명령 블록을 가져와 사용하시오.

<'Cat Flying' 스프라이트>
- 🏁을 클릭해 프로그램이 시작되면 회전 방식을 '왼쪽-오른쪽'으로 정하고 '30'도 방향을 보도록 설정한다.
- '3'만큼 움직이다가 벽에 닿으면 튕기는 동작을 무한히 반복한다.

<'Clouds' 스프라이트>
- 고양이가 구름을 타고 날아가는 것을 표현하기 위해 'Cat Flying' 위치로 이동하고 그 위치에서 y좌표를 '-30'만큼 바꾼다. 이 동작을 무한히 반복한다.
- 0.5초 간격을 주고 구름을 다음 모양으로 바꾼다. 이 동작을 무한히 반복한다.

7 움직이는 공을 맞춰 튕기는 핑퐁 게임을 아래의 <조건>에 맞게 코딩하시오.(10점)

조건

스크래치의 [블록 팔레트]에서 필요한 명령 블록을 가져와 사용하시오.

<'Ball' 스프라이트>
- 🏁을 클릭하면 항상 x좌표 '0', y좌표 '140'에 위치하고 '120부터 240 사이 난수' 방향을 본다.
- 10만큼 움직이다가 벽에 튕겨 'Paddle'에 닿으면 '-50부터 50 사이의 난수' 방향을 본다. 이 동작을 무한히 반복한다.

<'Paddle' 스프라이트>
- 🏁을 클릭하면 항상 x좌표 '0', y좌표 '-160'에 위치한다.
- '오른쪽 화살표' 키를 눌렀을 때는 x좌표를 '10'만큼 바꾸고, '왼쪽 화살표' 키를 눌렀을 때는 x좌표를 '-10' 만큼 바꿔 오른쪽, 왼쪽 화살표 키로 'Paddle'이 움직이도록 한다.

8 마법사가 박쥐를 물병 속에 가둘 수 있도록 아래의 <조건>에 맞게 코딩하시오.(10점)

> ### 조건
>
> 스크래치의 [블록 팔레트]에서 필요한 명령 블록을 가져와 사용하시오.
>
> <'Wizard' 스프라이트>
> - 🏁을 클릭하면 항상 x좌표 '-150', y좌표 '-30'에 위치하고 크기를 '70%'로 정한다.
> - "오늘은 박쥐를 잡아야겠군"이라고 말한다.
> - 이 스프라이트를 클릭했을 때 '박쥐 잡기' 메시지를 방송한다.
>
> <'Bat' 스프라이트>
> - 🏁을 클릭했을 때 스프라이트가 등장한다.
> - 크기를 '70%'로 정한다.
> - 박쥐가 자유롭게 날아다니는 동작을 표현하기 위해 다음 ①~⑤의 동작을 반복한다.
>   ① '랜덤 위치'로 이동하기
>   ② 모양을 'bat-a'로 바꾸기
>   ③ '0.2'초 기다리기
>   ④ 모양을 'bat-b'로 바꾸기
>   ⑤ '0.2'초 기다리기
>
> - '박쥐 잡기' 메시지를 받았을 때 맨 앞쪽 순서로 바꾸고 1초 동안 'Potion' 위치로 이동한다. 그런 다음 모양을 'bat-d'로 바꾸고 프로그램을 모두 멈춘다.
>
> <'Potion' 스프라이트>
> - 🏁을 클릭했을 때 스프라이트를 숨기고 크기를 '300%'로 정한다. 그리고 x좌표 '150', y좌표 '-80'으로 이동한다.
> - '박쥐 잡기' 메시지를 받았을 때 스프라이트가 등장한다.

9 야구선수가 배팅 연습을 하고 있다. Spacebar 키를 누르면 야구방망이를 휘두르고 연습한 횟수를 말하도록 <조건>에 맞게 코딩하시오. (10점)

조건

스크래치의 [블록 팔레트]에서 필요한 명령 블록을 가져와 사용하시오.

<'Batter' 스프라이트>
- 🏁을 클릭하면 모양을 'batter-a'로 바꾸고 x좌표 '0', y좌표 '-30'에 위치한다.
- '배팅 횟수' 변수를 '0'으로 정한다.
- "스페이스 키를 눌러 주세요."라고 말한다.
- Spacebar 키를 눌렀을 때 '배팅 횟수' 변수를 1만큼 증가시키고 '배팅 횟수' 변수를 말한다.
- 다음 모양으로 바꾸고 '0.2'초 기다리는 동작을 4번 반복한다.

10 숫자를 클릭하면 해당 숫자가 리스트에 저장되도록 아래의 <조건>에 맞게 코딩하시오. (10점)

조건

스크래치의 [블록 팔레트]에서 필요한 명령 블록을 가져와 사용하시오.

<'Glow-0' ~ 'Glow-4' 스프라이트>
- 각각의 숫자 스프라이트를 클릭했을 때 해당하는 숫자를 '숫자 리스트'에 추가한다.
  예 'Glow-0' 스프라이트를 클릭하면 '숫자 리스트'에 '0'이 추가된다.

<'Robot' 스프라이트>
- 🏁을 클릭하면 '숫자 리스트'에 저장된 모든 항목을 삭제한다.
- "숫자를 클릭해 리스트에 추가해 주세요. 로봇을 클릭하면 리스트에 저장된 숫자를 말해요."라고 말한다.
- 스프라이트를 클릭했을 때 '숫자 리스트'에 저장된 항목을 말한다.

정답 및 해설

SW코딩자격 3급 모의고사 정답 및 해설

01
정답
① 7 ② 10

해설
① 숫자가 1인 각 자리의 숫자를 더하면 4+2+1=7
② 숫자가 1인 각 자리의 숫자를 더하면 8+2=10

02
정답
① (마) ② (다)

해설
- 앞으로 1칸 이동하기
- 오른쪽으로 90도 돌기(① 정답)
- 앞으로 2칸 이동하기
- 왼쪽으로 90도 돌기
- 앞으로 3칸 이동하기(② 정답)

03
정답
① 1, 2, 3 ② (나)

해설
① 거스름돈 700원을 500원과 100원 동전으로 받으면 500원 1개, 100원 2개, 동전의 개수 총 3개이다.
②
- 100원 동전만으로 거스름돈을 받는 경우: 동전 7개
- 500원과 100원 동전으로 거스름돈을 받는 경우: 동전 3개

따라서 500원과 100원으로 동전을 받는 (나)의 경우 동전의 개수가 더 적다.

04
정답
① 입력한 번호와 등록된 비밀번호가 같은가?
② [30초] 동안 휴대폰이 잠긴다.

해설

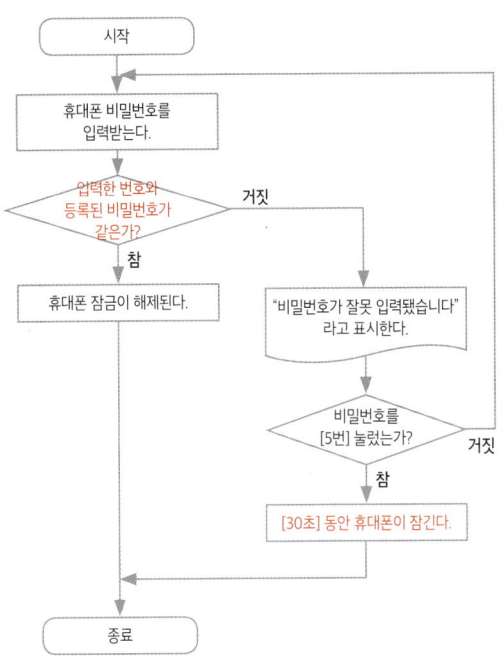

05
정답
① 미세먼지 농도를 측정한다.
② 미세먼지 농도 측정값이 100보다 큰가?

해설

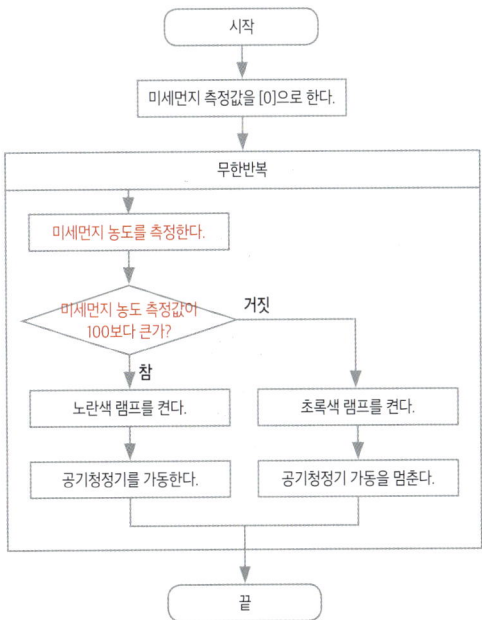

06

<실행 화면>

<코딩 예시>

- 구름이 고양이를 태우고 움직이는 동작을 나타내기 위해 `Cat Flying (으)로 이동하기`, `y 좌표를 -30 만큼 바꾸기` 블록을 사용한다.

07

<실행 화면>

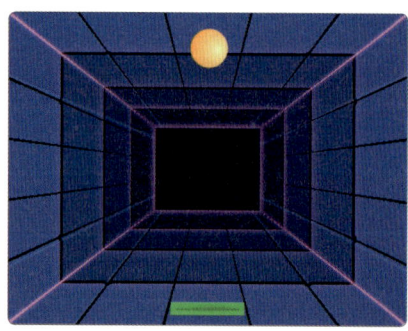

<코딩 예시>

- 프로젝트가 시작하면 공이 위에서 아래로 떨어져야 하므로 `120 부터 240 사이의 난수 도 방향 보기` 코드를 사용한다.

- 공이 패들(Paddle)에 부딪혀 튕길 때는 `만약 Paddle에 닿았는가? (이)라면 -50 부터 50 사이의 난수 도 방향 보기` 코드를 사용한다. 각도를 다르게 설정하는 이유는 다음과 같다.

<공이 위에서 아래로 떨어질 때>
120~240도 방향으로 설정해 아래로 떨어짐

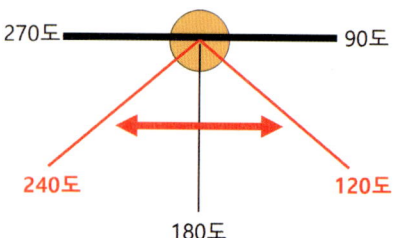

<공이 패들에 부딪혀 튕길 때>
-50~50도 방향으로 설정해 위로 튕겨 올라감

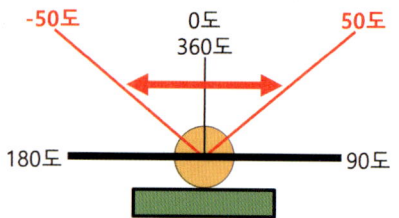

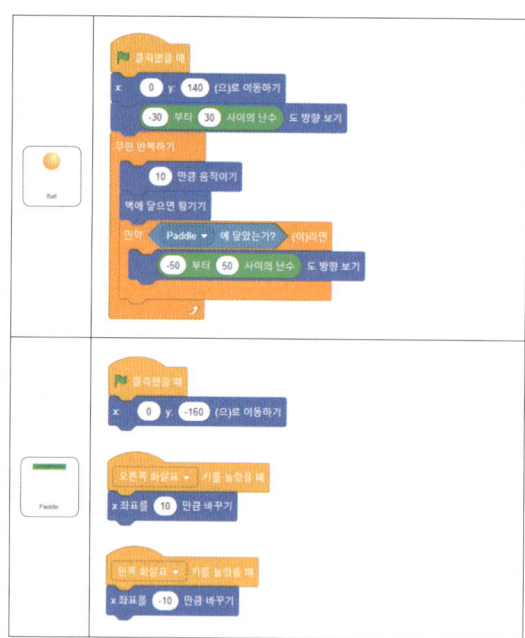

 08

<실행 화면>

322

<코딩 예시>

- 박쥐가 자유롭게 날아다니는 동작은 블록으로 표현한다.
- 마법사를 클릭했을 때 'Potion(물약)' 스프라이트가 박쥐를 가두도록 하려면 '신호 보내기' 기능을 이용한다.

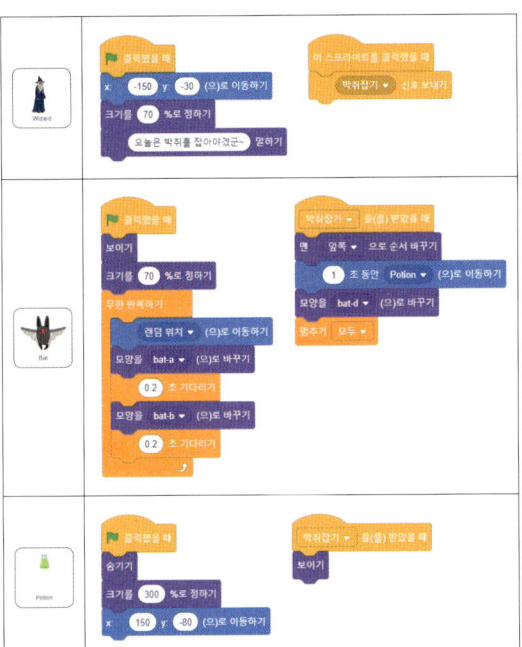

❾
<실행 화면>

<코딩 예시>

- Spacebar 키를 눌렀을 때 '배팅 횟수' 변수에 '1'씩 더한다.
- 반복해 '다음 모양'으로 바꾸면 스프라이트의 움직임을 표현할 수 있다. 야구 방망이를 휘두르는 모습을 표현하기 위해 '다음 모양으로 바꾸기'를 2초 간격으로 4번 반복한다.

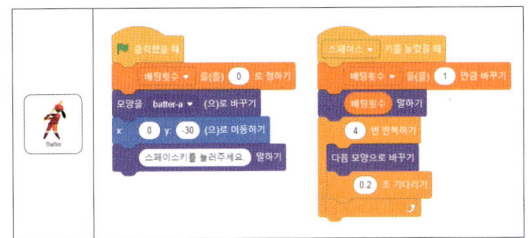

❿
<실행 화면>

<코딩 예시>

- 클릭한 숫자를 '숫자 리스트'에 추가하기 위해 블록, 리스트의 내용을 말하기 위해 코드를 사용한다.

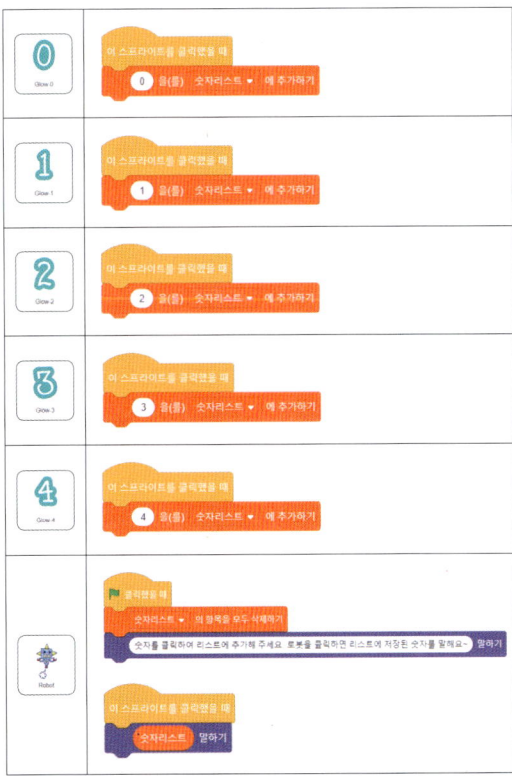

323

본문 정답 및 해설

WEEK 03
Quiz (39쪽)

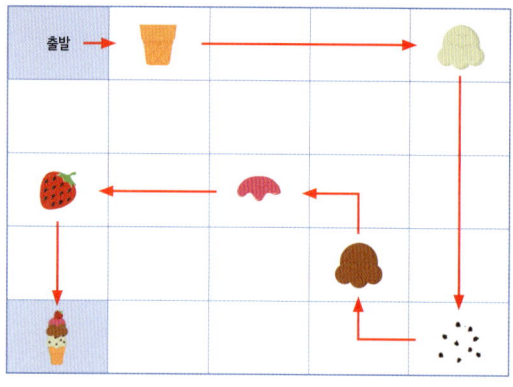

WEEK 04
Quiz (53쪽)

 ② → ③ → ①

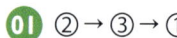

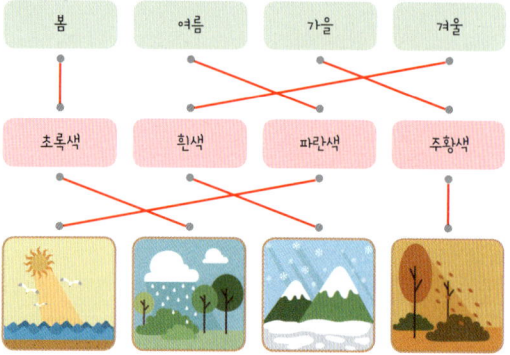

WEEK 05
Quiz (67쪽)

① CCTV ② 온도 조절 장치 ③ 원격 제어 시스템
④ 조명 조정 장치 ⑤ 자동 잠금 장치

WEEK 06
Quiz (85쪽)

❶ 2,500 / 3,500₩

(해설)

정우가 집안일을 통해 받은 추가 용돈은 아래와 같습니다.
- 설거지: 500×2=1,000
- 분리수거: 400×1=400
- 심부름: 200×1=200
- 주변 정리: 300×3=900

따라서 기본 용돈 1,000원 + 추가 용돈 2,500 = 총 용돈 3,500원입니다.

❷ 1,900 / 2,900

(해설)

민우가 집안일을 통해 받은 추가 용돈은 아래와 같습니다.
- 설거지: 500×1=500
- 청소: 600×2=1,200
- 심부름: 200×1=200

따라서 기본 용돈 1,000원 + 추가 용돈 1,900원 = 총 용돈 2,900원입니다.

❸ 2,700 / 3,700

(해설)

세진이가 집안일을 통해 받은 추가 용돈은 아래와 같습니다.

설거지: 500×1=500
청소: 600×2=1,200
심부름: 200×2=400
주변 정리: 300×2=600

따라서 기본 용돈 1,000원 + 추가 용돈 2,700원 = 총 용돈 3,700원입니다.

❹ 세진

❺ (O) 집안일을 도운 횟수에 따라 용돈이 달라지므로 용돈은 변수입니다.

WEEK 07
Quiz (109쪽)

① 집에 가자 / ② 놀이터 가자 / ③ 밥 먹자

WEEK 08

Quiz (135쪽)

01 '앞으로 한 칸 움직이기' 동작을 (3)번 반복

02 ① 앞으로 한 칸 움직이기 ② 왼쪽으로 90도 돌기 ③ 앞으로 한 칸 움직이기 ④ 오른쪽으로 90도 돌기 / 이 동작을 (4)번 반복

(해설) 출발지에서 로봇은 자신이 나아갈 방향을 보고 있습니다. 따라서 가장 먼저 할 일은 (① 앞으로 한 칸 움직이기)입니다. 이제 방향을 왼쪽으로 틀어야겠죠? (② 왼쪽으로 90도 돌기) 왼쪽으로 몸을 틀었으니, 이제 그 방향으로 한 칸 움직여 봅시다. (③ 앞으로 한 칸 움직이기) 마지막으로 (④ 오른쪽으로 90도 돌기) 동작을 통해 방향을 바꿔 원래의 방향으로 돌아오도록 해요.
이렇게 ① ~ ④의 과정을 마치고 나면 로봇은 ㉠에 위치하게 됩니다. 목적지인 ㉣에 도착하기 위해서는 이 과정을 네 번 반복해야 해요.

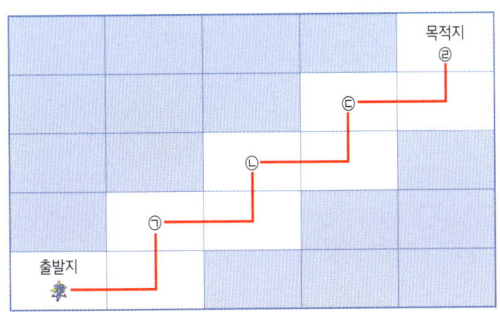

WEEK 09

Quiz (153쪽)

01 재연

(해설)

재희가 뽑은 숫자: 45
❶ 10보다 크고 50보다 작은 자연수입니다. ▶ 10<45<50 (O)
❷ 3으로 나누어떨어집니다. ▶ 45÷3=15…0 (O)
❸ 5로 나누어떨어집니다. ▶ 45÷5=9…0 (O)
❹ 십의 자리 숫자와 일의 자리 숫자를 더하면 5보다 작습니다. ▶ 4+5=9 (X)

재연이가 뽑은 숫자: 30
❶ 10보다 크고 50보다 작은 자연수입니다. ▶ 10<30<50 (O)
❷ 3으로 나누어떨어집니다. ▶ 30÷3=10…0 (O)
❸ 5로 나누어떨어집니다. ▶ 30÷5=6…0 (O)
❹ 십의 자리 숫자와 일의 자리 숫자를 더하면 5보다 작습니다. ▶ 3+0=3 (O)
→ 따라서 선물을 받을 수 있는 친구는 재연이입니다.

WEEK 10

Quiz (177쪽)

01 하트 모양

(해설) 표 안의 식을 계산하면 아래와 같습니다.

5×3=15	32-10=22	3×3=9	6+6=12	7-2=5
15-6=9	7+3=10	15+14=29	8+2=10	4×3=12
32-22=10	23-13=10	9+1=10	5×2=10	10+0=10
2+8=10	10×1=10	5+5=10	49-39=10	6+4=10
20-7=13	17-7=10	1+9=10	12-2=10	47-5=42
6×2=12	23+4=27	15-5=10	6×7=42	81-1=80
19-2=17	8×7=56	7-7=0	7×4=28	9×9=81

02 ① 딸기 ② 사과 ③ 수박

WEEK 11

Quiz (199쪽)

01 ①

(해설)
보기의 도형을 가. 아래로 뒤집고 나. 시계 방향으로 90도 회전시킨 후 다. 마지막으로 거울에 비춘 모양을 찾는 문제이므로
가. 을 아래로 뒤집으면 모양입니다.
나. 을 시계 방향으로 90도 회전시키면 모양입니다.
다. 마지막으로 을 거울에 비추면 , 처럼 보입니다.
따라서 최종 모양은 ①번 입니다.

WEEK 12

Quiz (223쪽)

01 예) 딸기, 우유, 햄, 식빵, 샴푸, 주방 세제 등

WEEK 13

Quiz (251쪽)

01 49

(해설) [정사각형 넓이] 계산 상자에는 '(입력값)×(입력값)'이라는 식이 숨어 있어요. 예를 들어, '4'라는 숫자를 입력했을 때 4×4를 계산해 '16'이라는 값이 출력됩니다. 따라서 '7'이라는 입력값을 넣으면 7×7=49이 계산돼 '49'라는 출력값을 얻을 수 있습니다.

WEEK 14

Quiz (271쪽)

01

초등 코딩 스크래치 무작정 따라하기 완독 인증서

_____ 초등학교 ____ 반 ____ 번

이름 _____

위 학생은 <초등 코딩 스크래치

무작정 따라하기>를 성실하게 이수하였기에

이 인증서를 수여합니다.

년   월   일

(주)도서출판 길벗

혼자서도 척척! 초등학생을 위한
길벗 IT 무작정 따라하기 시리즈

〉 코딩 공부의 힘! 〈
코딩, 어렵지 않아요. 혼자 할 수 있어요!

**초등 코딩 인공지능
무작정 따라하기**

주희정, 최민희, 강희숙, 전현희 지음 | 320쪽 | 18,000원

**초등 코딩 엔트리
무작정 따라하기**

곽혜미, 에이럭스 미래교육 연구소 지음 | 278쪽 | 18,000원

〉 수행 평가 걱정 끝 〈
교과 연계 예제로 학교 수행 완벽 대비

**초등학생을 위한
파워포인트 무작정 따라하기**

이상권, 권동균 지음 | 208쪽 | 18,000원

**초등학생을 위한
영상 촬영+편집 무작정 따라하기**

이상권, 정일용 지음 | 280쪽 | 18,000원